로 가는 하이패스

토패스

기본서 반영 최신 개정판

TESAT(테샛)

핵심이론+문제집

김동빈 편저

PREFACE
머리말

한국경제신문에서 주관하는 테샛이 국가공인경제력시험으로 자리를 잡은 지도 벌써 10여 년이 훌쩍 지났습니다. 강산이 변할 만큼의 시간이 흐르는 동안 대한민국과 세계 경제의 흐름과 체계도 상당히 변모하였습니다. 이에 우리들도 점차 발전해 가는 경제와 함께 이를 이해하기 위한 노력과 투자를 게을리하면 안 될 것입니다.

본서는 테샛 응시를 준비하시는 수험생 분들께 어렵고 복잡한 경제이론은 예시를 들어 가며 최대한 상세히 서술하기 위해 준비한 수험서입니다. 이를 위해 경제를 처음 접하시는 분들을 위한 기초적인 개념에서부터 차근차근 이론을 접해 나갈 수 있도록 책의 내용을 구성하였습니다. 그리고 기본 난이도의 개념을 숙지하신, 보다 고득점을 노리는 수험생분들을 위해서는 최근 테샛 출제 경향에 맞추어 다소 어려운 난도의 경제 이론까지 학습하실 수 있도록 보론 형식을 빌어 심화 내용까지 함께 아우르고 있습니다.

그리고 각 단원마다 예제를 배치하여 학습한 이론을 문제에 적용하기 위한 훈련도 병행하실 수 있습니다. 시험 응시 전 최종 점검을 위한 실전모의고사는 교재 마지막 부분에 배치하여 이론과 연습, 훈련을 한 권으로 마무리하실 수 있도록 교재를 구성하였습니다.

모든 시험이 그렇듯 테샛 또한 충실한 이해와 반복적 학습을 통해 성과를 얻을 수 있습니다. 본 교재와 함께 한 걸음씩 경제에 대한 이해와 훈련을 해 나가신다면 테샛 고득점의 꿈도 곧 현실로 다가올 것입니다.

본서가 출간되기까지 많은 도움을 주신 예문사의 차인태 부장님 및 많은 직원분들께 감사를 드립니다. 아무쪼록 독자분들께서 본서를 통하여 테샛 합격을 넘어서는 더 많은 성취를 이루기를 바랍니다.

편저자 김동빈 드림

PROFILE
저자약력

김동빈

고려대학교 학사
서울대학교 경제학 석사
카이스트 경영공학 석사
제16회 테샛 최우수상

現) 대우증권
　　현대경제연구원
　　산업연구원
　　한국조세재정연구원
現) 토마토패스 매경테스트/한경테샛 전임강사

시험 정보

1. 자격 개요 및 시험구성

- 자격 종류 : 국가공인 경제이해력검증시험 / 자격발급기관 : 한국경제신문사
- 시험일정 : 정기시험은 2, 3, 5, 8, 9, 11월 연 6회 실시(성적표는 시험 10일 후 조회 가능)
- 출제유형 및 시험시간 : 5지선다형 / 시험시간 : 10:00~11:40(100분)

2. 문항 구성

영역	기능	지식이해	적용	분석추론 종합판단	문항수 및 배점
경제이론	기초일반	20	10	–	(20 × 3) + (10 × 4) = 100점
	미시				
	거시				
	금융				
	국제				
시사경제	정책(통계)	10	10	–	(20 × 3) + (10 × 4) = 100점
	상식(용어)				
	경영(회사법/회계/재무)				
응용복합 (추론판단)	자료해석	–	–	20	20 × 5 = 100점
	이슈분석				
	의사결정(비용편익분석)				
합 계		3점 40문항	4점 20문항	5점 20문항	300점 80문항

3. 출제 범위

S급 270점~300점	복잡한 경제정보를 정확하게 이해할 수 있으며 이를 근거로 주어진 경제 상황에서 독자적으로 의사 결정을 내릴 수 있고, 찬반 논쟁이 있는 경제 이슈에 대해 자신의 의견을 설득력 있게 제시할 수 있음. 경제이해력 탁월
1급 240점~269점	복잡한 경제정보를 대부분 이해할 수 있으며 이를 근거로 주어진 경제 상황에서 독자적으로 의사결정을 내릴 수 있고, 찬반 논쟁이 있는 경제 이슈에 대해 자신의 의견을 소신 있게 제시할 수 있음. 경제이해력 매우 우수
2급 210점~239점	일반적인 경제정보를 정확하게 이해할 수 있으며 이를 근거로 주어진 경제 상황에서 독자적으로 의사결정을 내릴 수 있고, 찬반 논쟁이 있는 경제 이슈에 대해 자신의 의견을 제시할 수 있음. 경제이해력 우수
3급 180점~209점	일반적인 경제정보를 대부분 이해할 수 있으며 이를 근거로 약간의 도움을 받는다면 주어진 경제 상황에서 의사결정을 내릴 수 있고, 찬반 논쟁이 있는 경제 이슈에 대해 자신의 의견을 제시할 수 있음. 경제이해력 보통
4급 150점~179점	주위의 도움을 받아 일반적인 경제정보를 이해할 수 있으며 이를 근거로 주어진 경제 상황에서 상사의 지도 감독 아래 간단한 의사결정을 내릴 수 있음. 경제이해력 약간 미흡
5급 120점~149점	주위의 조언을 상당히 받아 일반적인 경제정보를 이해할 수 있으며 이를 근거로 주어진 경제상황에서 상사의 지속적인 지도 감독 아래 간단한 의사 결정을 내릴 수 있음. 경제이해력 미흡
등급 외 120점 미만	–

4. 기출문제 유형분석

(1) 경제이론

> - 경제이론은 각 영역에서 1문제 정도씩 골고루 출제된다.
> - 깊이 있는 전문지식을 묻기보다는 핵심개념을 제대로 이해하고 있는지를 주로 평가하므로 경제원론 수준의 지식이면 충분하다. 다만, 응용문제를 풀기 위해서는 한국경제신문사에서 발간되는 기출문제를 중심으로 문제를 많이 풀어보기를 권한다.
> - 원론의 모든 부분을 완벽히 학습하기보다는 아래 제시된 핵심내용 위주 학습이 효율적이다.

① 경제기초

영역 구분	핵심 주제	출제 내용
경제기초	희소성과 합리적 선택	희소성의 개념에 대한 이해, 희소성으로 인해 합리적 선택 필요, 경제문제의 발생 이유
	기회비용과 매몰비용	기회비용의 개념 및 계산, 매몰비용 개념
	생산가능곡선	생산가능곡선의 의미, 특징
	경제문제	경제의 3대 문제, 경제학의 10대 원리(맨큐)
	시장경제와 가격기구	가격의 역할, '보이지 않는 손', 시장경제의 특징 및 문제점
	경제체제	자본주의와 사회주의 장단점 비교
	경제주체, 경제활동	국민경제순환모형(가계와 기업의 역할), 경제활동에 속하는 것
	상관관계와 인과관계	인과의 오류와 구성의 오류 이해
	효율성과 형평성	자원배분의 효율성과 소득분배의 형평성(공평성)
	규범분석과 실증분석	실증경제이론과 규범경제이론의 차이
	유량과 저량	유량(flow)경제변수와 저량(stock)경제변수 구분

② 미시경제

영역 구분	핵심 주제	출제 내용
수요 · 공급 원리	수요 · 공급 원리	수요와 공급의 개념, 수요곡선과 공급곡선의 이동요인과 방향, 균형가격 및 균형거래량 변화요인
	탄력성	• 수요(공급)의 가격탄력성, 소득탄력성, 교차탄력성 개념, 탄력성에 따른 판매수입의 변화 계산 • 재화의 종류(대체재, 보완재, 정상재, 열등재, 기펜재)별 개념 및 탄력성 변화 • 수요 · 공급의 탄력성에 따른 조세부담
	소비자잉여, 생산자잉여	개념(교환의 이익) 및 수요 · 공급곡선에서 소비자잉여와 생산자잉여 계산하기
소비자선택	효용	총효용과 한계효용, 한계효용체감의 법칙
	무차별곡선	개념, 성질, 한계대체율 / 재화유형별 무차별곡선의 형태
	대체효과, 소득효과	가격효과의 구성에 따른 후방굴절 노동공급곡선의 이해
	가격규제	최저가격제(예 최저임금제)와 최고가격제의 개념, 특징, 효과(후생손실 등) 및 사례
	네트워크효과 등	• 유행효과(bandwagon effect)와 속물효과(snob effect) • 베블렌 효과의 개념

영역 구분	핵심 주제	출제 내용
생산자이론	기업과 생산기술	• 기업은 생산의 주체로 상품의 공급자이자 생산요소의 수요자 • 단기와 장기의 구분(고정투입요소의 존재여부)
	등량곡선	• (무차별곡선과 유사)개념과 성격, 한계기술대체율
	등비용곡선, 비용극소화조건	• 등비용곡선 개념 및 특징(우하향) • 비용극소화조건은 $\left(\dfrac{MP_L}{w} = \dfrac{MP_K}{u} \right)$
	기회비용, 매몰비용, 회계비용	회계상 이윤과 경제적 이윤의 계산
	고정비용, 변동비용, 평균(가변)비용, 한계비용	비용들 사이의 관계, 생산량 변동에 따른 비용곡선들의 변화(그래프 형태 및 위치)
	규모의 경제와 범위의 경제 개념 이해 및 구분	
	이윤극대화	이윤극대화 조건 : MR(한계수입) = MC(한계비용)
시장형태와 경쟁	완전경쟁시장의 의미, 성립요건, 경제적 의의(자원의 효율적 배분), 한계	
	독점시장, 가격차별, 정부규제	• 특징 및 발생원인, 경제적 효과(비효율성) • 가격차별의 전제조건, 종류(1 · 2 · 3급) 및 사례 • 독점에 대한 정부대책, 공정거래법 내용
	독점경쟁시장, 과점시장 각 시장의 특징, 과점시장의 담합	
	게임이론	• 우월전략균형과 내쉬균형 찾기 • 용의자의 딜레마게임 – 카르텔의 불안정성
요소시장, 소득분배	생산요소	생산요소시장의 특징, 경제적 지대와 전용수입 구분, 지대추구행위 개념
	노동시장	• 노동공급 결정과정(여가와 노동) • 임금격차 발생원인, 보상격차, 효율성임금 등
	자본시장	자본의 특징, 자본재의 개념
	소득분배이론	• 기능적 소득분배와 계층적 소득분배 • 소득분배불평등도 계산 – 10분위분배율, 로렌츠곡선, 지니계수 이해 • 소득재분배 정책
정보경제	도덕적 해이, 역선택	• 정보비대칭에 따른 문제 : 도덕적 해이와 역선택의 개념 이해, 각각 사례 구분 • 정보비대칭 문제 해결 : 유인설계(도덕적 해이), 신호발송과 선별(역선택)
	주인 – 대리인 문제	개념, 발생원인, 사례
시장과 정부	시장실패	시장실패의 발생원인 및 정부대책
	정부실패	정부실패의 발생원인(⑩ 포획이론) 및 대책
공공경제	공공재, 공유지비극	• 경합성과 배제성에 따른 재화의 구분, 공공재의 특징 • 공공재의 문제 – 무임승차자, 공유지의 비극
	외부효과	• 외부성의 개념(외부경제 · 불경제) • 외부성 대책 – 피구세(환경세), 코즈정리(자발적 협상 및 재산권부여)
	공공선택이론	투표의 역설, 중위투표자 정리, 애로우의 불가능성 정리

③ 거시경제

영역 구분	핵심 주제	주요 내용
국민소득	국내총생산(GDP)	• GDP의 계산, 지출구성 항목과 비중 • 국민소득 3면 등가의 원칙 • 명목GDP와 실질GDP, GDP디플레이터, 잠재GDP와 GDP갭 • GDP, GDI, GNI, GNP 등 구분, GDP의 한계점
	소비, 투자, 정부지출, 순수출	• 한계소비성향, 절약의 역설, 소비결정이론(절대소득가설, 상대소득가설, 항상소득가설, 생애주기가설) • 투자의 구분, 투자결정이론(NPV, IRR, 토빈의 q이론) • 정부지출 승수효과(정부지출승수 $= \dfrac{1}{1-b}$) • 순수출 결정요인
	총수요 · 총공급과 경제안정정책	• 총수요곡선의 이동요인(총수요의 변동) • 재정정책과 승수효과 및 구축효과 • 통화정책과 유동성 함정, 통화정책의 파급경로
화폐와 국민 경제	통화량의 측정, 통화지표	화폐의 기능, 통화량 및 통화지표(M1, M2, L_f, L)
	화폐의 수요 · 공급	화폐수요결정요인-피셔의 화폐수량설(MV=PT), 마샬의 현금잔고수량설 (M=kPY), 케인즈의 유동성선호설
	통화승수, 본원총화, 통화량	예금창조와 통화승수 개념, 본원통화 의미 및 공급경로, 한국은행의 대차대조표, 은행의 대차대조표
	중앙은행의 통화관리	• 재할인율정책, 지급준비율정책, 공개시장조작 • 직접규제정책의 종류, 기준금리의 이해
	중앙은행의 역할	물가안정목표제, 한국은행의 독립성
실업과 인플레이션	실업	실업의 개념과 측정(실업율, 고용률 등), 실업의 종류와 원인
	인플레이션, 필립스곡선	• 물가지수의 측정 및 종류, 인플레이션의 종류 및 인플레이션의 비용 • 필립스곡선의 의의와 자연실업률가설
경제성장	경제성장 및 발전	경제성장의 개념과 측정, 경제성장의 요인, 성장회계의 개념

④ 국제경제

영역 구분	핵심 주제	주요 내용
국제무역	비교우위, 절대우위	절대우위와 비교우위 개념, 비교우위에 의한 무역거래 사례 분석, 국제무역의 이득, 교역조건의 개념
	무역규제, 관세, 자유무역, FTA	• 자유무역주의와 보호무역주의의 근거, 관세의 종류와 비관세장벽, 발라사의 경제통합단계 • GATT, UR, WTO, FTA 등 이해
	국제수지	국제수지표의 구성, 국제수지에 영향을 주는 거래 판단
국제금융	외환시장 및 환율	고정환율제도와 변동환율제도 장단점, 기축통화 관련(세뇨리지, 트리핀딜레마)
	환율결정이론	구매력평가설과 빅맥지수, 이자율평가설
	개방경제의 통화 · 재정정책	• 환율변동의 영향, J-curve 효과 • 개방경제에서 변동환율제도하에서는 통화정책이 재정정책보다 더 효과적인 경기조절 수단

(2) 시사경제 · 경영

- 시사 경제 · 경영은 신문을 읽는 데 필요한 지식과 국내외 경제흐름에 대한 이해력을 묻는다. 따라서 평소에 신문을 읽고 내용을 정리하는 습관이 필요하다.
- 특히 금융 · 자본시장 문제는 경제이론의 통화와 통화정책을 포함해 비중이 높다.
- 경영은 매경TEST를 동시에 준비하는 경우가 아니라면, 별도로 준비하는 것보다는 기출문제를 자주 풀어보는 것이 더 효율적이다.

영역 구분		출제 내용
시사경제	국내 경제	경제민주화와 1원 1표 원칙, 경기지표(BSI, CSI, PMI, ISM지수 등), 경기종합지수(CI)의 선행 · 동행 · 후행지표 구분, 복지와 4대 사회보험, 기초연금, 고령화와 합계출산율, 인적자본, 노동생산성, 중진국의 함정(루이스전환점), 재정건전성과 재정수지, pay-go, 세금의 종류(구분), 연말정산, 래퍼곡선, 신용등급과 세계 3대 신용평가사, 경제고통지수
	국제 경제	양적완화, 출구전략과 테이퍼링, 아베노믹스, 리보금리(LIBOR)와 가산금리(spread), 달러인덱스, 통화전쟁과 플라자합의, 뉴개발은행(NDB), 아시아인프라투자은행(AIIB), TPP와 RCEP, 국부펀드, 조세피난처, 캐리 트레이드, 토빈세, 스파게티 볼 효과, PIGS 재정위기와 ESM, 교토의정서, 금값과 인플레이션, D의 공포 디플레이션, 디폴트와 모라토리움
시사금융		금융시장의 구분(자금시장과 자본시장, 직접금융과 간접금융), 금융통화위원회와 기준금리, COFIX 금리, 상업은행과 투자은행, 볼커룰, 금융상품(CD, RP, CP 등), 금융감독(바젤Ⅲ, BIS 자기자본비율), 예금보험제도(보호기관 및 보호상품 구분), DTI와 LTV, 주택연금, 그림자금융, 은행세(건전성부담금), stress test, 핀테크, NPL(부실채권)시장, 배드뱅크, 오버뱅크,
시사증권 · 자본		자본시장법 이해(금융투자상품 · 투자자 · 금융투자업의 구분), 주식과 채권비교, 기업공개(IPO), 한국거래소(유가증권시장, 코스닥시장, 코넥스시장), 후강통, 상장(상장요건 및 상장폐지), 주가지수(산출방식, 국내외 주가지수 종류 파악), 국제투자의 벤치마크 지수(MSCI지수, FTSE지수), 배당락과 권리락, 배당과 배당수익률, 스톡옵션, 어닝서프라이즈와 어닝쇼크, 내부자거래, 공포지수(VIX지수), 공매도, 서킷브레이커와 사이드카, 파생결합증권(ELS(주가연계증권), ETN(상장지수증권), ELW(주가연계워런트)), 공개매수(TOB), 5%룰과 10%룰, 채권의 종류, 후순위채, CB(전환사채) · BW(신주인수권부사채) · EB(교환사채), 커버드본드, 코코본드, 정크본드, 김치본드, 대안투자, 펀드, 재간접펀드, 헤지펀드, 사모펀드와 벌쳐펀드, ETF(상장지수펀드), 파생상품(선물, 옵션, 스왑), 장외파생상품청산소(CCP), ISS보고서, 증권시장제도(가격제한폭, 액면가 등)
시사경영	시사 경영	지속가능성과 CSR경영, 기업지배구조, 대규모기업집단 지정제도와 출자총액제한제도, 주채무계열제도, 순환출자, 금산분리, 집중투표제, 정리해고, 통상임금, 임금피크제, time-off제, 노동유연성, 주주행동주의, 사내유보금, 차이나인사이드, 적대적 M&A의 공격 및 방어 수법, 승자의 저주, 내부거래, 리니언시 프로그램, 리쇼어링, 사물인터넷(IOT), PER과 PBR
	기업법	주식회사제도(주식회사의 기관 : 주주총회, 이사 및 이사회, 감사), 회사의 종류(합명회사 · 합자회사 · 유한회사 · 주식회사 · 유한책임회사), 주식의 종류, 주주와 채권자 차이, 주주의 권리, 기업분할, 지주회사제도, 순환출자
	재무와 회계	회계기초원리, 재무제표의 종류, 재무상태표와 자산 · 부채 · 자본 이해, 감사의견 경영비율 공식 및 계산(ROE와 ROA, 부채비율, 유동비율, 이자보상비율, EVA 등), 현재가치, 수익률, 할인율, 분산투자, 포트폴리오, 효율적 시장가설

(3) 상황판단

- 상황판단 추론은 경제이론과 시사를 융합한 문제를 주로 출제하기 때문에 따로 범위가 정해져 있는 것이 아니다. 평소 신문을 정독하는 습관이 필요하다.
- 자료의 해석과 시사이슈를 분석하고 의사결정을 하는 형태로 출제된다.
- 주로 문제출제의 소스는 신문기사나 그래프, 주요 학자들의 저서와 인용문 등이 활용된다.

CONTENTS
차례

MEMO

PART

01

경제 이론

CONTENTS

1. 경제학이란?

> 경제학의 기본 목표를 학습한다.
>
> – 경제행위와 경제활동의 정의와 구분
> – 3가지 경제주체와 경제활동 범위
> – 생산요소와 임금, 이자, 지대의 개념
> – 경제학에서의 비용의 개념

(1) 경제행위와 경제활동

① 경제학이란 경제주체의 경제활동을 연구하는 학문이다. 경제주체는 경제활동을 수행하는 개인이나 단체를 말한다.

② 경제활동이란 지속적이고 반복적인 경제행위를 의미한다.

③ 경제행위란 만족을 얻기 위해 댓가를 지불하는 행위를 말한다. 여기서 만족을 화폐단위로 환산한 값을 편익(Benefit)이라고 하며 댓가를 화폐단위로 환산한 값을 비용(Cost)이라 한다.

> ※ 경제학에서 말하는 댓가(비용)이란 실제 지불된 금전적 지출만을 의미하는 것이 아니다. 금전적 지출이 외에도 무언가 만족을 얻기 위해 포기한 비금전적 지불, 즉 시간, 노동, 수고 등의 가치도 화폐단위로 측정하여 경제학적 비용에 포함시킨다. 경제학에서는 금전적 지출을 명시적 비용, 비금전적 대가를 암묵적 비용이라고 부른다. 즉 경제학에서의 '비용＝명시적 비용＋암묵적 비용'이다. 이는 '기회비용' 파트에서 다시 학습하기로 한다.

④ 지구상에 존재하는 무수히 많은 경제활동 중 경제학에서 주로 분석하는 경제활동은 아래 6가지의 대표적 경제활동들이다.

  ⅰ. 소비 : 재화와 서비스를 소모함으로써 만족을 얻는 경제활동

  ⅱ. 생산 : 판매를 목적으로 재화와 서비스를 창출하는 경제활동

  ⅲ. 생산요소 공급 : 소득을 얻기 위해 노동, 자본, 토지를 기업에게 임대하는 경제활동

  ⅳ. 생산요소 고용 : 생산을 위해 노동, 자본, 토지를 고용(또는 임차)하는 경제활동

  ⅴ. 공공재 공급 : 시장경제의 원활한 유지를 위하여 정부가 민간경제주체에게 공공재를 제공하는 경제활동

  ⅵ. 조세징수 : 정부의 경제활동을 위한 비용충당

(2) 경제주체와 생산요소

① 경제주체란 경제주체는 경제활동을 수행하는 개인이나 단체로 크게 가계, 기업, 정부로 구분된다.

    ⅰ. 가계(Households) : 소비와 생산요소 공급을 담당

    ⅱ. 기업(Firm) : 생산과 생산요소 고용을 담당

    ⅲ. 정부(Government) : 공공재 공급과 조세징수를 담당

② 생산요소란 생산을 위해 필요한 것을 말한다. 무수히 많은 생산요소의 종류를 그 특성에 따라 노동, 자본, 토지로 나눌 수 있다.

    ⅰ. 노동(Labor) : 사람의 인력서비스

    ⅱ. 자본(Capital) : 협의의 자본은 물적 자본(Physical Capital)을 말한다. 기계, 설비, 부품 등 유형의 자산

    ⅲ. 토지(Land) : 토지, 부동산, 천연자원 등

※ 현대적 의미에서 토지는 (물적)자본의 하위범주로 통합시키는 것이 일반적이다.

※ 물적 자본과 금융자본의 구분

> 경제학에서 흔히 '자본'이라함은 기계, 설비, 부품 등의 유형 자산 등을 지칭한다. 보다 넓게는 부동산, 건물, 토지까지 포함하기도 한다. 즉 물리적 실체가 있는 유형의 생산요소이다.
>
> 금융자본이라 함은 금융시장에서 투자의 목적으로 오고가는 화폐적 성격의 자산을 말한다. 금융자본은 기업이 물적 자본을 축적하는 데 가장 강력한 조달 원천이다. 예를 들어 A라는 기업이 사업 확장을 위해 신규 공장 증축, 즉 물적 자본 투자를 시행한다고 하자. 이를 위해 기업은 금융시장에서 대규모 금융자본을 조달(차입)하여 토지를 구입하고 공장부지를 증축하고 기계와 설비를 구축하는데 이를 사용하게 될 것이다.
>
> 따라서 기업이 물적 자본을 늘리는 경제행위의 물리적 원천은 다른 기업에 의해 조달되는 철강, 콘크리트, 기계, 부품 등의 생산재이지만 경제적 원천은 금융시장에서 거래되는 축적된 금융자본에 의한 것이다. 그러므로 경제적 관점에서 자본의 확충의 경제적 근원은 바로 가계의 저축이라고 볼 수 있다.

③ 이러한 생산요소를 필요로 하는 기업에게 제공하는 경제주체는 가계이다. 가계는 기업에게 자신이 보유한 노동, (금융)자본, 토지를 빌려주고 이에 대한 대가로 임금(Wage), 이자(Interest), 지대(Rent)를 얻는다. 이러한 임금, 이자, 지대가 가계소득의 원천이 된다.

※ 광의의 자본 = 물적 자본 + 금융자본 + 인적 자본을 통칭한다. 여기서 인적 자본이란 교육, 훈련, 경험 등에 의하여 노동에 부가되어 축적되는 기술, 숙련도, 노하우 등을 의미한다.

(3) 기회비용

① 경제학에서 말하는 비용이란 기회비용(Opportunity Cost)이다. 기회비용이란 경제적 선택을 위해 포기한 여러 대안 중 가장 높은 가치를 지니는 대안의 가치를 말한다.

② 사례를 들어보자.

톰은 상영시간이 2시간인 영화를 보려 한다. 영화관이 바로 집 앞이라 톰은 영화티켓 9,000원만 결제하면 그 외 교통비 등 따로 지출은 발생하지 않는다. 이때 톰이 영화를 보기 위해 지불해야하는 경제적 비용은 얼마일까?

톰은 일단 영화티켓값 9,000원을 지불한다. 하지만 톰은 자신의 소중한 시간 2시간도 지불해야 한다. 따라서 이 2시간의 가치도 톰이 지불해야 하는 경제적 비용에 포함시켜야 한다. 여기서 톰이 실제 지출한 금전적 지출을 명시적 비용이라 한다. 그리고 톰의 지갑에서 실제로 빠져나가지는 않지만 톰이 포기한 2시간의 가치가 암묵적 비용이 된다.

그렇다면 톰의 2시간의 가치, 즉 암묵적 비용은 어떻게 환산해야 할까?

톰이 2시간을 영화에 투입하지 않고 다른 데 사용하였더라면 얻을 수 있는 순편익 중 가장 높은 순편익으로 환산하면 된다. 톰은 영화를 보지 않는다면 남는 이 2시간 동안 집에서 온라인 게임을 즐기거나, 그냥 낮잠을 자거나, 혹은 치킨을 시켜 먹었을 것이다. 이때 각 대안의 순편익이 아래와 같다고 하자.

온라인 게임 2시간 : 편익 20,000원 – 비용 0원 = 순편익 20,000원
낮잠 2시간 : 편익 18,000원 – 비용 0원 = 순편익 18,000원
치킨 (먹는데 2시간 소요됨) : 편익 35,000원 – 비용 14,000원 = 순편익 21,000원

따라서 톰은 영화를 보지 않는다면 분명 그 시간동안 집에서 치킨을 시켜먹고 21,000원의 순편익을 얻을 것이다. 그런데 톰이 영화 보는데 이 2시간을 쓴다면 치킨에서 얻는 순편익 21,000원을 포기하는 것이다. 따라서 톰이 영화를 보기 위해 소비하는 2시간의 암묵적 비용은 21,000원으로 환산할 수 있다.

정리하면 톰은 2시간짜리 영화를 보기 위해 명시적 비용 9,000원과 암묵적 비용 21,000원을 지불하는 것이다. 따라서 톰의 영화에 대한 총비용(=기회비용)은 30,000원이다.

(4) 국민경제순환도

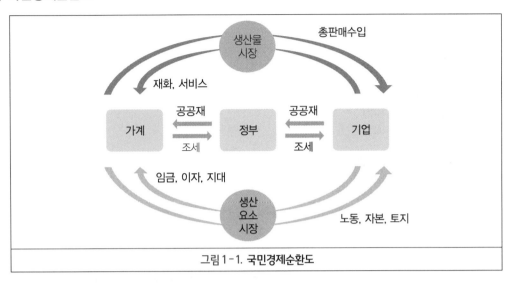

그림 1-1. 국민경제순환도

앞서 설명한 3개의 경제주체의 6가지 경제활동을 한눈에 알아볼 수 있는 그림

※ 매몰비용(Sunk Cost)

매몰비용이란 이미 지불되어 회수불가능한 비용을 말한다. 경제학에서 매몰비용은 비용으로 취급하지 않는다. 즉 매몰비용의 기회비용은 0이다. 따라서 경제적 선택을 할 때, 매몰비용은 절대 고려하지 않는다.

예를 들어 제리는 라면을 끓일까 말까 고민중이다. 이때 제리의 라면 1그릇에 대한 편익은 3,000원이고 라면을 끓이는데 기회비용은 라면값 1,000원(명시적 비용)＋라면끓이는 수고 800원(암묵적 비용)＝1,800원이다. 따라서 제리는 라면 1그릇을 끓여먹기로 결정했다.

라면을 사서 다 끓여내었다. (이때 라면을 끓이기 위해 지불한 라면값과 수고는 이제 매몰비용이 된다). 그런데 라면을 먹으려 냄비를 집어드는 순간 그만 라면을 엎지르고 말았다. 제리가 라면을 끓여 얻는 편익이 0이 된 것이다.

이때 여전히 배가 고픈 제리는 두 번째 라면을 끓여야 할까? 여기서 두 번째 라면을 끓여 먹는다면, 결국 제리는 라면 두 개를 끓여 한 그릇만 먹게 되는 셈이니, 총편익은 3,000원, 총비용은 3,600원이 되는 것일까 그러니 두 번째 라면은 끓여먹지 말아야 하나?

합리적인 선택은 두 번째 라면도 끓여 먹는 것이다. 첫 번째 라면을 끓여낸 순간 기회비용 1,800원은 매몰비용으로 전환된 것이다. 그러니 두 번째 라면을 끓일까 말까를 고민할 때는 이 첫 번째 라면에 대한 매몰비용은 전혀 고려해서는 안 된다. 두 번째 라면에 대한 결정에는 오직 두 번째 라면의 편익과 두 번째 라면에 대한 기회비용만을 고려해야 한다.

2. 순편익 극대화

경제활동의 기본 원리를 학습한다.

– 총편익과 한계편익
– 총비용과 한계비용
– 순편익 극대화 원리
– 소비에서 순편익 극대화
– 생산에서 순편익 극대화

(1) 총편익과 한계편익

① 편익(Benefit)이란 경제활동을 통해 얻는 만족을 화폐단위로 환산한 값을 말한다. 그리고 보통 이러한 편익은 경제활동량이 늘어남에 따라 함께 증가한다.

② 이러한 편익의 증가는 보통 한계편익(Marginal Benefit : MB)라는 개념을 사용하여 이해하는 것이 매우 유익하다. 한계편익이란 경제활동을 1단위 증가시킬 때마다 추가되는 편익, 즉 편익의 증가분을 말한다.

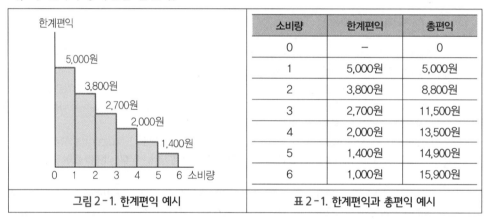

소비량	한계편익	총편익
0	–	0
1	5,000원	5,000원
2	3,800원	8,800원
3	2,700원	11,500원
4	2,000원	13,500원
5	1,400원	14,900원
6	1,000원	15,900원

그림 2-1. 한계편익 예시	표 2-1. 한계편익과 총편익 예시

예를 들어 제리의 캔커피 소비에 대한 한계편익이 위 그림과 같다고 하자. 첫 번째 커피의 한계편익이 5,000원이란 것은 캔커피 소비가 0에서 1로 증가 시, 편익도 0원에서 5,000원으로 증가한다는 것이다. 그리고 커피를 1에서 2로 한 캔 더 마시면 제리의 편익도 3,800원 증가한다는 것이다(이때 제리의 총편익이 8,800원이 된다).

(2) 소비에서 순편익극대화

① 이제 제리의 캔커피 소비량이 과연 얼마가 될 것인지 분석해보자. 캔커피는 편의점에서 1캔당 1,500원의 가격으로 판매되고 있다고 하자.

제리는 우선 캔커피 1캔을 구매해 마셨다. 이때 제리가 얻는 편익의 증가분은 5,000원, 제리가 지불한 비용은 1,500원이다(여기서 암묵적 비용은 일단 고려하지 않기로 하자). 따라서 첫 번째 캔커피로부터 제리가 얻는 순편익은 3,500원이다. 즉 남는 장사했다는 것이다. 제리는 여기서 또 한 캔을 더 구입해 마신다. 이때 두 번째 캔커피로부터 제리가 얻는 편익의 증가분은 3,800원이다. 그런데 두 번째 캔커피 구입을 위해 지불한 비용은 여전히 1,500원이다. 즉 제리는 두 번째 캔커피로부터 2,300원의 순편익을 추가시킬 수 있었다.

즉, 제리는 캔커피로부터 얻는 한계편익이 캔커피 가격보다 높다면 계속 캔커피 소비를 늘려나갈 것이다. 이를 그림으로 요약하면 아래와 같다.

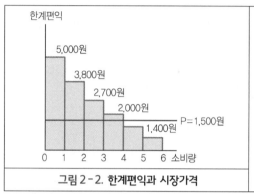

그림 2-2. 한계편익과 시장가격

좌측 그림에서 캔커피 4개까지 한계편익>시장가격이다. 즉 제리는 캔커피 4개까지 소비를 늘려감에 따라 순편익이 증가한다. 하지만 제리가 5번째 캔커피를 구입하여 마시면, 제리는 1,500원을 주고 1,400원의 편익을 얻는 것이다. 즉 순편익이 100원만큼 감소하게 된다. 따라서 제리는 5번째 캔커피를 구입하면 안 된다.

② 소비에서 순편익 극대화 지점을 그림으로 나타내면 아래와 같다.

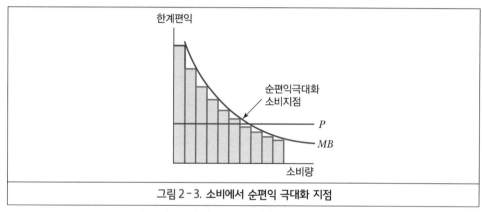

그림 2-3. 소비에서 순편익 극대화 지점

※ 소비를 늘릴 때마다 한계편익은 보통 점차 감소하는 경향을 보인다. 이를 '한계편익이 체감한다'라고 표현한다. 한계편익이 체감하는 것은 경제학의 두 번째 원칙에 따른 것이다.
　즉 '흔하면 싸지고 귀하면 비싸진다.'는 것이다(경제학의 첫 번째 원칙은 '세상에 공짜는 없다.'이다).

(3) 지불용의금액과 소비자잉여

① 한계편익은 소비량을 1개 늘릴 때 그로 인해 증가하는 만족의 크기(화폐단위로 환산)를 말한다. 앞서 제리의 사례에서 제리는 첫 번째 캔커피를 마시면 5,000원의 만족을 얻게 된다. 이는 만일 제리가 이 첫 번째 캔커피를 5,000원보다 싼 가격에 구입하면 (+)의 순편익을 얻는다는 것이다. 극단적이 예로 캔커피가 4,999원이라고 해도 제리는 이 가격으로 캔커피를 구입하고 1원의 순편익을 얻게 된다는 것이다. 조금 과장섞어 캔커피 가격이 4,999.999

원이라도 제리는 이 커피를 구입하고 (물론 1개만 구입하겠지만) 어쨌든 0.0001원 순편익을 얻는다(구입을 안하면 제리의 순편익은 0이다).

즉 제리의 한계편익은 그 제품을 구매하기 위해 지불할 수 있는 가격의 최대한도라고 볼 수 있다. 그래서 한계편익은 다른 말로 최대지불용의금액(Maximum Willingness to Pay)이라고도 표현한다.

② 즉 제리는 첫 번째 캔커피를 구입하기 위해 5,000원까지 낼 용의가 있었지만, 다행스럽게도 캔커피의 가격은 1,500원이었다. 그래서 제리는 첫 번째 캔커피를 구입하여 3,500원의 순편익을 얻은 것이다. 이를 소비자잉여(Consumer' surplus)라고 한다.
제리는 캔커피를 4캔까지 구입하여 총 7,500원(=3,500+2,300+1,200+500)의 순편익을 얻었다. 즉 제리의 소비자잉여 총액은 7,500원이다.

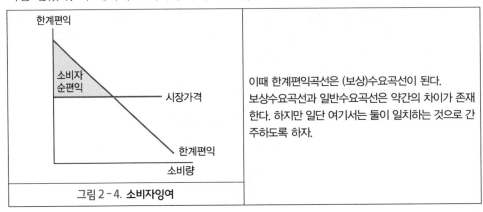

이때 한계편익곡선은 (보상)수요곡선이 된다.
보상수요곡선과 일반수요곡선은 약간의 차이가 존재한다. 하지만 일단 여기서는 둘이 일치하는 것으로 간주하도록 하자.

그림 2 - 4. 소비자잉여

(4) 기업의 이윤

① 기업의 경영활동의 목적은 이윤극대화이다. 여기서 이윤은 매출액－총비용이다.
경제학에서 매출액은 총수입(Total Revenue)라고 부른다. 그리고 총수입은 기업이 판매하는 제품의 시장가격에 기업의 판매량을 곱한 크기이다. $TR_i = P_i \times Q_i$

※ 현대경제학에서는 기업의 판매량＝기업의 생산량이라고 본다.
※ 기업의 총비용은 임금＋이자＋지대이다(물론 여기에서도 기업의 총비용은 명시적 비용과 암묵적 비용의 합으로 이루어진다).

(5) 총수입과 한계수입, 총비용과 한계비용

① 한계수입(Marginal Revenue : MR)이란 기업의 생산량(＝판매량)을 1단위씩 늘릴 때 추가되는 총수입의 증가분을 의미한다. 만일 기업의 가격경쟁시장에서 영업 중이라면 기업의 제품가격은 기업의 생산량과 무관하게 일정할 것이다.

예를 들어 터피는 가격경쟁시장에서 아이스커피를 판매 중이다. 그리고 이 아이스커피의 가격은 한 잔당 5,000원으로 형성되어 있다. 그럼 터피가 아이스커피를 생산량이 1개씩 생산하여 판매할 때마다 터피의 총수입은 5,000원씩 증가할 것이다. 즉 가격경쟁시장에서 기업의 한계수입은 시장가격과 일치한다. $P = MR$

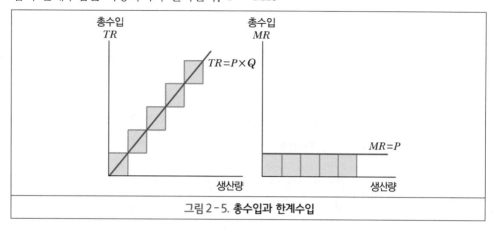

그림 2-5. 총수입과 한계수입

② 한계비용(Marginal cost : MC)이란 기업이 생산량을 1단위 늘리기 위해 추가해야 하는 총비용의 증가분을 말한다.

※ 한계비용은 생산량을 늘려감에 따라 처음에는 감소하는 경향을 보이다가 어느 생산량을 넘어가면서부터는 점차 상승하기 시작한다. 이는 한계생산성 체감의 법칙에 따른 결과이다.

(6) 기업의 이윤극대화, 생산자잉여

① 예시 : 터피의 아이스커피 생산에 따른 총비용은 아래 표와 같다고 하자.

(이때 장사 시작을 위해 투입해야 하는 초기비용은 0원이라고 가정하자)

(단위 : 원)

생산량	총비용	한계비용	한계수입	총수입	이윤
0	0	–	–	0	0
1	4,000	4,000	5,000	5,000	1,000
2	7,000	3,000	5,000	10,000	3,000
3	9,500	2,500	5,000	15,000	5,500
4	13,400	3,900	5,000	20,000	6,600
5	18,200	4,800	5,000	25,000	6,800
6	23,700	5,500	5,000	30,000	6,300
7	30,300	6,600	5,000	35,000	4,700
8	37,500	7,200	5,000	40,000	2,500

표 2-1. 한계비용과 한계수입 예시

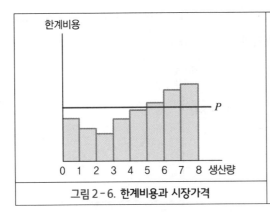

좌측 그림에서 생산량 5까지는 한계수입(=시장가격)이 한계비용보다 높다. 이는 생산량을 늘릴 때마다 순편익(이윤)이 쌓여감을 의미한다. 하지만 생산량이 6이 되면서부터 한계수입<한계비용이 된다. 즉 생산량 6이 넘어가면서부터 이윤이 감소하기 시작한다.

결국 한계수입=한계비용이 지점이 이윤을 극대화하는 지점이 됨을 알 수 있다.
(이를 이윤극대화 1계 조건이라 한다)

그림 2-6. 한계비용과 시장가격

② 위 조건에서 터피는 첫 번째 아이스커피 생산을 위해 4,000원의 비용을 지불하였다. 따라서 터피는 이 첫 번째 아이스커피를 최소한 4,000원 이상은 받아야만 한다. 그런데 다행스럽게도 아이스커피의 시장가격은 5,000원이다. 때문에 터피는 첫 번째 커피를 판매하여 1,000원의 이득을 얻은 셈이다. 이를 생산자잉여라 한다.

그리고 터피는 아이스커피를 5잔 생산(하고 판매)하여 총 이윤을 6,800원을 얻는 것이 가장 바람직하다(5잔보다 적게 만들거나 더 만들면 이윤이 6,800원보다 줄어든다).
이때 터피가 얻은 이윤 6,800원은 각 커피를 팔 때마다 얻는 순편익 1,000+2,000+2,500+1,100+200을 합산한 값이다. 이를 생산자잉여라고 한다.

※ 장사 시작을 위해 투입해야 하는 초기비용이 0이라면 기업의 이윤(순편익)의 크기는 생산자잉여와 일치한다.

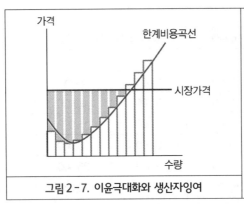

그림 2-7. 이윤극대화와 생산자잉여

이때 기업의 한계비용곡선이 기업의 공급곡선이 된다. 보다 엄밀하게는 좀 더 명확한 개념이 추가되어야 하지만 이는 추후 시장이론에서 다시 다루기로 한다.

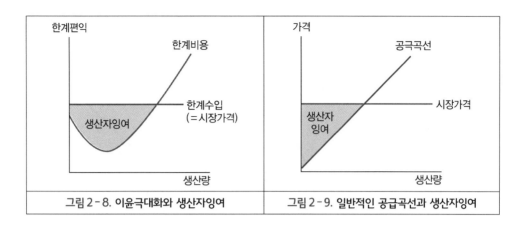

| 그림 2-8. 이윤극대화와 생산자잉여 | 그림 2-9. 일반적인 공급곡선과 생산자잉여 |

3. 희소성의 원칙과 생산가능곡선

순편익을 극대화해야하는 당위성에 대해 학습한다.

– 희소성
– 희소성의 원칙과 순편익극대화
– 생산가능곡선
– 기회비용 체증의 원칙

(1) 희소성

① 희소성(Scarcity)이란 인간의 욕구나 필요에 비하여 자원이 부족한 상태를 말한다. 예를 들어 인간이 필요로 하는 석유의 양이 지구상의 석유 부존량을 초과한다. 따라서 석유는 희소한 자원이라고 한다.

※ 절대적인 부족 상태를 의미하는 희귀성과 구분 해야 한다. 희소성은 상대적으로 부족한 상태를 말한다.

② 반면 산소(O_2)는 인간이 필요로 하는 양보다 부존량이 많기 때문에 산소는 매우 필수적이고 중요한 자원이지만 희소한 자원이라고 하지는 않는다.

(2) 무상재와 경제재

① 산소, 바닷물 등 희소하지 않은 자원을 무상재(자유재 : free goods)라고 한다. 반면 희소한 자원을 경제재(Economic goods)라고 한다. 경제재는 시장에서 합당한 가격을 주고 구입해야 하는 자원(혹은 재화)이다.

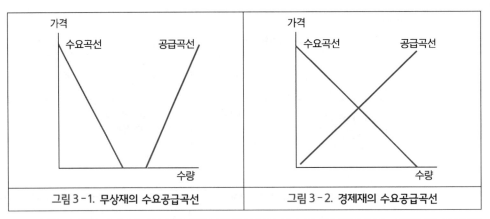

| 그림 3-1. 무상재의 수요공급곡선 | 그림 3-2. 경제재의 수요공급곡선 |

※ 무상재는 효용을 가져다주지만 부존량이 넘쳐 굳이 돈을 주고 구매할 필요가 없는 재화이다. 무상재라고 인간에게 효용을 주지 않는 재화가 아니다.

(3) 생산가능곡선

① 지구 전체적으로 보면 인간의 욕망은 무한하지만 지구 내 자원의 총량은 한정적이다. 때문에 인간은 이 한정된 자원을 바탕으로 최대한의 욕망을 달성해야 한다. 그러므로 이 자원을 적재적소의 잘 배분해야만 한다. 다시 말해 희소성에 직면하였기 때문에 우리는 자원배분(경제적 선택)의 문제에 직면하게 되는 것이다. 이를 희소성의 원칙이라고 한다.

② 그렇다면 어떤 자원을 어느 재화(혹은 서비스)에 투입해야 하는가? 그리고 또 어떠한 방식으로 투입해야 하는가. 등의 여러 가지 선택의 문제를 해결해야 한다. 이는 다음 장에서 다루도록 한다. 먼저 경제전체적인 관점에서 주어진 자원을 바탕으로 얼마큼의 생산이 가능한지를 그림으로 나타내보자.

③ 생산가능곡선(Production Possibility Curve : PPC)이란 경제내 주어진 자원을 최대한 효율적으로 사용하여 얻을 수 있는 X재와 Y재의 조합을 연결한 곡선이다.

일반적인 생산가능곡선의 형태는 아래 그림과 같다(원점에 대해 오목한 모양).

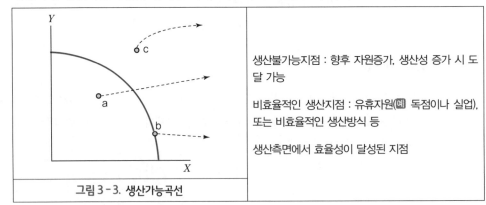

생산불가능지점 : 향후 자원증가, 생산성 증가 시 도달 가능

비효율적인 생산지점 : 유휴자원(예 독점이나 실업), 또는 비효율적인 생산방식 등

생산측면에서 효율성이 달성된 지점

| 그림 3-3. 생산가능곡선 |

④ 생산가능곡선 상의 모든 점들은 생산에서는 효율적인 지점이다. 즉 주어진 자원을 남김없이 투입하였고, 여기에 더해 가장 효율적인 방식으로 생산이 이루어졌을 때 도달가능한 지점들이다(실제 생산가능곡선상의 어느 지점에서 생산이 이루어지는지는 그 경제의 의사결정방식에 따라 달라진다).

⑤ 경제 내 부존자원이 증가하거나, 생산성이 증대된다면 이 경제의 생산가능곡선은 바깥 쪽으로 확장하게 된다. 이를 경제성장이라고 한다.

※ 생산성이란 $\frac{생산량}{투입량}$ 을 의미한다. 따라서 생산성이 높다는 것은 동일한 생산량을 더 적은 비용으로 생산하거나, 혹은 같은 비용으로 더 많은 생산량을 얻는 것을 말한다. 이러한 생산성에 영향을 미치는 요인으로는 기술수준, 시스템의 효율성, 문화와 규범, 신뢰의 정도, 기후 등 다양한 요인들이 있다.

※ 생산가능곡선의 우하향 : 생산가능곡선은 당연히 우하향하는 형태이다. 즉 자원을 남김없이 투입한 상태에서 X재를 더 많이 만들기 위해서는 필연적으로 Y재에 투입한 자원을 빼와야만 한다. 생산가능곡선이 우상향하는 것은 마법이 아니고서는 불가능하다.

(4) 한계변환율과 기회비용 체증의 법칙

① 생산가능곡선은 보통 원점에 대해 오목한 형태이다. 이는 생산가능곡선의 기울기가 점차 가팔라짐을 말한다.

② 예를 들어 100명의 노동력만을 보유한 어느 경제가 생선(X재)과 과일(Y재)만을 생산할 수 있다고 하자. 첫날 100명의 노동자가 모두 과일 생산에 투입되어 과일 100kg을 생산하였다(아래 그림 점 a). 둘째 날 이제 생선을 잡기위해 노동자 10명을 선발하여 바다로 보냈고 남은 90명은 여전히 과일 생산에 투입되어 과일 90kg을 수확하였다. 이때 바다로 보낸 노동자들은 생선을 무려 30kg 잡아왔다(점 b).

셋째 날 다시 추가로 노동자 10명을 더 바다로 보내 생선을 잡게 하였다. 이제 과일 수확노동자는 80명이고 이때 과일 수확량은 80kg이다. 그리고 추가로 바다로 보낸 노동자 10명이 생선을 15kg 잡아 생선 총어획량은 45kg이다(점 c).

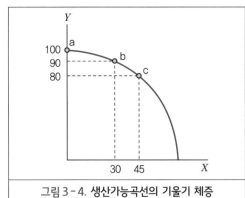

여기서 둘째 날 10명의 노동자들이 30kg의 생선을 잡았는데, 셋째 날 추가된 10명의 노동자들은 15kg 밖에 잡지 못했을까?
이는 한계생산성이 체감하기 때문이다.

(이에 대한 구체적 논의는 추후 생산자이론에서 다룬다)

그림 3 - 4. 생산가능곡선의 기울기 체증

③ X재 생산의 기회비용 : 기회비용은 무언가를 얻기 위해 포기한 것 들 중 최선의 가치를 의미한다. 여기서는 X재를 추가하기 위해 포기한 것은 오직 Y재밖에 없다. 따라서 X재 생산의 기회비용은 이를 위해 포기한 Y재의 수량이다.

생산가능곡선의 기울기는 바로 X재 생산의 기회비용(X재 생산 1단위 증가를 위해 포기해야 하는 Y재 수량)이다. 아래 그림에서 점 a에서 X재를 1개 증가시키기 위해 생산지점을 점 b로 옮겼다고 하자. 이때 포기한 Y재의 수량(즉 X재 생산의 기회비용)은 바로 점 a와 점 b의 수직의 격차(그림상 검은색 화살표의 길이)이다. 그런데 이 격차는 바로 점 a와 점 b를 연결한 선분의 기울기와 같다. 따라서 X재 생산의 기회비용은 곧 생산가능곡선의 기울기이다.

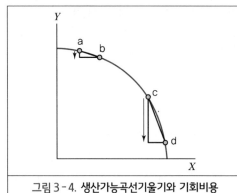

그림 3 - 4. 생산가능곡선기울기와 기회비용

점 a와 점 b를 연결한 선분(빗변)의 기울기는 $\frac{\Delta y}{\Delta x}$ 인데 여기서 $\Delta x = 1$이다. 따라서 점 a와 점 b를 연결한 선분의 기울기는 Δy이다.

④ 그리고 생산가능곡선이 원점에 대해 오목하다는 것은 X재 생산을 증가시킬 때 X재 생산의 기회비용도 점차 증가하는 것을 의미한다.

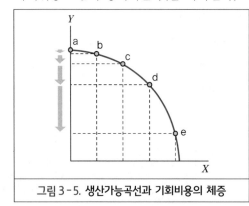

그림 3 - 5. 생산가능곡선과 기회비용의 체증

좌측그림에서 X재를 한 단위 씩 늘려나갈 때 포기해야 하는 Y재의 수량이 점차 늘어남을 볼 수 있다. 즉 생산가능곡선이 원점에 대해 오목하다면(기울기가 점차 가팔라진다면) X재 생산을 늘려나갈 때마다 X재 생산의 기회비용도 체증함을 알 수 있다.

⑤ 생산가능곡선의 기울기를 한계변환율(Marginal Rate of Transfomation : MRT)이라고 한다. X재 생산의 한계비용을 Y재 생산의 한계비용으로 나눈 값, 즉 $MRT_{XY} = -\frac{MC_X}{MC_Y}$

4. 경제체제

경제적 선택을 채택하는 경제체제에 대해 학습한다.

- 세 가지 경제선택의 문제
- 사회후생
- 시장경제체제와 계획경제체제
- 시장실패와 혼합경제체제

(1) 세 가지 선택의 문제, 시장가격과 균형가격

① 희소성의 원칙에 따라 인간은 주어진 자원으로 무엇을 할지, 어떻게 해야 할지 등 여러 가지 자원배분의 문제를 해결해야 한다. 사무엘슨은 이러한 문제를 크게 3가지 범주로 구분지었다. 이를 세 가지 경제선택의 문제라고 한다.

② 세 가지 선택의 문제는 다음과 같다.
- 무엇을 얼마나 생산할 것인가?
  : 생산물의 종류와 수량을 결정하는 문제이다.
- 어떻게 생산할 것인가?
  : 위에서 생산물의 종류와 수량이 결정되었다면, 이제 이를 어떠한 방식으로, 어떠한 자원을 투입하여 생산할지를 선택해야 한다.
- 누구를 위해 생산할 것인가?
  : 이제 생산물의 생산이 완료되었다면 이를 어떻게 배분할지를 결정해야 한다.

③ 이 세 가지 선택의 문제를 해결하는 방식은 경제체제 별로 매우 상이하다. 경제체제는 크게 시장경제체제, 계획경제체제, 혼합경제체제로 나뉜다. 시장경제체제는 말 그대로 위 3가지 문제를 주로 시장의 가격기능에 의해 해결하는 방식의 경제체제이다.

④ 여기서 시장가격(Market Price)이란 시장에서 거래하는 거래당사자 모두 동일한 제품을 누구도 차별없이 동일한 수준에서 거래하는 가격을 말한다.
반면 균형가격(Equilibrium Price)이란 수요량과 공급량이 일치되도록 하는 가격을 의미한다. 시장가격은 경우에 따라 균형가격과 어긋날 수도, 일치할 수도 있다.

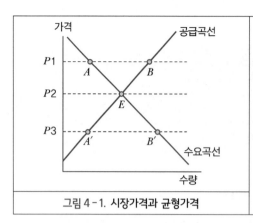

그림 4 - 1. 시장가격과 균형가격

좌측 그림에서 균형가격은 P2이다. 이때 시장가격도 P2라면 소비자의 구매량(수요량)은 E지점이며 또한 기업의 생산량도 E점이다.

반면 시장가격이 P1이라면 소비자의 구매지점은 A, 기업의 생산지점은 B가 되어 시장에서 초과공급이 발생한다.

시장가격이 P3이라면 소비자의 구매지점은 B, 기업의 생산지점은 A가 되어 시장에서 초과수요가 발생한다.

(2) 사회후생

① 시장가격 = 균형가격일 때

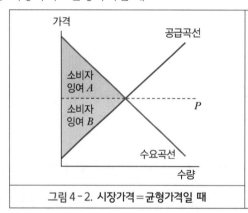

그림 4 - 2. 시장가격 = 균형가격일 때

시장가격 = 균형가격일 때 소비자잉여는 회색 삼각형 A, 생산자잉여는 붉은색 삼각형 B가 된다. 그리고 이 둘을 합친 면적을 사회총잉여(Social Total Surplus), 혹은 사회후생(Social Welfare)이라고 한다.

② 시장가격 > 균형가격일 때

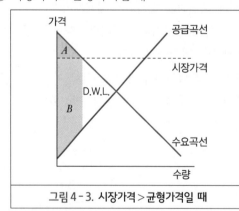

그림 4 - 3. 시장가격 > 균형가격일 때

시장가격 > 균형가격이라면 좌측그림에서 소비자잉여의 크기는 회색 삼각형 A가 된다. 그리고 생산자잉여의 크기는 붉은색 사다리꼴 다각형 B가 된다. 시장가격 = 균형가격일 때보다 사회후생은 흰색 삼각형 만큼 감소하는 것이다.
이때 흰 삼각형의 면적을 사회후생손실(Dead. Weight. Loss.)이라고 한다.

③ 시장가격 < 균형가격일 때

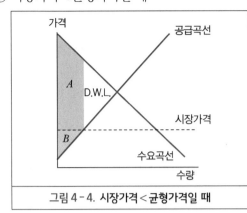

시장가격 < 균형가격이라면 좌측그림에서 소비자잉여의 크기는 회색 사다리꼴 A가 된다. 그리고 생산자잉여의 크기는 붉은 삼각형 B가 된다. 시장가격 = 균형가격일 때보다 사회후생은 흰색 삼각형만큼 감소하는 것이다. 이때 흰 삼각형의 면적을 사회후생손실(Dead. Weight. Loss.)이라고 한다.

그림 4 - 4. **시장가격 < 균형가격일 때**

(3) 시장경제체제와 자본주의

① 공리주의(Utilitarianism)에 따르면 사회후생이 극대화되는 것이 가장 바람직하다고 본다. 따라서 시장가격이 균형가격과 일치하는 것을 가장 이상적인 시장조건으로 여긴다.

② 그렇다면 시장가격과 균형가격의 괴리가 발생할 때 이를 재조정하는 가장 바람직한 수단은 무엇일까? 시장경제주의자들은 바로 시장 참여자를의 가격경쟁이라고 보았다. 이를 보이지 않는 손의 원리라고 한다. 즉 초과공급이 발생하면 공급자들이 이윤극대화를 위해 가격을 낮추고, 초과수요가 발생하면 시장가격을 올리게 된다는 논리이다. 이러한 가격경쟁의 원리가 제대로 작동한다면 시장은 언제나 사회후생을 극대화하는 방식을 즉각 균형을 이룰 것이라고 본다.

③ 이러한 가격경쟁을 통해 결정된 시장가격에 의해 3가지 선택의 문제를 해결하는 방식의 경제체제를 시장경제체제라고 한다. 이러한 시장경제체제는 자본과 토지의 민간소유만을 허용하는 자본주의체제와 궁합이 잘 맞는다.

(4) 계획경제체제와 공산주의

① 시장경제체제의 의해, 이와 더불어 가격경쟁이 원활히 작동한다면 시장가격 = 균형가격이 성립하고 사회후생이 극대화되는데, 하지만 빈부격차는 경쟁의 원리에 의해 해결될 수 없다. 또한 경쟁이 원활치 못하게 되는 상황이 발생하게 되면 역시 사회후생이 극대화되지 않을 수 있다. 즉 시장경제체제는 완벽한 경제체제는 아니다. 이에 대응하기 위해 등장한 경제체제가 바로 계획경제체제이다.

② 계획경제체제는 3가지 경제선택의 문제를 주로 정부의 계획과 통제에 의해 해결한다. 만일 정부의 목적이 효율성의 극대화가 아니거나, 혹은 의도치 않게 비효율적 선택을 하게 된다면 경제활동의 비효율성이 발생하게 된다. 다만 형평성을 고려하는 정부의 정책에는 강력한 효과를 발휘할 수 있다. 이러한 계획경제체제는 자본과 토지의 국가소유만을 인정하는 공산주의와 궁합이 잘 맞는다.

(5) 시장실패, 혼합경제체제와 수정자본주의

① 20세기 벌어진 체제경쟁에서 결국 계획경제체제는 실패하게 되었다. 하지만 시장경제체제도 완벽한 것은 아니어서 빈부격차, 불완전경쟁, 공공재의 부족, 외부효과, 정보비대칭, 경기불안정이라는 문제는 해결하는데 한계를 보였다. 이렇게 시장경제체제가 완벽히 해결하지 못한 6가지 계열의 문제를 통칭하여 시장실패(Market Failure)라 한다. 이를 해결하기 위해 혼합경제체제가 탄생하였다.

② 혼합경제체제에는 기본적인 경제활동은 시장경제시스템에 맡기되 심한 시장실패가 발생하면 정부가 시장에 개입하여 적극 해결하는 시스템이다. 때문에 정부가 자본과 토지 등 주요 생산요소를 일부 소유하는 방식의 수정자본주의와 궁합이 잘 맞는다.

(6) 정부실패와 작은 정부, 신자유주의

① 20세기 경제대공황 이후 수정자본주의가 널리 보급되며 대부분의 국가들은 혼합경제체제를 지향하고 있다. 하지만 이는 과도한 정부의 권한과 예산 등 비대한 정부를 야기하였고 이에 따라 관료제의 폐해, 부정부패, 무사안일, 정부의 비전문성, 근시안적 규제 등 다양한 정부실패 사례를 발생시켰다. 특히 1970년대 오일쇼크 이후 정부의 비효율성이 대두되자 1980년대부터 서방 선진국을 중심으로 다시 작은 정부, 시장경제체제의 강화로 회귀하는 움직임이 일어났는데, 이를 신자유주의라 한다.

② 신자유주의는 규제철폐, 법인세 및 소득세 인하, 복지축소 등 기본적인 시장경제체제의 주요 방침을 따르며, 특히 자유무역 활성화와 관세철폐 등을 주요 골자로 하였다. 이러한 신자유주의 확산은 2008년 세계 금융위기 이후 다시 수그러든 상태이다.

01 경제주체와 경제활동에 관한 설명 중 틀린 것은?

① 가계는 주로 소비와 생산요소 공급을 담당한다.
② 가계와 기업을 민간경제주체라 부른다.
③ 가계는 모든 시장에서 수요자 역할을 한다.
④ 정부는 공공재 공급을 위하여 민간경제주체에게 조세를 징수한다.
⑤ 순편익 극대화를 위해 행동한다.

정답 | ③
해설 | 가계는 생산요소 시장에서는 공급자 역할을 담당한다.

02 생산요소와 관련된 설명으로 옳지 않은 것은?

① 노동은 일정기간마다 갱신하여야 하는 유량 개념이다.
② 자본은 금융자산만을 지칭한다.
③ 노동, 자본, 토지는 주로 가계가 기업에게 제공한다.
④ 자본의 기회비용을 이자라 한다.
⑤ 기업은 자본 고용의 댓가로 이자를 지급한다.

정답 | ②
해설 | 자본은 실물자산까지 포함한다.

03 생산물 시장에서 발생하는 것으로 잘못된 것은?

① 가계는 수요자이다.
② 기업이 공급자이다.
③ 재화와 서비스가 거래된다.
④ 화폐흐름은 기업에서 가계로 움직인다.
⑤ 실물의 흐름이 기업에서 가계로 향한다.

정답 | ④
해설 | 생산물시장에서 화폐흐름은 가계 → 기업이다.

04 한계편익과 총편익의 관계에 대한 설명 중 옳은 것은?

① 한계편익이 일정하면 총편익도 불변이다.
② 한계편익이 체감하면 총편익도 체감한다.
③ 한계편익이 음수($-$)이면 총편익은 감소한다.
④ 한계편익은 절대 체증할 수 없다.
⑤ 한계편익이 체증하여도 총편익이 일정할 수 있다.

정답 | ③
해설 | 한계편익이 0보다 작으면 총편익은 감소한다.

05 생산가능곡선과 관련된 설명 중 옳지 않은 것은?

① 우하향한다.
② 원점에 대해 오목한 것은 기회비용 체증을 의미한다.
③ 기술진보 등에 의해 확장가능하다.
④ 기회비용이 일정하면 원점에 대해 볼록하다.
⑤ 실업이 발생하여도 생산가능곡선이 후퇴하는 것은 아니다.

정답 | ④
해설 | 리카도의 비교우위론에서는 기회비용이 일정하여 생산가능곡선도 선형의 형태이다.

06 생산가능곡선을 확장시키는 요인으로 잘못된 것은?

① 생산요소의 증가 　　　　　② 실업의 감소
③ 신기술의 개발 　　　　　　④ 생산성의 향상
⑤ 저축의 증가

정답 | ②
해설 | 실업이 감소하면 생산지점이 생산가능곡선에 근접할 뿐 생산가능곡선자체는 움직이지 않는다.

07 생산가능곡선의 기울기가 의미하는 것으로 옳지 않은 것은?

① X재 생산을 위해 포기한 Y재의 수량

② 한계변환율

③ 기회비용이 체증하면 생산가능곡선의 기울기는 점차 완만해진다.

④ X재 생산의 한계비용/Y재 생산의 한계비용

⑤ 기회비용이 일정하면 생산가능곡선의 기울기도 불변이다.

정답 | ③
해설 | 기회비용이 체증하면 생산가능곡선의 기울기는 점차 가팔라진다.

5. 수요곡선

수요와 수요량에 대해 학습한다.

– 수요의 의미
– 수요와 수요량의 관계
– 수요에 영향을 미치는 요인
– 수요의 법칙과 대체효과, 소득효과의 구분

(1) 수요의 정의

① 수요(Demand)란 지불능력을 지닌 구매자의 구매의사를 말한다. 그리고 이를 수량 – 가격 평면에 나타낸 것을 수요곡선이라 한다.

② 수요가 발생하기 위해서는 두 가지 요소가 필수적이다. 첫째는 지불능력, 즉 소득이 있어야 한다. 그리고 구매의사, 즉 실제 구매하려는 마음이 일어나야 한다.

③ 수요곡선(Demand Curve : D)은 이러한 구매자(보통 소비자)의 구매의사를 곡선으로 표시한 것인데, 엄밀한 정의는 다음과 같다.

– 수요곡선 : 주어진 소득 수준에서 특정가격과 그 가격수준에서 구매하고자 하는 수량의 조합점을 연결한 곡선

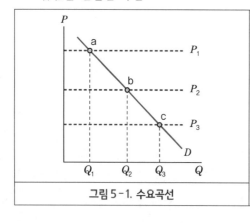

좌측 그림에서 어느 소비자가 P_1의 (시장)가격에서 Q_1만큼 구매하고자 하고, P_2의 가격에서는 Q_2만큼 구매하고자 하고, P_3의 가격에서는 Q_3만큼 구매하고자 한다면, 이 조합 점 a, b, c를 연결한 곡선이 바로 수요곡선이 되는 것이다.

그림 5 – 1. 수요곡선

※ 고등학교 수준의 경제과목이라면 위에 설명한 수요곡선은 2장에서 설명한 한계편익곡선과 같은 것으로 봐도 무방하다. 하지만 대학교 수준의 경제원론 이상에서는 한계편익곡선과 수요곡선이 정확히 일치하지는 않고 매우 근접한 근사치이다. 둘 사이의 미세한 차이는 소득효과에서 기인하게 되는데 이는 추후 상세히 설명하기로 한다.

(2) 수요와 수요량

① 수요는 바로 구매자의 구매의사이자 구매 스케줄이라고 봐도 된다. 예를 들어 톰의 어머니가 톰에게 삼겹살을 사오라는 심부름을 시켰다. 하지만 어머니는 삼겹살의 오늘 마트 시장 가격을 모르신다. 그래서 종이에 다음과 같은 표를 하나 적어 톰에게 건네주신다.

100g 당 가격	구매량
1,000원	900g
1,500원	800g
2,000원	700g
2,500원	600g
3,000원	500g
3,500원	400g
4,000원	300g

표 5-1. 구매의향표

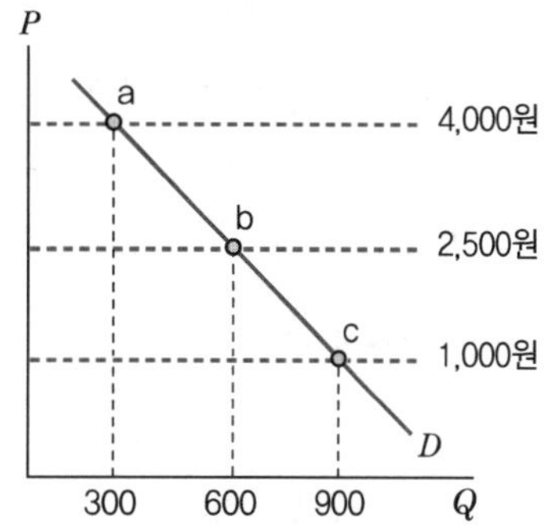

그림 5-2. 수요곡선2

② 이 구매의향표에 좌표를 연결한 곡선이 바로 수요곡선이 되는 것이다. 그리고 각각의 시장 가격에 대응대회는 구매량을 수요량(Quantity of Demanded)이라 한다.

※ 수요와 수요량은 다른 개념이다. 시장가격이 상승하면 수요가 줄어드는 것이 아니다. 수요량이 감소하게 된다. 시장가격이 변화해도 수요는 그대로이다.

※ 가격이 하락할 때 수요량은 증가하는데, (반대로 가격이 상승하면 수요량은 줄어든다) 이를 수요의 법칙(The Law of Demand)이라 한다. 수요의 법칙이 성립하면 수요곡선은 우하향하는 형태를 띈다.

(3) 수요의 변화요인

① 시장가격의 변화는 수요에 영향을 미치지 못한다. 오직 수요량에만 영향을 미칠 수 있다. 그렇다면 수요 자체에 영향을 미치는 요인은 어떤 것들이 있을까?

② 먼저 소득이다. 소득의 변화는 수요에 바로 영향을 준다. 보통의 경우 소득의 증가는 수요를 증가시킨다. 즉 소득이 증가하면 수요곡선은 우측으로 이동한다(위로 이동했다고도 볼 수 있지만 관례상 우측이동이라고 표현한다).

③ 하지만 몇몇 특이한 재화나 서비스는 소비자의 소득이 증가한 경우 오히려 감소하기도 하는데 이런 특이한 재화나 서비스를 열등재(Inferior goods)라고 한다. 이와 구분하기 위해 소득과 수요가 정(+)의 관계를 나타내는 보통의 재화, 서비스를 정상재(Normal goods)라고 한다.

※ 명목소득과 실질소득

> 명목소득(Nominal Income)이란 말그대로 눈에 보이는 소득을 말한다. 월급통장에 찍힌 입금액이 바로 명목소득이다. 반면 실질소득(Real Income)은 물가를 고려한 소득으로 실질소득 = $\dfrac{명목소득}{물가}$ 의 공식이 성립한다.
>
> 따라서 명목소득이 5% 상승해도 물가가 이보다 더 많이 상승해서 7% 상승한 것이라면, 이 노동자의 실질소득은 오히려 전에 비해 하락한 것이다. 반대로 명목소득은 그대로인데 물가가 하락하였다면 이 노동자의 실질소득은 증가한 것이다.

④ 소득 외에도 소비자의 선호의 변화, 취향의 변화가 수요에 영향을 줄 수 있다.

⑤ 현재의 시장가격은 소비자의 수요에 영향을 주지 못하지만, 향후 미래예상 가격의 변화는 소비자의 현재 수요에 영향을 준다. 예를 들어 조만간 어느 제품의 가격의 인상이 예견된다면 소비자들은 당장의 수요를 늘려 사재기에 나설 것이다. 반대로 제품의 가격이 곧 하락할 것 같으면 당장의 수요는 좀 줄이고 가격이 인하되고 나면 그때 구입을 시작할 것이다.

※ 유량과 저량

> 유량(Flow)이란, 일정 기간 동안 측정이 가능한 수량을 말한다. 즉 시작시점과 종료시점이 서로 다른 시간의 흐름 동안 발생하는 수량이다.
>
> 한편 저량(Stock)이란 일정 시각, 일정 시점에서 측정하는 수량이다.
>
> 유량의 대표적 예는 바로 소득이다. 예를 들어 "너 소득 얼마야?" 라고 물었을 때 정확한 대답을 얻기 위해서는 기간을 반드시 명시해줘야 한다. 즉 월급인지, 연봉인지, 주급인지, 일당인지 얼마의 기간 동안의 소득을 말하는 것인지를 확실히 해줘야 한다.
>
> 반면 저량의 대표적인 예는 재산, 인구 등이다. "너 예금잔액 얼마야?" 라고 물으면 이는 기간을 명시하지 않아도 대답이 나온다. 위 질문은 지금 이 시각 현재 예금잔액은 의미하기 때문이다.
>
> 수요량, 그리고 수요도 유량이다. 즉 "너 커피 몇 잔 마셔?"라는 물음에 답하기 위해서는 하루 동안의 커피 수요량인지 한 달 동안인지 일 년 동안인지를 먼저 명확히 해야 한다.

⑥ 대체재(Substitute)의 가격 변화 : 대체재란 소비에서 특성이 유사하여 대체가 용이한 재화관계를 말한다. 예를 들면 콜라와 사이다, 삼겹살과 목살 등이 대체관계이 있다고 볼 수 있다. 삼겹살과 목살이 대체관계라면, 목살의 가격 상승은 목살의 수요량을 줄이는 요인이다. 하지만 여전히 목살이 먹고 싶다면? 비싼 목살 대신 삼겹살로 갈아타면 된다. 즉 목살 가격의 상승이 삼겹살의 수요 증가요인이 되는 것이다.

⑦ 보완재(Complement)의 가격 변화 : 보완재란 소비에서 궁합이 맞는 관계를 의미한다. 따라서 각자 소비할 때보다 함께 곁들여 소비할 때 훨씬 더 큰 효용을 가져다주는 재화관계이다. 예를 들면 삼겹살과 상추, 피자와 콜라, PC와 키보드 등이다. 삼겹살과 상추가 보완관계라면, 상추의 가격 하락은 삼겹살의 수요증가를 가져온다. 즉 상추 가격하락으로 상추에 대한 수요량이 증가하고 이에 따라 삼겹살에 대한 구매의사가 증가하여 수요도 증가하게 되는 것이다.

Ceteris Paribus : 다른 조건이 일정하다면

경제학에서 이론적 논의를 할 때의 기본가정이다.

예를 들어 '소비자의 소득이 감소하였는데 콜라에 대한 수요는 증가하였다. 따라서 이 소비자에게 콜라는 열등재이다.' 라고 문장의 참/거짓 여부를 가려보자. 당연히 이 문장은 참이다. 그런데 갑이 이에 대한 반론을 제기한다. '아니. 콜라가 열등재라고 어떻게 단언하지? 콜라는 정상재이고 소득은 감소하였지만 콜라에 대한 선호가 더욱 증가하였기에 이런 결과가 나온 것일 수도 있잖아. 고로 위 문장은 참/거짓을 판단할 수 없어.' 갑의 반론은 타당한가? 현실에서 실증적 결과에 대한 해석을 논할 때는 갑의 반론은 타당하다. 하지만 이론적 문제를 풀 때에는 출제자가 언급한 내용만으로 문제의 참/거짓 여부를 추론해야 하며 문제에서 언급되지 않는 기타 변수들(갑의 사례에서는 콜라에 대한 선호)은 불변이라는 것을 기본 전제로 삼아야만 한다(그러지 않는다면 실로 다양한 소설 같은 시나리오가 등장하고 어떠한 이론적 명제도 참/거짓 여부를 판단할 수 없게 된다).

또 다른 예로써 기출문제에서 '휘발유 가격이 상승하자 톰은 자신의 초콜렛에 대한 수요를 증가시켰다. 따라서 톰에게 휘발유와 초콜렛은 서로 대체관계에 있다.'라는 문장의 참/거짓 여부를 묻는다. 정답은 '참'이다. Ceteris Paribus의 가정에 의해 위 명제에서 휘발유 가격과 톰의 초콜렛 수요 이외에는 아무것도 변하게 없는 것이다. 따라서 톰에게 휘발유와 초콜렛은 대체관계에 있다고 봐야하는 것이다(물론 현실에서 이런 상황이 벌어졌다면, 현명한 경제학도라면 우리가 미처 발견하지 못한 다른 변수들을 조사할 것이다. 예를 들면 초콜렛에 선호에 영향을 미치는 새로운 연구결과의 발표 등).

(4) 개별수요와 시장수요

① 지금까지 개인의 수요곡선에 영향을 주는 요인을 살펴보았다. 개인들의 수요가 모이면 시장전체 수요가 형성되는데, 당연히 개인들의 수요가 증가하면 시장전체 수요도 증가하게 된다. 그리고 개인들의 수요가 불변이라도 시장에 참여하는 개인들의 수가 증가하면 시장전체 수요는 증가한다.

② 개인의 수요들을 서로 합산하는 것은 개인수요곡선을 수평으로 합산하는 방식으로 이루어진다. 아래 그림에서 좌측 수요곡선을 소비자A의 수요, 가운데 수요곡선을 소비자B의 수요곡선이라고 하자. 시장가격이 P_1일 때, A의 수요량은 Q_{a1}, B의 수요량은 Q_{b1}이다. 그리고 시장가격이 P_2일 때, A의 수요량은 Q_{a2}, B의 수요량은 Q_{b2}이다.

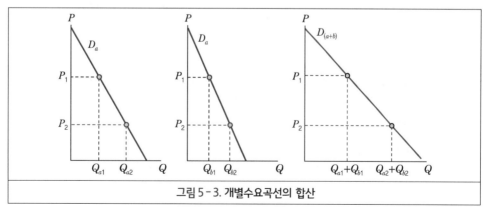

그림 5 – 3. 개별수요곡선의 합산

따라서 시장가격이 P_1일 때 A와 B의 수요량 총량은 $Q_{a1} + Q_{b1}$ 시장가격이 P_2일 때 A와 B의 수요량 총량은 $Q_{a2} + Q_{b2}$가 된다. 이를 나타낸 합산 수요곡선은 위 그림의 가장 우측 수요곡선 $D(a+b)$이다.

6. 공급곡선

공급과 공급곡선에 대해 학습한다.

– 공급곡선과 한계비용
– 공급에 영향을 미치는 요인
– 개별공급곡선의 합산

(1) 공급과 공급량

① 공급(Supply)이란 판매를 목적으로 재화, 서비스, 요소 등을 제공하는 것을 의미한다. 그리고 이를 수량-가격 평면에 곡선으로 표시한 것을 공급곡선(Supply Curve)라고 한다.

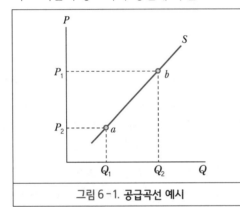

좌측 그림에서 시장가격이 P_1일 때 기업의 생산량이 Q_1이고, 시장가격이 P_2로 상승하면 기업의 생산량이 Q_2로 증가한다.

이러한 일반적인 재화나 서비스의 공급 외에도 각 생산요소의 공급자들의 요소공급도 이와 같은 방식의 공급곡선으로 표현할 수 있다.

그림 6-1. 공급곡선 예시

② 수요와 수요량을 구분해야 하듯 공급과 공급량도 구분해야 한다. 상기 그림에서 시장가격 P_1일 때 공급량은 Q_1이 되고 시장가격이 P_2일 때 공급량은 Q_2가 된다.

(2) 공급의 변화요인

① 개별기업의 공급곡선 2장에서 살펴본 바와 같이 개별기업의 한계비용곡선과 일치한다(완벽히 일치하는 것은 아니지만 일단은 같은 곡선이라고 보자.

② 따라서 개별기업의 한계비용곡선의 변화는 개별기업의 공급을 변화시키는 요인이 된다. 한계비용의 상승＝공급곡선의 좌측이동(공급의 감소)을 야기한다. 이때 공급의 감소요인은 다음과 같다. 반대로 공급이 증가하면 공급곡선은 우측으로 이동한다.

③ 생산에서 대체관계란 서로 다른 두 재화를 동일한 생산요소와 생산라인을 사용하여 제조할 수 있는 관계를 말한다. 단 주어진 생산요소를 동시에 두 재화 생산에 투입할 수는 없다. 예를 들어 농부가 100평의 밭에서 옥수수를 생산할 수도 있고 감자를 생산할 수도 있다면 이때 옥수수와 감자는 서로 생산에서 대체관계이다.

(50평은 옥수수, 50평은 감자를 심어도 되는 거 아니냐고 반문할 수도 있지만 여기서 옥수수를 심은 자리에 동시에 감자를 심을 수는 없는 것이다. 즉 옥수수를 심은 딱 그 자리에는 옥수수를 뽑지 않고는 감자를 심지 못한다)

따라서 옥수수의 시장가격은 그대로인데 감자가격이 상승하면 농부 입장에서는 다음번에는 옥수수 생산을 줄이고 감자 생산을 늘릴 것이다. 따라서 생산에서 대체재인 감자 가격의 상승은 곧 옥수수 생산의 감소를 야기하는 것이다.

※ 다른 예로는 가수와 연기자를 겸업하는 연예인. 가수로서의 소득이 좀 줄어들면 이 연예인은 가수활동을 줄이고 연기자 활동을 늘려나갈 것이다.

④ 생산에서 보완관계란 어느 재화를 생산하다 보니 다른 재화의 생산에 소요되는 비용이 절감되는 효과가 발생하는 생산관계를 말한다. 예를 들어 가죽구두를 만드는 기업은 생산 부속물로 짜투리 가죽이 많이 남는데, 이를 이용하여 가죽지갑을 만드는데 비용절감이 발생할 수 있다. 갈비집에서 냉면육수가 나와 냉면도 저렴하게 만들 수 있게 되는 것, 순대를 팔다보니 머릿고기도 저렴하게 만들 수 있는 것, 이러한 것들이 모두 생산에서 보완관계를 나타내는 것이다.

예를 들어 갈비의 시장가격이 상승하자 사장은 갈비 생산을 늘린다. 그러다 보니 갈비뼈도 많이 나오고 육수도 보다 더 많이 생산 가능해졌다. 그래서 냉면 생산도 늘어나는 것이다.

※ 범위의 경제

> 범위의 경제란 A라는 제품, B라는 제품을 각각 단독 생산할 때보다 A와 B를 함께 생산하였더니 단독생산할 때보다 평균비용이 하락하는 현상을 말한다.
>
> 예를 들어 어느 전자회사가 에어컨만 100대 생산할 때는 대당 생산비용이 80만 원, 총비용 8천만 원이 소요되었고, 이 전자회사가 냉장고만 100대 생산할 때는 대당 생산비용이 100만 원, 총비용이 1억 원이 소요되었다고 하자. 그런데 이제 이 회사가 에어컨과 냉장고를 모두 100대씩 생산하기로 하였더니 총비용이 1억 5천만 원이 되었다. 이때 이 회사의 냉장고와 에어컨 생산에 범위의 경제가 발생하였다고 한다.
>
> 범위의 경제의 발생원인은 가장 대표적 요인이 바로 생산에서의 보완관계이다.

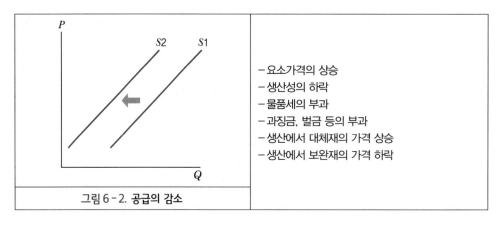

- 요소가격의 상승
- 생산성의 하락
- 물품세의 부과
- 과징금, 벌금 등의 부과
- 생산에서 대체재의 가격 상승
- 생산에서 보완재의 가격 하락

그림 6 - 2. 공급의 감소

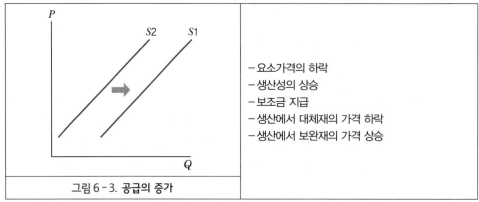

- 요소가격의 하락
- 생산성의 상승
- 보조금 지급
- 생산에서 대체재의 가격 하락
- 생산에서 보완재의 가격 상승

그림 6 - 3. 공급의 증가

⑤ 생산성의 상승은 기업에게 비용을 절감시키는 요인이고 반대로 생산성의 하락은 기업의 비용 상승요인이다. 이에 대한 자세한 설명은 생산자이론에서 다룬다.

※ 상기 언급한 요인 이외에도 다양한 요인이 기업의 공급에 영향을 미친다. 기후의 변화, 자연재해 등도 기업의 공급에 큰 영향을 미친다.

(3) 개별공급곡선과 시장전체공급곡선

① 개별기업의 공급곡선의 합산도 개별수요곡선의 합산과 마찬가지로 수평방향으로 합한다. 즉 예를 들어 기업 a와 기업 b의 공급곡선이 아래 그림과 같을 때, 이 둘의 공급을 합산하면 다음 우측 그림처럼 그려지게 된다.

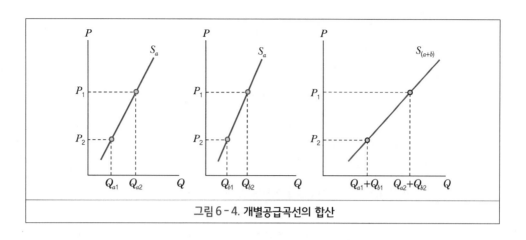

그림 6 - 4. 개별공급곡선의 합산

7. 탄력성

탄력성의 개념과 적용에 대해 학습한다.

- 탄력성의 의미
- 수요의 가격탄력성
- 수요곡선의 기울기와 탄력성
- 가격탄력성과 지출액 간의 관계
- 소득탄력성과 교차탄력성
- 공급탄력성

(1) 수요의 가격탄력성

① 탄력성(Elasticity)이란 충격을 가했을 때 반응의 정도를 나타내는 민감도를 의미한다. 정확한 탄력성의 정의는 $E = \dfrac{결과의\ 변화율}{원인의\ 변화율}$ 이다.

② 예를 들어 가열온도를 2% 올렸더니 반응속도가 3% 상승하였다면 가열온도에 대한 반응속도의 탄력성은 +1.5가 되는 것이다.

> ※ 여기서 변화율의 정확한 정의는 변화율 $= \dfrac{변화량}{초기수량} \times 100\%$ 이다. 예를 들어 톰의 중간고사 성적이 50점이었는데, 기말고사 성적이 63점이 되었다면 톰의 점수 상승률(변화율)은 +26%이다.
>
> ※ 반면 제리의 중간고사 점수는 80점이었는데 기말고사에서 94점을 받았다. 이때 제리의 점수 상승률은 +17.5%이다. 그러면 톰이 제리보다 더 높은 성과를 얻었다고 할 수 있는가? 즉 이러한 변화율의 수치는 출발선이 서로 다른 주체의 성과를 측정하기엔 매우 부적합한 지표이다.

③ 앞서 수요부분에서 학습하였듯, 시장가격의 변화는 수요량에 영향을 준다. 따라서 시장가격의 변화를 원인이라고 한다면 이에 대한 변화는 수요량의 증감일 것이다. 따라서 $\varepsilon_p = \dfrac{수요량의\ 변화율}{가격의\ 변화율}$ 의 수치를 계산할 수 있는데 이를 수요의 가격탄력성(Price

Elasticity)라 한다. 즉 수요의 가격탄력성이란 가격이 1% 변화할 때, 수요량이 몇 % 변화하는지를 나타내는 척도가 된다.

④ 그런데 여기서 수요의 법칙에 의해 수요량의 변화율과 가격의 변화율은 항상 반대부호이다. 때문에 수요의 가격탄력성은 언제나 음수($-$)가 나온다. 그래서 관례적으로 수요의 가격탄력성은 절댓값으로 표기한다(혹은 -1을 한 번 더 곱해 양수로 변환하여 나타낸다).

   ※ 보통 수학에서 변화분을 의미하는 수학기호는 Δ : 델타를 많이 사용한다. 그래서 ΔP는 가격의 변화분을 칭하는 일종의 약어이다. 마찬가지로 ΔQ는 수량의 변화분을 의미한다. 즉 $\dfrac{\Delta P}{P}$, $\dfrac{\Delta Q}{Q}$는 각각 가격의 변화율, 수량의 변화율을 칭하는 암묵적 약어가 될 것이다.

   ※ $\varepsilon_p = \left| \dfrac{\text{수요량의 변화율}}{\text{가격의 변화율}} \right|$을 축약해서 수식으로 표현하면 $\varepsilon_p = \left| \dfrac{\frac{\Delta Q}{Q}}{\frac{\Delta P}{P}} \right|$이 되고

   정리하면 $\varepsilon_p = \left| \dfrac{\Delta Q}{\Delta P} \dfrac{P}{Q} \right| = -\dfrac{\Delta Q}{\Delta P} \dfrac{P}{Q}$ 가 된다.

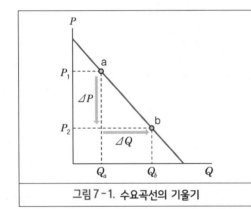

좌측 그림에서 시장가격이 P_a에서 P_b로 하락하면 수요량은 Q_a에서 Q_b로 상승한다.
그리고 이 수요곡선의 기울기, 즉 점 a와 b 사이의 기울기는 $-\dfrac{\Delta P}{\Delta Q}$이다(기울기가 음수이므로 앞에 마이너스가 붙는다).
따라서 수요의 가격탄력성은 수요곡선 기울기와 반대 방향으로 움직이는 것을 알 수 있다.

그림 7 - 1. 수요곡선의 기울기

(2) 탄력성에 영향을 미치는 요인

① 수요곡선이 가파른 경우

   수요의 가격탄력성의 수식 표현은 $\varepsilon_p = -\dfrac{\Delta Q}{\Delta P} \dfrac{P}{Q}$이므로 특정 지점이 아닌 전반적인 수요의 가격탄력성을 표현하자면 오직 수요곡선의 기울기만으로 판단한다. 따라서 가파른 수요곡선이라면 그렇지 않는 경우보다 가격탄력성이 작을 것이다.

② 반대로 수요곡선이 완만해질수록 그렇지 않은 경우보다 탄력성은 커질 것이다.

   ※ 만약 수요곡선의 특정 지점이 명시된다면 이때는 수요곡선의 기울기만으로 가격탄력성을 판단해서는 안 된다. 측정지점에서의 P/Q의 값도 가격탄력성에 영향을 주기 때문이다.

③ 수요곡선이 수평선이라면 수요곡선의 기울기가 0이므로 측정지점과 무관하게 수요의 가격탄력성은 무한대가 된다. 반대로 수요곡선이 수직선이라면 측정지점과 무관하게 수요의 가격탄력성은 0이 된다.

※ 탄력성이 1보다 크면 탄력적(Elastic)이라고 하고 1보다 작으면 비탄력적(Inelastic)이라고 한다.
탄력성이 무한대인 경우 완전탄력적(Perfect Elastic)이라고 한다.
탄력성이 0인 경우 완전비탄력적(Perfect Inelastic)이라고 한다.
탄력성이 1인 경우 단위탄력적(Unit Elastic)이라고 한다.

④ 보통 생필품 등의 필수재는 비탄력적인 경향을 띤다. 반대로 사치재들은 탄력적인 경향을 지닌다(필수재와 사치재를 구분하는 기준은 소득탄력성이다. 그런데 이 소득탄력성과 가격탄력성은 느슨하지만 간접적인 영향을 주고받는다).

⑤ 대체재가 많을수록 탄력성은 커지게 된다.

⑥ 사과의 대체재는 제법 많다. 하지만 과일의 대체재는 그리 많다고 볼 수 없다. 식품의 대채재는 거의 없다. 즉 재화분류범위를 넓게 잡을수록 대체재가 줄고 점점 더 비탄력적이게 된다.

⑦ 소비에서 차지는 비중이 작은 재화일수록 비탄력적이다.

⑧ 수요는 유량이다. 측정기간을 길게 잡을수록 탄력적으로 변한다. 즉 단기보다 장기수요가 더 탄력적이다.

(3) 가격탄력성과 지출액

① 수요의 가격탄력성을 알면 수요와 관련된 다양한 응용지식을 추론할 수 있는데, 그중 하나가 가격변화에 따른 소비자의 지출액(판매자 입장에서는 매출액＝총수입) 증감여부이다.

② 수요곡선이 매우 가파른 경우, 즉 아주 비탄력적인 경우 소비자의 가격이 많이 하락하여도 수요량은 매우 적게 증가한다. 이때 소비자의 지출액은 TR_a에서 TR_b로 변한다. 즉 지출액은 감소한다(반대로 가격이 상승하면 지출액은 증가한다).

③ 반대로 수요곡선이 매우 완만한, 매우 탄력적인 경우 가격이 조금 하락하여도 수요량은 매우 크게 증가하고 소비자의 지출액은 TR_c에서 TR_d로 커지게 된다(반대로 가격이 상승하면 지출액은 감소한다).

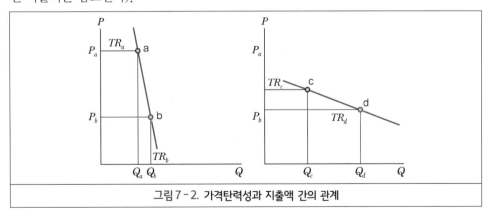

그림 7 - 2. 가격탄력성과 지출액 간의 관계

※ 가격탄력성과 지출액의 관계

- 탄력적인 경우 : 가격의 상승 = 지출액의 감소
- 탄력적인 경우 : 가격의 하락 = 지출액의 증가

- 비탄력적 경우 : 가격의 상승 = 지출액의 증가
- 비탄력적 경우 : 가격의 하락 = 지출액의 감소

- 단위 탄력적인 경우 : 가격변동에도 지출액은 불변

※ 보론 : 변화율 공식

직각사각형의 면적을 A라고 하고, 이 직각사각형의 밑변을 B, 높이를 C라고 한다면 A = B × C가 된다. 예를 들어 밑변과 높이가 각각 100인 직각사각형의 면적은 10,000이다.

이때 밑변의 길이를 3%, 높이의 길이를 2%를 늘리면 면적은 얼마가 되나?
밑변은 103, 높이가 102가 되었으니 면적은 10,506이 되어 5.06% 증가한다.

로그미분을 사용하면 각 변수의 변화율을 알 때 최종종속변수의 변화율의 근사값을 쉽게 구할 수 있다.

$A = B \cdot C$의 공식이 성립한다면 $\frac{\Delta A}{A} = \frac{\Delta B}{B} + \frac{\Delta C}{C}$가 성립한다. 즉 A의 변화율은 B의 변화율 + C의 변화율이다. 위 직각사각형의 경우 밑변의 변화율 3% + 높이의 변화율 2% = 넓이의 변화율 5%(근사값)이 된다. (약간의 사소한 오차는 존재하지만 변화율 자체가 큰 값이 아닌 경우 이는 무시해도 될 수준이다)

소비자의 지출액을 TR이라고 한다면 $TR = P \cdot Q$가 되고 따라서 $\frac{\Delta TR}{TR} = \frac{\Delta P}{P} + \frac{\Delta Q}{Q}$가 된다. 즉 지출액의 변화율 = 가격변화율 + 수요량변화율이다.

만일 수요의 가격탄력성이 1.8이라고 해보자 (탄력적) 이때 시장가격이 1% 상승하면 수요량은 −1.8%가 된다. 그러므로 지출액은 −0.8%가 되어 지출액은 감소한다. 이는 앞서 탄력적인 경우 가격의 상승이 지출액을 감소시킨다는 결과와 맞아떨어진다.

반대로 수요의 가격탄력성이 0.6이라면 (비탄력적) 이때 시장가경이 1% 상승하면 수요량은 −0.6%가 되고 이는 지출액의 +0.4% 변화를 의미한다. 즉 비탄력적일 때 가격의 상승은 지출액을 증가시키는 것이다. 단위탄력적이라면 가격의 변화율과 수요량의 변화율이 (서로 부호는 반대이고) 절댓값은 같다. 따라서 가격이 변화하여도 지출액의 변화율은 0%이다.

$A = B \cdot C$의 공식이 성립한다면 $\frac{\Delta A}{A} = \frac{\Delta B}{B} + \frac{\Delta C}{C}$가 성립한다. 하지만 정확하게는

$A = B \cdot C$라면 $\frac{\Delta A}{A} = \frac{\Delta B}{B} + \frac{\Delta C}{C} + \left(\frac{\Delta B}{B} \cdot \frac{\Delta C}{C} \right)$이다. 이를 그림을 통해 설명하면 다음과 같다.

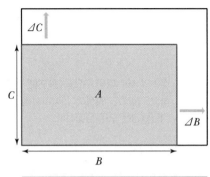

좌측 그림에서 최초의 직각사각형의 넓이는 A이다. 이때 밑변은 B, 높이는 C이다.

그런데 여기서 밑변과 높이를 각각 ΔB, ΔC만큼 늘렸다. 이때 새로운 사각형의 면적은 얼마나 늘어나는가?

이때 증가한 직각사각형의 면적 ΔA는 $\Delta C \cdot B + \Delta B \cdot C + \Delta B \cdot \Delta C$이다.

따라서 직각사각형 면적의 변화율은

$$\frac{\Delta A}{A} = \frac{\Delta C \cdot B + \Delta B \cdot C + \Delta B \cdot \Delta C}{BC}$$ 이 되고, 이를 정리하면

$$\frac{\Delta A}{A} = \frac{\Delta B}{B} + \frac{\Delta C}{C} + \left(\frac{\Delta B}{B} \cdot \frac{\Delta C}{C} \right)$$ 이 된다.

그런데 여기서 $\frac{\Delta B}{B}$, $\frac{\Delta C}{C}$가 작은 값이라면 $\frac{\Delta B}{B} \cdot \frac{\Delta C}{C}$는 더욱 더 작아진다(예를 들어 B변화율 3% = 0.03, C변화율 2% = 0.02이라면 이들의 $\frac{\Delta B}{B} \cdot \frac{\Delta C}{C} = 0.0006$이다).

그러므로 매우 급격한 변화가 아닌 경우 $\frac{\Delta B}{B} \cdot \frac{\Delta C}{C} \approx 0$으로 가정해도 무방하다.

(4) 수요곡선이 우하향하는 직선인 경우

① 수요곡선이 우하향하는 직선의 형태인 경우 각 지점에서의 가격탄력성을 구하는 공식은 아래와 같다.

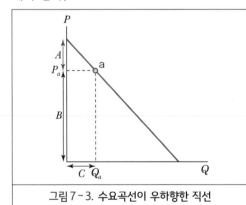

그림 7 - 3. 수요곡선이 우하향한 직선

좌측 수요곡선에서 점 a에서의 수요의 가격탄력성은 $\varepsilon_a = \frac{B}{A}$이다.

증명 : 수요곡선의 기울기는 $-\frac{A}{C}$이고 점 a에서 $\frac{P}{Q}$는 $\frac{B}{C}$이다.

수요의 가격탄력성은 $\varepsilon_p = -\frac{\Delta Q}{\Delta P}\frac{P}{Q}$이므로

$\varepsilon_P = \frac{C}{A}\frac{B}{C} = \frac{B}{A}$가 된다.

② 응용사례

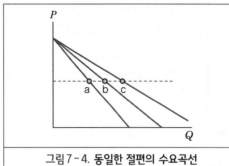

그림 7 – 4. 동일한 절편의 수요곡선

좌측의 서로 다른 수요곡선이지만 Y절편이 모두 동일하고 기울기가 일정하다. 따라서 점 a, b, c 에서의 가격탄력성은 모두 동일하다.

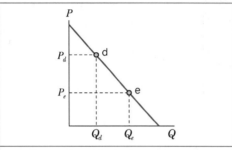

그림 7 – 5. 같은 기울기, 다른 지점에서 탄력성

좌측 그림에서 점 d와 점 e에서 수요곡선의 기울기는 모두 같다. 하지만 $\frac{P_d}{Q_d} > \frac{P_e}{Q_e}$ 이다. 따라서 탄력성은 좌상방에 위치한 점 d가 점 e보다 크다.

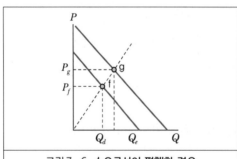

그림 7 – 6. 수요곡선이 평행한 경우

좌측 그림에서 점 f와 점 g를 지난 수요곡선의 기울기는 모두 같다. 그리고 $\frac{P_f}{Q_f} = \frac{P_g}{Q_g}$ 이다. 따라서 점 f와 점 g에서의 가격탄력성은 같다.

③ 지출액과의 관계

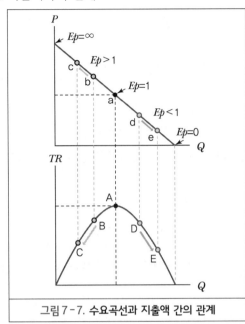

수요곡선이 우하향하는 직선이라면 소비자의 지출액 $TR = P \cdot Q$는 좌측 그림처럼 포물선의 형태가 된다. 예를 들어 (역)수요함수가 $P = 100 - Q$라면 이때 $TR = 100Q - Q^2$이 된다. 따라서 수요곡선의 중점일 때, (좌측 상단 그림 점 a) 소비자의 지출액도 최대가 된다(좌측 하단 그림 점 A).

그리고 탄력적 구간에서는 가격이 상승하면 지출액이 감소하고 (점 b에서 c로 이동 시, 지출액은 B에서 C로 이동) 비탄력적 구간에서 가격이 하락하면 지출액이 감소(점 d에서 e로 이동하면 지출액은 점 D에서 E로 이동)하는 것도 확인할 수 있다.

그림 7 - 7. **수요곡선과 지출액 간의 관계**

(5) 수요곡선이 직각쌍곡선인 경우

① 만일 수요함수가 $Q_d = \dfrac{K}{P}$의 형태라면 (여기서 K는 임의의 양의 상수) 수요곡선은 직각쌍곡선의 형태가 될 것이다. 예를 들어 수요함수가 $Q_d = \dfrac{100}{P}$라면 수요곡선은 아래 그림과 같다.

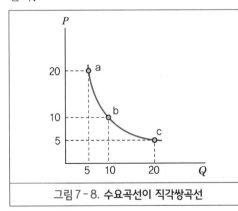

좌측 그림에서 점 a에서 가격은 20, 수요량은 5이고 지출액은 100이다. 점 b에서 가격은 10, 수요량은 10, 지출액은 100이다.
점 c에서 가격은 5, 수요량은 20, 지출액은 100이다.
즉 수요함수가 $Q_d = \dfrac{100}{P}$라면 수요곡선인 직각쌍곡선이 되며 이때 소비자의 지출액은 시장가격과 무관하게 100으로 일정하다.

그림 7 - 8. **수요곡선이 직각쌍곡선**

※ 가격이 변화하여도 지출액이 불변인 경우는 가격탄력성이 1인 경우이다. 따라서 수요곡선이 직각쌍곡선이라면 수요곡선 상의 모든 점에서 가격탄력성은 1이다.

(6) 소득탄력성과 교차탄력성

① 소득탄력성(Income Elasticity)란 소득이 1% 변화할 때 수요가 몇 % 변화하는지를 나타내는 지표이다.

② 즉 소득탄력성은 $\varepsilon_M = \dfrac{수요(량)의\ 변화율}{소득의\ 변화율} = \dfrac{\Delta Q}{\Delta M}\dfrac{M}{Q}$ 로 나타낼 수 있다. 소득탄력성은 절댓값으로 표시하지 않는다. 다시 말해 양수(+), 음수(−) 여부를 그대로 나타내어야 한다. 왜냐하면 소득탄력성의 부호가 주는 정보가 있기 때문이다.

③ 소득탄력성이 0보다 크면 이를 정상재라 한다. 반대로 소득탄력성이 0보다 작으면 열등재라 한다.

④ 정상재 중에서 소득탄력성이 1보다 크면 사치재(Luxury Goods)라 부른다. 반대로 소득탄력성이 0와 1 사이면 이를 필수재(Necessary Goods)라 한다.

  ※ 소득의 변화는 수요의 변화를 야기한다. 그런데 시장가격이 불변일 때 수요의 변화는 고스란히 수요량의 변화를 발생시킨다. 따라서 소득의 변화로 인한 수요의 변화분은 이때의 수요량의 변화분과 동일한 것으로 봐도 무방하다.

  ※ 사치재(소득탄력성>1)이라고 가격탄력성이 반드시 1보다 큰 것은 아니다. 하지만 일반적인 경우 사치재의 경우 가격탄력성도 탄력적일 가능성이 높다. 마찬가지로 필수재의 경우 가격탄력성이 비탄력적일 가능성이 높을 뿐, 필수재라고 반드시 가격탄력<1인 것은 아니다.

(7) 교차탄력성

① 교차탄력성(Cross−price Elasticity)란 Y재의 가격 1% 변화가 X재의 수요량 몇 %를 변화시키는지를 나타내는 척도이다. 즉 $\varepsilon_{XY} = \dfrac{X재\ 수요량\ 변화율}{Y재\ 가격\ 변화율} = \dfrac{\Delta Q_X}{\Delta P_Y}\dfrac{P_Y}{Q_X}$ 로 표현

② 교차탄력성도 양수, 음수 여부가 중요하다. 교차탄력이 양수(+)라면 이때 X재와 Y재는 서로 소비에서 대체관계이다. 반대로 교차탄력성이 음수(−)라면 X재와 Y재는 소비에서 보완관계이다.

  ※ 만일 X재와 Y재의 교차탄력성이 0이라면 두 재화를 독립재라고 부른다.

(8) 공급탄력성

① 공급의 탄력성은 시장가격이 1% 변화할 때 공급량이 몇 % 변화하는지를 나타내는 척도이다. 즉 $\eta = \dfrac{공급량의\ 변화율}{가격\ 변화율} = \dfrac{\Delta Q_s}{\Delta P}\dfrac{P}{Q_s}$ 로 표현된다.

② 수요의 가격탄력성과 마찬가지로 공급곡선이 완만할수록 공급탄력성은 커지고 가팔라질수록 공급탄력성은 작아진다.

③ 농림수산업이 제조업보다 비탄력적이다. 또한 건설업도 매우 비탄력적이다. 하지만 기간이 길어질수록 탄력성은 점차 커지는 경향을 보인다.

④ 유휴설비가 많을수록 공급곡선이 완만하다. 즉 탄력적이다. 경공업보다는 거대장치산업의 공급곡선이 완만하다. 거대장치산업은 자동화 등의 의하여 생산성의 체감이 매우 더딘 특성을 보이기 때문에 이는 한계비용의 완만한 상승을 가져온다. 때문에 거대장치산업의 공급곡선이 경공업보다 완만하다.

8. 가격경쟁과 시장균형

가격경쟁의 원리와 최고·최저가격제 대해 학습한다.

– 경쟁의 원리
– 가격경쟁과 사회후생극대화
– 최고가격제
– 최저가격제

(1) 가격경쟁의 원리와 후생극대화

① 가격경쟁 (Price Competition)이란, 동질한 제품을 판매하는 기업들이 서로 보다 낮은 가격으로 소비자를 유치하려는 경쟁행위를 말한다. 완전경쟁시장은 대표적인 가격경쟁 시장이다.

② 가격경쟁이 원활하게 이루어지기 위해서는 수요자와 공급자가 다수여야 하며, 각 기업이 판매하는 하는 제품의 질적 차이가 거의 없어야 한다. 이때 소비자는 낮은 가격을 제시하는 기업으로 몰리게 되고 경쟁기업보다 조금이라고 비싼 가격을 부르는 기업은 도태되고 만다.

③ 가격경쟁이 원활하게, 그리고 치열하게 이루어진다면 시장가격은 균형가격에서 형성된다. 혹 시장 전체 수요나 공급이 변화하여 새로운 균형가격이 형성되어도 시장가격은 제법 빠른 시일 내로 새롭게 형성된 균형가격 수준으로 이동하게 된다.

④ 즉 경쟁시장에서 시장가격은 균형가격에서 형성되므로 수요량과 공급량이 일치한다. 소비자들의 소비자잉여는 아래 좌측 그림에서 회색 음영의 크기가 되고 이때 기업들의 생산자잉여는 아래 우측 그림에서 회색 음영의 크기가 된다.

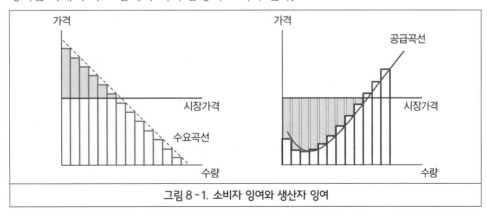

그림 8 - 1. 소비자 잉여와 생산자 잉여

⑤ 그리고 이때 사회총잉여(사회후생)의 크기는 아래 좌측 그림에서 회색 음영 부분이다. 우측 그림은 매끄러운 곡선으로 나타낸 것이다.

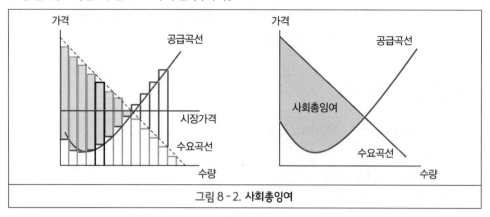

그림 8-2. 사회총잉여

(2) 최고가격제

① 경쟁이 원활하지 못한 독과점이나 기타 요인에 의하여 시장가격이 균형가격 수준을 조정되지 못하면 사회후생손실이 발생한다. 본 단원에서는 정부에 의해 시장가격이 강제적으로 형성되는 사례에 대해 분석한다.

② 최고가격제(Price Ceiling)란 정부가 시장가격을 특정가격 수준을 넘지 못하도록 가격의 상한을 책정하는 제도를 말한다. 이때 상한가격은 균형가격보다 낮은 수준에서 책정된다.

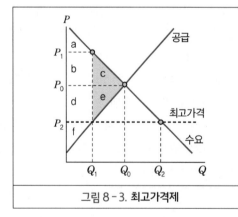

그림 8-3. 최고가격제

좌측 그림에서 최초의 균형가격은 P_0, 최초의 거래량은 Q_0이었다. 이때 소비자잉여는 (a+b+c), 생산자잉여는 (d+e+f)이고 사회후생은 (a+b+c+d+e+f)이다.
그런데 정부가 P_2 수준에서 가격상한을 책정하면 이제 시장가격이 P_2가 된다. 이때 수요량은 Q_2, 공급량은 Q_1이 되어 $Q_2 - Q_1$만큼의 초과수요가 발생한다.
소비자잉여는 a+b+d로 증가하고, 생산자잉여는 d+e+f에서 f로 감소한다.
그리고 c+e는 최고가격제로 인한 사회후생손실의 크기(최솟값)이다.

③ 위 그림에서 d>c이므로 소비자의 잉여는 최고가격제로 인해 증가하였다(하지만 최고가격제라고 항상 소비자잉여가 증가하는 것은 아니다. 공급곡선이 매우 완만한 경우 최고가격제로 인해 소비자잉여가 오히려 감소할 수 있다).

④ 최고가격제로 인한 초과수요는 암시장(Black-Market)의 발생 원인이 된다. 이때 암시장에서 형성된 재화가격의 이론적 최고치는 P_1 수준이다.

⑤ 최고가격제로 인한 초과수요 발생시 이제 더 이상 시장가격기능으로 자원을 분배할 수 없다. 이때 사용하는 자원배분방식은 추첨, 선착순, 배급(n분의 1) 등이다.

※ 최고가격제는 다른 말로 가격상한제라고 불린다.

※ 최고가격제의 현실적 사례로는 임대료 상한제 등이 있다.

※ 내구재의 가격상한제

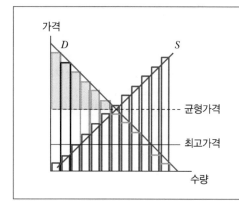

좌측 그림에서 최고가격제 시행 이전 균형거래량은 6개이며 이때 소비자잉여의 크기는 회색음영 처리된 부분이다. 그런데 최고가격제가 시행되면 공급량이 3으로 줄게 된다. 따라서 3명의 소비자는 물건을 구매할 수 없게 된다. 6명의 소비자 중 누가 이 불행한 3명이 될지는 알 수 없지만, 분명한 것은 그 세 명은 최고가격제로 인하여 후생이 악화된다는 것이다.

※ 공급곡선이 수직인 경우

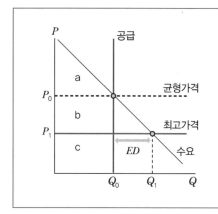

좌측 그림에서 공급곡선이 수직인 경우에 최고가격제가 시행되면 거래량은 Q_0에서 불변이다. 따라서 사회후생손실은 발생하지 않는다. 시장가격은 P_0에서 P_1으로 하락하고 생산자잉여가 b+c에서 c로 줄어든다. 대신 소비자잉여가 a에서 a+b로 증가한다. 이때 초과수요(ED)의 크기는 $Q_1 - Q_0$이다.

그래서 아파트 임대료 상한제가 실시되어도 단기적으로 후생손실은 없다. 하지만 장기가 되면 아파트의 공급곡선이 탄력적으로 변화고 이에 따라 후생손실이 발생하게 된다.

(3) 최저가격제

① 최고가격제와는 반대로 정부는 균형가격 위에 가격의 하한선을 설정하는 이른바 최저가격제를 시행할 수도 있다. 이러한 최저가격제의 대표적인 사례가 최저임금제이다.

② 최저가격제가 시행되면 보통 시행 이전에 비해 소비자잉여가 감소하고 생산자잉여가 증가한다. 노동시장에서의 최저임금제의 경우 일반적으로 노동의 공급자인 노동자들의 후생이 증가하게 된다.

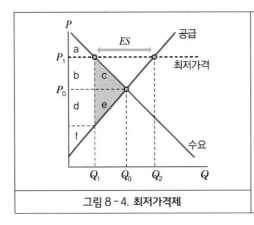

좌측 그림에서 최초의 균형가격은 P_0, 최초의 거래량은 Q_0이었다. 이때 소비자잉여는 (a+b+c), 생산자잉여는 (d+e+f)이고 사회후생은 (a+b+c+d+e+f)이다.

그런데 정부가 P_1 수준에서 가격하한을 책정하면 이제 시장가격이 P_1이 된다. 이때 수요량은 Q_1, 공급량은 Q_2이 되어 $Q_2 - Q_1$만큼의 초과공급(ES)이 발생하고, 소비자잉여는 a로 감소하며, 생산자잉여는 d+e+f에서 b+d+f로 변화한다.

그리고 c+e는 최고가격제로 인한 사회후생손실의 크기이다.

그림 8 - 4. 최저가격제

※ 최저임금제

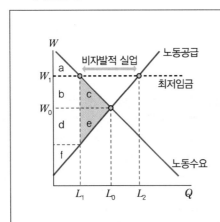

좌측 그림에서 최저임금제 시행이전 균형 고용량과 균형임금은 각각 L_0, W_0였다. 최저임금제 시행으로 고용량이 L_1으로 감소하며 $L_2 - L_1$만큼의 비자발적 실업이 발생한다. 노동자의 후생은 증가한다.

하지만 아래의 사례처럼 노동수요곡선이 매우 완만한 경우 오히려 노동자의 후생이 악화될 수 있다.

※ 노동수요곡선이 완만한 경우

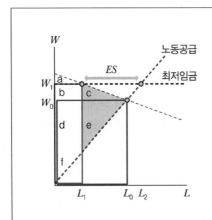

좌측 그림에서 최저임금제 시행으로 고용량이 L_1으로 급감하고, 이에 따라 노동자의 후생은 d+e+f에서 b+d+f가 된다. 그런데 e<b 이므로 노동자의 후생은 악화되었다. 그리고 총노동소득 역시 $W_0 \cdot L_0$에서 $W_1 \cdot L_1$으로 감소하였다.

즉 노동수요의 임금탄력성이 높은 경우에는 최저임금의 인상이 오히려 노동자의 후생을 악화시키게 된다.

01 가격탄력성에 영향을 미치는 요인들에 대한 설명으로 틀린 것은?

① 필수재는 대체로 탄력적, 사치재는 대체로 비탄력적이다.

② 대체재가 많을수록 탄력적이다.

③ 기간이 길수록 탄력적이다.

④ 소비에서 차지하는 비중이 클수록 탄력적이다.

⑤ 재화의 분류범위가 좁을수록 탄력적이다.

정답 | ①
해설 | 필수재는 대체로 비탄력적, 사치재는 대체로 탄력적이다.

02 갑은 주유소를 1주일에 한번씩 들러 항상 5만 원을 주유한다. 이때 휘발유에 대한 갑의 가격탄력성은 얼마인가?

① 완전비탄력적   ② 비탄력적

③ 단위탄력적   ④ 탄력적

⑤ 완전탄력적

정답 | ③
해설 | 지출액이 항상 일정한 경우는 단위탄력적인 경우이다.

03 수요의 가격탄력성에 대한 서술로 틀린 것은?

① 수요곡선이 수평선이면 가격탄력성은 무한대이다.

② 수요곡선이 수직이면 가격탄력성은 0이다.

③ 수요곡선이 우하향하는 직선이면 가격탄력성은 일정하다.

④ 수요곡선이 가팔라질수록 가격탄력성은 작아진다.

⑤ 수요곡선이 직각쌍곡선이면 가격탄력성은 항상 일정하다.

정답 | ③
해설 | 수요곡선이 우하향하는 직선이면 우하방으로 갈수록 탄력성이 작아진다.

04 가격탄력성과 지출액(판매수입)의 관계에 대한 설명으로 옳지 않은 것은?

① 수요가 탄력적인 경우, 가격이 상승하면 지출액은 감소
② 수요가 비탄력적인 경우 가격이 상승하면 지출액은 증가
③ 수요가 단위탄력적인 경우 가격이 상승하면 지출액은 감소
④ 수요가 완전비탄력적인 경우 가격이 상승하면 지출액은 증가
⑤ 수요가 비탄력적인 경우 가격이 하락하면 지출액은 감소

정답 | ③
해설 | 단위탄력적인 경우 가격이 변화하여도 지출액은 일정하다.

05 최고가격제에서 발생하는 상황으로 잘못된 것은?

① 최고가격이 균형가격 아래 설정된 경우 암시장이 형성될 수 있다.
② 후생손실이 발생한다.
③ 생산자 잉여는 반드시 감소한다.
④ 소비자 잉여가 감소하는 상황이 발생할 수 있다.
⑤ 최고가격이 균형가격 위에 설정된 경우 초과수요가 발생한다.

정답 | ⑤
해설 | 최고가격이 균형가격 위에 설정되면 아무런 효과도 발생하지 않는다.

06 최저임금이 인상된 경우 발생하는 상황으로 올바른 것은?

① 비자발적 실업이 감소한다.
② 해고노동자가 발생할 수 있지만 신규구직자도 감소한다.
③ 기업의 총노동비용이 감소하는 경우도 가능하다.
④ 노동자의 후생은 언제나 증가한다.
⑤ 노동수요곡선이 가파르다면 노동자들의 전체임금소득은 이전에 비해 증가할 것이다.

정답 | ⑤
해설 | 노동수요가 비탄력적인 경우 최저임금 인상시 노동전체소득은 증가한다.

07 가격상승률과 지출액의 증가율이 일치하는 경우 수요의 가격탄력성은 얼마인가?

① 0   ② 0과 1사이

③ 1   ④ 1 이상

⑤ 무한대

정답 | ①

해설 | 지출액변화율 = 가격변화율 + 수요량변화율이므로 가격상승률과 지출액의 증가율이 일치하면 수요량변화율이 0
이다.

9. 한계효용이론

효용극대화의 원리와 효용함수 및 수요함수에 관해 학습한다.

－효용과 편익의 구분
－한계효용과 효용극대화
－콥－더글라스 효용함수 소개
－수요함수의 도출

(1) 한계효용

① 효용(Utility)이란 만족을 숫자로 표현한 것이다. 편익(Benefit)은 이러한 효용을 화폐단위로 환산한 것이다. 좀 더 정확하게는 효용의 기회비용이 편익이다.

② 따라서 개인은 소비를 통해 효용을 얻게 되며, 기왕이면 효용을 크게 얻고 싶어 한다. 이때 소비량을 늘려감에 따라 소비자가 얻는 총효용(Total Utility)의 기본적은 패턴은 아래 그림처럼 나타난다.

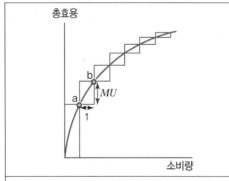

그림 9 - 1. 총효용곡선	좌측 그림에서 소비량이 늘어남에 따라 총효용도 증가한다. 그런데 증가되는 속도는 점차 더뎌진다. 즉 소비량이 +1 될 때, 추가되는 효용은 (+)이지만 그 크기가 점차 감소하는 것이다. 때문에 총효용곡선은 우상향하지만 그 기울기는 점차 완만해진다. 이때 소비량이 +1 될 때마다 추가되는 효용의 크기를 한계효용(Marginal Utility : MU)라고 한다. 좌측 그림에서 계단의 높이가 곧 각 소비량에 대한 한계효용이다.

③ 한계효용은 소비량이 1단위 증가할 때 추가되는 총효용의 변화분을 말한다. 그리고 위 그림에서처럼 대개 소비량이 늘어남에 따라 한계효용은 점차 감소한다. 이를 '한계효용 체감의 법칙'이라고 한다. 이러한 한계효용 체감의 법칙은 대부분의 소비자들이 대부분의 재화와 서비스에서 경험한다.

  ※ 한계효용은 총효용곡선의 기울기이기도 한다. 위 그림에서 점 a와 b사이의 기울기는 MU임을 쉽게 확인할 수 있다. 따라서 만일 구체적인 형태의 효용함수 $U = f(c)$ (여기서 c는 소비량)가 주어진다면 이 효용함수를 소비량에 대해 미분하여 한계효용을 도출할 수 있다.

(2) 예산제약

① 우리는 희소성의 원칙에 직면하고 있으므로 주어진 자원을 최대한 효율적으로 배분하여 최대한의 효용을 달성해야 한다. 소비에서도 마찬가지이다. 우리가 사용할 수 있는 지출액은 결코 소득을 초과할 수 없다(물론 미래소득을 담보로 차입이 가능한 경우도 있지만 우선 본 단원에서는 현재소득과 현재소비만을 고려한다).

② 즉 우리가 소비할 수 있는 재화가 오직 X재만 존재한다면 우리가 직면한 예산제약은 $M \geq P_X Q_X$ 이다. 여기서 M은 (명목)소득의 크기, P_X는 X재의 시장가격, Q_X는 X재 구매량(수요량)이다. 당연히 $P_X Q_X$는 X재에 대한 지출액이자 (오직 X재만 소비가능하고 가정하였으므로) 소비자의 총지출액이다.

③ 우리가 소비할 수 있는 재화가 X재와 Y재 두 가지라면 우리의 예산제약식은 $M \geq P_X Q_X + P_Y Q_Y$ 가 될 것이다. 여기서 P_Y는 Y재의 시장가격, Q_Y는 Y재 구매량(수요량)이다.

(3) 한계효용균등의 원리

① 이제 우리가 소비할 수 있는 재화가 X재, Y재 두 종류이고 이들의 한계효용은 0보다 크다고 가정하자($MU_X > 0$, $MU_Y > 0$).
따라서 예산제약식 $M \geq P_X Q_X + P_Y Q_Y$ 은 $M = P_X Q_X + P_Y Q_Y$가 된다(한계효용 > 0이면 돈을 남기지 않는다).

② 톰의 소득은 100이고 X재의 가격은 10, Y재의 가격은 5라고 하자. 이제 톰이 소비할 수 있는 X재와 Y재의 조합(이를 소비묶음, 또는 소비조합이라고 한다)은 다음 표와 같다.

위치	Q_X	Q_Y
a	10	0
b	9	2
c	8	4
d	7	6
e	6	8
f	5	10
g	4	12
h	3	14
i	2	16
j	1	18
k	0	20

표 9 - 1. 소비묶음	그림 9 - 2. 예산선과 소비조합

③ 그리고 X재와 Y재에 대한 총효용곡선은 아래 그림과 같다.

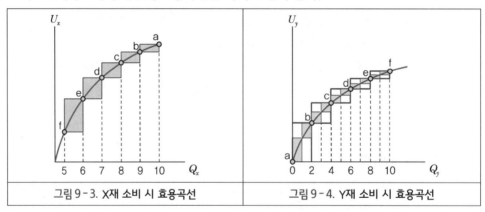

그림 9 - 3. X재 소비 시 효용곡선	그림 9 - 4. Y재 소비 시 효용곡선

이때 최초 소비점이 a라고 하자. 즉 톰은 현재 (X, Y) = (10, 0)에서 소비하고 있다. 그런데 톰이 X재 소비를 한 개 줄이고 대신 Y재 소비를 2개 늘렸다($P_X = 10$, $P_Y = 5$이다). 이에 따라 톰의 소비점은 이제 b가 된다.

즉 톰은 $MU_X \times 1$을 포기하고 대신 $MU_Y \times 2$ 만큼 효용을 얻게 된다(위 우측 그림 정리하면 소비점 a → b 로 이동하면 결과적으로 MU_X를 잃고 대신 $MU_Y \times \dfrac{P_X}{P_Y}$ 를 얻는 것이다). 그런데 위 그림에서 a → b 로 이동 시 $MU_X < MU_Y \times \dfrac{P_X}{P_Y}$이다. 즉 톰은 잃어버린 효용보다 얻는 효용이 더 크다. 따라서 점 a보다 점 b에서 효용이 더 크다.

④ 톰은 이제 점 b에 도착하였지만 다시 한번 점 c로 이동하려 한다. 즉 X재를 다시 1개 더 줄이고 대신 Y재를 2개 더 구입하려 한다. 이때 톰이 포기하는 효용 MU_X 는 위 좌측 그림에서 점 b와 c사이의 회색 막대그래프 만큼이다. 대신 톰이 얻게 되는 효용 $MU_Y \times 2$은 위 우측 그림에서 점 b와 c사이의 붉은색 막대그래프 2개이다.

육안 상 여전히 $MU_X < MU_Y \times \dfrac{P_X}{P_Y}$이다. 따라서 톰은 점 b → c로 이동할 경우 효용이 증가한다.

⑤ 즉 톰은 X재 소비를 줄이고 그 돈만큼으로 Y재를 구매할 경우 $MU_X < MU_Y \times \dfrac{P_X}{P_Y}$이 성립한다면, 효용을 늘릴 수 있다는 것이다. 톰은 또다시 c에서 d로 이동하면 여전히 $MU_X < MU_Y \times \dfrac{P_X}{P_Y}$가 되어 효용은 한 번 더 증가한다.

⑥ 하지만 톰이 점 d에서 점e로 이동하면 오히려 효용이 감소한다. 점 d에서 e로 이동하면 톰은 좌측 그림 점 d와 c사이의 막대그래프만큼 MU_X 효용을 잃는데, 우측 그림의 붉은색 막대그래프 두 개만큼 $MU_Y \times 2$ 효용을 얻는다. 그런데 좌측 회색 막대그래프가 우측 붉은색 막대그래프 2개보다 보다 높이가 더 길다. 즉 $MU_X > MU_Y \times \dfrac{P_X}{P_Y}$이 되고 톰은 X재 소비를 줄이고 그 돈으로 Y재 소비를 늘리자 오히려 효용이 줄어든 것이다.

⑦ 정리하면, 소비자는 현재소비지점에서 $MU_X < MU_Y \times \dfrac{P_X}{P_Y}$가 성립하면 X재 소비를 줄이고 그 돈만큼 Y재 소비를 늘리는 것이 효용증대에 도움이 된다. 반대로 현재소비지점에서 $MU_X < MU_Y \times \dfrac{P_X}{P_Y}$가 성립한다면 Y재 소비를 줄이고 그 돈만큼 X재 소비를 늘리는 게 효용을 증가시키는 방법이 된다.

결과적으로 주어진 소득을 모두 지출하면서 $MU_X = MU_Y \times \dfrac{P_X}{P_Y}$가 이루어질 때 효용이 극대화되는 것이다.

⑧ 이런 식으로 각 재화의 한계효용과 각 재화의 상대가격비 $\dfrac{P_X}{P_Y}$를 고려하여 최적의 소비조합을 찾는 방식을 '한계효용 균등의 원칙'이라고 한다.

※ $MU_X = MU_Y \times \dfrac{P_X}{P_Y}$의 양변을 P_X로 나누면 $\dfrac{MU_X}{P_X} = \dfrac{MU_Y}{P_Y}$ 가 된다. 한계효용균등의 원칙은 이 식을 이용하여 암기하는 것이 좋다.

〈한계효용균등의 원칙〉

$$\frac{MU_X}{P_X} > \frac{MU_Y}{P_Y}$$ 라면 $Q_X \uparrow$, $Q_Y \downarrow$

$$\frac{MU_X}{P_X} < \frac{MU_Y}{P_Y}$$ 라면 $Q_X \downarrow$, $Q_Y \uparrow$

$$\frac{MU_X}{P_X} = \frac{MU_Y}{P_Y}$$ 일 때 소비비율이 최적이다.

※ $\dfrac{MU_X}{P_X} = \dfrac{MU_Y}{P_Y}$ 만 달성되었다고 효용극대화가 항상 이루어지는 것은 아니다.

$\dfrac{MU_X}{P_X} = \dfrac{MU_Y}{P_Y}$ 조건에 맞추어 주어진 예산을 모두 소진하였을 때만 효용극대화가 달성되는 것이다. 그래서 한계효용균등의 원칙을 효용극대화의 1계 조건이라고 부른다.

※ 한계효용균등의 원칙이 효용극대화의 1계 조건이려면 '한계대체율'이 체감하여야 한다. 이에 대한 자세한 설명은 무차별곡선 이론에서 다룬다.

※ $\dfrac{MU_X}{MU_Y}$ 는 한계대체율이라고 한다. 이에 대한 자세한 설명은 무차별곡선 이론에서 다룬다.

10. 선호공리

선호체계에 대한 기본적 공리에 대해 학습한다.

- 기수적 효용과 서수적 효용의 구분
- 완전성, 이행성, 연속성
- 볼록성과 단조성

(1) 기수적 효용과 서수적 효용

① 기수적 효용(Cardinal Utility)이란, 소비량의 크기를 알 때 효용의 정확한 값도 측정할 수 있는 효용체계를 말한다. 따라서 서로 다른 소비조합이 있어도 소비자들은 어느 소비조합이 다른 소비조합보다 정확히 몇 배 더 좋은지를 판단할 수 있다(매우 비현실적).

② 예를 들어 소비점 a는 (X, Y) = (16, 4)이고 소비점 b는 (X, Y) = (7, 7)이라고 하자. 이때 이 소비자는 소비점 a에서의 효용의 크기 $U_a = 8$, 소비점 b에서의 효용의 크기를 $U_b = 7$ 이라고 정확하게 표현할 수 있다. 당연히 두 소비점 중 하나를 택해야만 한다면 이 소비자는 소비점 a를 선택할 것이다.

③ 이렇게 기수적 효용체계가 확립되기 위해서는 각 소비자들이 자신의 명시적인 효용함수를 정확히 알고 있어야 한다. 하지만 효용함수의 구체적이고 명시적 형태를 파악하는 것은 불가능하다. 따라서 이러한 기수적 효용체계는 소비자 이론에 대한 이론적인 윤곽만을 제시하여 줄뿐 구체적이고 실증적인 분석을 행하는데 큰 약점을 지니게 된다.

④ 기수적 효용체계에 대한 대안으로 등장한 개념이 바로 서수적 효용(Ordinal Utility)이다. 서수적 효용체계에서는 소비자가 서로 다른 소비지점에서 얻는 효용의 정확한 크기는 모르지만 각 소비지점에서 얻는 효용의 순서정도는 구분할 수 있다고 본다.

예를 들어 소비점 a는 (X, Y) = (4, 16)이고 소비점 b는 (X, Y) = (7, 7)이라고 할 때, 소비자는 각 지점에서의 효용의 크기 U_a, U_b의 정확한 값은 모른다. 하지만 이 소비자는 U_a와 U_b 간의 대소 정도는 구분할 수 있다는 것이다. 즉 소비자는 임의의 두 소비지점 a와 b에 대하여 $U_a > U_b$ 인지, $U_a < U_b$인지, 아니면 $U_a = U_b$인지 판단할 수 있다는 것이다.

(2) 소비평면과 소비묶음

① 이러한 서수적 효용체계에서 소비자의 효용극대화 지점을 도출하는 대표적인 이론이 바로 무차별곡선이론이다.

② 무차별곡선이론에서는 명시적인 효용함수를 상정하지 않고 논의를 전개한다. 따라서 수식을 이용한 수리적 전개가 아닌 그래프와 곡선을 이용한 분석을 주로 이용한다. 이때 사용되는 것이 바로 소비평면이다. 소비평면은 X축과 Y축으로 구성된 좌표평면의 1사분면을 말한다. 그리고 이 소비평면에서 X재의 수요량과 Y재의 수요량의 조합을 점으로 나타낸 것을 소비조합, 소비묶음, 소비지점이라고 표현한다.

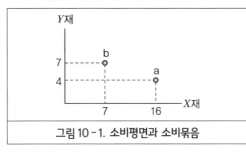

좌측 그림은 소비평면을 의미한다. 점 a는 X재 소비량이 16, Y재 소비량이 4인 소비묶음을 나타내고, 점 b는 X재 소비량이 7, Y재 소비량이 7인 소비묶음을 나타낸다.

그림 10 - 1. 소비평면과 소비묶음

(3) 5가지 선호공리

① 소비자들은 자신이 선택 가능한 여러 소비지점 중에서 가장 바람직한 점을 선택해야 한다. 당연히 각 소비지점들 중 가장 효용이 높은 지점을 선택하게 되는데, 이때 각 지점 간의 효용의 대소 구분을 해야 한다. 이때 효용의 판단할 수 있도록 하는 일반적 대전제가 필요한데 이를 선호공리라 한다. 경제학에서 요구되는 선호공리는 크게 5가지이다.

② 완전성의 공리 (완비성의 공리) : Completeness
완전성의 공리란 소비평면 중 어떠한 지점이라도 소비자가 효용의 판단을 내릴 수 있어야 한다는 공리이다. 따라서 소비평면에서 그 어떠한 임의의 두 점 a, b가 주어지면 소비자는 반드시 두 소비지점 간 $U_a > U_b$ 인지, $U_a < U_b$인지, 아니면 $U_a = U_b$인지 판단할 수 있어야만 한다(특히 $U_a = U_b$일 때 우리는 두 지점이 서로 무차별하다고 한다).

③ 이행성의 공리 : Transitivity

임의의 소비지점 a,b,c가 주어졌다고 하자. 이때 만일 어느 소비자에게 $U_a > U_b$이고 $U_b > U_c$라면 이 소비자에게 반드시 $U_a > U_b$가 성립하여야 한다는 공리이다.

예를 들어 톰이 식당에서 음식을 주문하는데, 김밥과 라면 중 김밥을 더 선호하고, 라면과 우동 중엔 라면을 더 선호한다면, 톰은 반드시 김밥과 우동 중 고르라면 김밥을 골라야한다. 만일 여기서 톰이 "김밥과 우동 중 선택하라면 우동이지!"라고 하면 톰의 선호체계는 이행성에 위배되는 것이다.

당연한 이야기지만 완전성과 이행성이 성립하지 않으면 각 소비지점에 대한 효용을 나타내는 효용함수는 존재할 수 없다(수학적 모순이 발생한다). 하지만 효용함수가 존재하기 위해 필요조건 중엔 다른 공리가 하나 더 존재한다. 바로 연속성의 공리이다.

④ 연속성의 공리 : Continuity

연속성의 공리란 아주 미세한 소비량의 증가는 미세한 효용의 증가로 이어져야 한다는 것이다. 즉 아주 극소량의 소비량의 증가가 엄청난 효용의 점프를 발생시키면 안 된다는 것이다. 아래 좌측 그림은 연속성의 위배되는 효용곡선을 나타낸다.

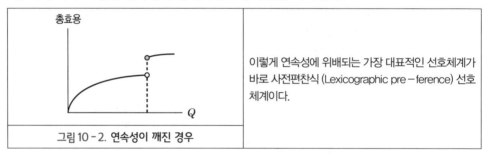

(그래프: 총효용 / Q) 그림 10 - 2. 연속성이 깨진 경우	이렇게 연속성에 위배되는 가장 대표적인 선호체계가 바로 사전편찬식 (Lexicographic pre－ference) 선호체계이다.

사전편찬의 경우 두 단어, Baaaaaaa....와 Azzzzzzz... 중 Azzzzzzz...이 앞에 위치한다. 다시 말해 Baaaaaaa....는 딱 첫글자를 제외하고는 그 외 나머지 글자는 Azzzzzzz...보다 월등히 앞서지만 소용이 없다. 첫글자에서 한발 밀렸기 때문에 나머지에서 무한히 앞선다고 하여도 절대 Azzzzzzz...앞에 배치될 수 없다.

이러한 사전편착식 선호의 현실적 사례는 바로 우리나라의 올림픽 메달 집계방식이다. 원래 올림픽 순위는 메달색과 무관하게 총 메달수를 합산하여 선정하지만 우리나라는 금메달과 은메달, 동메달을 차별하여 순위를 생각한다.

예를 들어 현재 우리나라와 일본의 메달 집계상황이 다음과 같다.

날짜	KOREA			JAPAN		
	금	은	동	금	은	동
D1	0	0	0	0	1	2
D2	0	0	0	0	5	12
D3	0	0	0	0	20	25
D4	1	0	0	0	30	50
D5	1	0	0	0	∞	∞

표 10 - 1. 메달 집계표

첫날부터 네 번째 날까지 우리나라 선수들은 아무 메달도 얻지 못하고 있지만 일본선수들은 은메달과 동메달을 대량으로 획득하고 있다. 때문에 국민들의 원성이 자자해져가지만 다섯 번째 날 우리나라 선수가 드디어 금메달을 하나 따게 되었고 이제 순위가 한방에 역전이 되었다.

이후 일본이 무한대의 은메달과 무한대의 동메달을 추가하여도 금메달을 얻지 못하는 한은 순위는 결코 뒤집히지 않는다. 그런데 금메달, 은메달, 동메달의 한계효용은 유한하다. 물론 금메달의 한계효용이 은메달의 한계효용보다 크지만 결코 무한대의 은메달을 이길 수는 없다. 하지만 이러한 순위 집계방법에 따르면 유한한 금메달이 무한한 은메달을 이긴다. 이는 수학적인 모순을 야기한다.

그러므로 연속성이 충족되지 않는 선호체계는 효용함수를 지닐 수 없다. 반면 선호의 완전성, 이행성, 연속성이 충족되면 효용함수가 존재할 수 있다(물론 현실에서 그 효용함수의 구체적 형태를 파악하는 것은 여전히 불가능하다. 하지만 존재는 하는 것이다).

⑤ 효용함수가 존재하기 위한 필수공리는 완전성, 이행성, 연속성이다. 하지만 합리적인 소비자라면 선호의 볼록성과 단조성도 만족해야 한다. 그렇지 않다면 효용함수과 수요함수가 상당히 난해한 형태가 된다.

이중 선호의 볼록성 한쪽으로 치우친 소비묶음보다는 조화를 갖춘 소비묶음을 더 선호하게 된다. 예를 들어 제리는 a = (아이스크림10, 초콜렛1)와 b = (아이스크림2, 초콜렛5)를 동등하게 여기고 있다고 하자. 즉 $U_a = U_b$이다. 이때 아래 그림에서 소비지점 a와 b를 연결한선분을 S라고 할 때, 이 선분 S 상의 임의의 소비지점 s에서 $U_s \geq U_a = U_b$가 성립한다면 제리의 선호는 볼록성을 만족한다.

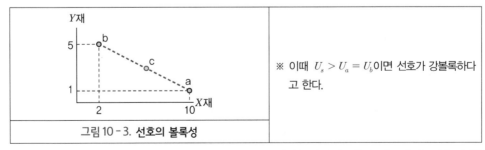

그림 10 - 3. 선호의 볼록성

※ 이때 $U_s > U_a = U_b$이면 선호가 강볼록하다고 한다.

※ 선호가 강볼록성을 만족하면 소비가 증가함에 따라 한계편익은 점차 감소한다. 선호의 강록성은 경제학의 두 번째 법칙 '귀하면 비싸지고 흔하면 싸진다.'의 소비자 버전이다. 이에 대한 자세한 논의는 무차별곡선이론에서 다룬다.

⑥ 선호의 단조성이란 다다익선과 유사한 개념이다. 아래 그림에서 소비점 a와 소비점 b 중 b
를 선호한다면 선호의 단조성을 만족한다.

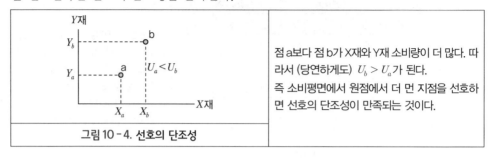

점 a보다 점 b가 X재와 Y재 소비량이 더 많다. 따라서 (당연하게도) $U_b > U_a$가 된다.
즉 소비평면에서 원점에서 더 먼 지점을 선호하면 선호의 단조성이 만족되는 것이다.

그림 10 – 4. 선호의 단조성

$MU_X > 0$ 이라면 X재를 재화라고 부른다. $MU_X < 0$이라면 X재를 비재화라고 한다.
$MU_X = 0$ 이라면 X재를 중립재라고 한다.

11. 무차별곡선이론

무차별곡선의 기본적 개념에 대해 학습한다.

– 무차별곡선의 의의
– 선호공리와 무차별곡선의 형태
– 무차별곡선을 이용한 효용극대화 원리 설명

(1) 무차별곡선

① 무차별곡선(indifferent Curve)이란 소비 평면에서 동일한 효용을 갖는 소비지점을 연결한 곡선을 말한다. 이러한 무차별곡선을 이용하여 효용극대화의 원리를 분석하는 무차별곡선 이론은 대표적인 서수적 효용체계 이론이다. 우리는 소비지점에서의 효용의 구체적인 크기는 몰라도, 각 지점 간 효용의 대소(순서)만 분별할 수 있다면 (매우 힘든 작업이 되겠지만) 무차별곡선은 그려낼 수 있다.

② 예시를 통해 설명하면 다음과 같다. 제리의 어린 사촌동생 터피가 놀러왔다. 터피는 매우 어린 아기라서 대화를 통한 의사소통이 어렵다. 맘에 들면 웃고 맘에 안 들면 운다(즉 효용이 증가하면 웃고, 효용이 감소하면 우는 것이다. 효용이 불변이라면 울지도 않고 웃지도 않는다).
제리는 터피에게 아이스크림 5개와 초콜렛 1조각을 선물로 주었다(이때 아이스크림을 X재로, 초콜렛을 Y재라고 하자). 따라서 터피의 소비지점은 아래 그림의 점 a가 된다. 그리고 터피는 물론 우리들도 점 a에서 터피의 효용의 크기를 알지 못한다.

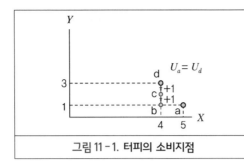

그림 11-1. 터피의 소비지점

그런데 톰이 터피의 아이스크림을 1개 뺏어가는 바람에 터피의 소비지점이 점 b가 되었다. (당연히 $U_b < U_a$ 이므로) 터피는 울음을 터트렸고, 제리는 그런 터피를 달래기 위해 초콜렛을 하나 보상해주어 터피의 소비지점을 점 c로 만들어 주었다. 하지만 여전히 터피는 울음을 그치지 않았다. 즉 아직 최초의 소비지점 a만큼의 효용이 복구되지 않았다는 것이다.

여기서 우리는 $U_c < U_a$라는 것을 알 수 있다. 그래서 제리가 다시 초콜렛을 1조각 더해주어 소비지점이 점 d가 되자 터피는 비로소 울음을 그쳤다. 즉 이제야 원래의 효용인 U_a가 복구되었다는 뜻이다. 즉 우리는 $U_a = U_d$임을 알게 되었다. 겨우 터피의 울음을 그치게 했는데, 이때 또다시 톰이 터피의 아이스크림을 1개 또 뺏어갔다. 터피의 소비지점은 점 e가 되었고 다시 터피의 울음이 시작되었다. 제리는 한숨을 쉬며 다시 초콜렛으로 터피를 달래야한다(아이스크림의 여분이 없고 초콜렛의 여분은 매우 많은 상황이다).

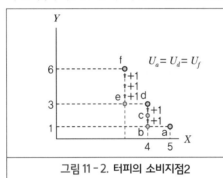

그림 11-2. 터피의 소비지점2

다시 제리는 터피에게 초콜렛을 하나씩 주어가며 달랬는데 이번에는 초콜렛 3개를 주어 터피의 소비지점이 점 f가 돼서야 울음을 멈췄다. 즉 우리는 $U_a = U_d$ $= U_f$임을 알 수 있다.

(처음 아이스크림을 1개 뺏겼을 때는 초콜렛 2개로 보상이 되었다. 그런데 두 번째 아이스크림에 대한 보상은 초콜렛 3개이다. 왜 보상해주어야 하는 초콜렛의 수량이 증가하였을까?)

⑤ 이렇게 톰과 터피의 희생을 통해, 제리는 최초의 소비지점 a와 동일한 효용을 갖는 터피의 소비지점들을 확인할 수 있다.

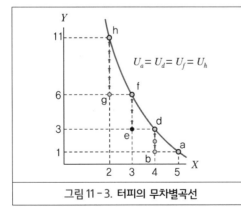

그림 11-3. 터피의 무차별곡선

톰의 실험을 통해 터피는 점 a, d, f, h 에서 동일한 효용을 갖는다는 것을 확인하였다. 그러므로 우리는 U_a, U_d, U_f, U_h의 크기는 모르지만, 최소한 $U_a = U_d$ $= U_f = U_h$ 라는 것은 알게 된 것이다.

그리고 U_b, U_e, U_g는 U_a보다는 작다는 것도 알 수 있다(하지만 U_b, U_e, U_g 간의 대소는 주어진 정보만으로는 구분할 수 없다).

⑥ 한 명의 경제주체는 하나의 무차별곡선을 지니는 것이 절대 아니다. 지금 얻어낸 저 하나의 무차별곡선은 점 a와 동일한 효용을 주는 점들을 연결한 하나의 무차별곡선이다. 따라서 점 a가 아닌 점 i에서의 효용과 동일한 효용의 점들을 연결한 또 다른 무차별곡선도 지나는 아까와 동일한 방식으로 얻어낼 수 있다. 이렇게 서로 다른 점들을 지나는 무수히 많은 무차별곡선을 (현실적으로는 매우 힘들지만 불가능하지는 않는 방법으로) 얻어낼 수 있는데, 이러한 무차별곡선의 모둠을 무차별지도라고 한다.

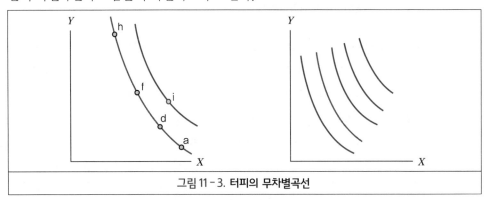

그림 11 – 3. 터피의 무차별곡선

※ 터피가 아직 아기라서 의사표현을 하지 못해 이런 식을 터피를 울리고 달래주는 방식으로 터피의 (겨우 하나의) 무차별곡선을 얻어내었는데, 의사표현이 가능한 사람의 경우에는 각각의 소비지점에서의 효용의 대소를 구분지으라 하면 (터피에 방식보다는 비교적 수월하게, 하지만 여전히 어려운 방식으로) 무차별곡선의 개략적인 형태를 그려낼 수 있다.

◆ 선호공리와 무차별곡선

– 완전성과 이행성이 충족된다면 서로 다른 무차별곡선은 결코 교차할 수 없다.
– 선호의 단조성이 만족이 된다면 무차별곡선은 우상향하지 않는다.

※ 보론 : 선호의 단조성이 깨진 경우와 무차별곡선

① $MU_X > 0$이고 $MU_Y < 0$인 경우
이때는 X재는 재화이고 Y재가 비재화인 경우이다(예를 들어 밀가루를 무척이나 싫어하는 톰에게 X재 소세지, Y재 오이인 상황).
따라서 톰은 식사반찬으로 소세지가 많을수록 빵은 적을수록 효용이 늘어난다. 이를 무차별곡선으로 나타내면 우측과 같다.

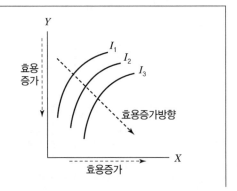

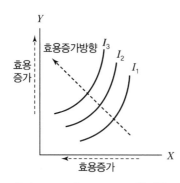

② $MU_X < 0$이고 $MU_Y > 0$인 경우
X재가 비재화이고 Y재가 재화인 경우
(예를 들어 채식주의자인 제리의 경우)

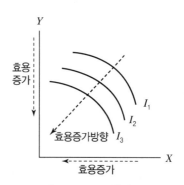

③ $MU_X < 0$이고 $MU_Y < 0$인 경우
둘 다 비재화인 경우(다이어트 중인 터피) 이때
무차별곡선은 우하향한다.

(3) 한계대체율

① 한계대체율의 직관적 의미 : 한계대체율(Marginal Rate of Substitution : MRS)는 X재
1단위를 얻기 위해 기꺼이 포기할 수 있는 Y재의 수량을 의미한다. 이를 뒤집어서 해석하
면, 한계대체율은 X재를 1단위 빼앗을 때, 원 효용을 회복하기 위해 보상해주어야 하는 Y
재의 수량이다.

② 한계대체율의 수학적 해석 : 한계대체율은 다음과 같이 도출할 수 있다.

$MRS_{XY} = -\dfrac{MU_X}{MU_Y}$. 즉 한계대체율은 각 재화의 한계효용의 상대적 비율이다. 그리고

이 한계대체율은 바로 무차별곡선의 기울기가 된다.

③ 무차별곡선을 이용한 설명

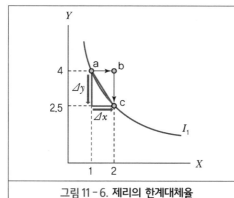

그림 11 - 6. 제리의 한계대체율

좌측 그림에서 제리는 a점에서 소비를 하고 있다. 그
런데 제리가 X재를 1개 더 얻는다면 제리의 소비점은
b가 된다(당연히 효용도 증가한다).
하지만 세상에 공짜는 없다. X재를 1개 더 얻기 위해
제리는 Y를 적당히 포기해야 한다. 만일 X재 +1을 위
해 Y재 −1.5를 하게 되면 제리는 c로 이동하게 되는
데 이는 최초의 제리의 소비점 a와 동등한 효용 수준
이기 때문에 제리는 X재 +1을 위해 Y재는 최대한
1.5까지 포기할 의향이 있다.
즉 위 그림에서 소비점 a에 위치한 제리의 한계대체율
은 −1.5가 되는 것이다.

④ 무차별곡선의 기울기

제리가 점 a에 있을 경우, 이때 제리의 소비지점을 지나는 무차별곡선의 기울기는 점 a와 c를 연결한 선분의 기울기이다(약간의 오차는 발생한다).

즉 두 점 a와 c사이의 기울기는 $-\dfrac{\Delta y}{\Delta x}$ 인데, 이때 $\Delta x = 1$이다. 그리고 위 사례에서 $\Delta y = 1.5$이고 점 a와 c사이의 한계대체율 MRS_{XY} 이다. 결국 무차별곡선의 기울기는 해당지점에서의 한계대체율과 일치한다.

※ $\dfrac{MU_X}{MU_Y}$ 앞에 마이너스(−)가 붙은 이유는, 한계대체율의 정의가 X재를 증가(+)시키기 위해 포기(−)하는 Y재의 수량이기에 한계대체율은 부호가 항상 음수로 표현되기 때문이다.

(4) 한계대체율의 체감과 선호의 볼록성

① 한계대체율 : X재를 +1 얻기 위해 포기할 수 있는 Y재의 최대수량
X재를 −1 되면 이전 수준 효용 회복을 위해 보상해주어야 하는 Y의 수량
무차별곡선의 기울기

$$MRS_{XY} = -\dfrac{MU_X}{MU_Y}$$

② 그런데 일반적인 경우 X재 소비량이 증가함에 따라 한계대체율은 점차 감소하는 경향을 보인다. 이를 '한계대체율의 체감'이라고 한다. 한계대체율은 무차별곡선의 기울기이므로 한계대체율의 체감은 무차별곡선의 기울기가 점차 완만해지는 것을 의미한다.

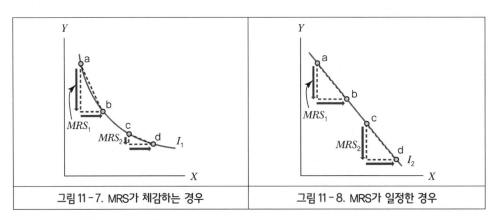

그림 11 - 7. MRS가 체감하는 경우	그림 11 - 8. MRS가 일정한 경우

(5) 예산제약식

① 일반적인 미시경제학의 범위에서 소비자의 선호체계는 완전성, 이행성, 연속성을 자동충족하며 여기에 강볼록성과 강단조성까지 만족하는 것을 기본전제로 한다.

※ 예외적인 경우
　－선형효용함수 : 강볼록성은 불성립, 볼록성과 강단조성만 성립
　－레온티에프효용함수 : 강볼록성과 강단조성 모두 불성립, 볼록성과 단조성만 성립

② 따라서 소비평면에서 무차별지도는 아래 그림처럼 나타나고 당연히 효용극대화 지점은 우상방 무한대의 지점이 될 것이다.

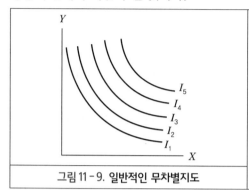

그림 11 - 9. 일반적인 무차별지도

하지만 희소성의 원칙에 의해 우리는 무한대의 소비를 할 수 없다. 즉 자원의 제약에 직면하고 있다. 소비자 이론에서 자원의 제약은 바로 예산제약이다.

$$M \geq P_X Q_X + P_Y Q_Y$$

그리고 단조성이 만족되면 돈 되는대로 모두 소비하는 것이 바람직하므로 예산제약은 $M = P_X Q_X + P_Y Q_Y$ 가 된다.

③ 이러한 예산제약식을 소비평면에 나타낸 것을 예산선(Budget Line)이라 한다. 예산제약식의 일반적 표현형은 $M = P_X X + P_Y Y$ 이므로 (여기서 $Q_X = X$, $Q_Y = Y$ 이다), 이를 Y에 대해 정리하면 $Y = \dfrac{M}{P_Y} - \dfrac{P_X}{P_Y} X$ 가 된다. 그리고 X절편은 $\dfrac{M}{P_X}$, Y절편은 $\dfrac{M}{P_Y}$ 가 된다.

그리고 예산선의 기울기는 상대가격비인 $-\dfrac{P_X}{P_Y}$ 이다. 예를 들어 소득 $M = 100$, $P_X = 10$, $P_Y = 20$ 이라면 이때의 예산선은 다음 그림과 같다.

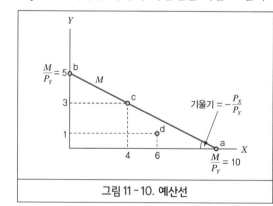

그림 11 - 10. 예산선

좌측 예산선에서 점 a는 모든 소득을 X재 구입에 지불한 경우로 좌표는 (10,0)이다. 점 b는 모든 소득을 Y재 구입에 지불한 경우로 좌표는 (0,5)이다. 예산선 상의 점은 모든 소득을 지출에 사용한 경우이다. 하지만 예산선 안의 점은 소득을 모두 지출하지 않은 경우이다.

※ 선호의 단조성이 만족되는 경우, 예산선안의 점은 효용극대화지점이 아니다. 위 그림의 점 d는 예산선 안의 점으로 지출액은 80이다. 즉 돈을 남기고 있다. (여기서 저축은 고려하지 않는다) 선호의 단조성이 만족되면 점 d에서 수평우측, 수직상방, 혹은 우상방 어디로 가든 효용이 증가한다. 즉 돈을 더 씀으로서 효용이 더욱 증가할 수 있으므로 점 d는 효용극대화지점이 아니다.

(6) 주어진 예산 제약 하의 효용극대화

① 선호의 기본공리가 충족된다면, 예산선 상의 어느 한 지점이 효용극대화 점이 될 것이다. 그렇다면 과연 어디가 효용극대화 지점인가?

② 효용함수를 안다면 계산을 통해 효용극대화 지점을 도출할 수 있지만, 우리는 효용함수는 모르고 무차별곡선의 형태(무차별지도)만 알고 있다. 이제 이 무차별곡선을 통해 예산선 중 효용이 가장 높은 지점을 찾아내야 한다.

③ 완전성의 공리에 의해 예산선의 각각의 서로 다른 지점들은 서로 다른 무차별곡선을 갖는다. 그리고 단조성의 공리에 의해 가장 바깥에 위치한 무차별곡선이 가장 높은 효용을 지닌다. 따라서 예산선을 지나는 무수히 많은 무차별곡선 중에 가장 바깥쪽에 위치한 무차별곡선을 찾으면 그 무차별곡선과 예산선이 만나는 점이 바로 주어진 예산제약하에 효용극대화 지점이다.

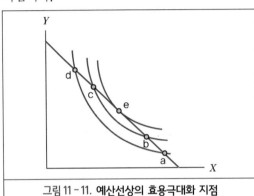

좌측 그림에서 예산선을 지나는 무차별 곡선 중 점 e를 지나는 무차별곡선이 가장 바깥쪽에 위치한다. 따라서 점 e가 예산제약내 효용극대화지점이다.

무차별곡선이 원점에 대해 볼록한 경우라면 무차별곡선과 예산선이 접하는 지점이 효용극대화지점이 되는 것이다.

그림 11 – 11. 예산선상의 효용극대화 지점

④ 앞서 한계효용이론에서 효용함수를 이용한 효용극대화 지점을 찾는 방법을 학습하였다. 먼저 한계효용균등의 원칙을 이용하여 $\dfrac{MU_X}{MU_Y} = \dfrac{P_X}{P_Y}$ 를 만족하는 소비조합을 찾아낸다. (효용극대화 1계 조건) 그리고 그 소비조합점 중 예산제약 $M = P_X X + P_Y Y$ 를 만족하는 지점을 찾으면 되었다.

※ 우측 그림에서 점 e, f, g 모두 무차별곡선과 예산선의 기울기가 동일하다. 즉 점 e, f, g 모두 한계효용균등의 원칙을 충족한다.

하지만 이 세 점 중 예산제약식까지 충족하는 지점은 오직 e뿐이다. 따라서 유일한 효용극대화 지점은 점 e이다.

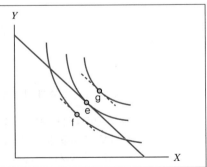

12. 기대효용이론

소득의 불확실성이 발생하는 경우의 효용극대화에 대해 학습한다.

- 기대소득과 기대효용
- 상트페테르부르크의 역설
- 위험기피성향
- 기대효용이론
- 공정한 도박과 공정한 보험료
- 확실성 등가와 위험프리미엄

(1) 기대소득과 상트페테르부르크의 역설

① 지금까지 우리는 주어진 소득 수준에서 효용극대화의 원리와 이에 대한 다양한 응용을 분석하였다. 그런데 지금까지의 분석에서 소득 수준은 외생변수, 즉 주어진 것으로 가정하였다. 따라서 소득이 일단 주어지면 이 소득은 모형 내에서 변화하지 않는 것으로 간주되었다.

하지만 현실에서는 미래에 대한 변수 및 사회적 요인들에 의해 소득의 불확실성이 발생한다. 따라서 일정 기간 동안 소득의 변동성은 크던 작던 늘 존재하기 마련이다. 그러므로 소득의 변동성, 혹은 불확실성이 존재하는 경우에 소비자의 효용극대화에 대한 원리도 학습할 필요가 있다.

② 이를 위해 몇 가지 용어를 정의한다. 예를 들어 농부인 톰의 올해 수확에 따른 소득이 풍년에는 1억 원, 흉년에는 6천만 원이 된다고 하자. 그리고 풍년이 될 확률이 60%, 흉년이 될 확률이 40%라고 하자(기대효용이론에서 미래에 어떤 상황이 발생하게 될 확률은 미리 예측할 수 있다고 가정한다).

이때 톰이 직면하는 소득의 확률평균값을 기대소득(Expected Income)이라고 한다. 이 경우의 톰의 기대소득은 $(1억 \times 0.6) + (6천만 \times 0.4) = 8,400$만 원이다.

즉 기대소득은 각 상황이 발생할 확률에 각 상황에서의 소득을 곱하여 도출한다.

$EI = \sum_{i=1}^{n} p_i \cdot I_i$ 여기서 p_i는 i상황이 발생할 확률, I_i는 i상황 시의 얻게 되는 소득.

그리고 $p_1 + p_2 + ... + p_n = 1$, 즉 각 상황이 발생할 확률을 모두 더하면 1.

※ 실제 중급 난이도의 계산문제에서는 상황의 개수는 2개로 설정한다. 위 농부 톰의 사례와 같이 풍년 or 흉년, 또 다른 사례로는 투자성공 or 투자실패, 보험시장분석에서는 사고발생 or 사고 없이 안전 등과 같은 단 2가지 상황만을 분석한다.

③ 이렇듯 소득의 불확실성이 발생하게 되면 위의 톰은 어떤 선택을 하는 것이 바람직할까. 당연히 톰은 풍년이 들어 소득이 1억 원이 되길 바라겠지만, 풍흉년은 농부의 노력만으로는 어찌할 수 있는 게 아니므로 그저 하늘에 기원하는 수밖에 없다. 그런데 제리가 톰을 찾아와 톰에게 이런 제안을 한다.

"톰. 아직 수확하기 전인 너의 밀을 지금 미리 살게, 가격은 8천만 원. 풍년이 되던, 흉년이 되던 무조건 너의 밀을 8천만 원에 살게."

이때 톰은 제리의 제안을 받아들일까? 제리의 제안을 받아들이면 풍흉과 관계없이 톰의 소득은 무조건 8천만 원으로 안정되어 소득의 불확실성은 사라진다. 하지만 이 8천만 원은 톰이 얻게 될 소득의 확률평균값, 즉 기대소득보다 작다. 톰은 고민에 빠진다.

※ 톰이 제리의 제안을 받아들이면 톰의 소득은 이제 불확실성이 제거된 확실한 소득 8천만 원이 된다. 그리고 이때 톰의 기대소득은 8천만 원이 된다.
   제리의 제안을 받는 경우 톰의 기대소득 = (풍년이 들 확률×8천만 원) + (흉년이 들 확률×8천만 원) = 8천만 원. 즉 기대소득은 항상 불확실성을 내포한 소득이라는 뜻이 아니다. 기대소득은 소득이 확실하던 불확실하던 어쨌든 향후 발생하게 될 소득의 확률평균값일 뿐이다.
※ 만일 톰이 제리의 제안을 받아들였다고 하자. 그러면 풍년이 들 경우 결과적으로 톰은 2,000만 원의 손해를 입는 것이다. 이때 제리의 이득은 톰의 손해액인 2,000만 원이다. 반대로 흉년이 들면 제리는 2,000만 원의 이득을 보고, 제리가 2,000만 원의 손해를 본다. 이처럼 톰과 제리의 이익과 손해의 합은 항상 0이 되는데, 이러한 거래나 게임(도박)를 제로섬(Zero-Sum), 즉 영합게임이라 한다(고스톱은 대표적인 영합게임이다).
※ 제리가 제안한 이러한 거래를 선도거래(Forward Contract)라 한다. 선도거래 중 청산소의 의해 규격과 규약, 지불보증 등이 강제된 거래가 선물거래(Futures Contract)이다. 선물거래는 대표적인 파생상품거래이다.

④ 제리의 제안을 따르면 톰이 얻게 되는 확실한 기대소득 8천만 원이 톰의 불확실한 기대소득 8,400만 원보다 작게 되니 톰은 이 제안을 거절할까? 이를 추론해보기 전에 먼저 상트페테르부르크의 역설을 소개한다.

러시아의 유명한 도시 상트페테르부르크는 특히 도박의 성지이다. 이 도시의 어느 도박장에 다음과 같은 도박이 하나 개설되었다. 참가비 100만 루블(한화로 약 2천만 원)을 내면 동전을 던질 기회를 얻는다. 동전을 던져 뒷면이 나오면 꽝, 앞면이 나오면 한 번 더 동전을 던질 기회를 얻는다. 이렇게 운이 억세게 좋아 연속해서 앞면이 n번 나오면 2^n루블의 상금을 받는다. 하지만 첫판에서 뒷면이 나오면 그냥 꽝, 참가비 100만 루블만 날리는 셈이다. 이 게임의 기대소득은 ∞, 무한대이다(앞면이 무한번 나올 확률이 0이 아니기 때문). 하지만 아무도 이 게임에 참가하지 않았다. 즉 사람들은 선택지 중 기대소득이 높은 쪽을 고르는 것은 아니라는 것이다. 그렇다면 불확실한 상황에 직면한 사람들은 무엇을 보고 선택을 할까?

위 사례가 너무 극단적이라면 다음의 상상을 해보자. 어느 석유재벌이 우리나라의 놀러왔는데, 수행원 없이 혼자 여행하다 길을 잃었다. 그래서 당신이 친절히 길을 알려주었다. 그랬더니 그 석유재벌이 감사의 인사로 당신에게 100억 원의 현찰을 선물로 주었다. 자. 이제 당신의 재산 100억이 생겼다. 그래서 감사인사를 하고 돌아서는데, 이 석유재벌이 당신을 다시 불러 세우더니 동전던지기 게임을 제안한다.

"이 동전을 던져서 앞면이 나오면 제가 당신께 추가로 125억을 더 드리겠습니다. 대신 뒷면이 나오면 방금 제가 드린 100억을 다시 돌려주세요. 물론 이 게임을 원치 않으시면 그 100억 가지고 그대로 가시면 됩니다."

석유재벌이 제안한 이 게임은 분명 확률계산 상 당신에게 유리한 게임이다(즉 석유재벌에겐 불리한 게임이다). 왜냐면 이 게임의 참가비는 100억인 셈이지만 게임 참가시의 기대소득은 112.5억이기 때문이다. 하지만 당신은 이 게임에 감히 참가할 수 있겠는가?

아마 대부분의 사람들은 이 게임에 참가하지 않을 것이다. 50%의 확률로 재산을 순식간에 +125억, 즉 두 배 넘게 불릴 수 있지만, 50%의 확률로 모든 재산 100억을 날릴 수도 있다. 즉 +125억의 기쁨과 -100억의 슬픔 중 -100억의 슬픔이 훨씬 더 클 것이기 때문이다.

(2) 기대효용

① 위 사례를 통해 불확실한 상황에서 개인들은 기대소득이 높은 선택을 하는 것이 아님을 알수 있다. 불확실한 상황에서 개인의 선택은 바로 기대효용이 높은 쪽을 선택한다고 많은 경제학자들이 생각한다. 이를 기대효용이론(Expected Utility Theory)라고 한다.

② 기대효용(Expected Utility)이란 소득이 불확실한 상황에서 기대되는 효용의 확률평균값이다. 다시 톰의 사례로 돌아가 톰이 소득 1억 원을 얻을 때, 효용이 80이고, 소득이 6천만 원일 때 60의 효용을 얻는다고 하자. 그러면 톰의 기대효용＝(풍년이 들 확률×1억 원의 효용)＋(흉년이 들 확률×6천만 원의 효용)＝72가 된다.

③ 즉 기대효용은 각 상황이 발생할 확률에 각 상황에서의 효용을 곱하여 산출한다.

$$EU = \sum_{i=1}^{n} p_i \cdot u_i \text{ 여기서 } p_i\text{는 } i\text{상황이 발생할 확률, } u_i\text{는 } i\text{상황 시의 얻게 되는 효용.}$$

그런데 톰이 8천만 원의 소득을 얻을 때의 효용은 75라고 하자. 그렇다면 톰은 제리의 제약을 받아들일 것이다. 제안을 받게 되면 톰의 기대효용은 75가 되는데 제안을 거절하면 톰의 기대효용은 72이기 때문이다.

④ 이처럼 기대효용이론을 사용하여 불확실한 소득 상황에서 소비자의 선택을 분석하기 위해서는 구체적인 형태의 효용함수를 알고 있어야 한다. 그래서 기대효용이론은 기수적 효용이다. 보통 수험문제에서 자주 쓰이는 효용함수는 $U = \sqrt{W}$, $U = \sqrt{I}$ 이다. 여기서 W, I 는 각각 재산(Wealth), 소득(Income)의 크기이다.

⑤ 앞서 석유재벌의 동전던지기 게임을 $U = \sqrt{W}$ 가정하여 분석해보자. 일단 당신은 100억을 받았으니 당신의 현재 효용(이며 확실히 얻는 효용)은 10이다(계산 편의를 위해 억 단위는 생략하자). 즉, 당신의 현재 위치는 아래 그림의 점a이다. 여기서 동전던지기 게임에 참가하지 않는다면 당신은 100억과 효용10을 지키고 당신의 위치도 점 a에 머물 것이다.

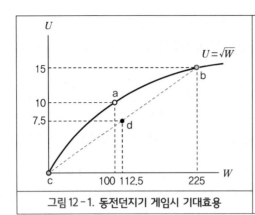

그림 12-1. 동전던지기 게임시 기대효용

그런데 동전던지기에 참가하여 하늘이 도와 앞면이 나온다면 좌측 그림 점 b에서 15의 효용을 얻는다. 하지만 운이 나빠 뒷면이 나오면 점 c가 되고 효용은 0이 된다.

이때 동전던지기 참가시의 기대효용은 $\left(\frac{1}{2} \times 15\right) + \left(\frac{1}{2} \times 0\right) = 7.5$가 되는데, 이는 공교롭게도 동전던지기 참가 시에 각 상황 발생지점 점b, c를 연결한 점선.

그리고 기대소득 112.5에서 수직으로 올라간 선이 만나는 지점 d의 높이이다(사실 공교로운 건 아니다. 기대효용은 점 b와 점 c의 높이의 확률평균값이고 이는 점 d의 높이와 일치할 수밖에 없다).

위 그림을 토대로 정리하면 동전던지기에 불참할 경우 재산 100과 이때의 효용 10을 지키지만 동전던지기에 참가할 경우의 효용의 확률평균(기대효용)은 7.5밖에 되지 않는다. 따라서 효용함수가 $U = \sqrt{W}$ 라면 이 게임에 불참하는 것이 유리하다.

※ 여기서 동전던지기 게임 참가시 기대효용 7.5의 의미는 동전던지기에 참가하면 7.5의 효용을 얻는다는 것이 아니다. 동전던지기에 참가해서 얻는 효용은 정말로 동전을 던져봐서 결과를 봐야 (점 b가 될지, c가 될지) 알 수 있는 것이다. 여기서 기대효용 7.5의 의미는 동전 던지기에 참가해서 운이 좋으면 15, 운이 나쁘면 0의 효용을 얻는데 이들의 확률평균값이 7.5라는 것이다.

(3) 위험기피성향

① 앞서 석유재벌이 제안한 동전던지기 게임은 기대소득 측면에서는 확률적으로 참가자에게 유리한 게임이다(주최 측에는 불리한 게임). 하지만 왜 기대효용측면에서는 참가자에게 불리한 게임이 되었나?

왜냐하면 50%의 확률로 +125억의 기쁨을 얻고 50%의 확률로 −100억의 슬픔을 얻는데 중 −100억의 슬픔 > +125억의 기쁨이기 때문이다.

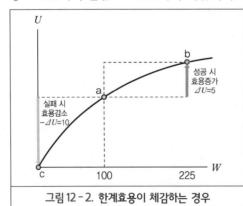

그림 12-2. 한계효용이 체감하는 경우

즉 재산에 대한 한계효용이 체감하기 때문이다. 좌측 그림처럼 재산, 소득에 대한 한계효용이 체감하면 효용함수가 오목한 형태가 되는데, 이 경우 재산이 증가할 경우의 효용증가분보다 같은 크기의 재산이 감소할 경우의 효용감소분이 더 크다.

따라서 한계효용이 체감하는 경우에는 확률적으로 유리한게임이라도 참가하지 않을 수 있다.

이때 재산, 소득에 대한 한계효용이 체감한다고 확률적으로 유리한 게임도 무조건 불참한다는 것은 아니다. 확률적으로 참가자에게 매우 유리해지면 한계효용이 체감하더라도 참가할 수 있다.

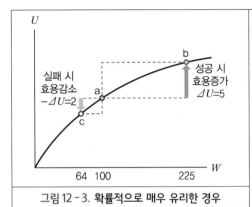

그림 12 – 3. 확률적으로 매우 유리한 경우

예를 들어 동전던지기 게임을 참가자에게 더욱 유리하게 바꾸어 성공시 +125억이지만 실패 시 −100억이 아닌 −36으로 바꾼다면 이때는 이 게임에 참가할 수 있게 된다.

즉 한계효용이 체감하는 경우도 확률적으로 매우 유리한 게임에는 참가할 수 있다.

하지만 확률적으로 균등한 게임에는 절대 참가하지 않는다.

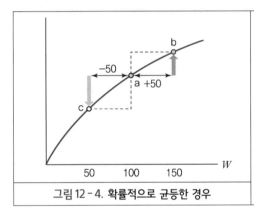

그림 12 – 4. 확률적으로 균등한 경우

좌측처럼 최초지점 a에서 b가 되면 +500이 되고, c가 되면 −500이 되며 b가 될 확률과 c가 될 확률이 50 : 50으로 동일하다면 이 게임은 확률적으로 균등한 게임이다. 이러한 게임을 '공정한 도박'이라고 한다.

이처럼 공정한 도박이라면 한계효용이 체감하는 경우 성공 시 효용증가분보다 언제나 실패 시 효용감소분이 더 크다. 따라서 이 게임에는 불참한다.

※ 공정한 도박

앞서 한계효용이 체감하는 경우 성공 시 효용증가분<실패 시 효용감소분인 경우 이 게임에 참가하지 않는다고 설명하였다. 하지만 이 설명은 성공확률과 실패확률이 동일한 경우를 가정한 설명이다.

보다 엄밀하게는 (성공 시 효용증가분×성공확률)<(실패 시 효용감소분×실패확률)인 경우 이 게임에 불참한다는 것이다.

그리고 공정한 도박이란 (성공 시 이득×성공확률)=(실패 시 손실×실패확률)인 도박을 말한다. 따라서 공정한 도박은 도박불참 시의 기대소득=도박참가 시의 기대소득이 된다.

② 위험기피자(Risk – Averter)란 효용함수의 곡률이 음(−)인, 즉 한계효용이 체감하는 자이다. 위험기피자는 공정한 도박에는 절대 참가하지 않는다. 왜냐하면 아래 그림과 같이 한계효용이 체감하는 효용곡선이라면 공정한 도박에 참가하였을 때의 기대소득과 도박에 참가하지 않았을 때의 기대소득이 동일하다. 하지만 도박에 참가하지 않는 경우 소득의 불확실성이 없으므로 효용의 위치는 효용곡선 상에 점 a에 위치한다. 하지만 도박에 참가하면

소득의 불확실성이 생기므로 효용의 위치는 점 b와 c를 연결한 선 위 점 d에 위치한다. 효용 함수가 오목하므로 점 d는 점 a의 하방에 위치한다.

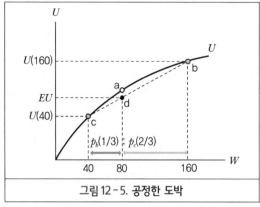

예를 들어 현재 재산이 80인데 전재산을 주식에 투자할 경우 $\frac{1}{3}$의 확률로 재산이 1600이 되고 $\frac{2}{3}$의 확률로 재산이 400이 된다고 하자. 주식투자의 기대소득은 800이다. 주식의 투자하지 않을 경우의 기대소득도 800이다.

따라서 이 주식투자는 공정한 도박이다. 이때 주식투자를 하지 않을 경우의 효용은 점 a이다.

그림 12 - 5. 공정한 도박

주식투자를 하여 성공 시 점 b에 위치하고 실패 시 점 c에 위치한다. 따라서 주식투자의 기대 효용과 기대소득의 좌표는 점 d가 된다. 공정한 도박의 경우 주식투자를 할 경우와 안할 경우의 기대소득이 동일하므로 점 a는 항상 점 d의 상방에 위치한다. 즉 한계효용이 체감하여 효용함수의 기울기가 점차 완만해지는 위험기피자는 공정한 도박은 절대 참가하지 않는다.

③ 하지만 위험기피자라도 성공확률이 높아지거나 아니면 성공확률은 동일해도 성공 시 소득의 크기가 커지면, 즉 참가자에게 유리한 도박이 되어 투자시의 기대효용이 불참 시의 기대 효용보다 커진다면 도박에 참여하게 된다.

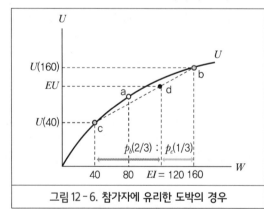

주식투자 성공확률이 $\frac{2}{3}$으로 상승한 경우, 주식투자의 기대소득이 1200이 된다. 주식투자를 안할 경우의 기대소득은 여전히 800이므로 이 주식투자는 공정한 도박이 아니라 참가자에게 유리한 도박이다. 이때 점 d가 점 a보다 위에 위치하므로 주식투자 참가시의 기대효용이 주식을 하지 않을 경우보다 더 크다. 따라서 위험기피자임에도 이 주식투자는 하는 것이 유리하다.

그림 12 - 6. 참가자에 유리한 도박의 경우

④ 그렇다고 참가자에게 확률적으로 유리한 도박이 되었다고 위험기피자가 모두 도박에 참가하는 것은 아니다. 유리한 도박이라도 참가시의 기대효용이 불참시의 기대효용보다 클 경우에만 도박에 참가한다.

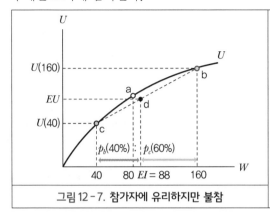

그림 12 - 7. 참가자에 유리하지만 불참

주식투자 성공확률이 40%인 경우, 주식투자의 기대소득이 88이 된다. 주식투자를 안할 경우의 기대소득은 여전히 80이므로 이 주식투자는 공정한 도박이 아니라 참가자에게 유리한 도박이다. 하지만 점 d가 점 a보다 아래에 위치하므로 주식투자 참가시의 기대효용이 주식을 하지 않을 경우보다는 작다. 따라서 이 주식투자는 참가자에게 확률적으로 유리한 도박이지만 이 효용함수를 지는 위험기피자는 불참한다.

⑤ 하지만 재산이나 소득에 대한 한계효용이 체감하지 않고 체증하는 경우도 존재한다. 이러한 소비자를 위험선호자(Risk-Lover)라 한다.

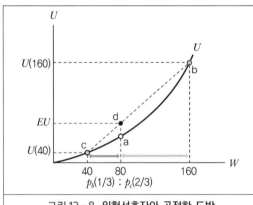

그림 12 - 8. 위험선호자와 공정한 도박

위험선호자는 공정한 도박은 반드시 참가한다. 위험선호자의 경우 도박참가 시의 기대효용이 불참 시의 기대효용보다 항상 높기 때문이다. 주식투자 시 기대소득 80과 주식투자를 하지 않을 경우 기대소득이 80으로 동일하다. 즉 공정한 도박이다. 하지만 위험기피자와 달리 효용곡선이 점차 가팔라지므로 점 d가 점 a보다 위에 위치한다. 따라서 공정한 도박인 이 주식투자에 참여하는 것이 유리하다.

따라서 위험선호자는 자신에게 확률적으로 다소 불리한 도박이라도 도박참가 시의 기대효용이 불참 시의 기대효용보다만 높으면 그 도박에 참가한다.

※ 공정한 도박의 경우 주최 측의 기대소득이 0이다. 따라서 현실에서 존재하는 일반적인 도박은 공정한 도박이 아니다. 참가자에게 확률적으로 불리한 도박이다. 로또의 경우 1,000원짜리 한 장을 구입하였을 때의 기대소득은 500원이 채 되지 않는다.

⑥ 위험선호자는 확률적으로 불리한 불공정한 도박이라도 도박의 기대소득이 도박을 하지 않을 경우의 기대소득보다 높다면 이 도박에 참여한다.

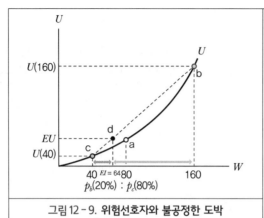

좌측 그림처럼 주식투자 성공확률이 20%로 하락하면 주식투자의 기대소득은 64이다. 하지만 이 때의 기대효용은 점 d의 높이인데 주식투자를 하지 않을 경우의기대효용 점 a보다 높다.
따라서 위험선호자는 불공정한 도박이라도 도박의 기대효용이 도박불참 시의 기대효용보다 높다면 이 도박에 참가한다. 물론 매우 불리한 도박이 되어 도박의 기대효용이 불참 시의 기대효용보다도 낮아지면 도박에 불참한다.

그림 12 - 9. 위험선호자와 불공정한 도박

⑦ 위험 중립자(Risk − Neutral)는 재산, 소득에 대한 효용곡선이 일정한 기울기의 직선이다. 따라서 기대효용과 기대소득의 좌표가 정확하게 정비례한다. 즉 기대소득이 높으면 기대효용도 높은 것이다. 따라서 도박 시의 기대소득 > 불참시의 기대소득은 곧 도박 시의 기대효용 > 불참 시의 기대효용이다. 이 경우 위험중립자는 도박에 참가한다(아래 좌측 그림). 반대로 불공정한 도박은 도박 시의 기대소득 < 불참 시의 기대소득이므로 절대 참가하지 않는다(아래 우측 그림). 공정한 도박의 경우에는 참가하나 불참하나 무차별하다.

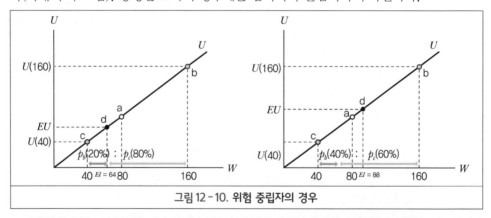

그림 12 - 10. 위험 중립자의 경우

※ 효용곡선이 반드시 원점을 지날 필요는 없다. 효용곡선의 곡률이 위험기피성향에 영향을 주는 것이다.
※ 효용함수가 $U = W^{\alpha}$ 라면, $\alpha > 1$이면 위험선호자, $\alpha < 1$이면 위험기피자, $\alpha = 1$이면 위험중립자이다.

(4) 보험시장분석

① 위험기피자 톰이 있다고 하자. 그리고 톰의 재산에 대한 효용함수가 $U = \sqrt{W}$ 라고 하자. 톰의 현재 재산은 100이다. 톰은 화재위험에 직면하고 있다. 화재발생확률은 $\frac{1}{3}$이며 화재 시 재산의 손실액은 84이다.

② 이러한 불확실성에 직면한 톰의 현재 기대소득은 72이다. 그리고 불확실성에 직면한 톰의 기대효용은 8이다.

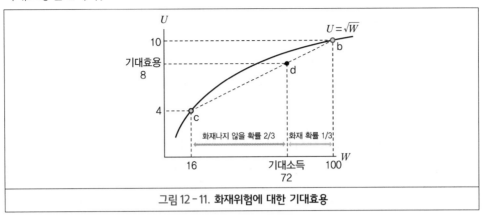

그림 12-11. 화재위험에 대한 기대효용

③ 위 상황에서 위험중립자인 보험회사가 톰에게 다음과 같은 제안을 한다. "톰님이 저희에게 보험료 30을 납입하시면 화재발생 시 손실액 84를 전액 보상해드리겠습니다."

톰이 보험회사의 제안을 받아들이고 보험료 30을 납입하면 화재미발생시 톰의 재산은 70이 되고, 화재가 발생하여도 톰의 재산은 70이 된다. 따라서 보험에 가입하여 어떠한 상황에서도 70의 재산을 유지한다면 이때 톰의 기대효용은 $\sqrt{70} \fallingdotseq 8.37$이 된다. 즉 보험에 가입하지 않은 경우의 기대효용 8보다 높다. 그러므로 톰은 해당 보험에 가입할 것이다.

④ 보험회사는 해당 보험을 제공하고 화재미발생 시 30의 이익을, 화재발생 시 54의 손실을 입는다. 이때 보험회사의 기대소득은 $\left(\frac{2}{3} \times 30\right) - \left(\frac{1}{3} \times 54\right) = 2$가 되어 양(+)의 기대소득을 얻는다.

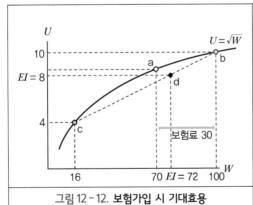

그림 12-12. 보험가입 시 기대효용

좌측 그림에서 30의 보험료를 내고 보험에 가입하면 화재미발생 시 재산은 70, 화재가 발생해도 재산은 70을 보장받는다. 따라서 보험 가입시 톰의 기대효용과 기대소득의 좌표는 점 a가 된다. 이는 보험에 가입하지 않은 경우의 기대효용과 기대소득의 좌표 점 d보다 높다.

따라서 보험료 30에 전액보장의 경우 톰은 해당 보험에 가입한다.

⑤ 위 상황에서 보험회사는 톰에게 얼마까지 보험료를 받아낼 수 있을까? 이를 최대한의 보험료라 한다.

톰이 보험에 가입하지 않을 경우 기대효용이 8이므로 톰이 보험에 가입하여 8 이상의 기대효용만 보장이 된다면 톰은 해당 보험상품에 가입할 의사를 지닐 것이다. 즉 톰에게 화재가 발생하던, 발생하지 않던 확실한 소득 64 이상만 보장해 주면 톰은 보험에 가입한다. 다시 말해 보험회사는 톰에게 최대 36만큼 보험료를 받아낼 수 있다(물론 보험시장이 경쟁적이지 않은 경우에 해당).

⑥ 이때 보험 미가입 시와 동일한 효용을 가져다주는 보장소득액 64를 확실성 등가(CE)라 한다. 그리고 확실성 등가와 보험 미가입 시의 기대소득의 차액을 위험 프리미엄이라고 한다.

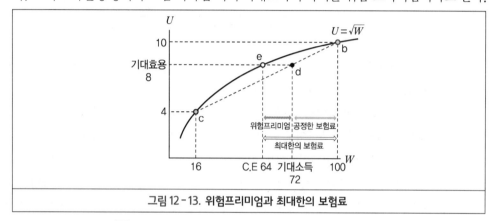

그림 12 - 13. 위험프리미엄과 최대한의 보험료

※ 효용함수가 $U = \sqrt{W}$ 라면. 확실성 등가 $C.E. = (기대효용)^2$
※ 공정한 보험료는 pl 이다. 여기서 p는 사고확률, l은 사고 시 손실액이다.

01 한계효용이 (−)인 상황과 맞지 않는 것은?

① 포만점을 넘어서는 소비상황

② 총효용이 불변인 상황

③ 비재화의 소비

④ 총효용곡선의 기울기가 (−)인 상황

⑤ 소비를 줄이는 것이 오히려 효용극대화에 이득이 되는 상황

정답 | ②

해설 | 총효용이 불변인 경우는 한계효용이 0일 때이다.

02 한계효용 균등의 원칙에 대한 설명으로 올바르지 못한 것은?

① 화폐1원당 한계효용이 균등해지도록 소비를 해야 한다.

② 한계대체율과 재화의 상대가격이 균등해지도록 소비를 해야 한다.

③ 무차별곡선과 예산선이 접하는 지점에서 소비를 해야 한다.

④ 한계효용이 0이 되는 순간까지 소비를 늘려야 한다.

⑤ 한계효용이 높은 재화라고 무조건 선호해서는 안된다.

정답 | ④

해설 | 한계효용균등의 원리는 $\dfrac{MU_X}{P_X} = \dfrac{MU_Y}{P_Y}$ 에서 효용이 극대화되는 것을 의미하지 한계효용이 0이 되는 상황에서 효용이 극대화되는 것을 의미하지는 않는다.

03 사과의 한계효용은 10, 포도의 한계효용은 5이다. 사과 가격이 개당 4,000원이고 포도의 가격이 개당 1,000원일 때 효용을 극대화하는 소비자의 올바른 행동은?

① 소득 증가 시 사과의 소비만 증가시켜야 한다.

② 소득 증가 시 포도의 소비만 증가시켜야 한다.

③ 소득이 불변인 경우 사과와 배의 소비량도 불변이다.

④ 소득이 불변인 경우 사과소비를 늘리고 포도 소비를 줄여야 한다.

⑤ 소득이 불변인 경우 사과소비를 줄이고 포도 소비를 늘려야 한다.

정답 | ⑤

해설 | $\dfrac{MU_{사과}}{P_{사과}} < \dfrac{MU_{포도}}{P_{포도}}$ 인 상황이다. 따라서 소득이 불변이라면 사과소비를 줄이고 포도소비를 늘려야 한다.

04 무차별곡선에 대한 설명으로 잘못된 것은?

① 각 재화의 한계효용이 0보다 크다면 원점에서 먼 무차별곡선이 더 높은 효용을 지닌다.

② X재가 재화, Y재가 비재화라면 무차별곡선의 기울기는 (+)이다.

③ X, Y재의 한계효용이 모두 0보다 크고, 한계대체율이 체감하는 경우 무차별곡선은 원점에 대해 볼록하다.

④ 경우에 따라 한 개인의 무차별곡선은 교차할 수 있다.

⑤ 선호의 볼록성이 성립하지 않으면 무차별곡선은 원점에 대해 오목할 수 있다.

정답 | ④
해설 | 한 개인의 무차별곡선은 교차할 수 없다.

05 현재 톰의 빵과 우유의 한계대체율은 3이고 제리의 빵과 우유의 한계대체율은 1이다. 이와 관련하여 아래 설명 중 잘못된 것은?

① 톰은 빵 1개를 얻기 위해 우유를 3개까지 지불할 수 있다.

② 제리는 우유 1개를 얻기 위해 빵을 1개까지 지불할 수 있다.

③ 톰과 제리가 물물교환을 한다면 톰은 제리에게 빵을 주고 우유를 얻어올 것이다.

④ 톰과 제리가 빵1개를 우유 2개로 교환한다면 둘다 이득을 볼 것이다.

⑤ 빵가격이 1,000원, 우유가격이 500원이라면 톰은 빵을 좀 더 구매할 것이다.

정답 | ③
해설 | 톰은 제리보다 빵을 3배 더 귀하게 여기고 있다. 따라서 거래를 한다면 톰은 제리에게 우유를 주고 제리로부터 빵을 얻어올 것이다.

06 무차별곡선이 우하향하는 이유는?

① 선호의 완전성   ② 선호의 이행성

③ 선호의 연속성   ④ 선호의 강단조성

⑤ 선호의 강볼록성

정답 | ④
해설 | 선호의 강단조성이 성립하면 무차별곡선은 우하향하며 원점에서 멀어질수록 효용이 증가한다.

07 X재와 Y재만을 구매한 소비자에게 X재 가격이 인하되었다. 이때 발생하는 상황으로 옳지 않은 것은? (단 X재와 Y재는 모두 정상재이다)

① 예산선의 기울기는 완만해진다.

② 예산집합의 면적은 커진다.

③ X재의 구매량은 증가한다.

④ Y재의 구매량은 감소한다.

⑤ 새로운 효용극대화지점에서 한계대체율은 이전에 비해 감소한다.

정답 | ④
해설 | X재 가격이 하락하였으므로 X재 구매량은 증가하지만 Y재의 구매량 증가여부는 알 수 없다.

08 사고확률이 20%이고 사고 시 100만 원의 손해가 예상될 경우, 아래 설명 중 잘못된 것은?

① 전액보상을 해주는 보험료가 20만 원 미만이라면 보험회사가 손해를 입는다.

② 위험기피적인 소비자는 전액보상 보험료 20만 원이면 반드시 가입한다.

③ 위험중립자에게 사고 시 전액보상을 해주는 보험의 보험료가 20만 원 이상이면 가입을 하지 않는다.

④ 공정한 보험료는 20만 원이다.

⑤ 위험선호자의 경우 공정한 보험료 책정 시 보험에 가입한다.

정답 | ⑤
해설 | 공정한 보험이라면 위험선호자는 가입하지 않는다.

13. 단기생산함수

기업의 단기 생산과 생산요소 간의 관계에 대해 학습한다.

- 미시경제학에서 단기와 장기의 구분
- 가변생산요소의 한계생산물
- 한계생산성의 체감
- 단기 생산과 단기 비용의 관계

(1) 단기와 장기의 구분

① 우리는 소비자이론을 통해 수요곡선에 대한 엄밀한 도출과정과 세부적 원리를 학습하였다. 이제 생산자이론에서 기업의 공급곡선에 대한 모든 것을 낱낱이 밝히고자 한다. 수요와 공급 대단원에서 학습한 바와 같이 개별기업의 공급곡선은 그 기업의 한계비용 곡선과 일치한다. 이제 이 한계비용의 도출 및 그 응용에 대한 것을 학습할 차례이다.

② 한계비용을 도출하기 위해서는 생산에 따른 기업의 총비용함수가 필요하다. 그리고 총비용은 생산을 위해 기업이 고용한 각 생산요소의 고용비용이다. 따라서 비용함수는 생산함수의 형태에 의해 결정된다. 그러므로 우리는 먼저 기업의 생산함수를 학습해야 한다.

③ 기업이 생산을 하기 위해서는 당연히 생산요소를 고용하여 이를 생산과정에 투입해야 한다. 이러한 일련의 과정을 함수로 표현한 것을 생산함수라 한다.

$Q_i = F(L_i, K_i, A)$ Q_i는 개별기업의 생산량, L_i는 이 기업의 노동투입량, K_i는 이 기업의 자본투입량, A는 이 기업의 생산성 수준(여기서 생산요소는 노동과 자본 두 종류만 존재한다고 가정).

④ 미시경제학에서는 기업의 생산과정을 분석할 때, 단기(Short-Run)과 장기(Long-Run)으로 구분하여 분석한다. 왜냐하면 단기와 장기에서 기업의 생산요소 고용조건이 판이하게 달라지는데 이는 결국 장, 단기의 생산함수의 기본 가정도 달라지기 때문이다.

⑤ 미시경제학에서 단기는 하나 이상의 생산요소의 고용량이 고정되어 가변적으로 조정하기 거의 불가능한 기간을 지칭한다. 반면 모든 생산요소의 투입량을 가변적으로 조절할 수 있을 정도의 기간부터는 장기라고 부른다.

예를 들어 톰이 15평 규모의 커피하우스 매장을 차리고 고가의 에스프레소머신을 임대하여 커피장사를 시작하였다. 이제 톰은 장사가 잘되든 장사가 안되든 이 15평의 가게와 에스프레소머신은 당분간은 계속 안고 가야만 한다. 즉 장사가 매우 잘되어 손님들이 가게안에 빼곡이 차고 에스프레소머신 한 대 만으로는 밀려드는 손님이 벅찰 정도라고 하더라도 당장은 가게의 평수를 늘리고 에스프레소 머신을 더 들여놓을 수가 없다. 당분간은 말이다.

이때 이 가게공간과 에스프레소 머신을 고정생산요소(Fixed Factor)라 한다. 즉 고정생산요소란 기업의 생산량과 무관하게 단기에는 일정량 고용되어, 당분간은 매출증감과 상관없이 그 고용량을 늘리거나 줄이지 못하는 생산요소를 칭한다. 때문에 톰은 당분간은 밀려드는 주문을 소화하기 위해 아쉬운 대로 아르바이트생을 대거 고용하여 벅차지만 주문을 감당해야만 한다. 이때 이 아르바이트생의 노동은 주문에 맞춰 증가된 고용이므로 이를 가변생산요소(Variable Factor)라 한다. 즉 생산량을 늘리기 위해 함께 고용도 늘려야 하는 생산요소를 가변생산요소라 한다. 물론 톰이 들여오는 종이컵, 원두, 시럽 등도 당연히 가변생산요소가 될 것이다.

하지만 이처럼 손님들 가게에 빼곡히 들어찰 정도를 넘어 가게 밖에까지 줄을 설 정도가 몇 달 이상 지속된다면, 톰은 바로 옆 가게를 인수하여, 혹은 바로 길 건너 매장을 새로 임대하여 2호점을 차릴 계획을 갖게 된다. 물론 이 계획이 실제 실행되어 2호점이 오픈될 때까지는 제법 긴 시간이 소요될 것이다. 이 기간이 지나 2호점이 오픈되면 비로소 톰의 고용하는 가게공간과 에스프레소머신은 2배로 늘어나게 되는 것이다.

이처럼 밀려드는 손님을 맞이하기 위해 즉각즉각 고용을 늘릴 수 있는 생산요소(노동, 재료 등)은 가변생산요소이지만 고정생산요소인 가게매장과 붙박이 형태의 설비 등은 그 고용을 늘리는데 매우 긴 시간이 소요된다. 주문이 밀려들려도 이처럼 어느 하나 이상의 생산요소를 늘리지 못하고 당분간 그 고용량을 유지해야 하는 기간을 단기라고 칭하는 것이다.

※ 반대로 톰이 야심차게 2호점을 오픈하였지만, 다시 손님이 줄어 2호점에는 파리만 날리게 되었다고 하자. 그럼 톰은 즉각 2호점을 폐점하고 2호점에 투입되는 비용을 환수할 수 있을까? 당분간은 어려울 것이다 가게임대 계약도 체결했고 2호점에 들여놓은 에스프레소머신 임대계약서에 잉크도 아직 안 말랐다. 따라서 이 계약이 종료될 때까지는 안타깝지만 톰은 2호점을 계속 운영할 수밖에 없다. 2호점의 매출이 영 아니면 2호점의 셔터를 내릴 순 있지만, 계약이 끝날 때까지 폐점은 현실적으로 어려운 것이다. 이처럼 고정생산요소는 장사가 매우 잘된다고 단기에 고용량을 즉각 늘리기도, 장사가 안 된다고 단기에 고용량을 즉각 줄이기도 매우 힘든 요소인 것이다. 따라서 기업가는 이러한 고정생산요소를 적절한 타이밍에 적절한 수량으로 늘리고 줄이는 결단을 잘 내려야만 한다.

⑤ 반면 미시경제학에서 장기란, 단기에 즉각 즉각 늘리거나 줄이기 버거운 고정생산요소 마저도 유연하게 늘리거나 줄일 수 있을 정도의 넉넉한 기간을 말한다. 미시경제학에서 단기와 장기의 명확한 시간적 기준점은 따로 존재하지 않는다. 산업별로, 시기별로 고정생산요소의 종류와 그 고용의 증감시기가 천차만별이기 때문이다. 하지만 분명한 것은 기업이 직면하는 생산함수와 비용함수는 단기와 장기에 큰 차이가 발생한다는 것이다.

※ 생산요소를 크게 노동과 자본, 두 가지로 구분하는 경우 대개 노동이 단기에 가변생산요소가 된다. 반면 자본은 단기에 고정생산요소 취급을 받는다. 물론 장기에는 노동과 자본 둘 다 가변생산요소가 된다.

(2) 단기생산함수와 한계생산물

① 먼저 단기에서의 기업의 생산과 비용조건을 분석한다. 이때 노동을 가변생산요소로, 자본을 고정생산요소로 가정한다. 즉 생산함수는 $Q_i = F(L_i, \overline{K_i}, \overline{A}) = f(L_i)$가 된다(즉 자본과 생산성을 외생변수로 하는 1변수 함수가 된다).

② 기업이 노동고용량을 늘려감에 따라 기업이 얻게 되는 생산량은 아래그림처럼 나타난다.

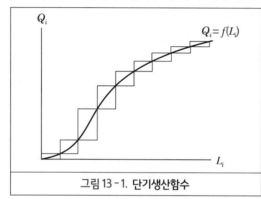

그림 13 - 1. 단기생산함수

좌측 그림에서 노동투입량이 늘어남에 따라 생산량도 함께 증가한다. 그런데 초기에는 생산량 증가속도가 빨라지지만, 중간부터는 생산량 증가속도가 느려진다.
막대그래프의 높이는 노동량 1단위 증가 시 추가되는 생산량의 증분을 의미한다. 이를 노동의 한계생산물(Marginal Product of Labor : MP_L)이라 한다.

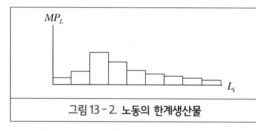

그림 13 - 2. 노동의 한계생산물

즉 노동의 한계생산물은 노동투입 초기에는 점차 증가하지만 어느 순간부터는 노동의 한계생산물이 점차 감소하게 되는 것이 보통이다. 이를 한계생산성 체감의 법칙, 또는 수확체감의 법칙이라 한다.

※ 노동의 한계생산물은 노동의 한계생산성이라고도 한다. $MP_L = \dfrac{\Delta Q_i}{\Delta L_i}$가 된다.

※ 생산성(Productivity)이란 산출량을 투입량으로 나눈 값이다. 이를 평균생산성(Average Pro – duct)라 한다. 한계생산성은 산출량의 증가분을 투입량의 증가분으로 나눈 값이다.

※ 한계생산성의 체감은 일반적인 산업에서 관찰되는 보편적인 현상이다. 하지만 거대장치산업, 완전자동화 산업, 제약이나 출판 미디어 산업의 경우 한계생산성이 체감하지 않고 일정하게 유지되는 구간이 매우 길게 존재하기도 한다. 이러한 산업은 추후 서술하게 될 규모의 경제에 직면하게 된다.

노동량	생산량	MP_L
0	0	–
1	5	5
2	11	6
3	18	7
4	24	6
5	29	5
6	33	4
7	36	3

좌측 표에서 첫 노동자의 한계생산성은 5, 두 번째 노동자의 한계생산성은 6이다. 그렇다면 첫 번째 노동자보다 두 번째 노동자가 더 성실하고 더 똑똑하다는 것인가? 아니다. (완전경쟁시장을 가정하면) 노동자들의 노동의 질은 모두 동일하다. 그런데 왜 이런 현상이 발생하는가?
이에 대한 가장 현실적인 해석은 바로 분업의 효과이다.

즉 한 명의 노동자보다 두 명의 노동자가 함께 협업을 하면 분업의 효과가 발생하여 일의 효율성이 증가하기 때문에 노동자 고용 증가 시에 초기에는 노동의 한계생산성이 증가한다고 볼 수 있다. 하지만 노동자의 고용이 점차 늘어나고, 네 번째 노동자부터는 노동의 한계생산성이 체감한다. 이는 네 번째 노동자부터 점점 불성실해지기 때문이 아니다.

노동의 한계생선이 초기 이후 체감하는 것은 바로 자본공유도가 하락하기 때문이다. 예를 들어 어느 사무실에 복합기가 1대 있고 이를 공유하는 직원이 3명이라고 하자. 이때는 복합기 사용에 큰 지장은 없다. 하지만 노동고용이 증가하여 직원은 10명이 되었는데 복합기는 여전히 1대라고 하자. 그러면 이제 슬슬 복사가 중복되거나, 한창 바쁠 때는 여러 명이 함께 복사 대기를 걸어놓아 순번이 밀리는 등 업무의 효율성이 저하된다.
따라서 고정생산요소가 한정적일 때, 가변생산요소만 증가시키면 물론 생산량은 증가하지만 생산성은 점차 하락하며 생산량의 증가속도도 더뎌지게 되는 것이다.

물론 직원이 늘어남에 따라 복합기도 함께 늘린다면 이렇게 자본공유도 하락에 따른 한계생산성의 체감은 상당 부분 방지될 것이다(이는 장기생산이론에서 다룬다).

※ 한계생산성이 음(–)이 될 수 있는가? 물론 가능하다. 한정된 주방에 요리직원이 30명이라면? 매우 혼잡한 상황인데, 여기에 직원 1명을 더 들이면 오히려 이 직원 때문에 동선이 꼬이거나 조리 공간이 더욱 협소해지거나 하는 등의 심각한 혼잡을 야기하여 직원의 수가 30명일 때보다 오히려 생산량이 감소할 수도 있다. 따라서 일반적이라면 31번째 직원을 고용할 리가 없다. 즉 음(–)의 한계생산성은 가능하지만 실제로 벌어지지는 않을 것이다.

(3) 단기총비용함수의 도출

① 이제 기업의 총비용함수를 개략적으로 도출하여 보자. 이때 기본 가정은 기업의 고용하는 노동과 자본의 가격, 즉 임금과 자본임대료(= 실질이자율)는 기업의 고용량과 무관하게 노동시장과 자본시장에서 결정되는 시장임금과 시장이자율 수준에서 일정하다는 것이다. 즉 예를 들어 커피하우스의 톰 사장이 바리스타 고용을 몇 명 더 늘려도 바리스타 시장에서 결정된 바리스타의 적정 임금 수준에는 아무런 영향을 미치지 않는다는 것이다(즉 요소시장은 완전경쟁이다).

② 톰 사장이 노동과 자본을 고용하기 위해 지불해야 하는 총비용은 $TC = wL_i + rK_i$이다. 여기서 w는 시장임금, r는 자본임대료인 시장이자율이다. 그리고 단기에 $K_i = 1$로 고정되어 있다고 하자. 계산을 편하게 하기 위해 $w = 2$, $r = 4$이라고 가정하자. 이제 톰 사장은 생산량을 늘리기 위해 L_i의 고용을 늘려야 하는데, 이 노동고용에 따른 생산량이 아래 표와 같다고 하자.

L_i	0	1	2	3	4	5	6	7	8	9
Q_i	0	2	7	14	20	25	29	32	34	35

표 13 - 1. 단기 생산표

③ 그리고 $TC = wL_i + rK_i$에서 $w = 2$, $r = 4$, $K_i = 1$이므로 이 비용식은 $STC_i = 2L_i + 4$이 된다. 이를 표와 그림으로 나타내면 아래와 같다.

L_i	Q_i	MP_L	STC_i
0	0	–	4
1	2	2	6
2	7	5	8
3	14	7	10
4	20	6	12
5	25	5	14
6	29	4	16
7	32	3	18
8	34	2	20
9	35	1	22

표 13 - 2. 단기 비용표	그림 13 - 3. 단기 비용함수

위 우측 그림에서 단기비용곡선 STC_i는 Y축 4의 위치, 점 a에서 출발한다. 이는 생산량이 0이어도 일단 고정생산요소를 위한 초기비용 4을 지불해야 함을 의미한다(이를 고정비용 Fixed Cost라 한다). 그리고 노동 1단위를 2의 비용으로 고용하면 총비용은 6이 되고 생산량은 $MP_1 = 2$만큼 증가하여 점 b에 위치하고 다시 노동1단위를 추가고용하면 총비용은 8이 되고 생산량은 $MP_2 = 5$만큼 증가하여 점c에 위치한다.

이렇듯 $w = 2$만큼 비용이 증가하면 생산량은 MP_L만큼 우측으로 이동하는데, 이때 초기에 MP_L이 체증하자 총비용곡선이 점차 완만해지게 그려지는 것이다. 하지만 노동고용량 4부터 MP_L이 체감하자 총비용곡선이 점차 가팔라지는 것을 확인할 수 있다.

즉 단기에는 가변생산요소의 한계생산성의 체증, 체감여부가 단기총비용곡선의 기울기에 영향을 미치는 것이다.

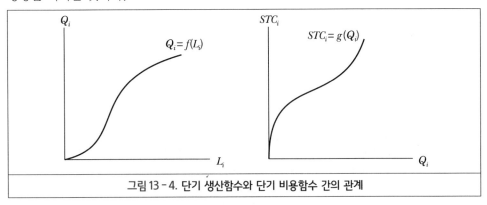

그림 13 - 4. 단기 생산함수와 단기 비용함수 간의 관계

더불어 단기 총비용함수는 단기 생산함수의 역함수 관계이기도 하다.

14. 단기총비용함수

단기에서 기업의 총비용과 평균비용, 한계비용 간의 관계에 대해 학습한다.

- 생산에서의 기회비용
- 고정비용과 가변비용
- 평균비용과 한계비용
- 다양한 생산함수의 단기비용함수 도출

(1) 명시적 비용과 암묵적 비용, 매몰비용

① 기업의 단기 비용에 대해 본격적으로 논의하기에 앞서 기업이 생산을 위해 지불하는 비용을 기회비용 측면에서 살펴보고자 한다. 경제학에서의 비용은 당연히 기회비용이며 이는 명시적 비용과 암묵적 비용의 합으로 이루어짐을 앞서 이미 살펴보았다. 기업의 비용도 당연히 기회비용으로 계산하여야 한다.

② 기업이 생산을 위해 요소를 고용할 때 지출하는 금전적 비용을 (생산에서의) 명시적 비용이라 한다. 그리고 기업이 소요하고 있는 생산요소에 기회비용을 암묵적 비용이라고 한다. 예를 들어 A기업은 X재화를 10단위 생산하기 위해 A기업이 소유하고 있는 기계와 노동자 10명을 고용하였다. 이때 A기업은 노동자에게 총 3,000만 원의 임금을 지급하였지만 A기업이 소유하고 있는 기계에 대한 임대료는 그 누구에게도 따라 지급할 필요가 없다. 그렇다면 이때 A기업이 X재 10단위를 위해 지불한 총비용은 3,000만 원인가?

아니다. 기업 A의 소유이지 하지만 기업 A의 기계도 생산요소로 투입되었으며 이에 대한 기회비용도 생산비용에 포함시켜야 한다. 따라서 기업 A가 소유한 기계를 만일 생산과정에 투입하지 않고 다른 기업에 임대해주었거나, 혹은 그 기계를 시세대로 처분하여 얻는 자산을 다른 금융자산에 투입하였을 때 얻을 수 있는 이자소득 중 가장 높은 것을 이 기계 고용에 대한 기회비용으로 간주하여야 하는 것이다. 그리고 이때 이 기계의 기회비용은 (생산에서의) 암묵적 비용이 되는 것이다.

정리하면 기업이 외부에서 조달하여 고용한 생산요소에 대한 비용은 생산에서의 명시적 비용이며 기업이 자체적으로 소유하고 있는 생산요소에 대한 기회비용은 생산에서의 암묵적 비용이 되는 것이다. 그리고 이 둘을 합산한 것이 생산에서의 총비용이다.

※ 예시 : 톰은 현재 전자회사를 다니며 월급 500만 원을 받고 있다. 그리고 지금까지 모은 저축을 은행에 예금하여 이자 월 50만 원을 받고 있다. 즉 톰은 자신이 보유한 노동과 자본을 회사와 은행에 제공하여 월 550만 원의 요소소득을 얻고 있는 것이다. 그런데 톰은 자신의 꿈이었던 커피하우스를 차리기 위해 과감히 사표를 내고 정기예금도 해약하여 커피하우스를 차렸다.

첫 달 톰의 커피하우스 총매출은 1,200만 원이다. 이때 톰이 외부에서 조달(고용)한 생산요소는 알바생, 원두 및 재료, 수도 광열비. 임대한 가게매장 등이다. 그리고 이때의 명시적 지출은 인건비 300만, 원두 및 재료구입 300만, 수도 광열비 50만, 가게임대료 150만 원. 총 800만 원이다(이 800만 원이 명시적 비용이다). 따라서 정산 후 톰의 주머니에는 400만 원의 현금이 남는다. 이때 이 400만 원을 톰의 회계적 이윤(Account Profit)이라 한다. 하지만 경제학에서는 명시적 비용 외 암묵적 비용도 총비용에 합산시켜야 한다. 위 사례에서 톰이 지불한 암묵적 비용은 바로 톰이 소유한 노동과 자본의 기회비용인 550만 원이다. 따라서 톰이 첫 달 커피하우스 운영을 위해 지불한 총비용은 1,350만 원이다. 즉 톰은 매출 1,200만 원에서 총비용 1,350만 원을 지불한 셈이고 결국 톰의 경제적 이윤(Economic Profit)은 −150만 원이다. 그럼 이제 톰은 이번 달에는 적자에 허덕이며 쫄쫄 굶어야 하나? 아니다. 톰의 주머니에는 400만 원의 회계적 이윤이 있다. 이걸로 이번 달에 먹고 살면 된다. 여기서 −150만 원의 경제적 이윤은 톰이 커피하우스를 차리지 않고 계속 회사다니면서 월급과 이자소득 500만 원을 벌 때보다 150만 원 덜 벌었다는 의미이다.

즉 경제적 이윤은 순수하게 지갑 안에 남아 있는 이윤이 아니라 회사의 오너가 소유하고 있는 생산요소를 다른 최선의 대안에 투입하였을 때보다 상대적으로 얼마나 더 벌었는지를 말하는 것이다.

만일 둘째 달에 장사가 매우 잘되어 매출이 1,400만 원이 되고, 명시적 비용이 850만 원이 된다면. 톰의 회계적 이윤은 550만 원이다. 그리고 이때 톰의 비용은 1,400만 원이 되는데, 이 때 톰의 총수입(매출)과 총비용이 일치한다. 그리고 경제적 이윤은 0이 된다.

역시 이때도 톰은 한 푼도 못 벌고 굶는다는 것이 아니다. 톰의 주머니에는 톰이 커피하우스를 차리지 않고 계속 회사 다녔을 때 벌 수 있던 소득 550만 원이 남는다. 즉 경제적 이윤이 0이라는 것은 이 사업 하나 이거 말고 다른 일하나 동일한 수준의 소득을 얻는다는 것을 의미한다. 이때의 이윤을 정상이윤(Normal Profit)이라고 한다. 이를 그림으로 정리하면 아래와 같다.

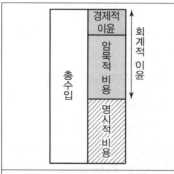

그림 14 - 1. 암묵적 비용과 명시적 비용

경제적 이윤＋암묵적 비용＝회계적 이윤

따라서 암묵적 비용＝회계적 이윤이라면 경제적 이윤＝0
암묵적 비용＞회계적 이윤이라면 경제적 이윤＜0
암묵적 비용＜회계적 이윤이라면 경제적 이윤＞0 이 된다.

※ 소비에서의 매몰비용이 존재하듯 생산에서도 매몰비용이 존재한다. 매몰비용이란 이미 투입되어 회수가 불가능한 비용으로 일단 매몰비용이 발생하면 이는 경제적 선택 시 고려해서는 안 된다. 생산에서의 매몰비용은 이미 생산에 투입해 버린 재료. 일단 계약을 진행해서 다시 돌려받을 수 없는 임대료 등이 있다.

당연히 가변생산요소에 지급해버린 비용(물론 가변생산요소는 이미 생산과정에 투입되어 이제 생산공정 취소가 안되면)은 매몰비용이 된다. 그런데 생산에 투입하지 않고 구입당시 상태 그대로 환불한다면 이 가변비용은 환수가능하다. 따라서 아직 매몰비용은 아니다. 즉 가변생산요소에 지불하는 비용은 생산공정에 투입되기 전까지는 매몰비용이 아니다.

그런데 고정생산요소 중 내구재를 임대하기 위해 지불하는 고정비용은 어떠한가?

만일 톰이 단기에 고정생산요소인 가게매장 임대 계약을 체결하였다고 하자(월세 150만 원. 계약 기간은 1년으로 가정하자).

가게 계약을 체결하였고 가게를 첫날 오픈하였다면, 이 가게는 아직 새거나 다름없다. 하지만 톰이 갑자기 장사가 하기 싫어져 가게셔터를 내리고, 즉 가게매장을 생산공정에 투입하지 않았으니 가게를 사용한 게 아니니 다시 월세 계약을 무르자고 한다면, 건물주가 "아. 예 당연히 물러 드려야죠." 하며 계약을 취소시킬까?

그럴 리 없다. 즉 톰은 이제 이 가게를 생산 공정에 투입하던 안하던 상관없이 매달 꼬박꼬박 월세 150만 원을 납입하여야 한다. 가게 셔터를 내려 가게를 사용하지 않아도 말이다. 그러므로 이와 같이 내구재인 고정생산요소에 지불하는 비용은 생산과정 투입여부와 무관하게 계약이 존속되는 기간 동안은 일단은 매몰비용 취급해야 한다.

물론 가게임대료 150만 원도 정산 시 명시적 비용으로 넣어야 한다. 다시 말해 내구재의 고정비용은 매몰비용처럼 취급할 뿐, 엄격한 의미로 매몰비용이라고는 하지 않는다. 하지만 이 150만 원의 존재는 다른 여타의 진짜 매몰비용처럼 앞으로 1년간은 톰의 이윤극대화 문제에는 아무런 영향을 미치지 못한다.

(2) 고정비용과 가변비용

① 단기에 기업이 고용하는 생산요소는 고용의 유연화정도에 따라 고정생산요소와 가변생산요소로 구분할 수 있다고 했다. 이때 고정생산요소 고용을 위해 지불한 비용을 총고정비용(Total Fixed Cost : TFC)라 하고, 가변생산요소 고용을 위해 지불한 비용을 총가변비용(Total Variable Cost : TVC)라고 한다. 당연히 총고정비용과 총가변비용을 합산한 것을 총비용(Total Cost : TC)라 한다.

※ 총고정비용도 암묵적 비용과 명시적 비용의 합으로 구성될 수 있다. 예를 들어 제리가 세차장을 운영하는데, 세차장 부지와 건물은 자신의 명의로 된 땅이고 세차기계를 임대해서 쓰는 것이라면 세차장 땅과 건물의 (기회)임대료는 암묵적 비용, 세차기계 임대료는 명시적 비용이 되는 것이다.

② 만일 고정생산요소의 임대료가 일정하다고 한다면 기업의 생산량이 증감하여도 총고정비용은 불변일 것이다. 하지만 기업이 생산량을 늘리기 위해서는 가변생산요소의 고용은 당연히 늘어야 한다. 따라서 기업의 총가변비용은 기업에 생산량 증가와 함께 늘어나게 된다.

물론 단기 가변생산요소의 한계생산성이 일정하지 않는 한, 기업의 생산량과 총가변비용은 정비례하지는 않는다.

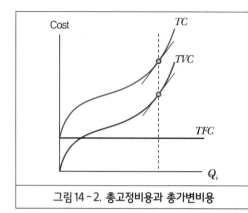

좌측그림에서 총고정비용은 기업의 생산량과 관계없이 수평선이다. 그리고 붉은색의 총가변비용은 생산량에 따라 함께 증가한다.

검은색의 총비용곡선은 총가변비용을 총고정비용만큼 수직으로 평행이동시킨 형태이다.

그림 14 – 2. 총고정비용과 총가변비용

(3) 한계비용과 평균비용

① 한계비용(Marginal Cost : MC)이란 기업이 생산량을 1단위 증가시키기 위해 추가로 지불해야하는 총비용의 증가분을 말한다.

$$MC_i = \frac{\Delta TC}{\Delta Q_i}$$

② 예를 들어 같이 어느 기업의 생산량에 따른 총비용조건이 아래 표와 같다면, 한계비용은 다음 생산량에서의 총비용과 그 이전 생산량에서의 총비용의 차액이 될 것이다.

생산량	0	1	2	3	4	5	6	7	8	9	10
TFC	20	20	20	20	20	20	20	20	20	20	20
TVC	0	5	9	12	16	21	27	34	42	51	61
TC	20	25	29	32	36	41	47	54	62	71	81
MC	–	5	4	3	4	5	6	7	8	9	10

표 14 – 1. 총비용과 한계비용

③ 위 표와 다음 그림에서 알 수 있듯 한계비용을 누적합산하면 총가변비용이 되는 것도 추론할 수 있다. 아래 그림에서 생산량이 8일 때의 총가변비용 TVC_8은 $MC_1 \sim MC_8$까지를 모두 더한 값이 된다. $TVC_n = MC_1 + MC_2 + ... + MC_n$, 즉 $TVC_n = \sum_{i=1}^{n} MC_i$ 이다.

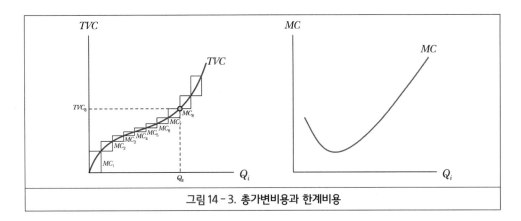

그림 14 - 3. 총가변비용과 한계비용

또한 총가변비용곡선의 기울기가 한계비용이 된다. 그런데 총가변비용과 총비용곡선은 평행하므로 총비용곡선의 기울기도 한계비용이다. 즉, $MC_i = \dfrac{\Delta TVC}{\Delta Q_i} = \dfrac{\Delta TC}{\Delta Q_i}$이다.

④ 그리고 총비용을 바탕으로 여러 가지 파생적인 비용의 개념을 설정할 수 있다. 먼저 평균비용(Average Cost : AC)은 총비용을 생산량으로 나눈 값이다. 즉 $AC_i = \dfrac{TC_i}{Q_i}$이다.

⑤ 총고정비용을 생산량으로 나눈 값을 평균고정비용(Average Fixed Cost : AFC)이라 하고, 총가변비용을 생산량으로 나눈 값을 평균가변비용(Average Variable Cost : AVC)이라 한다.

⑥ 자연히 평균비용은 평균고정비용과 평균가변비용의 합이다.

$TC_i = TFC_i + TVC_i$이므로 $\dfrac{TC_i}{Q_i} = \dfrac{TFC_i}{Q_i} + \dfrac{TVC_i}{Q_i}$가 되고 이는 $AC_i = AFC_i + AVC_i$

⑦ 평균고정비용은 직각쌍곡선의 형태이다. 따라서 항상 체감하는 형태이다.

※ 한계비용과 평균가변비용 간의 관계

앞서 한계비용의 누적합산은 총가변비용이 되는 것을 설명했다. 따라서 한계비용과 평균가변비용은 매우 밀접한 관련이 있을 것이다. 이를 예를 들어 설명하면 다음과 같다.

어느 신도시에 초등학교가 새로 개교하였다. 제리 선생님은 1학년 8반을 맡게 되었는데, 아직 학생이 한명도 없다. 그런데 이튿날 학생 한 명이 전학을 왔다. 그리고 이 학생의 수학 점수는 80점이다. 따라서 이 반의 수학 총점도 80, 반평균도 80이다. 그런데 다음날 2번째 학생이 전학을 왔는데, 이 학생의 수학 점수는 70점이다. 따라서 이제 반 수학총점은 150점이 되었고, 반평균은 80에서 75로 하락했다. 반평균보다 낮은 학생이 전학을 왔으므로 반평균이 낮아지는 거야 당연하다.

셋째 날 또 학생이 전학을 왔는데, 이 학생의 수학점수는 현재의 반평균 75보다 낮은 60점이다. 이에 반평균이 75에서 70으로 낮아졌다. 그 다음날 전학 온 학생은 다행히 어제 전학 온 학생의 점수 60보다는 높지만 여전히 반평균보다 낮은 66점이다. 이때 반평균은 당연히 70보다 낮아진 69점이 된다(하지만 반평균 하락 폭은 다소 둔화되었다).

드디어! 이제 반평균보다 높은 학생이 전학을 왔다. 새로 전학 온 학생의 수학점수는 반평균인 69보다 높은 74이고, 이제 반평균은 69에서 70으로 올라간다. 이후 전학 온 학생의 수학점수는 계속 반평균보다 높다. 계속 반평균보다 높은 학생이 전학을 오면서 반 수학 평균도 계속 상승하게 된다.

전학생 점수	반 총점	반 평균
80	80	80
70	150	75
60	210	70
66	276	69
74	350	70
82	432	72
93	525	75

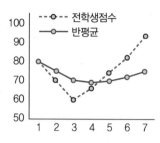

이들 전학생의 점수와 반평균점수를 곡선으로 나타내면 위 우측그림과 같은 모양이 도출된다.

즉, 전학생의 점수가 반평균 아래면 반평균은 하락추세를 그리고 전학생의 점수가 반평균을 상회하면 반평균은 상승추세를 그리는 것이다(그리고 학생 수 1명일 때 전학생의 점수와 반평균은 일치한다).

그런데 위 사례에서 전학생의 점수를 한계비용으로, 반 총점을 총가변비용으로, 반평균을 평균가변비용으로 치환하면, 한계비용과 평균가변비용 간의 관계와 일치한다. 즉, 한계비용이 평균가변비용보다 낮다면 평균가변비용곡선은 우하향하고, 한계비용이 평균가변비용보다 크다면 평균가변비용곡선은 우상향한다.

따라서 한계비용곡선이 아래처럼 J자 형태라면, 평균가변비용곡선은 U자 형태가 되는데, 이때 중요한 것은 평균가변비용곡선의 최저점을 반드시 한계비용곡선이 통과한다는 것이다.
만일 한계비용이 생산량과 무관하게 일정하다면 한계비용＝평균가변비용이 되고 이들은 수평선이 될 것이다.

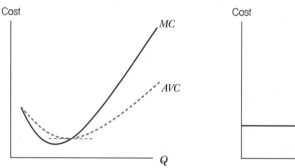 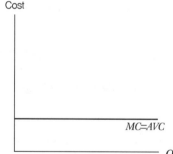

※ 이와 마찬가지의 원리로 평균비용곡선의 최저점도 한계비용곡선이 통과한다.

⑧ 평균비용과 평균가변비용은 총비용과 총가변비용에서 파생적으로 도출된 개념이고, 총가변비용은 한계비용에서 얻을 수 있으므로 우리는 총고정비용과 한계비용만 안다면 나머지 우리가 학습한 비용, 총비용, 총가변비용, 평균비용, 평균고정비용, 평균가변비용도 모조리 계산할 수 있다. 예를 들어 생산량에 따른 한계비용이 아래 표와 같다고 하자. 그리고 고정비용은 20이라고 하자.

생산량	0	1	2	3	4	5	6	7	8	9	10
MC	–	5	4	3	4	5	6	7	8	9	10

⑨ 그렇다면 우리는 이 정보만 가지고도 총비용, 총가변비용, 평균비용, 평균고정비용, 평균가변비용을 모두 계산할 수 있다. 이는 아래 표와 같다.

생산량	MC	TFC	TVC	TC	AC	AFC	AVC
0	–	20	0	20	–	–	–
1	5	20	5	25	25	20	5
2	4	20	9	29	14.5	10	4.5
3	3	20	12	32	10.67	6.67	4
4	4	20	16	36	9	5	4
5	5	20	21	41	8.2	4	4.2
6	6	20	27	47	7.83	3.33	4.5
7	7	20	34	54	7.71	2.86	4.86
8	8	20	42	62	7.75	2.5	5.25
9	9	20	51	71	7.89	2.22	5.67
10	10	20	61	81	8.1	2	6.1

표 14 – 2. 한계비용, 평균비용, 평균가변비용

이를 바탕으로 한계비용과 평균비용, 평균가변비용곡선을 그림으로 나타내면 다음과 같다.

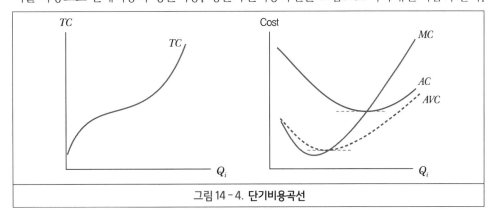

그림 14 – 4. 단기비용곡선

한계(Marginal)는 측정지점에서의 접선의 기울기이고 평균(Average)은 측정지점과 원점을 연결한 직선의 기울기이다. 이를 바탕으로 총비용곡선의 형태를 통해 한계비용곡선과 평균비용곡선의 형태도 유추할 수 있다.

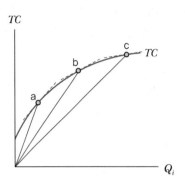 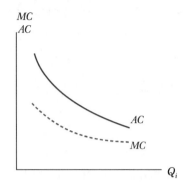

어느 기업의 총비용함수가 위 좌측과 같은 형태라고 하자. 위 그림에서 점 a에서의 한계비용은 점 a에서의 접선의 기울기이다. 그리고 점 a에서의 평균비용은 점 a와 원점을 연결한 붉은색 직선의 기울기이다. 이 그림에서 접선의 기울기보다 붉은색의 기울기가 더 크다. 따라서 평균비용이 한계비용보다 높은 것이다. 그런데 생산량이 늘어남에 따라 접선과 붉은색 직선 모두 완만해진다. 즉 생산량 증가 시 한계비용과 평균비용은 모두 하락하게 된다. 그러나 여전히 평균비용이 한계비용보다 높다.

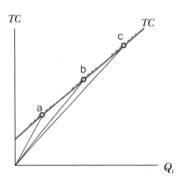 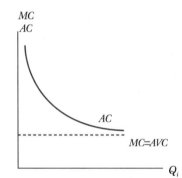

총비용곡선이 Y축을 통과하는 직선이라면 한계비용과 평균비용곡선의 궤적은 위와 같다.
총비용곡선의 기울기가 일정하므로 한계비용도 일정하고 이때 MC = AVC가 성립한다.
그러나 평균비용곡선은 계속 체감하며 이때는 평균비용이 언제나 한계비용보다 높게 위치한다.

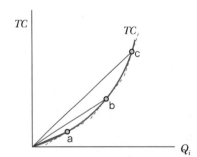 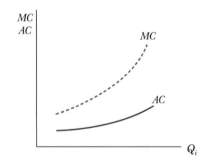

기업의 총비용함수가 위처럼 볼록한 경우라면 생산량이 증가함에 따라 평균비용과 한계비용 모두 체증한다. 그리고 이때는 한계비용이 평균비용보다 높게 위치한다.

(주의 : 이처럼 총비용함수가 볼록한 경우라도 총비용곡선이 원점이 아닌 Y축을 통과한다면 평균비용곡선은 초기에는 우하향한다. 아래 그림 참조)

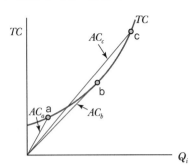 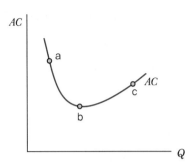

아래 그림에서 회색 점은 총비용곡선의 변곡점으로 한계비용이 최저인 지점이다. 점 b는 원점과 연결한 직선이 총비용곡선과 접하는 점으로 평균비용이 최저인 지점이다.

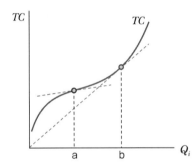 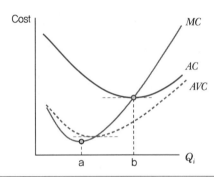

(1) 한계기술대체율과 한계생산성 균등의 원리

① 장기에는 노동과 자본의 유연한 고용과 해고가 가능하다. 이때 주어진 생산량을 가장 저렴한 비용으로 생산하기 위해 고용해야 하는 노동과 자본의 최적 고용량은 비용극소화 원리를 통해 도출한다.

$\dfrac{MP_L}{MP_K}$를 한계기술대체율(Marginla Rate of Technical Substiotution : $MRTS_{LK}$)이라 한다. 여기서 MP_L은 노동의 한계생산물, MP_K는 자본의 한계생산물이다.

이때 비용극소화는 $\dfrac{MP_L}{MP_K} = \dfrac{w}{r}$에서 달성되는데 이를 한계생산성 균등의 원리라 한다.

여기서 w, r은 각각 노동의 단위당 가격, 자본의 단위당 가격이다.

② 만일 현재 어느 기업이 주어진 주문량을 생산하기 위해 노동과 자본을 고용하고 있다. 그런데 만일 현재 생산지점에서 $\dfrac{MP_L}{MP_K} > \dfrac{w}{r}$라면 들어온 주문은 모두 생산하긴 하지만, 비용을 극소화되지 못하고 있다. 이 경우 기업은 자본을 해고하고 노동 고용을 늘림으로써 $\dfrac{MP_L}{MP_K} = \dfrac{w}{r}$을 맞추어 비용을 절감할 수 있다.

반대로 $\dfrac{MP_L}{MP_K} < \dfrac{w}{r}$라면 노동을 해고하고 자본 고용을 늘려 주어진 생산량을 유지하면서 비용을 절감시킬 수 있다.

※ 한계생산물 균등의 원리를 이용한 비용절감 예시

예를 들어 현재 노동 10명이고 시장임금 w가 20만 원이다. 현재 노동의 한계생산물 MP_L은 10그루이다. 반면 기계는 5대이고 기계임대료 r은 40만 원이다. 기계의 한계생산물 MP_K는 15그루이다. 즉 현재 $\dfrac{MP_L}{w} > \dfrac{MP_K}{r}$ 상황이다.

이 경우 기계를 해고하고 대신 노동고용을 늘리면 이전과 동일한 생산량을 더욱 저렴한 비용으로 맞출 수 있는 것이다. 즉 기계 2대를 해고하고 일단 80만 원을 절약한다. 물론 생산량은 30그루 감소하지만 노동자를 3명 고용하여 다시 생산량을 +30증대시켜 이전과 생산량을 일치시킨다. 그런데 이때 인건비는 60만 원 추가된다. 즉 이전과 동일 생산량을 유지하면서 20만 원을 절약하게 된 셈이다.

※ 이런 식으로 기계고용을 줄이면 MP_K가 상승하고 노동고용을 늘리면 MP_L이 하락한다. 따라서 자본고용감소 + 노동고용증대를 점진적으로 하다보면 $\dfrac{MP_L}{w} = \dfrac{MP_K}{r}$ 가 성립하는 지점에 도달하게 된다. 이때가 비용극소화를 달성하는 지점이 된다.

(2) 규모의 경제

① 규모의 경제(Economies of Scale)란, 기업이 생산량이 증가할수록 평균비용이 하락하는 현상을 말한다.

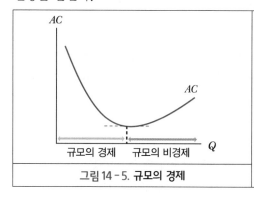

그림 14 - 5. 규모의 경제

여기서 평균비용은 단기평균비용, 장기평균비용을 모두 포함한다. 즉 규모의 경제는 단기와 장기를 모두 아우르는 개념이다(하지만 보통은 장기에 생산량이 증가할 때 장기평균비용이 하락하는 현상을 칭하는 것이 보통이다).

② 단기에 규모의 경제가 발생하는 요인은 고정비용의 존재이다. 더 정확하게는 고정비용을 수반하는 기계장치에 의한 생산성의 증대효과이다.

예를 들어 기계설비의 하루 임대비용이 20만 원이라고 하자. 이 기계에 1만 원 어치의 재료를 넣으면 자동으로 청바지 1벌이 생산된다고 하자. 그러면 기계임대료 20만 원은 고정비용이고, 재료값 1만 원은 평균가변비용이자 한계비용이 된다. 만일 기계를 임대하지 않는다면, 사장님은 재료값 1만 원에 노동자를 시급 3만 원을 주고 수작업으로 청바지를 1벌 생산한다(직관적 설명을 위해 한계비용이 일정하다고 가정).

이때 청바지 생산량에 따른 총비용과 평균비용을 표로 나타내면 다음과 같다.

Q		0	1	2	3	4	5	6	7	8	9
기계	TC	20	21	22	23	24	25	26	27	28	29
	AC	–	21	11	7.66	6	5	4.33	3.84	3.5	3.22
수작업	TC	0	4	8	12	16	20	24	28	32	36
	AC	–	4	4	4	4	4	4	4	4	4

표 14 - 3. 고정비용이 존재하는 경우

따라서 기계를 임대하여 하루에 청바지가 4벌 정도 팔린다면 이때 사장님의 청바지 생산의 평균비용은 6만 원이다. 이때는 기계를 임대하지 않고 수작업을 하는 편이 더 유리하다. 하지만 장사가 잘되어 하루에 8벌 정도 팔린다면 사장님의 평균비용은 3만 5천 원으로 하락한다. 이때는 기계를 임대하는 것이 더 유리하다.

즉 기계설비, 대규모 장치 등을 들여놓으면 이로 인하여 가변생산요소의 생산성이 증가하게 되는데 생산량(=판매량)이 작은 수준에서는 생산성 증가로 인한 비용절감의 크기가 초기 투자비용(고정비용)보다 작으므로 수작업이 더욱 유리하지만 어느 정도의 생산량(=판매량)을 넘어서는 수준에서는 고정비용을 감수하고 생산성 증대에 따른 비용절감을 꾀하는 것이 평균비용 측면에서 유리하다.

※ 위 사례는 단기에서의 규모의 경제를 예시를 든 것이다. 그런데 위 사례에서 수작업으로 청바지를 생산하는 경우에는 고정비용이 발생하지 않는 것으로 나온다. 물론 수작업으로 청바지를 작업하여도, 창고나 작업장 임대료와 같은 다른 고정비용이 존재한다. 하지만 여기서는 기계설비에 의한 생산성 증대 효과를 간단한 수치로 보이고자 할 목적으로 여타 고정비용은 생략하였다.

※ 기계설비가 더욱 크고 개량된 장비일수록, 당연히 더욱 고가(高價)의 장비이니 고정비용도 커진다. 하지만 그럴수록 가변생산요소의 생산성은 더욱 증대되어 평균가변비용과 한계비용이 더욱 절감된다. 이에 대한 분석은 장기평균비용 소단원에서 진행한다.

(3) 규모에 대한 수익

① 장기의 규모의 경제에 대한 논의를 위해 먼저 규모에 대한 수익(Returns to Scale)에 대해 논의한다. 규모에 대한 수익이란 각 생산요소를 n배 증대시켰을 때 산출량의 증대정도를 나타내는 개념으로 그 정도에 따라 규모에 대한 수익불변(Constant Return to Scale : CRS), 규모에 대한 수익체증(Increasing Return to Scale : IRS), 규모에 대한 수익체감(Decreasing Return to Scale : DRS)으로 구분된다.

② 규모에 대한 수익불변은 각 생산요소를 n배 했을 때, 생산량도 정확히 n배가 되는 것을 의미한다. 예를 들어 기업의 노동(L)과 자본(K) 고용량에 따른 산출량(Q)이 다음 표와 같다면

L	K	Q
1	1	1
2	2	2
3	3	3

이 기업은 규모에 대한 수익불변인 상황이다.

③ 규모에 대한 수익체증(IRS)은 각 생산요소를 n배 했을 때, 생산량이 n배보다 많아지는 것을 의미한다.

L	K	Q
1	1	1
2	2	4
3	3	9

④ 규모에 대한 수익체감(DRS)은 각 생산요소를 n배 했을 때, 생산량이 n배보다는 적게 늘어나는 것을 의미한다. 콥－더글라스 생산함수의 경우, $\alpha + \beta < 1$인 콥－더글라스 경우가 여기에 해당된다.

L	K	Q
1	1	1
2	2	1.59
3	3	2.08

※ 규모에 대한 수익체증과 한계생산성의 체감은 동시 양립 가능하다.

⑤ 만일 기업의 생산요소 고용량의 변화가 각 요소임금에 영향을 미치지 못한다면, (즉 요소시장이 완전경쟁이라면) 규모에 대하 수익이 기업의 장기비용곡선의 형태에 결정요소가 된다. $lTC = wL + rK$ 인데. 여기서 w, r이 각 요소 고용량과 무관하게 일정한 상수라고 한다면, 규모에 대한 수익불변의 경우 기업의 장기총비용은 아래 표와 같다.

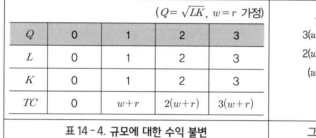

($Q = \sqrt{LK}$, $w = r$ 가정)				
Q	0	1	2	3
L	0	1	2	3
K	0	1	2	3
TC	0	$w+r$	$2(w+r)$	$3(w+r)$

표 14-4. 규모에 대한 수익 불변

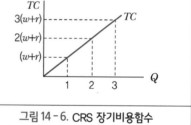

그림 14-6. CRS 장기비용함수

즉 규모에 대해 수익불변(＋요소시장 완전경쟁)이라면 기업의 장기총비용곡선은 원점을 통과하는 직선이 된다. 따라서 장기한계비용과 장기평균비용도 일정하다.

⑥ 규모에 대한 수익이 체증하는 경우에는 총비용곡선은 오목한 형태가 된다. 예를 들어 생산함수는 $Q = LK$ 이고 $w = r$을 가정하자. 역시 한계생산물 균등의 원리에 의해 $\dfrac{K}{L} = \dfrac{w}{r}$ 에서 고용해야하므로 $L = K$가 비용극소화 고용조건이다. 이때 기업에 노동과 자본의 고용에 따른 비용과 생산량을 표와 그림으로 나타내면 다음과 같다.

($Q = \sqrt{LK}$, $w = r$ 가정)				
Q	0	1	4	9
L	0	1	2	3
K	0	1	2	3
TC	0	$w+r$	$2(w+r)$	$3(w+r)$

표 14-5. 규모에 대한 수익 체증

그림 14-7. IRS 장기비용함수

노동과 자본이 각각 (1 ,1) (2, 2) (3, 3)으로 늘어남에 따라 기업의 총비용도 $(w+r)$ $2(w+r)$ $3(w+r)$으로 늘어나는 것은 동일하지만 규모에 대한 수익이 체증하므로 생산량이 $1 \rightarrow 2 \rightarrow 3$으로 늘어나는 것이 아니라 $1 \rightarrow 4 \rightarrow 9$로 늘어나는 것이다. 때문에 총비용이 증가속도는 위 그림처럼 둔화된다.

⑦ 반면 규모에 대한 수익이 체감한다면 총비용함수는 볼록한 형태로 그려진다.

$(Q=L^{1/3}K^{1/3}$, $w=r$ 가정)				
Q	0	1	1.59	2.08
L	0	1	2	3
K	0	1	2	3
TC	0	$w+r$	$2(w+r)$	$3(w+r)$

표 14 - 6. 규모에 대한 수익 체감

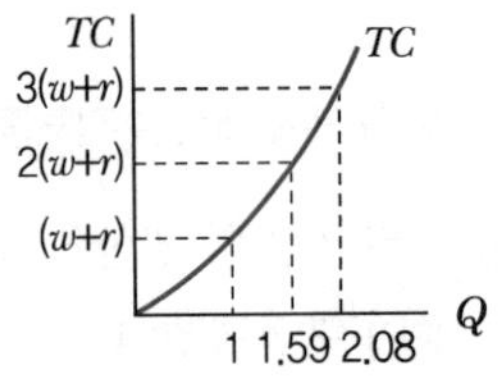

그림 14 - 8. DRS 장기비용함수

01 고정생산요소의 특징이 아닌 것은?

① 고정생산요소가 존재하는 기간을 단기라 한다.

② 고정생산요소란 산출량이 늘어남에 따라 함께 고용을 늘려야 하는 생산요소이다.

③ 고정생산요소는 산출량과 무관하게 반드시 일정량 고용해야 하는 생산요소이다.

④ 보통 매장, 건물, 대형 설비 등이 고정생산요소에 속한다.

⑤ 고정생산요소 고용에 소요되는 비용을 고정비용이라 한다.

정답 | ②
해설 | 가변생산요소의 특징이다. 가변생산요소란 산출량이 늘어남에 따라 함께 고용을 늘려야 하는 생산요소로 노동력,
원재료 등이 여기에 속한다.

02 기업의 생산과 비용 관점에서 장기와 단기를 구분하는 기준은?

① 1년 이상을 장기, 1년 미만을 단기로 구분한다.

② 기업의 재고소진 평균기간보다 길면 장기, 짧으면 단기로 구분한다.

③ 모든 생산요소가 가변적인 기간을 장기, 고정생산요소가 존재하는 기간을 단기로 구분한다.

④ 경기변동의 주기보다 길면 장기 짧으면 단기로 구분한다.

⑤ 기업의 채무청산기간을 초과하면 장기로 구분한다.

정답 | ③
해설 | 기업의 생산과 비용에서 모든 생산요소가 가변적인 기간을 장기, 고정생산요소가 존재하는 기간을 단기로 구분한다.

03 기업의 단기 비용함수와 관련하여 옳은 설명은?(단, 고정비용은 0보다 크다)

① 생산량이 증가함에 따라, 평균고정비용과 평균가변비용은 점차 증가한다.

② 한계비용이 체증하는 구간에서는 평균비용도 반드시 체증한다.

③ 한계비용이 체증하는 구간에서는 평균가변비용도 반드시 체증한다.

④ 한계비용이 일정하다면 평균가변비용도 일정하다.

⑤ 평균고정비용이 증가하는 구간이 발생한다.

정답 | ④
해설 | 한계비용이 일정하면 평균가변비용과 동일해진다.

04 총비용의 구성과 의미에 대한 설명으로 틀린 것은?

① 기회비용＝명시적 비용＋암묵적 비용

② 명시적 비용은 경제적 선택을 위해 실제 지불한 지출액을 말한다.

③ 암묵적 비용은 경제적 선택을 위해 포기한 시간, 노력, 수고의 가치 등이 있다.

④ 생산에서는 암묵적 비용이 발생하지 않는다.

⑤ 생산에서 명시적 비용은 타인 생산요소 고용을 위해 지불한 비용이다.

정답 | ④
해설 | 생산에서도 암묵적 비용이 발생한다.

05 단기비용곡선에 대한 서술로 잘못된 것은?

① 평균고정비용은 직각쌍곡선이다.

② 한계비용곡선이 수평선이면 평균가변비용곡선도 수평선이다.

③ 평균비용곡선의 최저점에서 평균가변비용곡선과 만난다

④ 한계비용곡선과 평균가변비용곡선은 반드시 만나는 점이 존재한다.

⑤ 평균비용곡선과 평균가변비용곡선의 폭은 점차 좁아진다.

정답 | ③
해설 | 평균비용곡선은 항상 평균가변비용곡선 상방에 위치한다.

06 어느 기업의 단기한계비용함수가 $MC = 2Q$로 주어져있다고 하자. 이와 관련하여 아래 서술 중 올바른 것은?

① 평균가변비용함수도 한계비용함수와 동일하다.

② 평균비용곡선은 수평선이다.

③ 한계비용곡선과 평균가변비용곡선은 만나지 않는다.

④ 한계비용곡선과 평균비용곡선은 만나지 않는다.

⑤ 가변생산요소의 한계생산성이 체감한다.

정답 | ⑤
해설 | 한계비용곡선이 우상향하므로 가변요소의 한계생산성은 체감한다.

Test of Economic Sense And Thinking

15. 완전경쟁시장

경쟁이 완벽하게 이루어지는 조건과 이때 시장에서의 균형지점에 대해 학습한다.

- 완전경쟁시장의 조건
- 가격수용자
- 단기 완전경쟁시장에서의 균형
- 장기 완전경쟁시장에서의 균형

(1) 완전경쟁시장의 정의

① 완전경쟁시장(Perfect Competitive Market)이란, 다음의 4가지 조건을 만족하는 시장을 말한다.
  - 다수의 수요자와 공급자
  - 동질한 제품
  - 자유로운 진입과 퇴거(자원의 완전이동성)
  - 완전한 정보 공유

② 다수의 수요자와 공급자는 시장에서 거래에 참여하는 거래당사자가 매우 많음을 의미한다. 따라서 어느 한 개인의 수요량이나 한 기업의 공급량은 시장 전체의 거래량에서 극히 미미한 비중을 차지한다. 즉, 개인이 제아무리 자신의 수요나 공급을 엄청 늘린다고 하여도 시장 전체 거래량의 변화율은 거의 무시될 정도라는 것이다.
예를 들어 배추 시장이 완전경쟁시장이라고 하고 대한민국에서 거래되는 배추의 일일 거래량은 10만 포기라고 하자. 이때 식당을 운영하는 수요자 톰은 하루에 배추를 5포기씩 구매한다. 그런데 톰이 배추에 대한 자신의 수요를 무려 200% 증가시켜 하루 배추 수요량을 15포기로 늘렸다고 하자. 이에 시장 전체 배추 수요량은 10만 10포기가 되었다. 그리고 배추 거래량의 증가율은 0.01%이다. 이 정도면 시장 전체 수요량은 거의 불변이라고 봐야 한다. 때문에 완전경쟁시장에서는 개별 수요자와 개별 공급자의 수요와 공급 변화가 시장 전체 수요와 시장 전체 공급에 아무런 영향을 미치지 못한다. 따라서 시장균형가격도 불변이다. 하지만 개별 수요자가 아닌 대부분의 수요자가 동시에 수요를 늘린다면 시장 전체 수요가 증

가하게 되고 이에 따라 시장균형가격은 상승한다. 마찬가지로 시장에 참여하는 공급자 대부분의 공급이 증가하면 이때는 시장 전체 공급도 증가하고 이에 따라 시장균형가격은 하락한다.

따라서 일개 개인의 수요와 개별 기업의 단독적인 수요나 공급의 변화는 시장균형가격에 아무런 영향을 미치지 못한다. 때문에 개별 수요자나 개별 공급자는 시장균형가격을 그냥 받아들여야 한다. 이를 가격수용자(Price-Taker)라 한다.

※ 톰의 커피에 대한 선호가 증가할 경우 커피 수요를 늘리고 따라서 커피 시장 전체 수요는 불변이다(혹은 거의 무시해도 될 정도로 아주 미미하게 증가했다). 하지만 대한민국 소비자 대부분의 커피에 대한 선호가 늘었다면, 이는 시장 전체 수요가 증가한 것이다.

③ 동질한 제품은 시장에 참여하는 서로 다른 공급자들이 제공하는 재화나 서비스가 모두 동질하다는 것을 말한다. 즉 커피 시장이 완전경쟁이라면 톰이 운영하는 가게의 아이스 아메리카노나 제리가 운영하는 가게의 아이스 아메리카노는 맛과 용량, 품질 등이 모두 다 일치한다는 것이다. 따라서 임의의 소비자에게 톰과 제리가 제조한 아이스 아메리카노에 대한 블라인드 테스트를 할 경우 소비자들은 이 둘을 구분하지 못할 것이다.

물론 현실에서는 각 커피하우스만의 레시피나 바리스타의 제조 능력에 따라 커피의 맛과 품질에 조금 이상은 차이가 발생할 수 있을 것이다. 그렇다면 커피시장은 완전경쟁시장이라고 말하기엔 부적절하다(커피시장은 후술할 독점적 경쟁시장에 가깝다고 할 수 있다). 하지만 휘발유는 어떨까? 시중에 여러 휘발유 브랜드 및 주요소가 존재하는데, 이때 브랜드별로 휘발유 품질의 차이가 눈에 띌 정도로 구분이 될까? (각 정유회사 관계자들은 동의하지 않겠지만) 휘발유는 브랜드 간 품질 차이가 유의할 정도로 존재하지는 않는다. 따라서 휘발유 시장은 동질한 제품이 거래된다고 할 수 있다. 하지만 휘발유 시장은 공급자가 다수가 아니라 소수의 정유회사가 분할하고 있어 역시 휘발유 시장은 완전경쟁이라고 할 수 없다.

※ 완전경쟁시장에서 '다수의 공급자'의 모호성

예를 들어 편의점 시장을 보자. 전국의 편의점 개수는 수천이 넘을 것이다. 이 정도면 편의점 시장에서 '다수의 공급자' 기준을 충족한다고 볼 수 있다. 하지만 편의점 브랜드는 G사, M사, 7사, F사, B사 등 소수의 유통 대기업이 시장을 장악하고 있다. 그렇다면 편의점 시장은 '소수의 공급자'에 의해 운영된다고 봐야 하나? 경제학 교과서에서는 이에 대한 명확한 기준을 제시하지 않지만, 우리는 여기서 같은 브랜드를 공유하는 프랜차이즈끼리 전략, 가격책정, 자원 등을 상당히 공유하는지, 아니면 같은 브랜드 내에서도 개별 점포 간 서로 경쟁을 하는지를 따져야 한다.

만일 같은 G사의 상호를 쓰고 있는 편의점이라도 각자 손님을 더 모으기 위해 차별화된 전략이나 경영권을 행사한다면 이들은 서로 다른 공급자로 봐야 한다. 그렇다면 편의점 시장은 '다수의 공급자'의 조건을 충족하는 것으로 봐야 할 것이다.

완전경쟁시장에서 각 공급자가 제공하는 재화나 서비스의 품질의 차이가 없다면, 소비자는 결국 보다 싼 제품을 구매할 것이다. 따라서 완전경쟁시장에서 각 공급자들은 매우 치열한 가격경쟁을 벌이게 된다. 이러한 가격경쟁에서 밀려나는 공급자는 바로 시장에서 도태된다. 그러므로 완전경쟁시장에서 비교적 오랫동안 생존하고 있는 공급자들은 이 가격경쟁의 공동승리자이며, 이때 이들이 책정한 가격이 바로 시장균형가격이다. 완전경쟁시장에서 비가격경쟁은 존재하지 않는다.

④ 자유로운 진입과 퇴거는 경쟁이 원활하게 유지되기 위한 또 다른 조건이다. 이는 자원의 완전이동성을 의미한다(자원이 원활하고 매끄럽게 이동하지 못하는 상황을 '마찰적'이라 한다. 마찰적 상황을 야기하는 요인으로는 거래비용의 존재, 제도적 제약, 문화적, 지리적 제약, 정보의 이동의 제약 등이 있다).

단기 개별 기업은 고정생산요소의 존재로 인하여 즉각적인 진입과 퇴거가 어렵다. 하지만 이는 개별 기업의 입장이며, 시장 전체적으로 보면 단기에도 많은 기업들의 진입과 퇴거가 쉴새없이 이루어지고 있다.

예를 들어 아래 그림에서 시점 t_0에 새로운 블루오션 C시장이 등장하였다.

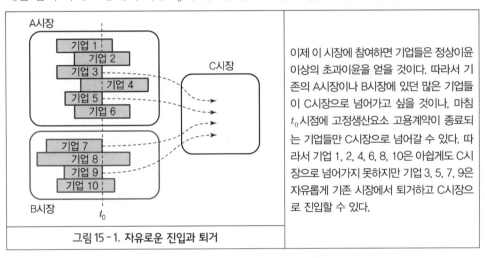

이제 이 시장에 참여하면 기업들은 정상이윤 이상의 초과이윤을 얻을 것이다. 따라서 기존의 A시장이나 B시장에 있던 많은 기업들이 C시장으로 넘어가고 싶을 것이나, 마침 t_0시점에 고정생산요소 고용계약이 종료되는 기업들만 C시장으로 넘어갈 수 있다. 따라서 기업 1, 2, 4, 6, 8, 10은 아쉽게도 C시장으로 넘어가지 못하지만 기업 3, 5, 7, 9은 자유롭게 기존 시장에서 퇴거하고 C시장으로 진입할 수 있다.

그림 15 - 1. 자유로운 진입과 퇴거

즉 기업의 자유로운 진입과 퇴거는 개별 기업의 입장이 아닌 시장 전체적인 관점에서 늘 신규기업의 진입과 퇴거가 이루어지는지를 기준으로 판별한다.

⑤ 완전한 정보 공유란, 시장에 참여하고 있는 모든 수요자와 공급자가 시장거래에 필요한 모든 정보를 완벽하게 공유하고 있다는 것이다. 즉 완전경쟁시장에서는 모든 수요자는 공급자의 비용, 품질, 생산함수, 생산성에 대해 모두 알고 있으며, 자신은 물론 다른 수요자의 소득, 선호, 수요곡선 등에 대한 것도 다 알고 있다. 공급자도 경쟁기업의 생산함수와 기술력까지 모두 꿰뚫고 있으며, 모든 수요자의 수요에 대한 정보를 알고 있다.

그렇기 때문에 완전경쟁시장에서는 한 기업이 기술을 개발하여 신제품을 만들면 그 즉시 해당 기술이 시장 전체에 퍼져 공유된다(따라서 특허권의 존재는 자유로운 기술 공유를 억제하므로 특허권의 존재는 완전경쟁과 양립할 수 없다).

(2) 가격수용자와 가격경쟁의 원리

① 완전경쟁시장에서 개별수요자와 공급자는 균형가격에 아무런 영향을 미치지 못한다. 또한 완전경쟁시장에서 시장가격은 균형가격수준에서 형성되므로, 결국 개별수요자와 공급자는 시장가격(＝균형가격)을 그대로 따라야 한다. 즉 가격수용자(Price taker)가 되는 것이다.

② 예를 들어 어느 완전경쟁시장에서 제품의 시장가격이 개당 5,000원일 때 기업 A가 5,000원의 가격에서 30개의 제품을 생산하고 있다고 하자(그림 15 – 2 점 a). 그런데 기업 A가 이 제품의 가격을 개당 5,001원으로 올린다면 모든 소비자들이 다른 회사 제품을 구매하게 되어 A의 판매량은 0이 될 것이다(점 b). 반면 A가 이 제품의 가격을 개당 4,999원으로 인하한다면, 모든 소비자들이 기업 A의 제품을 구매하기 위해 몰릴 것이다(점 c). 따라서 완전경쟁시장에서 개별기업이 직면한 수요곡선은 시장가격수준에서 수평선이 될 것이다.

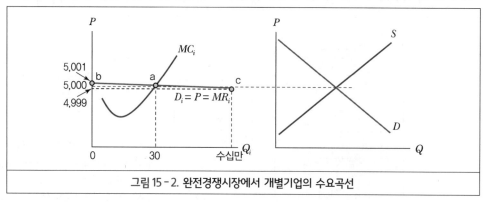

그림 15 – 2. 완전경쟁시장에서 개별기업의 수요곡선

그림 15 – 2에서 개별기업이 직면하는 수요곡선 D_i는 아주 미세하게 우하향하는데, 이는 기업 A가 제품가격을 1원 단위로 조절할 때의 판매량 지점(점 a와 점 c)을 연결했기 때문이다. 만일 기업 A가 제품의 가격을 0.1원 단위, 혹은 0.01원 단위로 조절할 수 있다면 기업 A가 직면하는 수요곡선 D_i는 훨씬 더 수평에 가까워질 것이다.

※ 기업 A의 한계수입 : 한계수입(Marginal Revenue ; MR)이란 기업의 생산량(＝판매량)을 1단위씩 늘릴 때 추가되는 총수입의 증가분을 의미한다.

수학적으로는 $MR_i = \dfrac{\Delta TR_i}{\Delta Q_i} = \dfrac{\Delta P \cdot Q_i}{\Delta Q_i}$ 인데, 이때 시장가격 P가 개별기업의 생산량 Q_i와 무관하게 일정하다면 결국 $MR_i = \dfrac{\Delta TR_i}{\Delta Q_i} = \dfrac{\Delta P \cdot Q_i}{\Delta Q_i} = P$가 될 것이다.

※ 완전경쟁에 직면한 기업 A는 위 사례에서 이윤극대화 산출량인 30개만을 생산해 시장가격 5,000원에 판매할 것이다. 매출액을 올리기 위해 제품가격을 4,999원으로 책정하면 판매량은 증가하겠지만 한계

수입＜한계비용이 되어 매출보다 비용이 훨씬 더 증가하게 될 것이다. 즉, 기업 A가 제품가격을 시장가격보다 낮추고 30개 이상 더 생산해서 판매하면 적자가 발생하는 것이다.

③ 따라서 완전경쟁시장에서 개별공급자들은 시장에서 결정된 시장가격을 그대로 따라야만 하며 이보다 더 비싸거나 더 싸게 제품을 판매하지 않는다. 그런데 이를 왜 가격경쟁의 원리라고 하는 것일까? 완전경쟁시장에서 개별공급자들이 제품을 균형가격보다 더 비싸게 팔 수 있는 방법은 모든 공급자들이 담합하여 시장가격을 균형가격보다 높게 책정하는 것 밖에 없다. 하지만 이는 거의 불가능하다. 왜냐하면 이러한 가격담합이 결코 발생할 수 없기 때문이다.

④ 수요자들 입장에서는 시장가격보다 비싸게 파는 제품은 구입하지 않을 것이며, 공급자들이 제품을 시장가격보다 싸게 팔지 않기 때문에 시장가격보다 싼 가격에 판매되는 제품을 구입하는 것도 불가능하다. 현실에서 단골들에게 가격할인을 해주거나 흥정을 통해 시장가격보다 조금 에누리하여 거래하는 것은 해당 시장이 완전경쟁시장이 아니기 때문에 가능한 사례들이다. 이에 대한 설명은 독점시장에서 다룰 것이다.

⑤ 완전경쟁시장에서는 이러한 가격경쟁의 원리에 의해 시장가격은 즉각 균형가격으로 조정되며(이를 '보이지 않는 손'이라고 한다) 이에 따라 항상 시장 전체 수요량과 공급량이 일치하게 된다. 이는 곧 자원배분의 효율성을 의미한다. 이와 함께 사회후생이 항상 극대화된다.
   ※ 사회후생의 극대화는 공리주의자들의 이상향이다. 따라서 공리주의적 관점을 따르는 영미권의 시장경제주의자들은 완전경쟁시장을 가장 이상적인 시장으로 받아들인다.

⑥ 그러나 현실에서는 완전경쟁시장의 4가지 조건을 완벽하게 충족하는 시장은 거의 존재하지 않는다. 특히 4번째 조건인 완전한 정보공유는 가장 충족되기 어려운 조건이다. 한편 완벽하지는 않아도 완전경쟁시장에 근접한 시장을 가격경쟁시장이라고 한다(순수경쟁시장은 완전한 정보 공유의 제약이 완화된 시장을 의미한다).
   ※ 현실에서 완전경쟁시장에 가장 근접한 시장은 주식시장, PC방, 노래방 등을 들 수 있다.
   ※ 완전경쟁시장에서는 개별기업의 비용조건이 모두 동일하다고 가정한다. 왜냐하면 모든 정보가 공유되므로 가장 효율적인 비용조건이 모든 기업에게 동일하게 적용되기 때문이다.

(3) 단기 균형점 분석

① 개별기업의 이윤극대화 생산량은 P＝MC를 만족하는 수준에서 달성된다. 이는 그림 15 - 3의 점 a에서 이루어진다. 즉, 점 a는 단기 완전경쟁에 직면한 개별기업의 이윤극대화 지점이다. 이때 기업의 총수입은 사각형 $aQ_i{}^*0P^*$의 면적이다. 그리고 이때 기업의 평균비용은 점 b의 높이(＝점 e의 높이)이다. 따라서 총비용은 사각형 $bQ_i{}^*0e$의 면적이다. 이는 총고정비용인 사각형 bcde와 총가변비용인 사각형 $cQ_i{}^*0d$를 합한 것과 같다.
   따라서 이때 이 기업의 (초과)이윤은 사각형 $abeP^*$이다.
   즉, 시장가격이 개별기업의 단기 평균비용곡선의 최저점이자 한계비용곡선과의 교점(점 f)보다 상방에서 형성되면 단기 완전경쟁에 직면한 기업은 초과이윤을 획득한다.

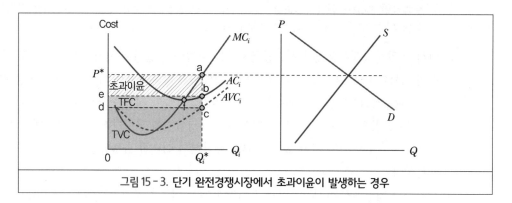

그림 15 – 3. 단기 완전경쟁시장에서 초과이윤이 발생하는 경우

② 그런데 시장가격이 개별기업의 단기 평균비용곡선의 최저점이자 한계비용곡선과의 교점 (점 f) 수준에서 형성되면 그림 15 – 4와 같이 개별기업은 단기에 정상이윤(Normal Profit =Zero Economic Profit)을 얻는다.

시장가격선이 평균비용곡선의 최저점인 점 f를 지나면 P=MC 조건을 만족하는 생산량은 Q_i^*가 되고 이때 총수입은 사각형 $fQ_i^*0P^*$가 된다. 그런데 이때 P=AC가 되고 총비용도 사각형 $fQ_i^*0P^*$으로 일치한다. 따라서 경제적 이윤은 0이 되어 해당기업은 정상이윤을 획득한다.

즉, 시장가격이 평균비용의 최저점(이자 한계비용곡선과의 교점)에서 형성되면 기업은 정상이윤을 얻고, 시장가격이 이보다 높으면 초과이윤, 이보다 낮으면 초과손실을 얻게 된다. 이때 평균비용의 최저점 f를 손익분기점(Break – even Point)이라 한다.

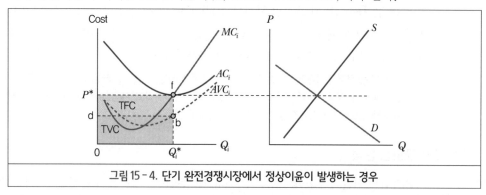

그림 15 – 4. 단기 완전경쟁시장에서 정상이윤이 발생하는 경우

③ 시장가격이 손익분기점 f보다 낮게 형성되었을 때 P=MC 조건에서 생산하면 기업은 손실을 입게 된다. 하지만 시장가격이 평균가변비용곡선의 최저점 g보다 높다면 손실을 감당하고서라도 생산과 판매를 지속해야 한다.

생산을 지속하는 경우 기업의 총수입은 사각형 $bQ_i^*0P^*$의 면적이다. 이때 총비용은 사각형 aQ_i^*0e의 면적이다. 따라서 손실의 크기는 사각형 abP^*e의 면적이다.

그러나 만일 기업이 생산을 중단하면 총수입과 총가변비용은 모두 0이지만 총고정비용은 계속 지불하여야 한다. 따라서 생산 중단 시 손실의 크기는 총고정비용인 사각형 acde만큼 발생한다. 따라서 손실을 최소한으로 줄이기 위해서는 생산과 판매를 지속해야 하는 것이다.

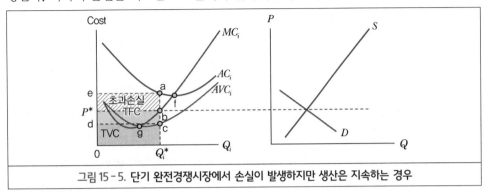

그림 15 - 5. 단기 완전경쟁시장에서 손실이 발생하지만 생산은 지속하는 경우

손실이 발생해도 판매를 지속하면 한계수입(시장가격)으로 평균가변비용은 온전히 회수가 되고 남은 마진으로 고정비용의 일부를 충당할 수 있다.

④ 하지만 시장가격이 평균가변비용곡선의 최저점(점 g)보다 낮아지는 때에는 기업은 생산을 중단해야 한다. 이때 생산을 지속하면 고정비용은 한푼도 회수하지 못할뿐더러 가변비용조차도 온전히 회수하지 못해, 기업 입장에서는 팔 때마다 손실이 쌓이게 된다. 따라서 이때는 생산을 완전히 중단해야 한다.

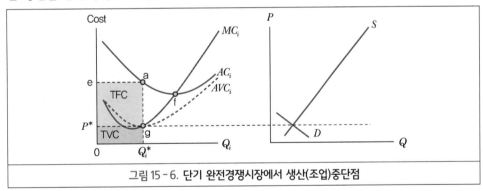

그림 15 - 6. 단기 완전경쟁시장에서 생산(조업)중단점

따라서 평균가변비용곡선의 최저점(이자 한계비용곡선과의 교점) 점 g를 생산중단점, 또는 조업중단점(Shut-Down Point)이라 한다.

(4) 장기 균형 분석

① 단기 완전경쟁시장에서는 P=MC조건(자원배분의 효율성 조건)은 항상 충족된다. 하지만 시장가격과 단기 평균비용의 차이에 의해 초과이윤, 정상이윤, 초과손실의 3가지 경우가 모두 발생할 수 있다.

② 하지만 완전경쟁시장의 장기 균형에서는 P=LMC 조건은 당연히 만족되며, 또한 P=LAC 조건도 만족되어, 항상 정상이윤을 획득한다. 이는 타 산업에서의 잠재적 기업의 진입이나 퇴거가 발생하기에 가능한 일이다.

③ 완전경쟁에 직면한 A시장에서 시장전체 공급곡선이 그림 15-7의 S_1이라고 하자. 이때 시장가격은 P_1이고 개별기업은 점 a에서 이윤극대화를 달성한다. 그리고 $P_1 > AC_i'$이므로 초과이윤을 누리고 있다. 이는 타 산업에서보다 더 많은 수익을 얻는다는 것이다.

따라서 타 산업에서 고정생산요소 임대 계약이 종료된 기업부터 A시장으로 점차 진입하여 들어온다. 이는 시장 전체의 공급의 증가이며 이에 따라 시장 전체 공급곡선이 우측으로 이동한다. 이때 공급곡선이 S_2가 되어 시장가격이 장기 평균비용곡선의 최저점인 점 b에 도달하는 순간 타 산업으로부터의 잠재적 경쟁기업 진입이 중단된다(이때 타 산업의 기업이 A시장으로 진입하면 매우 미세하게나마 공급곡선이 더 우측으로 이동하여 시장가격이 장기 평균비용곡선의 최저점보다 낮아진다. 이는 초과손실이 시작됨을 의미한다).

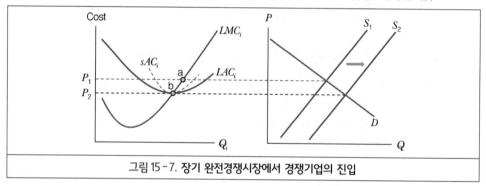

그림 15-7. 장기 완전경쟁시장에서 경쟁기업의 진입

④ 반대로 완전경쟁시장에서 가격이 장기 평균비용곡선의 최저점 b보다 낮게 형성되어 있다면 개별기업은 초과손실을 입고 있다. 그렇다면 고정생산요소 임대계약이 종료되는 기업부터 시장에서 퇴거하고 다른 정상이윤을 획득할 수 있는 시장으로 업종을 전환할 것이다. 이는 시장 전체 공급곡선의 좌측 이동을 의미한다.

그리고 시장공급곡선이 S_2가 되면 이 시장에서의 개별기업은 정상이윤을 획득하게 되어 이제 시장에서의 이탈은 중단된다.

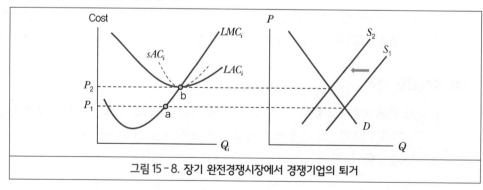

그림 15-8. 장기 완전경쟁시장에서 경쟁기업의 퇴거

⑤ 따라서 완전경쟁시장의 장기 균형은 항상 장기 평균비용곡선의 최저점에서 달성된다(완전경쟁시장에서 개별기업의 장기 산출량은 최적생산규모와 일치한다).

※ 장기 완전경쟁시장에서의 기업의 수

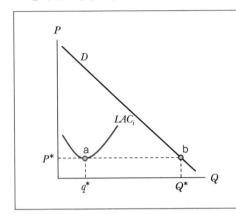

장기 완전경쟁시장에서 조업(경쟁)하는 기업은 장기 평균비용곡선의 최저점인 점 a에서 이윤을 극대화한다. 따라서 시장가격은 P^*가 되고 이때 시장 전체 수요량 Q^*은 점 b에서 결정된다.

즉 각각 q^*만큼 생산하는 동일한 기업들이 시장 전체 수요량 Q^*를 담당하는 것이므로 시장에서 조업(경쟁)하는 기업의 수는 $\frac{Q^*}{q^*}$가 된다.

16. 독점시장

독점의 발생 원인과 독점시장에서의 균형 및 규제에 대해 학습한다.

- 진입장벽
- 가격설정자
- 규모의 경제와 자연독점
- 한계비용가격설정, 평균비용가격설정
- 가격차별과 묶어팔기, 이부가격제
- 독점적 경쟁시장

(1) 독점기업의 이윤극대화

① 독점(Monopoly)시장이란, 유일한 공급자만이 존재하는 시장을 말한다. 하지만 보통의 경우 최상위기업이 시장매출의 70% 이상을 점유한다면 사실상 독점이라고 봐도 무방하다.

② 독점기업의 생산량이 시장 전체 생산량에 필적하기 때문에, 독점기업이 자신의 공급을 늘리면 시장 전체 공급도 증가하게 된다. 따라서 완전경쟁시장에서의 개별기업과는 달리, 독점기업은 자신의 생산량을 조절하여 시장가격을 움직일 수 있다. 그러므로 독점기업은 가격수용자가 아니라 가격설정자(Price－Setter)가 된다.

③ 독점시장에서 독점기업은 자신의 공급곡선을 지니지 않는다. 한계비용곡선은 지니지만 이 한계비용곡선이 독점기업의 공급곡선의 역할을 하지 않는다. 공급곡선의 정의는 '주어진 시장가격수준에서 기업이 판매를 목적으로 생산하고자 하는 수량의 조합을 연결한 곡선'인데 독점시장에서는 '주어진 시장가격'이 존재하지 않기 때문이다.

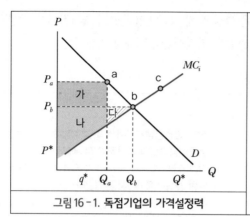

그림 16에서 독점기업이 Q_b만큼 생산하면 시장가격은 P_b가 된다. 즉, 독점기업은 자신의 한계비용선 상인 점 b에 위치한다. 이때 독점기업의 생산자잉여는 (나+다)의 면적이다.

하지만 독점기업은 자신의 생산량을 조절하여 시장 전체 수요곡선 상에서 자신이 원하는 지점을 선택할 수 있다. 예를 들어 독점기업이 Q_a만큼 생산하면 시장가격은 P_a가 되어 독점기업은 자신의 한계비용곡선 상에서 이탈한 점 a에 위치한다.

그림 16-1. 독점기업의 가격설정력

그런데 이때 독점기업의 생산자잉여는 (가+나)가 되어 점 b에서 보다 더 커진다(수요곡선에 이탈한 점 c에는 도달 불가능). 이처럼 독점기업은 한계비용곡선 상에서 자신이 원하는 지점을 선택하지 않기 때문에 독점기업의 한계비용곡선이 독점기업의 공급곡선이 되지 않는 것이다.

④ 그렇다면 독점기업은 시장수요곡선 상의 어느 지점에서 시장가격과 생산량을 결정할까? 당연히 자신의 이윤을 극대화하는 지점을 선택할 것이다. 이는 한계수입=한계비용을 만족하는 지점이다.

⑤ 독점기업의 한계수입

독점기업의 총수입은 $TR = P \times Q$이다. 그런데 이때 시장가격 P는 독점기업의 생산량 Q에 영향을 받는다. 즉 P는 일정한 상수가 아니고 Q에 의해 영향을 받는 변수이다.

그러므로 $MR = \dfrac{\Delta TR}{\Delta Q_i} = \dfrac{\Delta P \cdot Q_i}{\Delta Q_i} \neq P$이다.

예를 들어 어느 독점기업이 자동차를 생산하고 있는데, 이 자동차에 대한 시장 전체 (역)수요함수가 $P = 10 - Q$라고 하자. 이 기업이 자동차의 생산량을 늘릴 때마다, 자동차의 시장가격은 점점 하락하게 된다. 이때 독점기업의 생산량에 대한 시장가격, 그리고 그때의 총수입과 한계수입을 표와 그림으로 나타내면 다음과 같다.

Q	P	TR	MR
0	10	0	–
1	9	9	+9
2	8	16	+7
3	7	21	+5
4	6	24	+3
5	5	25	+1
6	4	24	−1
7	3	21	−3
8	2	16	−5
9	1	9	−7
10	0	0	−9

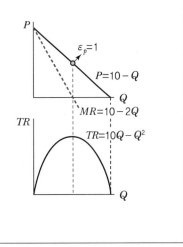

표 16 - 1. 독점기업의 총수입과 한계수입	그림 16 - 2. 독점기업의 총수입, 한계수입

표 16 − 1에 따르면 독점기업의 생산량이 1일 때, 시장가격은 9, 총수입은 9이고 한계수입도 9이다. 최초에는 시장가격과 한계수입이 동일하다. 하지만 생산량이 2로 늘어나면 시장가격은 8로 하락하고 총수입은 16이 되어 한계수입은 7이 된다. 만일 독점기업이 첫 번째 제품은 여전히 9의 가격으로 판매하고, 두 번째 제품을 8의 가격으로 판매할 수 있다면, 독점기업의 총수입은 17이 되어 두 번째 제품에 대한 한계수입이 7이 아닌 8이 되겠지만, 이는 불가능하다(앞서 설명한 내용이 가능한 상황은 가격차별 상황이다. 이에 대해서는 다음 장에서 학습한다). 시장가격은 동일한 제품에 대해서는 동일하게 적용되어야 하기 때문이다. 따라서 독점기업은 생산량을 늘릴수록 한계수입이 시장가격보다 더 빠르게 하락하게 된다.

※ 위 사례에서 시장 전체 수요함수가 $P = 10 - Q$이므로 독점기업의 총수입함수는 $TR = P \cdot Q = (10 - Q)$ $Q = 10Q - Q^2$이다. 한계수입은 $MR = \dfrac{\Delta TR}{\Delta Q} = 10 - 2Q$이다. 즉, (수요곡선이 우하향하는 직선인 경우) 한계수입함수는 수요함수와 Y절편은 동일하고 기울기는 2배이다.

⑥ 독점기업의 이윤극대화

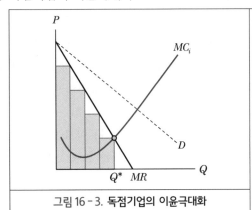

그림 16 - 3. 독점기업의 이윤극대화

좌측 그림에서 독점기업은 한계수입>한계비용이면 생산량을 늘릴수록 이윤이 커진다. 반대로 한계수입<한계비용이라면 생산량을 늘릴수록 손실이 커진다. 따라서 한계수입곡선과 한계비용곡선이 만나는 지점에서 이윤을 극대화한다(이때 생산자잉여의 크기는 좌측 그림 막대 그래프 면적의 총합이다).

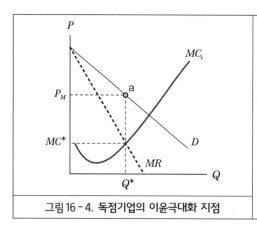

독점기업의 이윤극대화 지점을 일반화하면 좌측 그림과 같다. 한계수입곡선과 한계비용곡선이 만나는 지점에서 이윤극대화 생산량 Q^*이 결정된다.

그런데 생산량이 Q^*일 때 시장가격은 P_M이다. 따라서 독점기업의 이윤극대화 지점은 점 a이고 이때 $P_M > MC$가 성립한다.

그림 16 - 4. 독점기업의 이윤극대화 지점

⑦ 독점과 사회후생

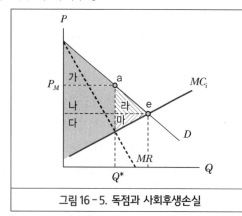

만일 독점기업이 여러 개의 기업으로 분할되어 완전경쟁시장이 된다면, 독점기업의 한계비용곡선 MC_i가 완전경쟁시장에서의 시장 전체 공급곡선이 될 것이다. 그러므로 완전경쟁시장이라면 시장의 균형점은 점 e가 될 것이다. 이때 생산자잉여는 (다+마)이고 소비자잉여는 (가+나+라)이고 사회후생은 (가+나+다+라+마)가 된다.

그러나 독점시장에서의 균형점은 점 a이고 이때 소비자잉여는 (가), 생산자잉여는 (나+다)이다. 그리고 (라+마)는 독점으로 인한 사회후생손실이다.

그림 16 - 5. 독점과 사회후생손실

(2) 독점기업의 발생원인

① 앞 장에서 독점기업은 완전경쟁시장에서 개별기업들이 얻을 수 있는 생산자잉여보다 많은 생산자잉여를 얻음을 학습하였다. 그렇다면 독점이 발생하는 원인은 무엇일까? 독점은 경쟁기업의 부재(不在)에 기인한다. 경쟁기업의 진입이 불가할 경우 독점기업이 되는 것이다. 즉, 독점의 발생원인은 진입장벽(Entry Barrier)이다.

② 진입장벽은 정부의 제도적 규제에 기인할 수 있다. 가장 대표적인 예가 특허권, 지적재산권 등에 의한 특정 제품에 대한 생산권한 독점권 부여이다. 특허권은 초기개발비가 한계비용에 비해 큰 수준이며, 생산량 증가 시 한계비용이 매우 저렴한 수준에서 일정하거나, 혹은 매우 천천히 체증하는 산업에서 필수적이다. 이러한 산업의 대표적인 예로는 제약, 소프트웨어, 음반 및 출판, 미디어 산업 등을 들 수 있다.

③ 예를 들어 드라마 산업의 경우, 드라마 제작에 제법 큰 (고정)비용이 소요된다. 하지만 온라인 플랫폼을 통해 공급될 때, 한계비용은 매우 저렴하다. 이를 그림으로 표현하면 다음과 같다.

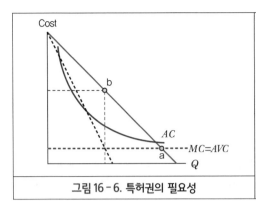

한계비용곡선이 수평이라면 이는 평균가변비용곡선과 일치한다. 따라서 여기에 직각쌍곡선인 평균고정비용을 더하면 좌측 붉은색의 평균비용곡선이 도출된다. 이때 평균비용은 항상 한계비용보다 크다.
따라서 완전경쟁시장에서의 이윤극대화 조건인 P = MC조건은 점 a에서 만족된다. 그런데 이때 시장가격(이자 한계비용)은 평균비용보다 낮다.

그림 16 - 6. 특허권의 필요성

따라서 이와 같은 비용조건의 산업에서 완전경쟁 시 초기투자비용을 지불한 기업은 항상 적자를 볼 수밖에 없다. 그러므로 정부가 특허권, 지적재산권 등으로 개발성과에 대한 독점적 사용권한을 부여해주지 않는다면 어떤 기업이든 개발비를 지불하지 않고 누군가 개발한 것을 손쉽게 복제함으로써 무임승차하려 할 것이다.

때문에 이와 같은 산업의 유지와 발전을 위해서는 특허권 등의 제도적 장치가 필수적이다.

※ 또한 지하철, 전력공급 등 대부분 공공재의 영역에 속하는 산업도 초기 투자비용이 막대하여 진입장벽이 심한 산업이다(하지만 이런 산업은 특허권 등에 의해 보호할 필요는 없다).

④ 이외에도 정부는 중복과잉투자를 방지하기 위해 특정기업에게만 사업면허를 내어줄 수도 있다. 예를 들어 12개의 아파트 단지에 도시가스를 공급하고자 하는데, 가스시장이 경쟁시장이 되기 위해서는 가스회사가 다수 있어야 하며, 각 아파트 단지의 주민들은 한 가스회사의 서비스나 요금, 품질 등이 마음에 들지 않을 때 바로 다른 가스회사를 선택할 수 있어야 한다. 그러므로 수시로 다른 회사의 가스를 공급받을 수 있도록 각 단지는 각 회사와 상시로 파이프라인이 연결되어 있어야 한다. 그런데 하나의 가스회사와 하나의 아파트 단지 사이에 파이프라인을 구축하는 데에는 매우 큰 설치비용이 소요된다.

만일 한 회사와 한 아파트 단지 간의 파이프라인 구축에 대략 100억 원이 소요된다면 8개의 가스회사와 12개 아파트 단지가 완전경쟁시장을 이루기 위해서는 총 96개 파이프라인이 설치되어야 한다. 즉, 완전경쟁 유지를 위해 초기투자비용이 9,600억 원 소요된다는 것이다. 하지만 정부가 가스회사를 오직 하나만 허용한다면 이 가스회사는 독점이 된다. 하지만 파이프라인은 12개, 초기투자비용은 1,200억 원으로 대폭 절감된다.

때문에 중복과잉투자를 방지하려는 목적으로 정부가 특정기업에게만 사업허가를 내어줄 수 있다. 물론 이렇게 되면 이 독점가스회사는 높은 독점가격을 책정하여 소비자잉여를 감소시키고 사회후생손실을 야기할 수 있다. 때문에 일반적으로 정부는 독점가스회사를 공기업으로 지정하여 이러한 후생손실의 문제를 방지하고자 한다.

※ 이외에도 안전, 보안상의 이유로 특정기업에게만 사업 면허를 허가할 수 있다.
※ 생산수단의 독점적 소유도 독점의 발생 원인이다.
※ 작은 시장규모도 독점의 발생 원인이다. 이는 규모의 경제와 연관이 깊으므로 다음 장에서 상세히 설명한다.

(3) 규모의 경제와 자연독점

① 규모의 경제란 생산량이 증가할수록 평균비용이 하락하는 현상으로 앞 단원에서 이미 소개한 바 있다. 그런데 이 규모의 경제가 독점의 발생원인이 되기도 한다. 이렇게 규모의 경제로 인하여 발생한 독점을 자연독점(Natural Monoploy)이라 한다.

② 앞 장에서 예시로 든 드라마 산업의 경우도 규모의 경제가 적용된 것이다(하지만 드라마 산업의 경우 지적재산권에 의해 독점이 발생한 것으로 자연독점은 아니다).

   ※ 드라마 산업이 독점산업이라는 것은 지구상에 하나의 드라마 제작사만이 존재한다는 것이 아니라 특정 제작사가 만든 드라마는 해당 제작사에 의해서만 공급되므로 해당 드라마에 대한 독점이 나타난다는 것을 의미한다.

③ 규모의 경제의 엄밀한 정의 : 규모의 경제는 단기 또는 장기 평균비용곡선의 우하향을 의미한다. 하지만 희소성의 원칙에 따라 평균비용곡선은 언젠가는 우상향하게 된다.
   경제학에서 말하는 규모의 경제는 시장 전체 수요곡선의 범위 내에서 개별기업의 평균비용곡선이 우하향하는 것을 지칭하는 것이다.

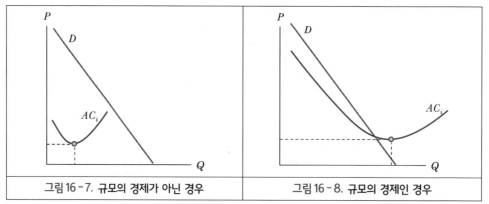

그림 16 - 7. 규모의 경제가 아닌 경우	그림 16 - 8. 규모의 경제인 경우

그림 16 - 7에서는 시장 전체 수요곡선 내에서 개별기업의 평균비용곡선이 우상향하기 시작한다. 즉, 개별기업의 최적생산규모가 수요곡선의 좌측 영역에 위치하므로 규모의 경제가 발생하지 않는 경우를 나타낸다. 하지만 그림 16 - 8에서는 수요곡선 내에서 개별기업의 평균비용곡선이 계속 우하향한다. 즉, 이 기업의 최적생산규모는 수요곡선의 우측에 위치하므로, 이 경우에는 규모의 경제가 발생한다.

④ 규모의 경제와 완전경쟁은 양립할 수 없다.

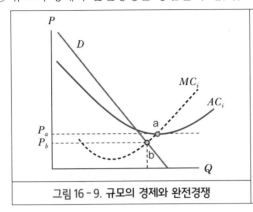

그림 16 - 9. 규모의 경제와 완전경쟁

좌측 그림에서 규모의 경제가 발생하면 손익분기점은 점 a이다. 그리고 완전경쟁시장에서 개별기업의 이윤극대화 조건 P=MC는 점 b에서 달성된다.[1] 그러므로 규모의 경제가 발생할 때 P=MC조건에서 생산이 이루어지면 항상 P<AC가 성립하게 되고 이 기업은 완전경쟁하에서 초과손실을 입게 된다. 따라서 장기에는 대부분의 기업은 퇴거하고 유일하게 남은 기업만이 독점기업이 된다.

※ 규모의 경제와 시장규모

완전경쟁시장에서 개별기업의 장기 평균비용곡선의 최소점(최적생산규모)이 개별기업의 장기 균형점이 된다는 것은 이미 학습하였다. 따라서 아래 그림에서 좌측의 경우 (개별기업의 비용조건이 동일하다면) 개별기업의 시장점유율은 10%이고 이때 시장에서 경쟁하는 기업의 수는 10개일 것이다. 하지만 아래 그림 우측의 경우에는 개별기업의 시장점유율은 50%이고 이때 시장 전체에 진입하여 경쟁하는 기업의 수는 2개밖에 되지 않는다. 이렇듯 장기 평균비용곡선의 최저점이 수요곡선에 가까이 붙을수록 경쟁할 수 있는 기업의 수가 줄어들게 된다.

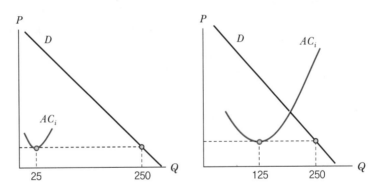

그리고 규모의 경제하에서는 한 기업이 최적생산규모를 생산해도 이미 시장 전체 수요량을 넘어서기 때문에 경쟁이 발생할 수 없다. 하지만 경제가 성장하여 개별기업의 비용조건이 개선됨과 동시에 시장 전체 수요가 증가한다면 예전에는 규모의 경제로 인해 자연독점이었던 시장도 점차 경쟁기업의 진입이 가능해지며 경쟁구도로 변하게 되는 것이다. 과거에 우리나라에서는 현대자동차가 거의 독점에 가까운 시장점유율을 가지고 있었던 반면, 미국의 자동차 시장은 과점 체제를 유지하고 있었다.

---

1) 엄밀하게는, 완전경쟁시장에서 시장 전체 공급곡선은 MC_i를 수평으로 합산한 곡선이므로 실제 균형점은 점 b보다 더 우하방에 위치한다. 하지만 이 경우에도 규모의 경제하에서 완전경쟁이 이루어지면 개별기업이 초과손실을 입는다는 점은 여전히 유효하다.

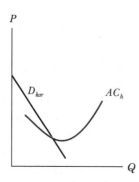
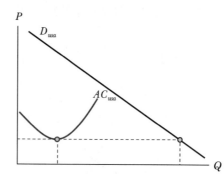

하지만 우리나라의 경제규모가 커지고 자동차 내수시장의 수요도 덩달아 증가함에 따라 (또한 기술진보에 의해 자동차 산업의 평균비용이 하락함에 따라) 우리나라의 자동차 시장에서 독점구도가 점차 허물어지기 시작했다.

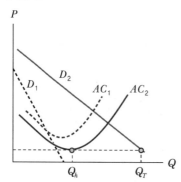

과거 우리나라 자동차 내수 수요는 D_1 이고 선도자동차 기업의 평균비용곡선은 AC_1 이다. 규모의 경제가 발생하는 상황에서 국내 자동차 시장은 거의 독점에 가까웠다. 하지만 기술진보에 따른 평균비용의 하락, 경제성장에 따른 자동차 내수 수요의 증가에 의해 현재의 수요와 평균비용곡선이 각각 D_2, AC_2로 변화하게 되자, 독점 구도가 완화되었다. 이에 따라 시장 전체 자동차 수요량은 Q_T인데, 선도기업의 최적생산규모는 Q_h에 머물면서 잠재적 경쟁기업의 진입이 용이해졌다.

이처럼 과거에는 평균비용곡선의 최저점에 비해 시장규모가 작은 경우, 거의 독점시장의 형태를 띠게 되었던 산업도 경제가 성장함에 따라 점차 경쟁구도로 변화해 나가는 것이다.

※ 규모의 경제와 시장선점전략

어떤 산업이 규모의 경제에 직면하고 있을 때, 경쟁기업을 제치고 최종적으로 시장에서 유일한 승자가 되어 독점의 지위를 누리기 위해서는 아래 그림에서 점 a, 즉 최적생산규모까지 먼저 설비를 확충해야 한다.

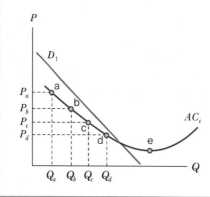

규모의 경제 상황에서 1번 기업이 Q_a만큼 생산하고 있다. 그러면 1번 기업은 (P<AC이면 손실을 입으므로) 제품가격을 P_a 이하로는 책정할 수 없다. 그런데 2번 기업이 시장에 진입하여 Q_b만큼 생산하면, 2번 기업은 제품가격을 P_a보다 낮게 책정해도 된다. 당연히 2번 기업은 제품가격을 1번 기업이 따라오지 못하도록 P_a 보다 낮은 수준에서 책정하여 1번 기업을 시장에서 퇴출시키려 할 것이다.

그렇다면 1번 기업은 설비를 확충하여 생산량을 Q_c로 늘리고 제품가격을 P_b보다 낮게 책정하는 방법으로 2번 기업에 역공을 가할 것이다. 그러면 2번 기업도 설비를 확충하여 생산량을 Q_d로 늘려 다시 가격을 낮추려 한다. 이렇게 규모의 경제 상황에서는 상대방보다 더 큰 설비를 갖추고 더 낮은 평균비용조건을 획득하여 상대방이 따라오지 못하는 수준으로 저가공세를 펼치는 전략이 흔히 사용된다.

이 게임의 최종승자는 장기 평균비용곡선의 최저점인 점 e까지 생산설비규모를 먼저 확충하는 쪽이다. 점 e에 먼저 도달한 기업은 미처 점 e에 도달하지 못해 가격경쟁에서 밀리는 경쟁기업에 저가공세를 퍼부어 시장에서 퇴출시킨 다음, 독점적 지위를 획득하여 종국에는 시장가격을 독점가격 수준으로 올릴 것이다.

하지만 모든 전략에는 명암이 있듯 이러한 방식의 과도한 덩치 키우기 전략을 성급히 사용할 경우, 경쟁기업을 몰아세우기도 전에 막대한 고정비용을 감당하지 못하고 도산할 가능성도 매우 크다. 또한 경쟁기업도 저가 출혈을 감수하고 끝까지 치킨 게임을 고수한다면 그 결과는 파국에 가까울 것이다.

(4) 독점의 규제

① 독점은 사회후생손실을 유발한다. 이는 시장실패의 한 유형이다. 따라서 시장실패 교정을 위해 독점에 대한 규제가 시행될 수 있다. 독점에 대한 규제는 수량규제, 가격규제, 과징금 부과, 기업 분할 등 여러 가지 방식으로 이루어질 수 있다.

② 먼저 독점의 정도를 나타내는 지표에 대해 학습한다. 먼저 독점도를 나타내는 대표적지수로 러너지수(Lerner Index)가 있다.

$$LI = \frac{P - MC}{P}$$

※ 그런데 $MR = P\left(1 - \dfrac{1}{\varepsilon_p}\right)$ 이므로 만일 MR＝MC 조건에서 생산이 이루어진다면 결국 러너지수는

$$\frac{P - MC}{P} = \frac{P - P\left(1 - \dfrac{1}{\varepsilon_p}\right)}{P} = 1 - \left(1 - \frac{1}{\varepsilon_p}\right) = \frac{1}{\varepsilon_p} \text{ 가 된다.}$$

③ 상위 k기업 집중률은 시장에서 매출액 기준 상위 k개 기업의 시장점유율을 합한 것이다. 예를 들어 각 기업의 시장점유율이 아래 표와 같을 때,

기업	a	b	c	d	e	f	g
시장점유율	25%	22%	20%	14%	8%	6%	5%

상위 3개 기업 집중률은 $25 + 22 + 20 = 67\%$이다. 그리고 상위 5개 기업 집중률은 $25 + 22 + 20 + 14 + 8 = 89\%$이다.

④ 허핀달－허쉬만 지수 : $HHI = \displaystyle\sum_{i=1}^{n} s_i^2$ 여기서 s_i는 각 기업의 시장점유율

예를 들어 어느 시장이 3개의 기업에 의해 분할되어 있고 각 기업의 시장점유율이 $s_1 = 50\%$, $s_2 = 30\%$, $s_3 = 20\%$라면 $HHI = 50^2 + 30^2 + 20^2 = 3,800$이다.

만일 기업이 3개지만 점유율이 $s_1 = 80\%$, $s_2 = 10\%$, $s_3 = 10\%$이라면 $HHI = 80^2 + 10^2 + 10^2 = 6,600$이 된다.

만일 완전한 독점이라면 $s_1 = 100$이고 $HHI = 100^2 = 10,000$이다. 즉 허핀달 – 허쉬만 지수의 최댓값은 10,000이다.

또한 기업의 수가 많아도 최상위 기업에 대한 집중도가 높으면 허핀달 – 허쉬만 지수상으로는 오히려 독점도가 높아진다. 예를 들어 $s_1 = 40\%$, $s_2 = 30\%$, $s_3 = 30\%$의 과점시장에서는 $HHI = 3,400$이지만 $s_1 = 90\%$, $s_2 = 2\%$, $s_3 = 2\%$, $s_4 = 2\%$, $s_5 = 2\%$, $s_6 = 2\%$로 기업의 수는 6개지만 1위 기업이 거의 시장을 장악하고 있는 경우에는 $HHI = 8,120$으로 독점도가 매우 크게 상승한다(경쟁기업의 수와 시장장악력을 모두 고려한 점에서 k기업 집중도보다 HHI가 더 우월한 지표라고 할 수 있다).

⑤ 독점의 규제를 위해 제품에 대한 물품세를 부과하는 경우, 독점기업의 한계비용이 상승하게 된다. 이 경우, 독점기업의 이윤극대화 생산량은 감소하고 사회후생손실은 더 커지게 된다.

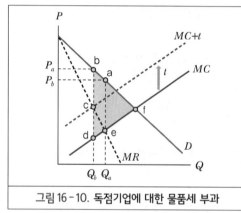

그림 16 – 10. 독점기업에 대한 물품세 부과

좌측 그림에서 물품세 부과 전 독점기업의 이윤극대화 지점은 점 a이다. 이때 사회후생손실은 삼각형 aef 이다. 그런데 t만큼 물품세를 부과하면 독점기업의 한계비용은 점선 MC+t가 되고 이때 독점기업의 이윤극대화 지점은 점 b가 된다.
따라서 물품세 부과로 인해 사회후생손실은 사다리꼴 bdea만큼 더 증가한다.

※ 독점기업에 대해 정액세나 이윤세를 부과하는 경우에는 물품세 부과와 달리 후생손실에는 영향을 주지 않는다.

⑥ 독점기업에 대해 가격규제를 실시할 경우, 사회후생손실 제거를 위한 목적이라면 수요곡선 과 독점기업의 한계비용곡선의 교점에서 최고가격제를 실시하는 것이 바람직하다.

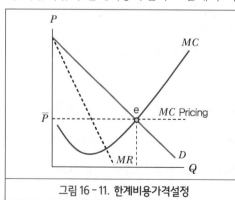

그림 16 – 11. 한계비용가격설정

좌측 그림에서 독점기업의 한계비용곡선과 시장수요곡선이 만나는 점은 점 e고 정부가 점 e 수준의 가격 $\overline{P}$에서 최고가격을 설정한다면 이제 독점기업의 한계수입은 $\overline{P}$가 된다. 따라서 독점기업은 점 e에서 생산을 하게 된다. 결국 P=MC 조건이 달성되고 사회후생손실은 제거된다.
이러한 방식의 독점기업에 대한 가격규제를 한계비용가격설정(MC Pricing)이라 한다.

⑦ 그런데 규모의 경제로 인한 자연독점의 경우, 한계비용가격설정을 하면 독점기업이 초과손실을 입고 시장에서 퇴거하게 된다.

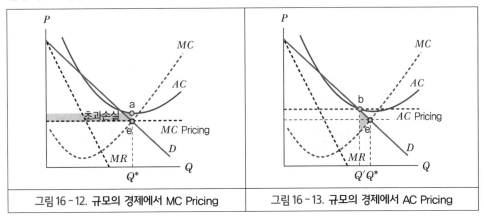

| 그림 16 - 12. 규모의 경제에서 MC Pricing | 그림 16 - 13. 규모의 경제에서 AC Pricing |

그림 16-12에서 한계비용가격설정 시 독점기업은 점 e에서 생산을 한다. 그런데 이때 규제가격은 평균비용보다 낮다. 따라서 규모의 경제에서 한계비용가격설정을 시행한다면, 사회후생손실은 제거되지만 독점기업은 회색 직각사각형만큼 손실을 입는다.

만일 정부가 손실분을 보전해주지 않는다면 독점기업은 시장에서 퇴거하고 시장 자체가 사라진다. 때문에 이 경우 정부의 재정지원이 필수적이다.

반면 그림 16-13처럼 정부가 수요곡선과 독점기업의 (장기)평균비용곡선의 교점인 점 b 수준에서 최고가격을 설정하면 독점기업은 점 b에서 생산하고 이때 P=AC가 성립하여 독점기업은 정상이윤을 획득한다. 물론 독점기업의 생산량은 한계비용가격설정 시보다 줄고 이에 따라 사회후생손실은 완벽히 제거되지 못하고 회색 삼각형만큼 조금 남게 된다. 하지만 독점기업이 손실을 입지 않으므로 정부 역시 보조금을 지급해줄 필요가 없다. 이러한 방식의 가격규제를 평균비용가격설정(AC Pricing)이라고 한다.

※ 독점이 반드시 나쁘기만 할까? 독점은 후생손실뿐만 아니라 X−비효율성이라 불리는 경쟁압력 부재에서 기인한 방만한 운영 등의 폐해를 가져오기도 한다. 하지만 독점기업이 얻는 막대한 초과이윤이 대규모의 과학기술투자 및 연구개발 투자에 투입될 경우, 사회 전체적인 생산성 증대에 기여할 수 있다. 이는 내생적 성장이론에서 소개한다.

(5) 가격차별

① 시장가격이란 시장참여자 누구나 차별 없이 동일한 제품을 동일한 가격으로 거래하는 수준의 가격을 말한다. 독점기업이 생산량을 늘릴수록 시장가격이 하락하는 것은 어쩔 수 없는 수요의 원칙인데, 문제는 시장가격이 하락하면 이전에 비싸게 팔았던 판매량에 대해서도 그 차액만큼을 환불해주어야 한다. 이 때문에 독점기업이 생산량을 늘릴수록 독점기업의 한계수입은 시장가격보다 더 빠르게 하락한다.

그림 16-14에서 독점기업은 점 a에서 이윤을 극대화한다. 이때 독점기업의 총수입은 직각사각형 $P_m 0 Q_m$ a이고, 독점기업의 생산자잉여는 회색 막대그래프의 총합이다.

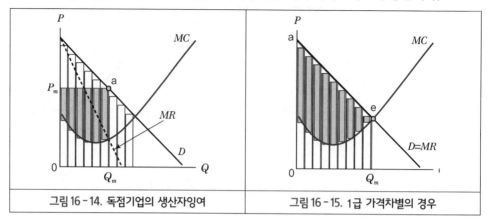

| 그림 16-14. 독점기업의 생산자잉여 | 그림 16-15. 1급 가격차별의 경우 |

② 그런데 만일 독점기업이 각 생산량에 대해 소비자의 최대지불용의금액만큼 가격을 차등적으로 부과할 수 있다면, 독점기업의 한계수입곡선은 시장 전체 수요곡선과 일치한다. 그림 16-15에서 독점기업이 각 소비자의 최대지불용의금액만큼 차등적으로 가격을 부과하면, 독점기업의 이윤극대화 생산량은 수요곡선과 한계비용곡선이 만나는 점 e가 된다. 이때 독점기업의 총수입은 사다리꼴 $a0Q_m e$가 되고 독점기업의 생산자 잉여는 회색 막대그래프의 총합이다. 즉, 그림 16-14의 경우에 비해 생산자잉여가 대폭 증가하게 된다.

③ 이렇게 각 소비자의 최대지불용의금액을 정확히 파악하여 각 소비자의 최대지불용의금액만큼 차등적으로 가격을 부과하는 방식을 완전가격차별, 혹은 1급 가격차별(Perfect Price Discrimination, 1st degre Price Discrimination)이라고 부른다.

1급 가격차별이 이루어지면 그림 16-15와 같이 사회후생손실은 사라지고 자원배분의 효율성은 달성된다. 하지만 완전경쟁과는 달리 모든 소비자잉여가 독점기업에 귀속된다.

④ 이러한 가격차별은 독점시장에서 소비자 간 제품의 재판매가 불가능할 때만 이루어질 수 있다. 예를 들어 독점기업이 지불용의금액이 높은 1번 소비자에게는 제품을 8,000원에 판매하고, 지불용의금액이 낮은 2번 소비자에게는 5,000원에 판매하려 하는데, 소비자 간 중고거래가 가능하다면, 2번 소비자는 자신이 5,000원에 구입한 제품을 1번 소비자에게 약간의 웃돈을 받고 되팔려 할 것이다. 따라서 가격차별이 독점기업의 의도대로 제대로 작동하기 위해서는 소비자 간 재판매가 불가능한 재화, 서비스 시장에서만 이루어져야 한다.

⑤ 1급 가격차별은 현실에서 발생하기에 매우 까다롭다. 독점기업이 소비자의 지불용의금액을 비교적 정확히 파악하고 있어야 하며, 재판매가 불가능하기 위해서는 여러 가지 제약조건도 있기 때문이다. 이보다 다소 완화된 조건에서 이루어지는 2급, 3급 가격차별도 있다.

⑥ 2급 가격차별(2nd degree Price Discrimination)은 개별 소비자의 소비량에 따라 추가적인 할인이 이루어지는 방식이다. 예를 들어 단체할인, 쿠폰 도장 모으기 등이 2급 가격차별의 (변형된) 사례이다.

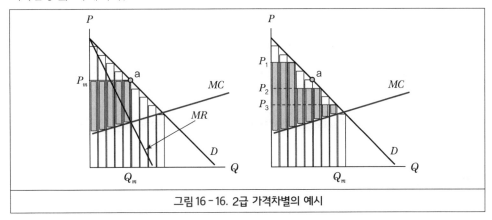

그림 16 - 16. 2급 가격차별의 예시

위 좌측 그림은 일반적인 독점기업의 이윤극대화 상황으로, 이때 회색 막대그래프 총합은 독점기업의 생산자 잉여를 나타낸다(여기서 수요곡선은 시장 전체의 수요곡선이 아니라 개별수요자의 수요곡선이다). 그런데 독점기업이 소비자에게 구입량에 따라 가격을 차등적으로 할인하여 판매하면 위 우측 그림에서처럼 독점기업의 생산자 잉여가 더욱 늘어나게 된다.

※ 2급 가격차별의 구체적 분석 과정은 본서의 범위를 넘어서므로 생략한다.

⑦ 3급 가격차별(3rd Degree Price Discrimination)은 소비자의 지불용의금액에 따라 소비자 그룹을 나누어 각 그룹마다 차별적인 가격을 부과하는 방식으로 이루어진다. 소비자 그룹을 2개 그룹으로 나누어 가격을 차별하는 예시는 아래와 같다.

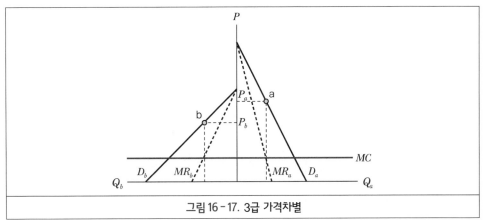

그림 16 - 17. 3급 가격차별

그림 16-17은 독점기업의 한계비용이 일정한 경우에 해당하는 예시이다. 소비자를 a, b 그룹으로 나누면 소비자 a그룹의 수요함수는 D_a, 소비자 b그룹의 수요함수는 D_b가 된다. 이때 각 소비자 그룹에게 부과하는 시장가격은 $MR_a = MR_b = MC$의 조건을 풀어 도출할 수 있다.

예를 들어 D_a : $P_a = 12 - 2Q_a$이고, D_b : $P_b = 8 - Q_b$라고 하자. 그리고 한계비용은 $MC = 2$라고 하자. 이때 $MR_a = 12 - 4Q_a$이고 $MR_a = MC$는 $Q_a = 2.5$에서 달성된다. 따라서 소비자 a그룹은 $P_a = 7$의 가격을 지불한다.

그리고 $MR_b = 8 - 2Q_b$이고 이때 $MR_b = MC$는 $Q_b = 3$에서 달성된다. 따라서 소비자 b 그룹은 $P_b = 5$의 가격을 지불한다.

※ 3급 가격차별에서는 가격탄력성이 높은 그룹이 더 낮은 가격을 지불한다. 위 사례에서 소비자 a그룹은 같은 가격 소비량에서 (혹은 같은 가격수준에서) 더 낮은 가격탄력성을 지닌다. 따라서 더 높은 가격을 지불한다.

※ 2, 3급 가격차별에서도 1급 가격차별과 마찬가지로 단순한 독점보다 소비자잉여는 더욱 줄어들고 사회 후생손실도 줄어든다.

(6) 묶어팔기

① 독점기업은 가격차별말고도 묶어팔기(Bundling)란 전략으로 단순 독점에서보다 더 많은 소비자의 잉여를 뺏어올 수 있다. 예를 들어 어느 마을에 유일한 햄버거 가게가 있는데, 햄버거와 콜라의 한계비용은 각각 2\$, 1\$로 일정하다고 하자.

그리고 톰과 제리의 햄버거와 콜라에 대한 지불용의금액이 각각 아래 표와 같다고 하자.

	톰	제리
햄버거	8\$	4\$
콜라	2\$	5\$

햄버거 가게 사장이 햄버거와 콜라를 각각 단품으로 판매하려 할 때, 최적가격은?

가게 사장은 햄버거 가격을 8\$로 책정할지 4\$로 책정할지 고민할 것이다.

햄버거가격	톰 구매여부	제리 구매여부	총수입	총비용	이윤
8\$	O	X	8\$	2\$	6\$
4\$	O	O	8\$	4\$	4\$

위 표에 의하면 햄버거 가격을 $P_H = 8\$$로 책정할 경우 이윤이 6\$가 되므로 $P_H = 4\$$로 책정하는 것보다 유리하다. 가게 사장은 이제 콜라 가격을 5\$로 책정할지 2\$로 책정할지 고민한다.

콜라가격	톰 구매여부	제리 구매여부	총수입	총비용	이윤
5\$	X	O	5\$	1\$	4\$
2\$	O	O	4\$	2\$	2\$

위 표에서 알 수 있듯 콜라 단품 가격은 $P_C = 5\$$로 책정하는 것이 유리하다.

즉, 단품으로 판매 시 최적 가격은 $P_H = 8\$$, $P_C = 5\$$이고 이 때 가게 사장의 이윤은 총 10\$가 된다.

그런데 햄버거 가게에서 단품 판매를 포기하고 햄버거+콜라 세트로만 판매를 한다면, 이 세트에 대한 톰의 지불용의금액은 10$, 제리의 지불용의금액은 9$가 된다. 이때 이 세트 메뉴의 가격은 10$ 또는 9$ 중 얼마로 책정하는 게 좋을까?

세트가격	톰구매여부	제리구매여부	총수입	총비용	이윤
10$	O	X	10$	3$	7$
9$	O	O	18$	6$	12$

위 표에서 알 수 있듯 세트 판매 시 최적가격은 9$이고 이때 가게 사장의 이윤은 12$가 되어 단품으로 판매하는 경우보다 더 큰 이윤을 얻게 된다. 세트로 판매했을 때 소비자잉여가 더 많이 독점기업에게 귀속되기 때문이다.

(7) 이부가격제

① 독점기업이 소비자잉여를 흡수하는 또 다른 전략은 이부가격제(Two-Part Tariff)이다. 쉽게 말해 입장료를 내고 사용료를 또 내는 것이다. 이러한 이부가격제의 대표적 사례가 콘도 회원권이다.

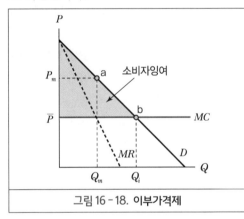

그림 16-18. 이부가격제

예를 들어 콘도 회원권을 보유한 고객만 입장이 가능하고, 콘도의 사용요금이 한계비용수준인 $\bar{P}$ 라면 소비자의 콘도 사용횟수는 Q_i 이고 이때 순편익인 소비자잉여를 얻어간다. 만일 독점인 콘도회사가 콘도 회원권의 가격을 소비자잉여-1원 으로 책정하면 이 소비자는 해당 회원권을 구매한다(구매하지 않으면 소비자의 순편익은 0원이지만 회원권을 구매하고 Q_i까지 이용하면 소비자의 순편익은 1원이 되기 때문이다).

따라서 이부가격제 시행 시 독점기업은 단순히 점 a에서 이윤을 극대화할 때보다 더 많은 생산자잉여를 얻게 된다(이부가격제를 시행하게 되면 비회원의 입장은 차단된다).

(8) 독점적 경쟁시장

① 독점적 경쟁시장(Monopolistic Competiton Market)은 완전경쟁시장과 매우 유사하지만 각 공급자가 상이한 품질의 재화와 서비스를 공급하는 시장이다. 나머지 다수의 수요자와 공급자, 자유로운 진입과 퇴거의 조건은 충족한다(완전한 정보공유의 조건에도 다소 제약이 걸린다). 이러한 독점적 경쟁시장의 대표적 예는 식당, 미용실, 보습학원 등이다.

② 독점적 경쟁기업은 차별화된 제품을 공급하므로 개별기업이 직면한 수요곡선은 완전경쟁에서처럼 시장가격수준에서 수평선이 아니다. 즉, 가격을 소폭 올려도 모든 소비자가 경쟁

기업으로 옮겨가지는 않는다(단골의 형성). 하지만 일부 소비자들은 분명 타 경쟁기업으로 이탈할 것이다.

③ 독점적 경쟁기업은 단기에는 어느 정도의 독점력을 지니고 있으므로 독점적 경쟁시장의 단기 균형 분석은 독점시장과 동일하다. 하지만 독점시장과는 달리 진입장벽과 퇴거장벽이 존재하지 않으므로 독점적 경쟁기업은 장기에 항상 정상이윤을 획득한다.

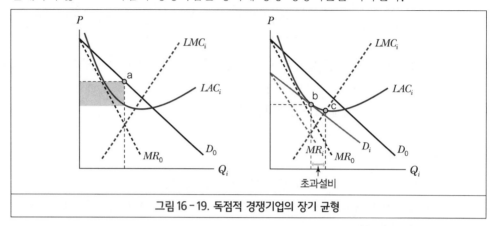

그림 16 – 19. 독점적 경쟁기업의 장기 균형

독점적 경쟁기업이 상단 좌측 그림처럼 초과이윤을 얻는다면, 타 산업에서 경쟁기업이 진입하여 들어온다. 이에 따라 가격경쟁이 발생하고, 초과이윤이 잔재하는 한 경쟁기업은 끊임없이 유입되어 들어온다. 이에 원조기업은 일부 소비자들을 빼앗기며 점차 수요곡선이 위축된다. 그리고 원조기업이 직면하는 수요곡선이 상단 우측 그림처럼 위치하여 원조기업이 정상이윤을 획득하는 순간 경쟁기업의 진입도 중단된다. 따라서 독점적 경쟁시장에서 개별기업의 장기균형은 항상 수요곡선과 장기 평균비용곡선이 접하는 점 b에서 이루어진다. 개별기업은 P=LAC가 되어 정상이윤을 획득한다. 하지만 여전히 P>LMC이므로 자원배분의 효율성은 달성되지 않는다. 이는 초과설비의 보유로도 드러난다.

※ 독점적 경쟁시장에서 가격경쟁 못지 않게 비가격경쟁도 활발하게 이루어진다. 판촉, 광고, 품질 경쟁 등이 치열하다. 이러한 비가격경쟁은 정보 활성화, 소비자 선택의 다양화라는 장점을 유발하지만 너무 과도하게 발생하는 경우 과다광고 등의 낭비 요인이 될 수 있다.

17. 과점시장

과점시장에서 기업의 행동전략에 대해 학습한다.

– 과점시장
– 꾸르노 모형
– 슈타켈버그 모형
– 베르뜨랑 모형
– 굴절수요곡선

(1) 과점시장 소개

① 과점시장(Oligopoly Market)은 소수의 기업에 의해 시장이 분할되어 있는 시장이다. 이중 특히 2개 기업에 의해 시장이 양분된 과점시장을 복점(Duopoly)이라고 한다.

② 과점시장은 소수의 기업에 의해 시장이 분할된 상태이므로 각 과점기업들은 독점기업 정도는 아니지만 어느 정도의 시장지배력을 지니고 있다. 또한 과점기업은 담합(Collusion)을 시행하는 등 서로 간 협조적 전략을 수행하거나, 혹은 서로 첨예한 경쟁을 하는 비협조적 전략을 선택할 수 있다. 즉 과점시장에서는 기업 간 전략적 행태가 매우 다양하게 발생할 수 있다. 이러한 과점 기업의 전략적 행태를 분석하기 위해 먼저 학습해야 하는 용어가 있다. 그중 첫 번째가 추측변이(Conjectural Variation)이다. 추측변이란, 과점시장에서 어느 기업이 전략적 변화를 시행할 경우, 이에 반응하는 상대방의 생산량이나 가격의 변화를 말한다.

③ 추측변이가 0이 아닌 경우의 대표적 모형이 굴절수요모형이다. 예를 들어 A와 B기업이 복점을 형성하고 있다. 그리고 A기업은 그림 17 – 1의 점 a에서 가격과 판매량을 기록하고 있다.

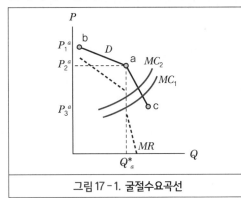

그림 17 – 1. 굴절수요곡선

그런데 A기업이 자신의 제품의 가격을 P_2^a에서 P_1^a로 올린다면, 경쟁기업인 기업 B는 가격을 따라 인상하지 않을 것이다. 따라서 대부분의 소비자를 B에게 빼앗기고 A의 판매량은 급감하여 점 b에 위치할 것이다.

반대로 기업 A가 가격을 P_3^a로 낮추면 기업 B도 같이 가격을 낮출 것이다. 때문에 판매량은 생각보다 많이 늘어나지 않아 점 c에 위치하게 된다.

또한 기업의 수요곡선이 점 a를 기점으로 굴절된 형태를 보이기 때문에 기업 A의 한계수입 곡선은 굴절되고 불연속적으로 끊어진 형태로 나타난다. 만일 기업 A의 한계비용곡선이 한계수입곡선의 불연속구간을 지난다면 한계비용이 MC_1에서 MC_2로 상승하여도 기업의 이윤극대화 산출량은 Q_a^*에서 변화하지 않을 것이다(이는 거시경제학에서 가격경직성을 설명하는 이론적 근거 중 하나가 된다).

※ 굴절수요모형에서는 추측변이가 0이 아니다. 기업 A가 가격을 인하하면 상대방 기업 B도 가격을 인하할 것을 이미 기업 A가 예측하고 있기 때문이다. 즉 $\dfrac{\Delta P^b}{\Delta P^a} \neq 0$이다.

① 추측변이＝0인 모형 중 대표적인 모형은 꾸르노(Cournot) 수량 경쟁 모형이다. 꾸르노 모형은 기본적으로 비용과 생산조건이 동일한 복점기업을 가정하고 있으며, 각 기업이 생산하는 재화도 동질한 재화라고 가정한다.

또한 꾸르노 모형은 각 기업이 제품의 가격을 결정하는 것이 아니라 제품의 생산량을 결정한다고 본다.[2)]

② 논의를 편하게 하기 위해 시장 전체 수요곡선은 선형의 형태이고 각 기업의 한계비용도 $MC_i = c$로 일정하다고 하자. 기업은 기업 1과 기업 2만 존재한다. 또한 고정비용은 고려하지 않는다.

〈가정〉 시장 전체 수요함수 $P = a - bQ$

　　　　$Q = q_1 + q_2$ 여기서 q_1은 기업 1의 생산량, q_2는 기업 2의 생산량

　　　　$MC_1 = MC_2 = c$

〈결과〉 서로 추종자인 각 기업은 각자의 최적반응함수의 교점에서 균형을 이루게 된다. 이를 꾸르노－내쉬 균형이라 한다. 꾸르노 내쉬 균형은 $q_1^{N.E.} = q_2^{N.E.} = \dfrac{a-c}{3b}$가 된다.

③ 시장 전체 산출량은 $Q^* = \dfrac{2(a-c)}{3b}$가 되어 시장가격은 $P^* = \dfrac{a+2c}{3}$이 된다. 개별기업의 이윤은 $\pi_i^* = \dfrac{(a-c)^2}{9b}$이다.

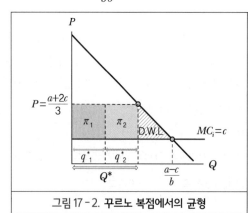

그림 17 - 2. **꾸르노 복점에서의 균형**

꾸르노 복점에서 개별기업의 최적생산량은 완전경쟁 생산량의 1/3수준이다. 사회후생손실은 발생하지만 독점시장보다는 줄어든다.

---

2) 꾸르노 모형은 1838년 발표되었는데 산출량이 시장가격을 결정짓는 수량 결정의 가정은 1차 산업의 비중이 매우 높았던 당시 산업 구조상 당연한 가정이었다.

④ 꾸르노 모형에서는 각 기업이 모두 추종자로 행동한다고 가정했다. 그런데 만일 어느 한 기업이 상대방의 생산량에 따라 자신의 최적생산량을 결정하는 것이 아니라, 상대방이 나의 생산량에 따라 움직이니 결국 내가 원하는 생산량을 먼저 결정하면 상대방이 따라올 것이라 여긴다면, 자신이 먼저 자신의 최적생산량을 결정할 수도 있다. 이렇게 상대방의 생산량에 영향을 받지 않고 자신이 먼저 생산량을 결정하고자 하는 기업은 선도자(Leader)라고 한다. 이러한 경우의 각 기업의 최적생산량결정을 분석하는 모형을 슈타켈버그(Stackelberg) 모형이라 한다.

⑤ 슈타켈버그 모형에서 선도기업의 (기업 1이 선도기업이라 하자) 최적생산량은 $q_1^s = \dfrac{a-c}{2b}$

가 된다. 추종기업의 생산량은 $q_2^s = \dfrac{a-c}{4b}$가 된다.

  ※ 만일 두 기업 모두 선도자처럼 행동한다면, 내쉬균형은 하나 이상의 해가 발생한다. 이를 슈타켈버그 전쟁상황이라 한다.

※ 꾸르노, 슈타켈버그, 담합의 비교

기본 가정 : 시장수요곡선은 $P=a-bQ$. 각 기업의 한계비용은 c로 동일. 복점 상황			
	꾸르노	담합	슈타켈버그
q_1 (슈타켈버그 시 선도자)	$\dfrac{a-c}{3b}$	$\dfrac{a-c}{4b}$	$\dfrac{a-c}{2b}$
q_2 (슈타켈버그 시 추종자)	$\dfrac{a-c}{3b}$	$\dfrac{a-c}{4b}$	$\dfrac{a-c}{4b}$
Q	$\dfrac{2(a-c)}{3b}$	$\dfrac{a-c}{2b}$	$\dfrac{3(a-c)}{4b}$
P	$\dfrac{a+2c}{3}$	$\dfrac{a+c}{2}$	$\dfrac{a+3c}{4}$
π_1	$\dfrac{(a-c)^2}{9b}$	$\dfrac{(a-c)^2}{8b}$	$\dfrac{(a-c)^2}{8b}$
π_2	$\dfrac{(a-c)^2}{9b}$	$\dfrac{(a-c)^2}{8b}$	$\dfrac{(a-c)^2}{16b}$

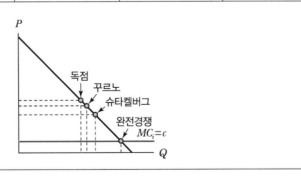

※ 3개 기업의 슈타켈버그 선도자－1추종자－2추종자의 경우 $q_1^s = \dfrac{a-c}{2b}$, $q_2^s = \dfrac{a-c}{4b}$, $q_3^s = \dfrac{a-c}{8b}$ 이다.

(2) 베르뜨랑 모형

① 지금까지는 각 기업이 자신의 생산량을 결정하는 수량결정모형을 살펴보았다. 이제는 각 기업이 자신의 제품가격을 결정하고 이에 맞춰 들어온 주문량에 맞추어 생산하는, 가격결정모형을 살펴본다. 이러한 가격결정모형은 제조업에 보다 적합한 모형이라고 할 수 있다.

② 먼저 동질한 제품, 동일한 비용조건을 지닌 베르뜨랑(Bertrand) 모형을 분석한다. 시장수요함수는 $P = a - bQ$이고 각 기업의 한계비용은 c로 동일하다(고정비용은 0). 이때 기업 1이 자신의 제품가격을 P_1으로 책정했는데, 기업 2가 $P_1 > P_2$가 되도록 자신의 제품가격을 P_2로 책정한다면 모든 소비자는 기업 2의 제품을 구입한다. 따라서 기업 1은 시장에서 퇴출되지 않으려면 최소한 $P_2 \geq P_1$이 되도록 가격을 인하해야 한다. $P_2 > P_1$이 되면 모든 소비자가 자신에게 몰리므로 기업 1은 기왕이면 $P_2 > P_1$이 되도록 가격을 인하할 것이다. 그러면 다시 기업 2는 $P_1 > P_2$이 되도록 가격을 인하한다. 즉, 각 기업은 상대방이 책정한 가격보다 1원 더 낮게 제품가격을 책정하는 것이 가장 유리하다. 하지만 각 기업은 $P_i < MC_i$이 되도록 가격을 인하할 수는 없으므로 베르뜨랑 모형에서 최종균형은 $P^* = MC_i = c$가 된다(그리고 이때 각 기업의 판매량은 시장 전체 판매량의 절반씩이라고 가정한다).

③ 따라서 베르뜨랑 모형에서는 P＝MC 조건에서 시장균형이 달성되고 사회후생손실은 발생하지 않는다. 그리고 $c_1 > c_2$라면 비용조건이 불리한 기업 1은 시장에서 퇴출된다. 즉, $q_1 = 0$이다(꾸르노 모형에서는 $c_1 > c_2$이라도 $q_1 > 0$이었다).

※ 베르뜨랑 모형에서 각 기업의 최대산출량 제한의 조건이 발생하면 P＝MC 조건에서 시장균형이 달성되지 않을 수 있다. 이에 대한 분석은 본서의 범위를 넘어서므로 생략한다.

18. 게임이론

전략적 행태분석이론인 게임이론에 대해 학습한다.

- 게임의 구성과 보수행렬표
- 단일게임에서의 내쉬균형
- 순차게임과 신빙성조건
- 반복게임과 구전정리

(1) 게임과 보수행렬표

① 과점시장에서 각 기업은 상황과 처지에 따라 상이한 전략을 선택할 수 있다. 따라서 상황에 따라 각 기업이 취할 수 있는 전략적 행동을 분석하는 이론이 요구된다. 이를 게임이론(Game Theory)이라 한다.

② 게임이란 각 경기자(게임 참가자)가 전략을 선택하고 이를 실행하여 최종 결과에 도달하면 각자의 보수를 얻는 일련의 과정을 뜻한다. 그러므로 게임의 3대 구성 요소는 경기자(Player), 전략(Strategy), 보수(Payoff)이다.

③ 게임은 그 반복횟수에 따라 단일게임(One-Shot Game)과 반복게임(Repeated Game)으로 구분될 수 있다. 반복게임은 게임진행횟수가 무한대인 무한반복게임(Infinite Game)과 유한반복게임(Finite Game)으로 나뉜다.

또한 각 경기자가 전략을 동시에 내놓는(더 정확하게는 상대방의 전략을 미리 관측하지 못하는) 동시게임(Simultaneous Game)과 경기자의 선후에 따라 선경기자가 전략을 먼저 취하고 후경기자가 이를 관측한 후 자신에게 알맞은 전략을 선택하는 순차게임(Sequential Game)으로 구분되기도 한다.

※ 무한반복게임의 대표적 예는 부루마블이다.
※ 순차게임의 대표적 예는 오목, 바둑 등이다.

④ 또한 각 경기자가 자신 및 상대방이 보유한 전략패(전략집합)와 각 전략을 선택했을 때 각 경기자가 얻게 되는 보수까지 모두 알 수 있는 게임을 완전정보게임이라 한다. 그렇지 못한 게임을 불완전정보게임이라고 한다.

※ 바둑, 오목은 완전정보게임이다. 하지만 고스톱은 불완전정보게임이다.

⑤ 단일 동시게임의 경우 특히 경기자가 2명이라면 보수행렬표(Pay-off Matrix)를 통해 게임을 표현하는 것이 좋다. 보수행렬표란 각 경기자의 전략패(전략집합)와 전략을 선택하였을 때 각 경기자가 얻게 되는 보수를 표로 나타낸 것이다.

		보행자	
		횡단	대기
운전자	주행	(−1, −5)	(3, 1)
	정지	(0, 3)	(1, 1)
	회피	(1, 2)	(2, 1)

표 18-1. 보수행렬표 예시

예를 들어 신호등이 없는 어느 외곽 도로에 보행자가 길을 건너려 한다. 그런데 멀리서 자동차가 빠른 속도로 달려온다. 보행자는 이를 보고도 횡단을 할지 말지 고민한다. 운전자 역시 보행자가 길을 건너려는 시도를 포착하고 계속 빠르게 주행할지, 아니면 정지하고 보행자가 건널 때까지 기다릴지 아니면 서행을 하면서 보행자를 피해 갈지 고민한다.

이때 보행자와 운전자를 이 게임의 경기자라고 한다면, 표 18-1과 같은 보수행렬표를 나타낼 수 있다. 운전자가 선택할 수 있는 전략은 {주행, 정지, 회피} 세 가지이다. 그리고 보행자가 선택할 수 있는 전략은 {횡단, 대기}이다. 따라서 각 경기자가 자신의 전략을 선택하였을 때 발생 가능한 결과는 (주행, 횡단), (주행, 대기), (정지, 횡단), (정지, 대기), (회피, 횡단), (회피, 대기) 총 6가지이다. 그리고 각 결과 발생 시 각 경기자가 얻게 되는 보수는 표 18-1과 같다. 여기서 앞에 있는 숫자가 운전자의 보수이고 뒤에 있는 숫자가 보행자의 보수이다.

즉, 운전자가 주행을 선택하고 보행자가 횡단을 선택하면 운전자의 보수는 −1, 보행자의 보수는 −5가 되는 것이다. 만일 운전자가 정지를 선택하고 보행자가 횡단을 선택한다면 운전자의 보수는 0, 보행자의 보수는 3이 된다.

		경기자 2		
		가위	바위	보
경기자 1	가위	0, 0	−1, 1	1, −1
	바위	1, −1	0, 0	−1, 1
	보	−1, 1	1, −1	0, 0

표 18 − 2. 가위바위보 보수행렬표

대표적인 동시 단일 게임인 가위, 바위, 보의 보수행렬표는 좌측과 같다.

⑥ 보수행렬표를 이용하여 게임의 균형을 찾는 과정 중 가장 유명한 것이 바로 용의자의 딜레마 혹은 죄수의 딜레마(Prisoner's Dilemma) 게임이다. 톰과 제리가 은행강도를 성공적으로 마쳤다. 완전범죄라 이들을 의심하는 검사는 증거불충분으로 이들을 기소할 수 없었다. 이들을 기소할 수 있는 유일한 방법은 둘 중 누군가의 자백뿐이다. 하지만 영악한 톰과 제리가 범행을 자백할 리 없다. 승리감에 도취된 톰과 제리는 그날 거하게 취했고, 결국 음주운전으로 적발되어 긴급 체포되었다.

이제 검사는 이들의 자백을 받기 위해, 이 둘을 서로 의사소통할 수 없는 각각의 독방에 가두고 각자 취조하며 다음과 같이 회유한다. 먼저 톰에게 "톰, 지난 은행강도 건에 대해 자백하시오. 제리가 끝까지 범행을 부인하는데 당신이 자백하면 정상참작을 해주어, 2년형을 구형하겠소. 하지만 제리가 자백했는데도 당신이 끝까지 범행을 부인하면 당신에겐 20년형을 구형할 것입니다. 둘 다 자백하면 둘 모두에게 5년 형을 구형할 것이오. 물론 당신과 제리가 끝까지 부인한다면, 은행강도 건은 묻어버리고 이번 음주운전 건에 대해 3년형을 구형하겠소."

검사는 이제 제리에게 같은 방식의 회유를 한다. "제리. 톰이 은행강도 건에 대해 끝까지 부인하는데 만일 당신이 자백하면 2년형을 구형할 것이고, 톰이 자백했는데 당신이 끝까지 부인하면 당신에게 20년형을 구형할 것이오. 물론 둘 다 자백하면 둘 모두에게 5년형을, 둘 다 끝까지 부인하면 둘 모두에게 3년형을 구형할 것이오."

이제 톰과 제리의 보수행렬표는 아래와 같아졌다.

		제리	
		자백	부인
톰	자백	5, 5	2, 20
	부인	20, 2	3, 3

표 18 − 3. 용의자의 딜레마

이때 이 둘에게 최적의 결과는 당연히 끝까지 둘 다 모두 범행을 부인하고 각자 3년형, 도합 6년형을 선고받는 것이다. 하지만 과연 그렇게 될까?

먼저 톰의 머릿속을 들여다 보자. 톰은 이렇게 생각할 것이다. '만일 제리가 자백한다면 난 어떡해야 하지? 제리가 자백했을 때, 나도 따라 자백하면 5년형. 나만 끝까지 범행을 부인하면 나는 20년형. 그럼 제리가 자백한다면 나도 따라 자백하는 것이 나한테 유리하겠군. 그런데 만일 제리가 범행을 부인하면? 그때 내가 제리를 배신하고 범행을 자백하면 나는 2년형, 제리와 의리를 지키기 위해 나도 끝까지 부인하면 나는 3년형. 그럼 제리가 범행을 부인할 경우 나는 제리에겐 미안하지만 범행을 자백하는 게 유리하겠군. 어? 그럼 뭐야. 제리가 자백을 하든 부인을 하든 나는 무조건 자백을 하는 게 유리하네?'

그런데 제리도 톰과 마찬가지의 생각이다. 톰이 자백할 경우, 자신도 자백하는 것이 좋고, 톰이 범행을 부인할 경우, 여전히 제리는 자백하는 것이 유리하다. 결국 제리도 톰의 결정과는 무관하게 자백을 하는 것이 유리한 선택이 되는 것이다. 결국 톰과 제리는 서로 모두 끝까지 범행을 부인하면 이 둘에게는 최적의 결과가 되리란 것을 익히 잘 알고 있지만, 자신에게 가장 유리한 전략은 범행을 자백하는 것이 되어 이 둘은 범행을 자백하고 말 것이다. 이를 용의자의 딜레마 상황이라 한다.

이는 이 둘 모두에게 최적의 결과는 (부인, 부인)이지만 각자에게는 이보다 더 좋은 결과가 바로 상대방을 배신하는 것, 즉 상대방은 부인하는데 자신은 자백하는 것이기 때문이다.

⑦ 이러한 죄수의 딜레마 상황은 과점기업 간 담합이 유지되기 어려운 이유를 보여준다.

기 업 1		기업 2	
		낮은 가격	높은 가격
	낮은 가격	10, 10	30, 2
	높은 가격	2, 30	20, 20

표 18 - 4. 담합의 어려움

복점 체제에서 경쟁하는 기업 1과 기업 2가 서로 담합을 하여 가격을 인상하기로 했다. 이때 각 기업은 각자 20의 이윤을 얻게 된다. 만일 이 두 기업이 서로 경쟁을 하여 가격을 낮추면 각 기업은 각자 10의 이윤을 얻는다.

반면 서로 담합을 하여 가격을 인상하기로 했는데, 만일 한 기업이 상대방을 배신하고 기습적으로 가격을 인하하면 해당 기업으로 소비자가 몰리게 되어 배신한 기업은 30의 이윤을, 배신 당한 기업은 2의 이윤을 얻게 된다. 그렇다면 이때 기업 1과 기업 2의 최적의 전략은 과연 무엇일까?

기업 1은 이렇게 생각할 것이다. '만일 기업 2가 낮은 가격을 유지하면 나도 낮은 가격을 유지하는 것이 유리하군. 그런데 기업 2가 담합을 유지하기 위해 높은 가격을 유지하면 나는 기업 2를 배신하고 낮은 가격을 선택할 때 무려 30의 이윤을 얻네? 그럼 나는 무조건 낮은 가격을 선택해야지.' 그런데 기업 2의 생각도 이와 같다. 상대방이 어떤 가격을 선택하든 기업 2도 무조건 낮은 가격을 선택하는 것이 자신에게 최적의 전략이 된다. 따라서 이 둘의 담합은 바로 깨어지고 (낮은 가격, 낮은 가격)이 이 게임의 최종균형이 된다.

※ **경제학에서 균형(Equilibrium)의 의미**

경제학에서 균형이란 단순히 밸런스가 맞는 상황만을 뜻하지는 않는다. 경제학에서 말하는 균형이란 외부 충격이 없을 경우, 그 상태를 그대로 유지하려는 상황을 의미한다.

예를 들어 아래 좌측 그림과 같은 단면의 그릇이 있다고 하자. 이때 쇠구슬을 a점에서 놓으면 어떻게 될까? 쇠구슬이 그릇을 타고 내려가 진자운동을 하다 그릇의 최저점 한가운데 안착할 것이다. 그리고 외부에서 충격을 가하지 않는 한 쇠구슬은 점 b에서 계속 머무를 것이다. 따라서 점 b는 균형점이다.

그런데 위 우측 그림처럼 그릇을 엎어 놓고 이 그릇의 정중앙 정상 점 c에 쇠구슬을 조심히 올려놓았다. 기가 막히게 정중앙에 쇠구슬을 올려놓았다면 외부의 충격이 없는 한 이 구슬은 점 c에 계속 머물 것이다. 따라서 점 c도 균형점이다.

하지만 점 b는 안정적 균형이며, 점 c는 불안정적 균형이다.

안정적 균형이란 외부충격으로 현재 상태가 균형점에서 이탈하여도 자동적으로 원 균형점으로 복귀 가능한 균형을 의미한다. 점 b에서 있던 구슬에 약간의 충격을 주어 점 b에서 이탈시켜도 구슬은 다시 점 b로 돌아온다. 따라서 점 b는 안정적 균형이다. 하지만 점 c에 위치한 구슬에 아주 미세한 충격을 주면 구슬은 점 c에서 이탈하고 자동적으로 점 c로 돌아오지 못한다. 따라서 점 c는 불안정한 균형이다.

미시경제학에서의 균형은 보통 정태적 균형을 의미한다. 정태적 균형이란 균형에 도달하면 (외부적 충격이 없는 한) 모든 움직임이 정지되는 균형을 말한다. 수요곡선과 공급곡선이 만날 때의 균형은 안정적 균형이며 정태적 균형이다(예외적인 경우도 있다).

그런데 거시경제학에서의 균형은 대개 동태적 균형을 지칭한다. 동태적 균형이란 변화율이 일정한 균형을 말한다. 즉 아예 움직이지 않는 것이 아니라 일정한 변화율로 변화하는 경로를 동태적 균형이라 하는 것이다. 예를 들어 거시경제가 동태적 균형상태에 도달하면 경제성장률이 일정하게 유지될 것이다. 혹은 실업률이나 물가상승률이 일정하게 유지될 것이다. 경제성장률이 일정하다는 것은 GDP가 불변이라는 것이 아니라 GDP의 변화율이 불변이라는 것이다. 이러한 동태적 균형을 흔히 균제상태(Steady－State)라 부른다.

(2) 내쉬균형과 우월전략 균형

① 이제 동시단일게임에서 보수행렬표가 주어졌을 때, 게임의 최종균형, 즉 각 경기자가 선택하는 전략의 조합을 찾는 방법을 알아보자. 아래 제시된 보수행렬표를 보자.

		B	
		b_1	b_2
A	a_1	3, 2	1, 5
	a_2	1, 4	0, 2
	a_3	2, 1	3, 3

표 18 - 5. 게임의 균형

좌측과 같은 보수행렬표가 주어진 경우, 이 게임의 균형은?
먼저 경기자 A의 선택을 살펴본다. 경기자 B가 b_1의 전략을 선택했다고 가정했을 때 A가 a_1을 선택하면 3의 보수, a_2를 선택하면 1의 보수, a_3를 선택하면 2의 보수를 얻는다.

따라서 B가 b_1의 전략을 선택한다면 A는 당연히 a_1을 선택할 것이다. 그리고 B가 b_2의 전략을 선택한다면, 이때 A가 선택하는 전략에 따른 보수는 $(a_1, a_2, a_3) = (1, 0, 3)$이므로 A는 a_3을 선택할 것이다.

반면 B의 선택은 다음과 같다. A가 a_1을 선택할 경우 B는 b_2를, A가 a_2를 선택할 경우 B는 b_1을, A가 a_3를 선택할 경우 B는 b_2를 선택할 것이다. 이를 그림으로 나타내면 아래 표와 같이 그려진다.

		B	
		b_1	b_2
A	a_1	③,2	1, 5
	a_2	1, 4	0, 2
	a_3	2, 1	③,3

표 18-6. 경기자 A의 선택

		B	
		b_1	b_2
A	a_1	3, 2	1,⑤
	a_2	1,④	0, 2
	a_3	2, 1	3,③

표 18-7. 경기자 B의 선택

위 표에서 동그라미는 상대방이 선택하는 전략에 대응하는 자신의 최적 선택지점을 표시한 것이다. 이제 이 두 동그라미를 함께 그리면 아래와 같다.

		B	
		b_1	b_2
A	a_1	③,2	1,⑤
	a_2	1,④	0, 2
	a_3	2, 1	③,③

표 18-8. 게임의 최종균형

좌측 표에서 전략 조합 (a_3, b_2)에서 동그라미가 둘 다 그려진다. 이를 이 게임의 최종균형이자 내쉬균형(Nash Equilibrium)이라고 한다.

② 내쉬균형의 정확한 정의는 "상대방이 전략을 바꾸지 않는 한 자신도 전략을 바꿀 유인(Incentive)이 없는 상태이면서, 자신이 전략을 바꾸지 않는 한 상대방도 전략을 바꿀 유인이 없는 상태"이다. 표 13-8에서 균형 (a_3, b_2)이 내쉬균형임을 증명하는 방법은 간단하다. 먼저 경기자 A는 B가 전략 b_1을 유지한다면 자신도 a_3에서 이탈할 이유가 없다. 그리고 A가 전략 a_3을 유지한다면 경기자 B도 자신의 전략을 b_2에서 b_1로 바꿀 이유가 없다. 따라서 (a_3, b_2)는 내쉬균형이다(앞서 상대방 전략에 따라 자신의 최적보수에 동그라미를 치는 방식으로 찾은 균형이 이미 내쉬균형인 것이다).

③ 여러 가지 게임의 내쉬균형
  ―성별게임 (데이트 장소 정하기)

지원		수현	
		야구장	영화관
	야구장	3, 2	1, 1
	영화관	-1, -1	2, 3
표 18-9. 성별대결			

영화를 좋아하는 수현과 야구를 좋아하는 지원이 썸을 타는 사이다. 주말에 만날 장소를 고르려 한다. 이때 이 게임의 내쉬 균형은?

지원		수현	
		야구장	영화관
	야구장	③, ②	1, 1
	영화관	-1, -1	②, ③

이 게임의 내쉬균형은 (야구장, 야구장) (영화관, 영화관)으로 총 2개이다. 이처럼 내쉬균형은 복수로 존재할 수 있다.

그런데 이들이 동시에 야구장, 영화관 두 군데에 존재할 수는 없다. 즉, 내쉬균형이 2개라는 것은 이들이 최종적으로 선택할 수 있는 전략의 조합이 2가지라는 것이고 결국 지원과 수현은 이 2개의 내쉬균형 중 실제로는 어느 한 가지의 조합을 선택할 것이다. 그럼 실제로이 둘은 야구장과 영화관 중 어디에서 데이트를 하게 될까? 연인 사이에도 갑을관계가 존재한다면 아마도 갑이 원하는 곳에서 데이트를 하게 될 것이다.

  ―사슴사냥게임(Stag Hunt Game)

A		B	
		사슴	토끼
	사슴	10, 10	0, 1
	토끼	1, 0	1, 1
표 18-10. 사슴사냥게임			

사냥꾼 A와 B가 같이 협조해야 사슴을 잡을 수 있다. 하지만 토끼는 혼자서도 잡을 수 있다. 사슴을 잡을 경우 보상이 훨씬 크므로 A와 B는 토끼는 포기하고 같이 사슴을 잡기로 했다.

그런데 사슴을 발견하고 몰이를 시작했는데, 눈앞에 토끼가 지나간다. 이때 사냥꾼은 눈앞의 토끼를 과감히 포기하고 사슴 사냥에 집중할까? 이 게임의 내쉬균형도 2개 존재한다. 상대방이 사슴사냥에서 이탈하지 않으면 자신도 사슴사냥에 집중한다. 하지만 상대방이 토끼를 쫓으면 자신도 사슴사냥을 포기하고 토끼를 쫓는다(이러한 상황은 시위, 집회 상황도 유사하다).

－겁쟁이 게임(Chicken Game)

A		B	
		직진	회피
	직진	−10, −10	5, 0
	회피	0, 5	2, 2

표 18-11. 겁쟁이 게임

운전자 A와 B가 각자의 자동차를 타고 서로를 향해 돌진한다. 여기서 먼저 핸들을 돌려 피하는 자가 '겁쟁이'가 되는 것이다.
이 게임의 내쉬균형은(직진, 회피) (회피, 직진) 총 2개이다.

즉, 상대방이 계속 직진할 것 같으면 자신이 핸들을 꺾어 파국을 막는 것이 유리하고, 상대방이 회피할 것 같으면 나는 그냥 직진하는 것이 유리하다. 마치 강대강 국면의 외교대치 상황과 유사하다. 하지만 서로 끝까지 고집을 부려 직진을 고수하면 결과는 참담한 파국이다.

※ 복수의 내쉬균형에서 자신에게 유리한 결과를 강요하는 방법

성별대결이나 겁쟁이 게임 등에서 게임의 내쉬균형은 2개 존재한다. 이 중 하나는 자신에게 더욱 유리한 균형이다. 예를 들어 성별대결에서 지원의 경우는 (영화관, 영화관)보다는 (야구장, 야구장)의 결과가 더 좋은

지원		수현	
		야구장	영화관
	야구장	3, 2	1, 1
	영화관	−1, −1	2, 3

것이다. 하지만 이 게임에서는 실제 균형이 둘 중 어디가 될지는 모른다. 그렇다면 지원이는 어떻게 해야 두 개의 내쉬균형 중에서 특히 자신에게 더 유리한 결과인 (야구장, 야구장)의 결과를 유도할 수 있을까? 이때 사용가능한 지원의 전략 중 하나는 바로 공약 (Commitment)이다. 즉 자신이 먼저 야구장에 갈 것

이라고 수현에게 미리 공표하는 것이다. 이러한 공약이 효과를 보인다면 수현도 지원의 공표를 듣고 자신도 야구장에 따라올 것이다. 왜냐하면 지원이가 먼저 야구장에 간다고 했는데, 수현이 자신이 더 좋아하는 영화관에 간다면 수현의 보수는 1이 된다. 하지만 수현이가 지원이의 공약을 듣고 못 이긴 척 야구장에 따라간다면 수현의 보수는 2가 된다.

즉, 지원이가 먼저 야구장에 간다고 공약을 걸면 수현은 마지못한 척 이를 따르는 것이, 자신이 좋아하는 영화관을 고집하는 것보다 유리하다.

하지만 지원의 공약이 항상 효과를 보이지는 않을 수 있다. 지원이 '나 야구장 갈 거야. 그러니 수현이 너도 따라오든지.'라고 공약을 걸었음에도, 수현이가 콧방귀를 뀌며, '난 야구장 안 갈 건데? 나는 무조건 영화 보러 갈 건데?'라고 받아치면?

이때는 지원의 야구장 공약이 안 먹혀드는 것이다. 지원이 내뱉은 말을 지키기 위해 혼자 야구장에 가면 지원의 보수는 1이지만 영화관에 간다고 고집을 부리는 수현의 뜻을 따르면 지원의 보수는 2가 된다. 결국 공약이 먹힐지 먹히지 않을지는 공약의 신빙성에 따라 달라진다. 만약 지원이가 자신이 내뱉은 말은 항상 지키는 대쪽같은 성격의 소유자라면, 그리고 그런 지원의 성격을 수현도 잘 알고 있다면, 지원의 공약은 잘 먹혀들 가능성이 높다. 왜냐면 지원이가 먼저 야구장에 간다고 했으니, 수현이 영화관에 간다고 해도, 지원이는 무조건 야구장에 갈 것이기 때문이다. 따라서 수현은 고집을 부려 영화관에 가기보다 어쩔 수 없이 야구장에 가야할 것이다(물론 이런 것도 한 두 번이지 지원이가 계속 이런 공약을 걸면 아마 이들의 연애는 점차 힘들어질 것이다. 즉 수현의 보수가 달라지게 될 것이다).

이러한 신빙성을 갖춘 공약은 겁쟁이 게임에서도 적용할 수 있다. 겁쟁이 게임에서 운전자 A에게 가장 유리한 균형은 (직진, 회피)이다. 즉 자신은 직진하고 상대방은 핸들을 돌리는 것이다. 따라서 A는 B에게 '난 절대 핸들 안 꺾을 거야. 무조건 직진할 거니까 너 알아서 해.'라고 공약을 건다. 하지만 이 공약이 과연 신빙성이 있는 공약일까?

A는 자신의 공약에 신빙성을 더하기 위해, 서로 마주보고 질주하는 중에 자신의 핸들을 아예 뽑아버린다. 그리고 중요한 것은 이 뽑은 핸들을 창문을 열고 반드시 B에게 보여주어야 한다. 그래야 B는 '아 저 사람이 진짜 핸들을 뽑았구나. 저 사람은 진짜 직진밖에 못 하는구나.'라고 생각하고 자신이 핸들을 돌릴 것이다. 만일 A가 핸들을 뽑고 이를 B에게 보여주려 했지만 마침 B가 딴 짓을 해서 A가 핸들을 뽑았다는 사실을 미처 보지 못했다면? A가 핸들을 뽑은 초강수 공약의 효과가 발휘되지 못하게 된다. 이처럼 배수의 진을 치는 것은 공약의 신빙성을 더하는 좋은 전략이다. 하지만 여기서 중요한 것은 배수의 진을 쳤다는 것, 돌아갈 다리를 끊었다는 것을 상대방에게 반드시 알려야 한다는 것이다. 그래야 공약의 신빙성이 효력을 갖게 된다. 이를 공통지식(Common Knowledge)이라 한다. 즉 자신이 핸들을 뽑았다는 사실을 상대방도 알아야 하고, 상대방도 내가 핸들을 뽑았다는 사실을 알게 되었다는 것을 나도 알아야 한다. 이러한 공통지식의 여부는 게임이론에서 매우 중요하다.

※ 사슴사냥게임에서 공통지식의 중요성

사슴사냥게임에서 사냥꾼 A, B가 함께 사슴사냥을 나갔다. 그런데 A 앞으로 토끼가 지나갔다. 그리고 그 광경을 B가 보았다. 그럼 B는 '어? A 앞에 토끼가 지나갔네? 그럼 A가 사슴사냥을 포기하고 토끼를 쫓는거 아냐? 그럼 나도 사슴사냥을 포기해야 하나?'라고 고민을 하게 될 것이다. 하지만 A는 토끼를 거들떠보지도 않고 사슴사냥에 집중하려 한다. 그렇지만 이미 B는 A가 사슴사냥을 포기할지도 모른다고 의심하고 있다. A 입장에서는 B가 자신을 의심해서 사슴사냥을 포기하면 자신도 사슴사냥을 포기해야 한다. 따라서 A는 어떻게든 자신이 사슴사냥을 포기하지 않을 것이라는 것을 B에게 알려야 한다.

그래서 A는 서둘러 B에게 메시지를 보낸다.

「B야. 나 사슴사냥 계속 할 거야. 그러니까 너도 이탈하지마!」

이렇게 메시지를 보내고 안심한 A는 다시 사슴사냥에 집중한다. 그런데 갑자기 이런 생각이 든다. '만일 B가 내 메시지를 못 보았으면 어쩌지? 메시지를 못 읽고 B가 사슴사냥을 포기하는 거 아냐?' 덜컥 염려가 된 A는 다시 메시지를 보낸다.

「B야. 내 메시지 받았으면 알았다고 답장 보내!」

다행히 B로부터 메시지 잘 받았다는 답장이 왔다. 이제야 안심하고 A는 사슴사냥에 집중하려 한다. 그런데 이제는 B가 덜컥 걱정을 한다. '어? A 메시지 잘 받았다고 A한테 답장을 보냈는데, A가 잘 받았나? A가 내 답장을 못 받았으면 어쩌지? 혹시 A가 내 답장을 못 받고는 내가 사슴사냥에서 이탈한다고 오해하는거 아냐?'.

이런 걱정을 하는 B는 다시 A에게 메시지를 보낸다.

「A야. 네가 보낸 메세지 잘 받았다는 내 답장 받았으면 알았다고 메세지 보내!」

다행히 곧 A로부터 잘 받았다는 메시지가 도착했다. 이제야 B도 안심하고 사슴사냥에 집중한다. 그런데 이제 다시 A가 걱정을 한다. '근데 방금 내가 보낸 메세지, B가 잘 받았나? 혹시 못 받았으면 어쩌지?' 그래서 A는 다시 B에게 톡을 보낸다.

「B야. 내가 보낸 메세지를 잘 받았다는 너의 답장을 내가 잘 받았다는 나의 메세지 봤으면 봤다고 답장 좀 보내줘.」

이제 이 둘은 영원히 사슴을 잡지 못하고 서로 방금 보낸 상대의 메시지를 잘 받았다는 답장을 무한히 주고 받아야 한다. 내가 알고 있다는 것을 상대방이 알아야 하며 또한 상대방이 알았다는 것을 내가 알아야 한다. 이를 공통지식(Common Knowledge)이라 한다.

이럴 경우에는 메시지로 주고받지 말고 전화통화를 하거나 가장 확실한 것은 서로 눈을 마주보고 대화를 해야 한다.

④ 내쉬균형 중 우월전략균형(Dominant Strategy Equilibrium)이 있다. 우월전략이란 상대방이 어떠한 전략을 선택하든지 항상 나에게 최대의 보수를 보장해주는 유일한 전략을 말한다. 우월전략의 예시는 아래와 같다.

A		B		
		b_1	b_2	b_3
	a_1	3, 2	1, 5	−1, 0
	a_2	1, 4	0, 2	7, 6
	a_3	4, 1	3, 3	9, 5

표 18-12. 우월전략의 예시

좌측 표에서 경기자 A는 경기자 B가 어떤 전략을 선택하든 a_3의 전략을 선택하는 것이 자신의 보수에 가장 유리하다. 따라서 a_3는 경기자 A의 우월전략이다.

반면 경기자 B는 경기자 A의 전략에 따라 최대보수를 가져다 주는 전략이 달라진다.

예를 들어 경기자 A가 a_1을 선택한 경우, B는 b_2를 선택하는 것이 최선이다. 그런데 A가 a_2를 선택하면 B는 b_3를 선택하는 것이 최선의 전략이다. 따라서 A의 전략 변화에 따라 B의 최선의 전략이 바뀐다. 그러므로 B에게는 우월전략이 없다.

만일 경기자 모두 우월전략을 지닌다면 이 게임의 내쉬균형은 오직 1개가 된다. 이 내쉬균형을 우월전략균형이라고 한다.

A		B		
		b_1	b_2	b_3
	a_1	3, 2	1, ⑤	−1, 0
	a_2	1, 1	0, ②	7, 1
	a_3	④, 1	③, ③	⑨, 2

표 18-13. 우월전략균형의 예시

좌측 표에서 경기자 A의 우월전략은 a_3이고 경기자 B의 우월전략은 b_2이다.

따라서 게임의 내쉬균형은 (a_3, b_2)이 되고 이 균형은 우월전략균형이 된다.

※ 죄수의 딜레마 게임에서의 내쉬균형은 우월전략균형이다.

(3) 순차게임

① 순차게임은 동시게임과 달리 각·경기자가 선후를 정해 순서에 따라 각자 전략을 선택하고 실행하는 형식의 게임이다. 따라서 후 경기자는 선 경기자의 전략을 관찰하고 나서 자신의 최선의 전략을 선택할 수 있다. 그렇다면 후 경기자가 항상 유리할까? 그렇지는 않다. 오히려 선 경기자가 '앞선 자의 이득(First Mover's Gain)'을 누릴 수도 있다.

이러한 순차게임은 동시게임처럼 보수행렬표를 이용하여 게임의 균형을 분석하지 않는다. 순차게임에서는 게임나무(Game Tree)를 이용하여 게임의 균형을 도출하는 것이 일반적이다.

② 순차게임의 대표적인 예시는 진입게임이다. 기업 1은 기업 2가 이미 선점한 시장에 진입할지 고민 중이다. 기업 1이 진입할 경우, 기업 2는 기업 1을 견제하기 위해 대폭 가격을 인하할 수도, 기업 1과 상생하기 위해 가격을 유지할 수도 있다. 이때 기업 2가 가격을 인하한다면 기업 1은 막대한 출혈경쟁을 해야 해서 적자를 입게 되지만 기업 2도 이윤이 감소한다. 하지만 기업 2가 상생을 위해 가격을 유지하면 각 기업은 3, 5의 이윤을 얻는다.

그런데 기업 1이 진입을 포기하면 당연히 기업 1의 이윤은 0이다. 이때 기업 2가 할인행사를 하면 기업 2의 이윤은 10, 가격을 유지하면 8의 이윤을 얻는다고 하자. 이 상황에서 기업 1은 과연 어떤 선택을 할까?

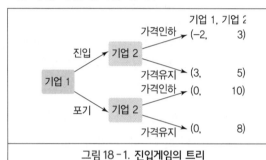

그림 18-1. 진입게임의 트리

기업 1은 먼저 '자신이 진입하면 어떻게 될지 고민한다. 기업 1이 진입할 경우 기업 2가 가격을 인하하면 기업 1은 -2, 기업 2는 3의 이윤을 얻는다. 그리고 기업 2가 가격을 유지하면 기업 1은 3, 기업 2는 5의 이윤을 얻는다. 기업 2가 이윤을 극대화하는 선택을 한다면, 기업 2는 당연히 가격을 유지할 것이다.

따라서 기업 1은 '내가 진입하면 당연히 기업 2는 가격유지를 선택하고 나는 3의 이윤을 얻겠구나'라고 생각할 것이다.

반면 기업 1이 진입을 포기하면 기업 1의 이윤은 0이다(이때 기업 2는 가격인하를 선택하고 기업 2의 이윤은 10이 된다). 따라서 기업 1의 결정은 확실해졌다. 기업 1은 진입을 하고 기업 2는 가격을 유지할 것이다. 따라서 이 순차게임의 균형은 (진입, 가격유지)가 된다. 이러한 방식으로 게임나무의 결과부터 역순으로 각 경기자의 결정을 분석하는 방식을 후방귀납법(Backward Induction)이라 한다.

③ 위 게임에서 기업 2에게 가장 최적의 결과는 (포기, 가격인하)이다. 하지만 기업 2에게는 안타깝게도 기업 1은 진입을 선택할 것이다. 왜냐하면 기업 1이 진입하면 기업 2는 어쩔 수 없이 가격유지를 선택해야 하기 때문이다(욱하는 심정으로 가격인하를 선택하면 자신의 이윤이 줄어든다).

그래서 기업 2는 기업 1이 진입하기 전에 미리 '기업 1이 진입하면 나는 무조건 가격을 인할 것이다.'라는 공약(엄포)을 내놓는다. 그런데 기업 1이 이 공약에 지레 겁을 먹고 시장 진입을 포기할까? 아마 그렇지 않을 것이다. 즉, 기업 2의 이러한 공약은 신빙성이 없다. 기업 2가 아무리 공약을 걸었다 해도 막상 기업 1이 시장에 진입하면, 못이기는 척 공약을 철회하고 가격을 유지하는 것이 기업 2에게도 유리하기 때문이다. 따라서 기업 1은 공약은 신경 쓰지 말고 안심하고 시장에 진입해도 된다.

하지만 이는 기업 2가 합리적이고 이성적인 판단을 내린다는 전제조건에서의 이야기이다. 만약 기업 2가 이성적이지 않고 욱하는 기질이 다분하다면? 기업1이 진입을 했을 때 가격을 인하할 수도 있다. 이 경우에는 기업 2 입장에서도 바람직하지 않지만 기업 1은 더 큰 손해를 입게 될 것이다. 따라서 기업 1은 기업 2의 성향을 잘 분석해서 기업 2가 내건 공약의 신빙성을 잘 따져봐야 한다.

예전 드라마 대사 중

"나랑 밥 먹을래? (아니면) 같이 죽을래?"라는 대사가 있다.

이는 일종의 공약(엄포)이다. 같이 밥을 먹지 않으면 자동차를 뒤집어 엎겠다는 것이다(당시 남자주인공은 여자 주인공을 태우고 운전 중이었다).

이때 이 공약(같이 밥을 안 먹어주면 죽어버리겠다는)은 신빙성이 있을까?

여자 주인공은 재빨리 남자 주인공의 성향을 파악해서 결정해야 한다.

'이 사람은 같이 밥을 먹어주지 않으면 정말 차를 뒤집어 엎을 것이다.'라는 판단이 선다면 살기 위해 같이 밥을 먹어줘야 한다. 하지만 허언에 불과하다고 판단될 때에는 차를 세우고 협박죄로 고소하면 된다.[3]

하지만 기업 2는 이성적이기 때문에 자신의 공약이 신빙성이 없음을 스스로 잘 알 것이다. 그럼에도 기업 2가 자신의 공약에 신빙성을 주고자 한다면 배수의 진을 쳐야 한다. 즉 돌아갈 길을 스스로 끊어버려야 한다. 예를 들면 기업 1의 진입 여부와 관계없이 대대적인 가격 인하 예고를 하고, 만일 약속대로 가격인하를 하지 않는다면 소비자에게 1조 원을 배상한다고 공증을 해버리는 방법 등이 있다. 이 정도가 되면 기업 2는 무조건 가격을 인하할 수밖에 없음을 기업 1도 알게 된다.

※ 테러리스트가 인질을 잡고 협상을 요구할 경우 정부가 이에 응한다면 이는 테러리스트의 계획에 넘어간 것이다. 따라서 정부는 인질극이 발생하기 이전부터 '정부는 테러리스트와 협상하지 않는다.'라고 공약을 건다. 하지만 이 공약이 과연 신빙성이 있는 공약일까? 막상 인질극이 발생하면 정부는 공약대로 협상 자체를 원천 봉쇄해버릴까?

---

3) 이는 드라마에서 가능한 상황이다. 현실에서 이런 공약을 걸면 바로 잡혀간다.

게임나무 상황을 보수행렬표로 나타내면 아래와 같다. 이렇게 보수행렬표로 나타낼 경우 이 게임의 내쉬균형은 (진입, 가격유지), (포기, 가격인하) 두 개이다.

기업 1		기업 2	
		가격유지	가격인하
	진입	3, 5	−2, 3
	포기	0, 8	0, 10

하지만 이 게임은 순차게임이다. 그리고 앞서 살펴본 바와 같이 이 게임의 최종균형은 (진입, 가격유지)이다. 그렇다면 또 다른 내쉬균형인 (포기, 가격인하)는 왜 최종균형이 아닐까? (포기, 가격인하)는 신빙성 조건을 충족하지 못하기 때문이다. 기업 2는 공약을 걸고 기업 1의 진입을 막고자 하지만, 이 공약의 신빙성이 없으므로 결국 (포기, 가격인하)는 최종균형이 될 수 없다. 따라서 순차게임에서는 내쉬균형에 신빙성 조건까지 충족하는 균형이 최종균형이 되는 것이다.

※ 순수전략 내쉬균형과 혼합전략 내쉬균형

가위바위보 게임의 경우 내쉬균형이 존재하지 않는다. 엄밀하게는 순수전략 내쉬균형이 존재하지 않는 것이다. 하지만 가위바위보 게임에서도 혼합전략 내쉬균형은 1개 존재한다.

혼합전략이란 경기자가 어느 한 상황에서 하나의 전략을 선택하는 것이 아니라 하나의 상황에서 자신이 선택할 수 있는 각 전략을 확률적으로 선택하는 것을 의미한다. 그리고 이 확률 프로필이 바로 혼합전략이 된다. 가위바위보게임에서의 혼합전략 내쉬균형은 가위, 바위, 보를 낼 확률을 각각 1/3으로 하는 것이다. 즉 (가위, 바위, 보) $= \left(\frac{1}{3}, \frac{1}{3}, \frac{1}{3} \right)$ 이 혼합전략 내쉬균형인 것이다.

순수전략 내쉬균형은 없을 수도 있고 1개 또는 2개 이상 존재할 수 있다. 하지만 혼합전략 내쉬균형까지 고려하면 내쉬균형은 반드시 1개 이상 존재한다.

19. (보론) 소비의 평활화 원칙/소득분배

(1) 소비의 평활화

① 기업의 자본 조달의 근원은 바로 가계의 저축에서 비롯된다. 본 소단원에서는 가계의 저축에 대한 경제적 원리를 학습한다. 가계는 소득 중 일부를 현재 소비에 사용하고 잔여분은 저축하여 노후에 대비한다. 그리고 당연히 저축에는 이자가 붙어 미래에 원리금의 합계로 상환받는다. 그렇다면 각 경제 주체는 자신의 소득 중 얼마를 현재 소비하고 얼마를 저축할까? 여기에도 소비자의 효용극대화 원리가 적용된다.

② 먼저 소비의 평활화 원칙(Consumption Smoothing)을 알아보자. 소비의 평활화란 기간 간 소비자의 소득이 들쭉날쭉 변동이 발생하여도 기간 간 소비는 변동 없이 비교적 평탄하게 유지된다는 원칙이다. 이는 소비로부터 발생하는 한계효용이 체감하기 때문이다. 직관적 설명을 위해 아주 단순한 사례를 들어본다.

	아침	저녁	총효용
A안	1	1	2
B안	2	0	$\sqrt{2}$
C안	0	2	$\sqrt{2}$

표 19 - 1. 소비의 평활화 예시

소비자의 효용함수가 $u = \sqrt{c_1} + \sqrt{c_2}$ 라고 하자. 여기서 c_1는 아침식사량, c_2는 저녁식사량이다. 이 소비자는 총 2의 식량을 보유 중이다. 그리고 식사 시간은 하루 2번 아침, 저녁뿐이다. 이때 식사 방식은 좌측 표와 같다.

아침에 1, 저녁에 1만큼 균등하게 나누어 먹는 A안. 아침에 2만큼을 몰아 먹고 저녁에 굶는 B안. 아침에 굶고 저녁에 몰아 먹는 C안이다. 이 중 A안으로부터 얻는 총효용이 가장 크다. 즉 주어진 소득을 기간 간 균등히 나누어 소비하는 것이 총효용 극대화에 도움이 되는 것이다.[4]

위 원리를 일반적인 경제 주체의 생애별 소득과 소비에 적용하면 아래 그림과 같은 생애주기이론의 개요를 확인할 수 있다.

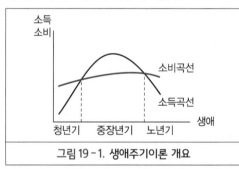

일반적 가계의 경우 청년기에 소득은 적은 수준이며 연차가 쌓여가며 소득이 증가하다 은퇴 시점을 기점으로 근로소득이 감소하며 총소득도 줄어든다. 하지만 각 기간별 소비는 소득의 변동보다는 안정적인 패턴을 보인다.

그림 19 - 1. 생애주기이론 개요

③ 위 생애주기이론의 관점에서 청년기에는 효용을 극대화하기 위해서 현재소득보다 현재소비가 더 크다. 이는 미래소득을 담보로 차입을 한다는 것이다. 그리고 중장년기에는 현재소득이 현재소비를 초과한다. 이는 청년기의 차입을 상환하고 동시에 노년기를 대비하여 저축을 하기 때문이다. 이처럼 기간 간 소비의 평활화원칙에 따라 생애 총효용을 극대화화기 위해서는 저축과 차입이 자유로워야 한다. 즉 유동성제약 혹은 차입제약(Liquidity Constraint)이 없어야 한다.

또한 차입을 한다고 할 때, 은행은 당연히 대출자가 상환 가능한 수준까지만 대출해 줄 것이다. 따라서 유동성제약이 없다고 하더라도 경제주체는 총소득의 현재가치보다 많은 수준의 대출을 얻을 수 없다(이를 No - Ponzi Rule이라 한다).

---

4) 여기서는 논의를 단순히 하기 위해 23장에서 학습하였던 시차 간 할인율을 고려하지 않았다.

(2) 10분위 소득분배율

① 기능적 소득분배와 달리 계층적 소득분배는 계층별 빈부격차를 파악하는 소득분배이다. 계층별 소득분배 상황을 파악하는 지표로는 10분위 소득분배율, 로렌츠곡선, 지니계수 등이 널리 쓰인다.

② 10분위 소득분배율 측정을 위해 우선 전 국민을 소득수준을 기준으로 일렬로 줄 세운 다음 10개 구간으로 나눈다. 이때 상위 0~10%(최상위)에 위치한 구간은 10분위라 한다. 반대로 1분위는 소득 하위 90~100%(최하위)구간을 말한다.

이때 10분위 소득분배율은 $\dfrac{\text{하위}\,1\sim4\text{분위 총소득}}{\text{상위}\,9,10\text{분위 총소득}}$ 이다. 즉 하위 40%의 소득을 상위 20%의 소득으로 나눈 값이다. 따라서 10분위 소득분배율은 최소 0에서 최대 2의 값을 지닌다. 10분위 소득분배율이 0이면 10분위 소득분배율 상으로는 가장 악화된 분배상황이다. 반대로 10분위 소득분배율이 2라면 이는 전 구간의 소득이 균등하다는 것을 의미한다.

③ 5분위 소득분배율도 간혹 사용된다. 5분위 소득분배율은 $\dfrac{\text{최하위}\,1\text{분위 소득}}{\text{최상위}\,5\text{분위 소득}}$ 이다. 여기서 주의할 것은 5분위 소득분배율은 하위 20% 소득/상위 20% 소득이라는 것이다.

(3) 로렌츠 곡선과 지니계수

① 우선 경제 내 인구를 우측에서부터 소득 순으로 줄 세운다. 그리고 최고소득자부터 소득을 아래 그림의 우상단 A점부터 차례로 채워나간다. 이런 식으로 상위소득자부터 차례로 소득을 아래 방향으로 채워나가면 그림 19－2처럼 우하단 B점에 대해 볼록한 곡선이 그려지게 된다. 이 곡선을 로렌츠 곡선이라 한다.

② 상위소득자부터 아래 방향으로 소득을 채워나가므로 로렌츠곡선의 기울기는 왼쪽으로 갈수록 점차 완만해진다. 모든 인구의 소득이 균등하다면 로렌츠곡선은 그림 19－3처럼 대각선과 일치할 것이다.

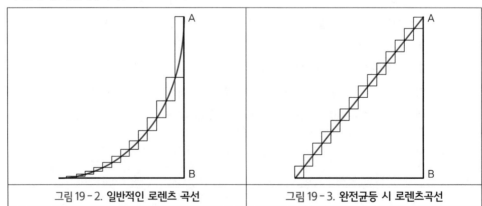

| 그림 19－2. 일반적인 로렌츠 곡선 | 그림 19－3. 완전균등 시 로렌츠곡선 |

③ 반대로 최상위소득자가 경제 전체 소득을 독차지한 경우라면 그림 19 − 4처럼 직각의 형태를 나타낼 것이다. 그러므로 로렌츠곡선이 우하단 B점에 근접할수록 소득의 불균등이 심화되는 것이다. 이때 면적 $\frac{C}{C+D}$ 의 비율을 지니계수라 한다. 그림 19 − 4에서의 지니계수는 0이며 그림 19 − 5에서 지니계수는 1이다.

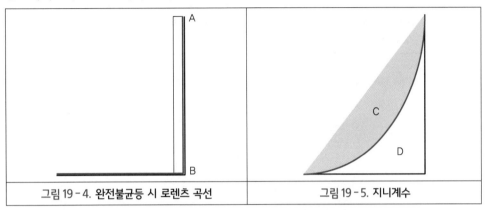

| 그림 19 − 4. 완전불균등 시 로렌츠 곡선 | 그림 19 − 5. 지니계수 |

※ 지니계수가 1이면 십분위 소득분배율은 0이다. 하지만 그 역은 성립하지 않는다.
　지니계수가 0이면 십분위 소득분배율은 2이다. 그리고 이 역은 성립한다.

※ 할인인자와 할인율

내년에 얻게 되는 100만 원과 올해 당장 얻는 100만 원의 가치는 당연히 다르게 여겨질 것이다. 대부분의 사람들은 현재의 100만 원을 내년의 100만 원보다 더 선호할 것이다. 그렇다면 현재의 100만 원과 미래의 100 + a만 원이 동일한 가치를 지닌다고 하자(당연히 a>0 일 것이다). 예를 들어 제리는 지금 당장의 100만 원과 1년 후의 125만 원을 동등한 가치가 있다고 여긴다. 이때 1년을 기다리는 것을 포기하는 대신 할인해야 하는 비율을 할인율이라고 한다. 따라서 제리의 1년간의 할인율은 25%가 된다. 공식으로 정리하면 아래와 같다.

125만 원 × δ = 100만 원

이때 δ를 할인인자(Discount Factor)라 한다. 당연히 $\delta<1$이 될 테고 위 예시에서는 $\delta = \frac{1}{1.25}$가 된다. 이 할인인자는 $\delta = \frac{1}{1+\rho}$의 형태로도 표현되는데 위 예시에서는 $\rho = 0.25$가 된다. 이때 ρ를 할인율 (Discount Rate)라 한다.

할인율은 개개인마다 다 다를 것이다. 할인율이 높은 사람은 지금 당장 소득을 얻기 위해 미래소득을 대폭 할인할 수 있다는 것이다. 즉 인내심이 적은 사람이라고 보면 된다(할인율의 크기가 인내심과 반비례하는 것이라고 확언할 수는 없다. 할인율은 인내심의 개념과는 약간 다르다. 그러나 직관적 이해 및 수월한 암기를 위해 높은 할인율 = 낮은 인내심으로 기억하자).

낮은 할인율을 지닌 사람은 인내심의 대가로 조금만 보상해주어도 기꺼이 현재소득을 포기하고 미래까지 기다릴 의향이 있는 사람들이다. 제리의 할인율이 0.25라고 하자. 따라서 제리에게는 1년 후의 125만 원 = 현재 100만 원이다. 만일 시장의 이자율이 20%라면 제리는 저축하지 않는다. 이자율이 20%라면 1년 후의 120만 원 = 현재 100만 원이다. 제리는 현재 100만 원을 포기한다면 1년 후에 최소한 125만 원으로 보상해주어야 하는데 은행에서는 120만 원으로 보상해주기 때문이다.

반면 톰의 할인율이 0.1이라고 하자. 즉, 톰에게는 1년 후 110만 원＝현재 100만 원이다. 톰은 현재 100만 원을 포기하는 대신 1년 후 110만 원으로 보상해주면 된다. 그런데 은행이 1년 후에 120만 원을 돌려주니 톰은 당연히 저축을 할 것이다.

위와 같은 원리에 의해 금융시장 참여자의 가중평균 할인율은 시장이자율과 동일해질 것이다. 만일 $r > \rho$ 라면 저축 시 1년 후 돌려받는 돈이 현재소득을 포기하고 보상받아야 하는 비율보다 높다. 따라서 저축이 늘어난다. 그래서 시장 이자율이 하락할 것이다. 반대로 $r < \rho$라면 저축을 줄이게 될 것이고 시장 이자율이 상승하게 된다. 즉, 균형에서는 $r = \rho$이 된다(주의 : 여기에서 ρ는 개인의 할인율이 아니라 금융시장에서의 가중평균 할인율을 의미한다).

01 아래 조건 중 이윤극대화 1계 조건은?

① 총비용＝총수입　　　　　　② 한계비용＝한계수입

③ 평균비용＝평균수입　　　　　④ 평균가변비용＝시장가격

⑤ 평균고정비용＞시장가격

정답 | ②
해설 | 이윤극대화 1계조건은 한계비용＝한계수입이다.

02 독점적 경쟁시장의 단기 균형에서 항상 성립하는 조건은?

① 한계비용＝한계수입　　　　　② 시장가격＝한계비용

③ 시장가격＝평균비용　　　　　④ 한계비용＝평균비용

⑤ 한계수입＝평균비용

정답 | ①
해설 | 독점적 경쟁시장에서도 한계비용＝한계수입은 이윤극대화 1계조건이다.

03 완전경쟁시장의 조건이 아닌 것은?

① 소수의 수요자와 공급자　　　② 동질의 제품

③ 자유로운 진입과 퇴거　　　　④ 완전한 정보 공유

⑤ 완전한 자원이동성

정답 | ①
해설 | 다수의 수요자와 공급자가 완전경쟁시장의 조건이다.

04 완전경쟁시장의 단기 균형에서 항상 성립하지 않는 것은?

① 정상이윤   ② 자원배분의 효율성

③ 시장가격＝한계비용   ④ 사회후생의 극대화

⑤ 한계수입＝한계비용

정답 | ①
해설 | 완전경쟁시장의 단기 균형에서는 초과이윤, 초과손실이 모두 가능하다.

05 독점에 대한 설명 중 옳은 것은?

① 규모의 경제는 자연독점의 원인이 된다.

② 단기에는 시장가격＝한계비용에서 균형을 이룬다.

③ 단기에도 항상 초과이윤을 획득한다.

④ 장기에는 정상이윤을 획득한다.

⑤ 우상향하는 공급곡선이 존재한다.

정답 | ①
해설 | 규모의 경제는 자연독점의 원인이 되나 출판, 제약 산업 등의 경우 특허권과 같은 독점적 기술 사용권한이 필수적이다.

06 독점시장의 가격설정자에 대한 설명으로 틀린 것은?

① 독점기업은 시장의 유일한 공급자이다.

② 독점기업의 한계수입은 시장가격과 동일해진다.

③ 독점기업의 산출량의 변화는 시장가격의 변화를 야기한다.

④ 독점기업은 공급곡선을 지니지 않는다.

⑤ 독점기업의 한계수입은 시장가격보다 낮다.

정답 | ②
해설 | 독점기업의 한계수입은 시장가격보다 낮다. 이는 독점기업의 시장지배력에 기인한 것이다.

07 규모의 경제에 관한 설명으로 옳지 않은 것은?

① 산출량이 증가할 때 평균비용이 하락하는 현상을 의미한다.

② 자연독점의 발생 원인이 되기도 한다.

③ 장기에 요소시장이 완전경쟁이고 규모에 대한 수익이 체증하면 발생한다.

④ 총비용곡선이 직선이면 규모의 경제가 발생하지 않는다.

⑤ 완전경쟁과 양립하기 어렵다.

정답 | ④

해설 | 총비용곡선이 원점을 통과하는 직선이면 평균비용은 일정하다. 단 총비용곡선이 Y축을 통과하는 직선이라면 평균
비용은 하락한다.

08 독점의 발생 원인이 아닌 것은?

① 특허권의 존재   ② 독점적 생산수단 소유

③ 규모의 경제   ④ 자원 이동성의 보장

⑤ 강력한 진입장벽

정답 | ④

해설 | 자원 이동성의 보장은 완전경쟁시장의 조건이다.

09 독점기업이 직면한 수요곡선이 우하향하는 직선이다. 독점기업은 이윤극대화를 추구한다. 독점기업의 이윤극대화 지점과 관련하여 옳은 것은? (단, 한계비용은 0보다 크다)

① 시장가격 = 한계수입   ② 시장가격 = 한계비용

③ 한계수입 > 한계비용   ④ 시장가격 > 한계비용

⑤ 한계수입 = 평균비용

정답 | ④

해설 | 독점기업의 이윤극대화 지점에서는 시장가격 > 한계비용 = 한계수입이 성립한다.

10 장기 평균비용곡선에 대한 설명 중 옳은 것은?

① 장기 평균비용곡선은 우하향한다.

② 장기 평균비용곡선과 단기 평균비용곡선의 교차점이 비용극소화 지점이다.

③ 단기 평균비용곡선이 우하향하면 장기 평균비용곡선도 우하향한다.

④ 장기 평균비용곡선의 최저점에서 단기 평균비용곡선과 만난다.

⑤ 장기 평균비용곡선은 단기 평균비용곡선의 상방에 위치한다.

정답 | ④

해설 | 장기 평균비용곡선의 최저점에서 단기 평균비용곡선과 접한다.

11 독점에 대한 규제 방식에 관한 설명 중 옳은 것은?

① 독점기업에 물품세를 부과하면 사회후생손실의 크기가 줄어든다.

② 독점기업에 이윤세를 부과하면 사회후생손실의 크기가 줄어든다.

③ 독점기업에 정액세를 부과하면 사회후생의 크기가 줄어든다.

④ 규모의 경제에 직면한 독점기업에 평균비용가격 설정을 하면 사회후생손실은 더 증대된다.

⑤ 규모의 경제에 직면한 독점기업을 강제분할하면 예전에 비하여 동일산출량에 대한 총비용이 증대된다.

정답 | ⑤

해설 | 규모의 경제에 직면하고 있는 기업이 강제분할된다면 분할된 각 기업이 예전 산출량을 나누어 생산한다. 즉, 이전보다 평균비용이 올라가게 된다. 그러므로 예전과 동일한 총산출량을 유지한다면 총비용이 증가하게 된다.

12 1급 가격차별이 발생할 경우 사회후생손실의 크기는 얼마가 되는가?

① 0이 된다.

② 독점시장보다 커진다.

③ 0보다 크고 독점시장보다는 작아진다.

④ 0보다 크고 3급가격차별보다는 작다.

⑤ 상황에 따라 달라지므로 후생증감여부가 불분명하다.

정답 | ①

해설 | 1급 가격차별에서는 후생손실이 사라진다.

13 게임이론 중 '죄수의 딜레마' 상황에 대한 설명으로 옳지 않은 것은?

① 우월전략균형이 존재한다.
② 내쉬균형이 존재한다.
③ 균형에서 파레토 최적이 달성된다.
④ 균형은 1개 존재한다.
⑤ 담합의 어려움이 발생한다.

정답 | ③
해설 | 파레토 최적이란 더 이상 파레토 개선이 불가능한 상태이다. 그런데 죄수의 딜레마 상황에서 각 경기자가 협조적
　　　전략으로 담합을 한다면 서로 효용이 증대된다.

14 게임이론 중 '내쉬균형'에 대한 설명으로 옳지 않은 것은?

① 죄수의 딜레마 상황에서 내쉬균형은 1개이다.
② 순수전략균형에서 내쉬균형은 반드시 1개 이상 존재한다.
③ 모든 우월전략균형은 내쉬균형이다.
④ 존 내쉬가 고안, 증명한 개념이다.
⑤ 상대방의 전략이 바뀌지 않는 한 나도 전략을 바꿀 유인이 없다.

정답 | ②
해설 | 순수전략균형에서는 내쉬균형이 없을 수도 있다. 다만 혼합전략에서는 반드시 1개 이상 존재한다.

15 꾸르노 모형에 대한 특징이 아닌 것은?

① 19세기 초반에 등장한 수량결정 모형이다.
② 논의를 편하게 하기 위해 2개 과점기업이 존재하는 복점시장을 가정한다.
③ 조정과정에서 상대방의 산출량이 고정된 수치라고 가정하고 자신의 최적 산출량을 결정한다.
④ 경쟁기업보다 한계비용이 높은 기업의 산출량은 0이다.
⑤ 두 기업 모두 추종자라고 가정한다.

정답 | ④
해설 | 한계비용이 높은 기업이라도 상대 기업이 산출하고 남은 잔여수요에 대한 독점생산량을 산출한다.

16 베르뜨랑 모형에서 각 기업의 한계비용이 동일할 경우, 최종 시장균형에서 사회후생은 다음 중 어떠한 시장과 동일해지는가?

① 꾸르노 경쟁
② 독점시장
③ 완전경쟁시장
④ 독점적 경쟁시장
⑤ 슈타켈버그 경쟁시장

정답 | ③
해설 | 각 기업의 한계비용이 동일할 경우 최종 시장균형은 P = MC조건에서 이루어진다.

17 독점적 경쟁시장의 특징이 아닌 것은?

① 독점적 경쟁시장은 완전경쟁시장과 거의 유사하나 기업 제품의 품질이 상이한 시장을 의미한다.
② 독점적 경쟁시장은 단골이 형성된 시장이며 가격경쟁만이 존재한다.
③ 독점적 경쟁시장에서 개별기업의 수요곡선은 독점에서와 마찬가지로 우하향한다.
④ 독점적 경쟁시장에서 기업은 단기에 초과이윤을 누릴 수 있다.
⑤ 주로 영세자영업자가 많이 포진하고 있다.

정답 | ②
해설 | 독점적 경쟁시장에서는 가격경쟁뿐만 아니라 비가격경쟁도 존재한다.

18 독점적 경쟁시장의 장기 균형에 대한 설명으로 옳지 않은 것은?

① 정상이윤을 획득한다.
② 시장가격과 한계비용은 일치한다.
③ 한계수입과 한계비용은 일치한다.
④ 초과설비를 보유한다.
⑤ 자원배분의 효율성은 달성되지 못한다.

정답 | ②
해설 | 독점적 경쟁의 장기 균형에서는 P = AC > MC이다.

19 독점적 경쟁시장의 대표적 사례로 가장 적합한 것은?

① 자동차 산업   ② 통신 시장

③ 미용실   ④ 항공 산업

⑤ 지하철

정답 | ③

해설 | 독점적 경쟁시장은 영세한 사업자로 이루어진 경우가 대부분이다.

20. 생산가능곡선과 사회후생

생산가능곡선이 주어진 경우 사회후생 극대화 원리에 대해 학습한다.

- 사회후생함수
- 차선의 원칙

(1) 사회후생함수

① 생산가능가능곡선의 어느 생산 지점을 선택하느냐에 따라 경제 내 효용가능곡선을 선택하게 된다. 이때 경제 체제는 효용가능경계와 사회무차별곡선의 접점에서 어느 생산가능곡선 지점을 선택할지(=어느 효용가능곡선을 선택할지)를 결정한다.

이때 사회무차별곡선을 도출하는 사회 전체를 대표할 수 있는 효용함수를 사회후생함수라 한다. 사회무차별곡선은 아래와 같은 형태로 표현될 수 있다.

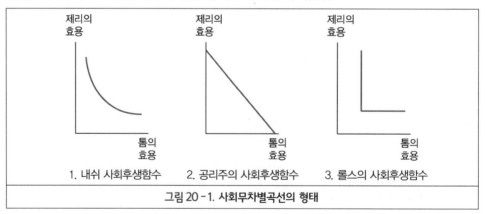

그림 20 - 1. 사회무차별곡선의 형태

② 사회무차별곡선은 사회후생함수로부터 도출되는데,

- 내쉬 사회후생함수 : $U_S = u_A \times u_B$
- 공리주의 사회후생함수 : $U_S = u_A + u_B$
- 롤스의 사회후생함수 : $U_S = \min [u_A, u_B]$

③ 애로우의 불가능성 정리 : 애로우는 사회후생함수를 도출하는 데 있어 5가지 이상적 조건을 모두 충족시키는 사회후생함수는 불가능함을 증명하였다.

ㅡ 개인은 어떠한 선호도 표출할 수 있다.

ㅡ 개인 모두 A보다 B를 선호한다면, 사회 전체도 A보다 B를 선호해야 한다(파레토 원칙).

ㅡ A와 B의 선호관계는 C에 대한 선호 변화와 무관하게 결정되어야 한다(독립성).

ㅡ 비독재성 선호관계가 보장되어야 한다.

※ 당연한 기본가정 : 사회후생함수는 이행성과 완전성을 지닌다.

(2) 차선의 이론

① 항상 생산가능곡선 상에서 생산이 이루어지는 것이 바람직할까?

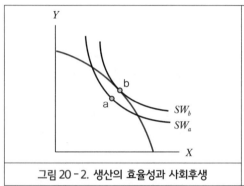

일반적인 경우라면 당연히 생산가능곡선 상에서 생산이 이루어지는 것이 효율적이며 또한 사회후생극대화에도 도움이 된다.

좌측 그림에서 생산가능곡선 내부의 점 a보다 생산가능곡선에 근접할수록 사회후생이 개선된다.

그림 20 ‒ 2. 생산의 효율성과 사회후생

② 그런데 자연재해나 다른 요인에 의해서 생산에 제약이 발생한다면? 이때에도 생산의 효율성을 위해 생산가능곡선 상에서 생산을 유지하는 것이 바람직할까?

아래 그림에서 생산에 제약이 발생하여 점선 우측영역에서는 생산이 불가해졌다고 하자. 이 경우 점 c에서 생산하는 것이 바람직한가?

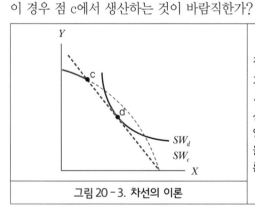

점 c에서 생산할 경우의 사회후생은 SW_c 이지만 생산가능곡선의 내부인 점 d에서 생산할 경우 사회후생은 SW_d 이다. 따라서 생산의 제약이 발생한 경우에는 생산의 효율성을 고집하는 것이 사회후생에는 더 나쁜 영향을 미칠 수 있다. 때문에 이러한 경우에는 효율성을 포기하는 것이 바람직할 수도 있다. 이를 차선의 이론이라 한다.

그림 20 ‒ 3. 차선의 이론

21. 외부성

외부효과에 대해 학습한다.

– 외부효과의 의의
– 피구세
– 코즈정리
– 오염배출권 거래

(1) 외부효과의 의미

① 외부효과 혹은 외부성(Externality)이란 거래당사자가 아닌 제3자에게 거래로 인한 편익이나 비용이 전가되는 효과를 말한다.

② 외부효과는 제3자의 편익을 증대시키거나 비용을 줄여주는 긍정적 외부효과, 제3자의 편익을 감소시키거나 비용을 증대시키는 부정적 외부효과로 구분한다.

※ 긍정적 외부효과의 크기를 외부경제(양의 외부성), 부정적 외부효과의 크기를 외부불경제(음의 외부성)이라고 한다.

※ 방향제, 향수, 정원가꾸기 등이 대표적 긍정적 외부효과 유발 행위이다. 또한 예방접종, 교육 등도 긍정적 외부효과를 발생시킨다. 반면 흡연, 매연, 소음 등의 환경공해는 부정적 외부효과를 유발하는 대표적인 행위이다.

※ 제3자의 편익을 늘려주는 외부성(양의 외부성)을 소비 측면에서의 외부경제가 발생했다고 표현한다. 반면 제3자의 편익을 감소시키는 외부성(음의 외부성)을 소비 측면에서 외부불경제가 발생했다고 한다.

※ 제3자의 비용을 감소시키는 외부성(양의 외부성)을 생산 측면에서 외부경제가 발생했다고 한다. 제3자의 비용을 증가시키는 외부성(음의 외부성)을 생산 측면에서 외부불경제가 발생했다고 한다.

(2) 외부효과와 시장실패

① 자원배분의 효율성을 달성한다는 것은 시장에서 수요과 공급이 만나는 지점에서 생산이 이루어진다는 것이다. 즉 한계편익곡선과 한계비용곡선이 만나는 지점이 효율적이라는 것이다. 사회후생극대화를 계산할 때의 한계편익곡선과 한계비용곡선은 사회 전체 한계편익(Social Marginal Benefit ; SMB)과 사회 전체 한계비용(Social Marginal Cost ; SMC)을 의미한다.

② 사회한계편익＝개인한계편익＋제3자 한계편익, 즉 SMB＝PMB＋EMB이 성립한다.
사회한계비용＝개인한계비용＋제3자 한계비용, 즉 SMC＝PMC＋EMC이 성립한다.

※ EMB : External Marginal Benefit, 제3자의 한계편익
EMC : External Marginal Cost, 제3자의 한계비용

③ 만일 외부효과가 0이라면 개인한계편익(Private Marginal Benefit ; PMB)＝사회한계편익(SMB)이 될 것이고, 개인한계비용(Private Marginal Cost ; PMC)＝사회한계비용(SMC)일 것이다.

④ 소비에서 외부경제가 발생한 경우, 즉 제3자의 한계편익(EMB) >0인 경우. 결국 사회한계
편익(SMB)=개인한계편익(PMB)+제3자 한계편익(EMB)이므로 SMB>PMB가 된다.
그리고 생산에서의 외부성은 가정하지 않았으므로 SMC=PMC이다.

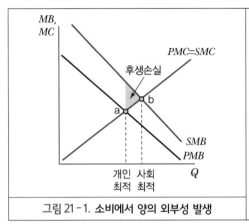

그림 21-1. 소비에서 양의 외부성 발생

좌측 그림에서 개인의 최적 지점은 점 a이고, 사회 최
적 지점은 점 b이다. 긍정적 외부효과를 유발하는 거
래는 사회 최적보다 그 거래량이 적다. 이때 사회후생
손실이 발생한다. 따라서 정부는 보조금을 지급하여
개인의 거래량을 늘리는 지원정책을 고려해볼 수 있
다(다만 정부예산이 소요되므로 긍정적 외부효과 유
발 거래를 모두 지원해 줄 수는 없다).

위 사례에서 정부가 보조금을 지급하여 시장실패를 교정한다면 소비자, 생산자 둘 중 누구
에게 지급하는 것이 바람직할까? 보통은 생산자에게 단위당 보조금을 지급하는 것이 일반
적이다(소비자에게 보조금을 지급할 경우 해당 재화 말고 다른 재화를 구입할 가능성이 있
기 때문이다).

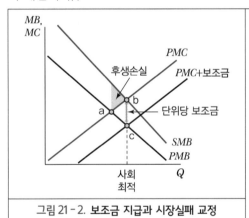

그림 21-2. 보조금 지급과 시장실패 교정

좌측 그림에서 정부가 점 b와 점 c의 수직의 길이만큼
생산량 1단위당 보조금을 기업에게 제공해 준다면 개
별기업의 공급곡선은 좌측 그림 점 c를 지나는 검은색
선이 된다. 이때 시장균형은 점 c에서 이루어지므로
개인들의 거래량이 사회 최적 수준에 다다르고 사회
후생손실도 제거된다.

⑤ 소비에서 부정적 외부효과가 발생한 경우(PMB > SMB)

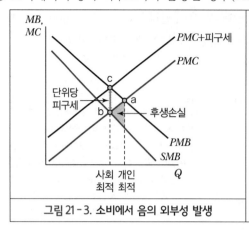

그림 21 - 3. 소비에서 음의 외부성 발생

좌측 그림에서 개인의 최적 지점은 점 a이고, 사회 최적 지점은 점 b이다. 부정적 외부효과를 유발하는 거래는 사회 최적보다 그 거래량이 많아 사회후생손실이 발생한다. 이때 정부는 점 b와 점 c의 수직 길이만큼의 징벌적 세금(피구세)을 부과하여 후생손실을 제거할 수 있다.

⑥ 생산에서 긍정적 외부효과가 발생한 경우(PMC > SMC)

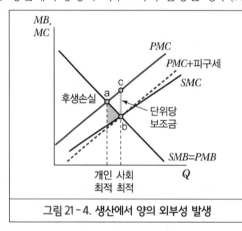

그림 21 - 4. 생산에서 양의 외부성 발생

좌측 그림에서 개인의 최적 지점은 점 a이고, 사회 최적 지점은 점 b이다. 긍정적 외부효과를 유발하는 거래는 사회 최적보다 그 거래량이 적어 사회후생손실이 발생한다. 이때 정부는 점 b와 점 c의 수직 길이만큼의 단위당 보조금을 생산자에게 지급하여 후생손실을 제거할 수 있다.

⑦ 생산에서 부정적 외부효과가 발생한 경우(PMC < SMC)

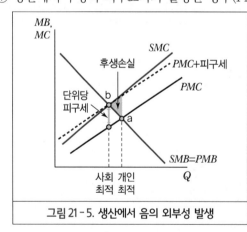

그림 21 - 5. 생산에서 음의 외부성 발생

좌측 그림에서 개인의 최적 지점은 점 a이고, 사회 최적 지점은 점 b이다. 부정적 외부효과를 유발하는 거래는 사회 최적보다 그 거래량이 많아 사회후생손실이 발생한다. 이때 정부는 점 b와 점 c의 수직 길이만큼의 징벌적 세금(피구세)을 부과하여 후생손실을 제거할 수 있다.

(3) 코즈정리

① 외부효과(특히 부정적 외부효과)가 발생한 경우 정부가 개입하여 사회 최적 수준으로 거래량을 규제할 수도 있지만 사소한 외부효과(층간소음 등)를 모두 규제할 수는 없다. 이때 몇 가지 조건이 충족될 경우, 외부효과의 당사자 간 자발적 협상을 통해 외부효과를 내부화할 수 있다. 이를 코즈 정리라 한다.

② 이때 코즈 정리 성립의 요건은
 a. 재산권이 명확히 설정되어야 한다.
 b. 협상 비용이 작아야 한다.
 c. 협상력의 심대한 비대칭이 없어야 한다.

③ 톰이 흡연자이자 집주인, 제리가 세입자이자 비흡연자일 때

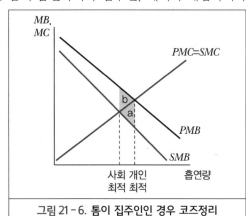

톰의 흡연으로 제리는 사회 최적보다 a+b의 추가 피해를 입는다. 그런데 톰은 사회 최적 수준까지 담배를 줄이면 b만큼 손해를 입는데 제리는 톰이 사회 최적 수준까지 담배를 줄인다면 최대 a+b만큼 톰에게 지불할 용의가 있다. 따라서 톰과 제리는 b와 b+a 사이에서 적절히 협의하여 톰으로 하여금 흡연량을 사회 최적 수준까지 줄이도록 할 수 있다.

그림 21 - 6. **톰이 집주인인 경우 코즈정리**

④ 여기서 재산권만 명확하면 된다. 외부효과를 유발하는 경제 주체의 재산권 귀속여부는 중요치 않다. 예를 들어 흡연자인 톰으로 인하여 비흡연자인 제리가 피해를 입는다고 할 때, 집주인이 톰이고 세입자가 제리여도 협상이 가능하며, 반대로 톰이 세입자이고 제리가 집주인이여도 협상이 가능하다.

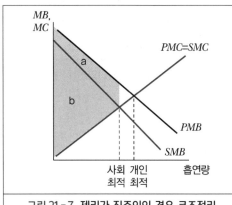

톰이 세입자이므로 담배를 전혀 못 피게 되었다. 그런데 톰이 만일 사회 최적 수준까지 담배를 피울 수 있다면 a+b의 순편익을 얻는다. 이때 제리의 피해는 a이다. 따라서 톰은 제리와 적절히 협상하여 a와 a+b 사이의 가격으로 담배를 사회 최적 수준까지 피울 수 있는 권한을 구매할 수 있다.

그림 21 - 7. **제리가 집주인인 경우 코즈정리**

(4) 오염배출권 거래제도

① 피구세 등 직접적 규제로 부정적 외부효과를 유발하는 거래를 사회 최적 수준으로 강제할 수 있다. 그런데 오염배출권 거래제도를 이용하면 보다 효율적으로 사회 최적 수준으로 규제량을 유도할 수 있다.

② 탄소배출권 거래제도의 예를 들어본다. 아래와 같은 오염배출 저감 비용과 오염 배출량을 가정하자.

기업	탄소배출량	규제량	오염저감비용	총비용
A	8톤	5톤	톤당 2만 원	6만 원
B	7톤	5톤	톤당 3만 원	6만 원
표 21-1. 오염저감 비용 예시				

정부가 각 기업에 5톤의 강제 수량 규제를 할 경우 각 기업의 저감비용은 6만 원으로 사회총비용은 12만 원이 소요된다. 그런데 각 기업에 1장당 1톤을 자유롭게 배출할 수 있는 오염배출권을 각각 5장을 배부한다면?

기업 A는 오염배출권이 2만 원 이상이면 판매하고 2만 원 이하면 구매할 것이다. 기업 B는 오염배출권이 3만 원 이상이면 판매하고 3만 원 이하면 구매할 것이다. 따라서 기업 A와 기업 B는 2만 원과 3만 원 사이에서 가격을 흥정하여 오염배출권을 거래할 것이다. 물론 기업 A는 배출권을 판매하고 B가 구입할 것이다. 오염배출권 가격을 2만 5천 원이라고 하자. B는 2장을 구매하여 저감비용은 한 푼도 지불하지 않는다. 대신 배출권 구입비용 5만 원을 지불한다. A는 2장을 판매하여 5만 원의 수익을 얻지만, 오염저감량은 5톤으로 19만 원의 오염저감비용이 발생한다. 따라서 A의 순비용도 5만 원이다. 즉, 오염배출권 거래제도를 활용하는 경우 오염규제량은 직접규제와 동일한 총 10톤으로 맞출 수 있지만 기업의 순비용이 절감된다.

기업	탄소배출량	배출권	오염저감비용	저감비용	배출권수익	순비용
A	8톤	5장	톤당 2만 원	10만 원	5만 원	5만 원
B	7톤	5장	톤당 3만 원	0	-5만 원	5만 원
표 21-2. 오염배출권 거래 시 상호 이익						

※ 오염배출권 거래 시 각 기업이 이익을 얻는 원리는 비교우위의 원리와 일치한다.

22. 공공재

공공재와 공유지의 비극에 대해 학습한다.

- 공공재
- 공유지의 비극
- 무임승차 문제
- 린달 모형

(1) 공공재의 정의

공공재(Public Goods)란 비경합성이나 비배제성을 띤 재화(서비스) 중 정부가 공공의 목적을 위해 시장에 제공하는 재화(서비스)를 의미한다. 비경합성과 비배제성을 모두 띠는 재화를 순수공공재라 하고 둘 중 하나의 특성만을 띠는 재화를 비순수공공재라 한다.

(2) 비경합성과 비배제성

① 정해진 양의 재화(서비스)를 동시에 여럿이 나누어 소비할 때, 혼자 소비할 때보다 양이나 질이 저하되는 성질을 소비에서의 경합성(Rivalry)이라고 한다. 반대로 혼자 소비하나 여럿이 동시에 나누어 소비하나 양이나 질의 저하가 없다면 이는 비경합성(Non-Rivalry)을 띤다고 한다. 비경합성을 띠는 재화나 서비스의 예로는 가로등, 에어컨, 케이블 TV, 널리 알려진 과학지식 등이 있다.

② 돈을 지불하지 않는 소비자를 소비에서 배제시킬 수 있는 성질을 배제성(Excludable)이라 한다. 반대로 돈을 내지 않은 소비자도 소비에서 배제시킬 수 없다면 이는 비배제성을 띤다고 한다. 예를 들어 동네 공원 벤치는 비배제성(Non-Excludable)을 띤다.

※ 한산한 도로는 비경합적이다. 그러나 점차 막히기 시작하는 도로는 경합성을 띠게 된다

③ 비경합성과 비배제성을 기준으로 재화(서비스)를 아래의 4가지 범주로 나눌 수 있다.

	경합성	비경합성
배제성	일반 사적 재화 (콜라, 피자, 주택 등)	케이블TV, 한산한 고속도로, 영화관 등
비배제성	공중화장실, 공유자원 등	국방, 치안, 가로등, 등대 등

표 22-1. 공공재 구분

※ 비경합성과 비배제성을 띠지 않지만 정부가 공공목적으로 시장에 제공하는 재화(서비스)를 가치재(Merit Goods)라 한다. 예를 들면 공교육, 공공의료, 공공주택 등이 있다.

(3) 공유자원

① 공유자원(Common Resource)이란 말 그대로 주인이 없는 공동 소유의 자원을 말한다.

② 공유자원은 경합성을 띠나 배제성은 띠지 않는다. 따라서 먼저 가서 쓰는 사람이 임자이다. 그런데 재산권이 명확하지 않으므로 그 누구도 고갈을 염려하지 않으며 보전하려고 하지 않는다. 따라서 공유자원은 금세 고갈되고 황폐화되기 십상인데 이를 공유지의 비극이라 한다.

③ 공유지의 비극을 막기 위해 재산권을 사유화하거나 정부의 개입이 요구된다. 자연휴식년 제, 금어기의 설정 등이 공유자원의 비극을 막기 위한 정부의 정책이다.

(4) 무임승차 문제

① 무임승차 문제는 순수공공재에서 발생하며 순수공공재의 부족을 야기하는 현상이다.

② 예를 들어 어두운 골목길에 가로등을 설치하고자 한다(설치비＝100만 원, 유지비＝0원). 가로등 설치 시 톰과 제리 모두 125만 원의 편익을 얻는다고 하자. 따라서 톰과 제리 누가 가로등을 설치하든 무방하다. 그러나 톰과 제리는 상대방이 가로등을 설치할 때까지 기다리며 이를 위해 자신이 가로등을 원하고 있다는 사실을 숨길 것이다.

(5) 린달모형

① 비경합성을 띠는 재화의 사회 적정 수요곡선은 개인 한계편익 곡선을 수직으로 합산하여 도출한다.

② 예를 들어 같은 방을 쉐어하는 룸메이트 톰과 제리의 방향제에 대한 한계편익이 다음과 같다고 하자. 그리고 이 방향제는 비경합성을 띤다. 즉, 1개만 구입해도 톰과 제리에게 모두 한계편익 8$, 12$를 가져다 준다.

또한 이 방향제의 시장가격은 9$로 일정하다고 하자.

수량	1	2	3	4	5	6	7
톰의 한계편익	8$	7$	6$	5$	4$	3$	2$
제리의 한계편익	12$	10$	8$	6$	4$	2$	0$

표 22-2. 톰과 제리의 방향제에 대한 한계편익

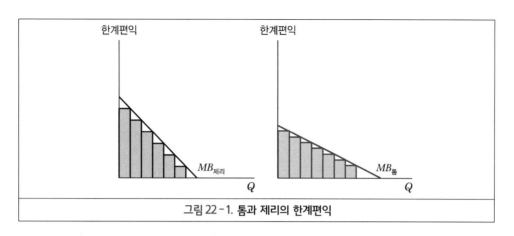

그림 22 - 1. 톰과 제리의 한계편익

③ 이때 톰과 제리의 순편익을 극대화하는 방향제 구입량은 얼마인가?

수량	1	2	3	4	5	6	7
톰의 한계편익	8$	7$	6$	5$	4$	3$	2$
제리의 한계편익	12$	10$	8$	6$	4$	2$	0$
톰+제리 한계편익	20$	17$	14$	11$	8$	5$	2$
톰+제리 총편익	20	37	51	62	70	75	77
총비용	9	18	27	36	45	54	63
톰+제리 순편익	11	19	24	26	25	21	14

표 22 - 3. 톰과 제리의 방향제에 대한 순편익

위 표에서 알 수 있듯 톰과 제리의 순편익이 극대화되는 방향제 구입량은 4개이다.

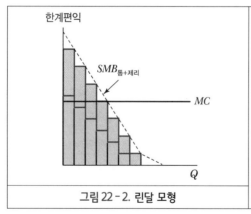

그림 22 - 2. 린달 모형

좌측 그림은 톰과 제리의 한계편익곡선을 수직으로 합산한 것이다. 소득효과를 무시한다면 한계편익곡선이 수요곡선과 일치하므로 비경합성을 띠는 재화의 경우에는 각자의 수요곡선을 수직으로 합산한 곡선이 시장 전체 수요곡선이 된다.

그리고 해당 재화의 한계비용곡선[5])과 시장 전체 수요곡선이 만나는 지점이 사회후생이 극대화되는 최적 거래량이다.

---

5) 위 사례에서 방향제의 시장가격 9$는 톰과 제리의 입장에서 한계비용이 된다.

23. 조세부담의 귀착

조세의 종류와 물품세 부과 시 후생변화에 대해 학습한다.

–세금의 종류
–물품세와 조세귀착
–탄력성과 조세귀착

(1) 세금의 종류

① 조세는 징수 주체에 따라 국세와 지방세로 나뉜다. 국세는 중앙정부의 재정수입의 원천으로 소득세, 법인세, 부가세 등이 여기에 해당된다. 지방세는 지방소득세, 등록세 등이 있다.

② 또한 조세는 세율에 따라 누진세, 비례세, 정액세 등으로 구분하기도 한다. 누진세는 과세표준이 증가함에 따라 계단식으로 상승하는 세금이다. 소득세와 법인세가 누진세에 해당된다. 비례세는 정률세로서 과세표준에 일정한 세율을 곱하여 책정한다. 부가세가 대표적인 비례세이다. 정액세는 인두세로서 과세표준과 무관하게 정해진 금액을 부과하는 세금을 의미한다. 주민세 등이 여기에 해당된다.

※ 누진세가 강화되면 소득재분배의 효과가 강화된다.

(2) 직접세와 간접세

① 직접세란 납세자와 담세자가 일치하는 세금을 말한다. 소득세와 법인세가 여기에 해당된다. 반면 간접세는 납세자와 담세자가 일치하지 않는 세금을 말한다. 부가세가 여기에 해당된다. 부가세는 소비자의 부담을 야기하지만 소비자가 직접 국세청에 납부하지는 않는다. 따라서 부가세는 간접세이다. 부가세는 조세징수의 행정편의가 크다. 또한 간접세는 조세저항이 크지 않다는 장점을 지닌다.

② 그러나 간접세는 조세형평성을 왜곡하는 문제를 야기한다. 저소득자는 세금을 면제받아야 하는데, 저소득자라도 물품을 구입할 때마다 간접세를 부담해야 하기 때문이다.

(3) 물품세와 후생손실

※ 보통 물품세는 물품가액에 정률세를 곱한 종가세이나 논의를 편하게 하기 위해 물건수량마다 정액세를 부과하는 종량세로 가정하고 논의를 진행한다.

※ 또한 조세징수 편의를 위해 소비자에게 물품세를 부과하지 않고 생산자에게 물품세를 부과한다.

① 조세부과 전 시장의 균형은 아래 그림의 점 A이다. 균형거래량은 Q_1이고, 시장균형가격은 P_1이다.

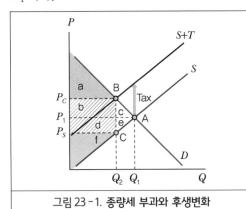

그림 23 - 1. 종량세 부과와 후생변화

그런데 정부가 단위당 종량세 t를 (생산자에게) 부과하면 소비자가 직면하는 공급곡선은 S+T곡선이 된다. 따라서 조세부과 후 소비자는 점 B에서 거래하게 된다. 즉 소비자는 Q_2의 수량을 개당 P_c의 가격을 주고 구입한다. 그리고 생산자는 제품 1개를 팔 때마다 소비자에게 수취한 P_c의 가격에서 종량세를 제외한 P_s의 한계수입을 얻는다. 따라서 생산자는 점 C에 위치하는 것이다.

② 조세부과 전 소비자 잉여는 a+b+c이나 종량세 부과 후 a로 감소한다. 한편 조세부과 이전 생산자 잉여는 d+e+f이나 조세 부과 후 생산자 잉여는 f로 감소한다.

③ 그리고 조세 부과 후 정부의 조세수입은 b+d이며, c+e는 종량세 부과로 인한 사회후생손실이다.

④ 이때 정부의 조세수입 b+d 중 b는 소비자의 후생에서 흡수된 것이며 d는 생산자의 후생에서 흡수된 것이다. 이를 조세귀착이라 한다.

(4) 수요 탄력성, 공급 탄력성과 조세귀착

① 수요가 탄력적일수록 공급이 비탄력적일수록 소비자 귀착이 감소하고 생산자 귀착이 증가한다. 반대로 수요가 비탄력적이고 공급이 탄력적일수록 소비자 귀착이 증가하고 생산자 귀착이 감소한다.

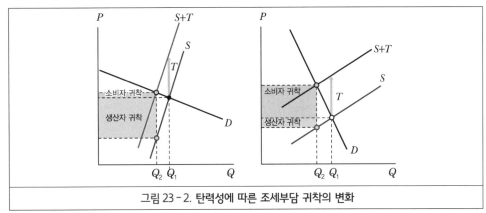

그림 23 - 2. 탄력성에 따른 조세부담 귀착의 변화

② 공급이 완전비탄력인 경우, 소비자의 조세부담은 0가 되고 조세 전액을 공급자가 부담한다. 또한 사회후생손실은 0이다. 반대로 수요가 완전비탄력적인 경우 공급자의 조세부담 0이 되고 소비자가 조세를 전액 부담하게 된다. 또한 이 경우에도 사회후생손실은 0이다.

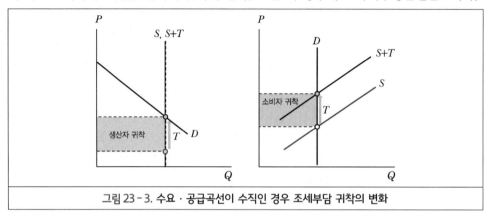

그림 23 - 3. 수요 · 공급곡선이 수직인 경우 조세부담 귀착의 변화

③ 한편 수요가 완전탄력적이라면 공급자가 조세를 전액 부담한다. 그리고 이 경우에 사회후생손실은 존재한다. 공급이 완전탄력적이라면 소비자가 전액 조세를 부담한다. 또한 사회후생손실은 여전히 존재한다.

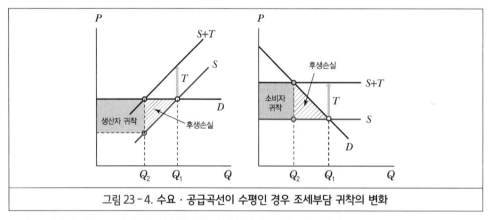

그림 23 - 4. 수요 · 공급곡선이 수평인 경우 조세부담 귀착의 변화

※ 수요과 공급이 모두 비탄력적일수록 사회후생손실의 크기는 감소한다.

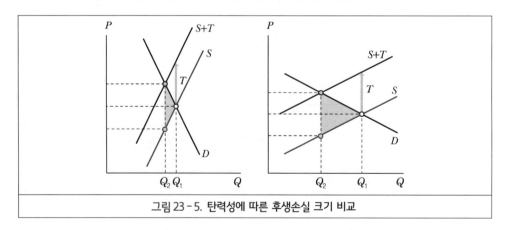

그림 23 - 5. 탄력성에 따른 후생손실 크기 비교

※ 종가세가 부과될 경우

무게나 개수에 대한 일정 크기의 세금을 매기는 종량세가 아닌 물품가액의 일정비율을 매기는 종가세라면 (현행 부가세가 대표적인 종가세이다)?
종가세가 부과되면 소비자가 직면하는 공급곡선의 기울기가 세율만큼 더 가팔라지게 된다.
더 정확하게는 공급곡선을 $(1-t)$로 나눠 줘야 한다. 예를 들어 종가세 부과 전 시장공급곡선이 $P=kQ+b$ 였는데, 정부가 물품가액의 10%만큼 종가세를 부과한다면 이제 소비자가 직면하는 시장공급함수는 $P^t = \dfrac{k}{0.9}Q + \dfrac{b}{0.9}$ 가 된다.

※ 물품세가 소비자에게 부과될 경우

물품세를 소비자로부터 징수할 경우에도 경제적 효과는 생산자에게 부과한 경우와 동일하다. 만일 개당 t원의 종량세를 소비자에게 부과한다면 이제 소비자의 실질소득 감소로 소비자의 수요곡선이 t원만큼 하방으로 내려앉는다.

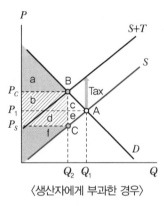
〈생산자에게 부과한 경우〉

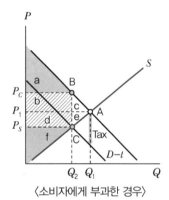
〈소비자에게 부과한 경우〉

위 그림 우측이 소비자에게 종량세 t원을 부과한 경우이다. 이때 소비자의 수요곡선은 점 c를 지나는 $D-t$ 곡선이 되어 이제 생산자는 점 C에서 P_s의 가격으로 Q_2만큼 판매한다. 소비자는 생산자에게 P_s의 가격을 지불하고 집에 가는 길에 세무서에 들러 t원을 따로 납부한다. 즉 소비자는 Q_2의 수량을 개당 P_c의 가격으로 구매한 것이다.
이처럼 물품세를 소비자에게 부과하나 생산자에게 부과하나 모든 경제적 효과는 동일하다. 다만 조세행정 편의 측면에서 생산자에게 부과하는 것이 효율적이다.

24. 정보경제학

정보비대칭으로 인한 시장실패와 완화방안에 대해 학습한다.

– 역선택의 의미
– 신호발송과 선별
– 도덕적 해이
– 본인 – 대리인 문제
– 유인설계

(1) 정보비대칭

정보비대칭(Asymmetric Information)이란 거래 당사자 간 거래 품목이나 행위에 대한 정보의 양과 질이 비대칭한 상황을 의미한다. 이로 인하여 역선택과 도덕적 해이가 유발된다. 이는 시장실패로 간주된다.

(2) 역선택(Adverse Selection)

① 역선택은 거래 선택이전 제품의 감추어진 특성에 의해 발생하는 정보비대칭 문제이다. 중고차 시장(Lemon Market) 등이 역선택이 발생하는 대표적 사례이다.

② 사례(레몬마켓)

중고차 판매자는 자신이 파는 중고차의 품질을 정확히 파악하고 있다. 반면 구매자는 중고차의 실제 품질을 정확히 파악하지 못하고 있다.

	판매자의 판매의향금액	구매자의 구매의향금액
양질	1,000만 원	1,200만 원
저질	400만 원	600만 원

표 24 - 1. 중고차 시장에서 판매자와 구매자의 의향

중고차 시장에 양질의 차와 저질의 차가 50 : 50의 비율로 혼재되어 있다고 하자. 그리고 50대 50으로 혼재되어 있다는 사실은 구매자도 파악하고 있다고 하자. 그렇다면 구매자는 겉으로는 양질의 차와 저질의 차를 구분하지 못하므로 자신의 구매의향금액의 확률평균값인 900만 원을 제시할 것이다(왜 확률평균값을 제시하는지는 게임이론을 통해 분석해야 한다. 본서의 범위를 넘어서므로 생략).

그렇다면 정말 양질의 품질의 차를 판매하려는 판매자와는 가격흥정에 실패하게 되고 저질의 차를 판매하는 판매자만 시장에 남게 될 것이다. 나중에 구매자도 이 시장에는 저질의 차만 남았다는 것을 깨닫게 될 것이고 결국 중고차 시장에서는 100% 저질의 차만 거래될 것이다. 이는 '악화가 양화를 구축한다.'라는 그레샴의 법칙으로 표현된다. 이러한 상황을 역선택이라고 한다.

(3) 역선택의 여러 가지 사례들

① 구직시장 : 구직시장에서는 구직자가 제품(자기자신의 노동력)에 대한 정보를 보다 많이 지니고 있다.

	구직자의 유보임금	회사의 제시임금
양질	1억 원	1억2,000만 원
저질	3,000만 원	4,000만 원
표 24 - 2. 구직시장에서의 역선택		

회사는 8,000만 원의 임금을 제시할 것이고 양질의 인재는 이 제안을 받아들이지 않는다.

② 보험시장 : 보험시장에서는 가입자가 보다 많은 정보를 지니고 있다.

	가입지의 가입의향금액	보험회사의 제시보험료
난폭운전자	100만 원	90만 원
안전운전자	20만 원	10만 원
표 24 - 3. 보험시장에서의 역선택		

보험회사는 50만 원의 보험료를 제시할 것이고 안전운전자는 보험가입을 포기한다.

(4) 역선택 완화방안

① 신호발송(Signaling) : 신호발송이란 정보를 지닌 측이 구매자에게 자신이 양질의 제품을 판매하고 있다는 사실을 증명하는 전략이다. 예를 들면 좋은 차를 파는 판매자가 구매자에게 AS를 보장해주거나, 시승을 제안하거나, 정비기록을 보여주는 등의 전략이다. 광고, 표준화, 평판쌓기(브랜드 가치 구축), 인증마크 획득 등도 신호발송 전략이다.

② 선별(Screening) : 선별은 정보가 부족한 측이 판매자에게 여러 가지 자료나 정보를 요구하는 전략이다. 중고차 구매자가 보험기록, 사고기록을 요구하거나, 회사가 구직자의 성적이나 생활기록부 등을 요구하는 전략이다. 만일 중고차 구매자가 판매자에게 시승을 요구하면 이는 선별전략이다.

※ 책임보험, 건강보험의 강제가입제도는 역선택을 완화하는 방안이라고 볼 수 있다. 다만 이러한 강제가입제도 하에서는 안전한 성향의 운전자, 건강한 가입자 등이 상대적으로 손해를 입을 수 있다.

(5) 도덕적 해이(Moral Hazard)

① 도덕적 해이는 선택 이후에 감추어진 행동으로 인하여 발생하는 정보비대칭 문제이다. 계약 체결 이후 성실한 노력을 게을리하는 태만이 가장 대표적 사례이다. 특히 의뢰인과 대리인 사이에 발생하는 도덕적 해이를 본인 - 대리인 문제(Principal - Agent Problem)라고 한다.

② 화재 보험가입 이후 화재예방을 게을리하거나, 정규직 입사 이후 근무태만에 빠지는 등의 여러 가지 현실적 사례가 있다.

(6) 도덕적 해이 완화방안

① 가장 대표적인 방법은 감시(Monitoring)이다. 그러나 비용문제 등 현실에 적용하기에 여러 가지 어려움이 많다.

② 두 번째 방안은 유인설계(Incentive Design)이다. 다시 말해 계약 이후 도덕적 해이에 빠지지 않도록 당근과 채찍을 적절히 설계하는 방식이다. 성과급제도, 공동보험제도, 기초공제제도 등이 대표적 예이다.

③ 스톡옵션제도도 전문경영인 및 임직원에 대한 도덕적 해이 방지를 위한 대표적 유인설계 방식이었다. 그러나 스톡옵션 제안 시 전문경영인이 단기성과에 치중하는 등 또 다른 형태의 도덕적 해이가 발생하여 이에 대한 보완이 요구된다.

④ 유인설계 구상 시 성과 측정의 어려움 팀 성과의 배분 등 현실에 적용하기 어려운 애로사항 등도 있다. 이에 대한 구체적인 해결방안은 현재 미시경제학(계약이론)에서 활발히 연구 중이다.

※ 효율성임금(Efficiency Wage)과 신용할당(Credit Ration)

거시경제학에서도 주요한 개념인 효율성 임금과 신용할당은 대표적인 새케인지안의 가격경직성 이론인데, 여기에는 역선택과 도덕적 해이를 방지하려는 기업과 은행의 전략적 원리가 담겨 있다.

효율성 임금이란 어느 기업이 노동자에게 시장균형임금보다 높은 수준의 임금(효율성 임금)을 지급하는 것이다. 이렇게 되면 해당 기업에 구직자가 몰리게 되는데 이로 인해 기업은 선별이 용이해지는 이점을 얻게 된다. 또한 효율성임금은 노동자의 태업과 이직을 방지하는 효과적인 유인설계 전략이 되기도 한다.

한편 시중 은행(주로 1금융권)은 대출을 원하는 차입자에게 시장균형이자율보다 낮은 이자율로 대출을 해주는데, 때문에 대출시장은 항상 초과수요(차입금)대부금)가 발생한다. 은행이 시장균형이자율보다 낮게 대출을 해줌으로써 얻는 이점은 효율성 임금과 마찬가지로 선별이 용이해지는 것이다. 즉 위험한 투자자보다는 안전성향이 높은 투자자를 고를 수 있는 가능성이 높아지게 된다. 또한 이자율을 낮게 책정함으로써 안전하게 투자하려는 성향의 투자자가 높은 이자부담을 견디지 못해 위험한 투자로 전략을 선회하려는 것을 방지해준다. 즉 차입자로 하여금 안전한 투자를 지속하도록 일종의 유인설계 전략의 효과를 주는 것이다.

효율성 임금은 20세기 초 포드에 의해 시행되었다. 신용할당 역시 이전부터 널리 퍼진 금융기법이다. 1980년대에 조지프 스티글리츠 교수가 이에 대한 원리를 밝혔고 이에 대한 공로로 2001년 노벨경제학상을 수상하였다.

01 정보비대칭을 해결하는 방안에 대한 설명 중 옳지 않은 것은?

① 감추어진 특성으로 인한 문제에서 정보가 부족한 측은 선별전략을 사용한다.

② 감추어진 행동으로 인한 문제에서 정보를 보유한 측은 신호발송 전략을 사용한다.

③ 도덕적 해이는 유인설계 전략을 통해 완화할 수 있다.

④ 광고는 일종의 신호발송의 역할을 한다.

⑤ 강제가입제도의 경우 역선택 문제는 다소 완화시킬 수 있다.

정답 | ②
해설 | 감추어진 행동은 도덕적 해이 상황이다. 신호발송과 무관하다.

02 다음 정보비대칭을 해결하는 방안 중 그 유형이 다른 것과 크게 다른 것은?

① 기업이 신규입사자에게 성과에 따른 스톡옵션 지급을 약속한다.

② 구직자가 인사담당자에게 공인영어성적을 제출한다.

③ 중고차 판매자가 무상 AS 제공을 약속한다.

④ 대학생이 고교생에게 시범과외를 제공한다.

⑤ 기업이 광고를 한다.

정답 | ①
해설 | ①은 도덕적 해이를 방지하기 위한 유인설계이고 나머지는 역선택 방지 방안 중 신호발송에 해당한다.

03 '악화가 양화를 구축한다'는 격언과 가장 관련이 깊은 것은?

① 도덕적 해이   ② 감추어진 행동

③ 레몬마켓   ④ 유인설계

⑤ 무임승차자 문제

정답 | ③
해설 | 악화가 양화를 구축하는 것은 역선택에 관한 내용이다.

04 외부효과와 관련된 설명 중 옳지 않은 것은?

① 소비에서 양의 외부성이 발생한 경우 보조금을 통해 교정이 가능하다.
② 생산에서 양의 외부성이 발생한 경우 피구세를 통해 교정이 가능하다.
③ 코즈정리에 따르면 정부개입 없이 외부성의 내재화가 가능하다.
④ 소비에서 음의 외부성이 발생하면 시장산출량이 사회 최적보다 많아진다.
⑤ 긍정적 외부효과도 시장실패를 야기한다.

정답 | ②
해설 | 생산에서 양의 외부성이 발생하면 보조금을 통해 교정이 가능하다.

05 코즈 정리에 대한 설명이 아닌 것은?

① 외부효과의 당사자 간 자발적 협상을 통해 외부효과를 내부화할 수 있다.
② 재산권이 명확히 설정되어야 성립된다.
③ 코즈 정리는 협상 비용이 작아야 한다.
④ 코즈 정리는 협상력의 심대한 비대칭이 없어야 한다.
⑤ 재산권을 보유한 측에서만 협상을 제안할 수 있다.

정답 | ⑤
해설 | 재산권의 귀속 여부만 명확하면 재산권이 없는 측도 협상을 제안할 수 있다.

06 생산에서 부정적 외부효과가 유발될 경우 성립하는 것으로 옳은 것은?

① 개인한계편익 < 사회적 한계편익　　② 개인한계비용 = 외부한계비용
③ 개인한계비용 < 사회적 한계비용　　④ 개인한계편익 < 외부한계편익
⑤ 외부적 한계편익 > 0

정답 | ③
해설 | 생산에서 부정적 외부효과가 발생하면 사회적 한계비용곡선이 개인한계비용곡선 상방에 위치한다.

07 다음 중 경합성을 지니나 배제성을 띠지 않는 재화(서비스)에 관한 설명으로 옳은 것은?

① 공유지의 비극을 야기할 수 있다.

② 개인의 수요곡선을 수직으로 합산하여 시장 전체 수요곡선을 도출할 수 있다.

③ 순수공공재에 해당한다.

④ 한산한 지하철, 한산한 유료도로 등이 여기에 해당된다.

⑤ 가치재라고 일컫기도 한다.

정답 | ②
해설 | 개인수요곡선을 수직으로 합산 가능한 경우는 비경합성을 띨 때이다.

08 완전경쟁시장에서 정부가 공급자에게 종량세를 부과하였다. 이와 관련한 설명으로 옳은 것은?

① 공급이 비탄력적일수록 생산자(공급자)의 조세부담이 완화된다.

② 수요곡선이 수평인 경우 조세 부과로 인한 사회후생손실은 없다.

③ 공급곡선이 수평인 경우 정부의 조세수입은 0이다.

④ 공급곡선이 수직인 경우 조세 부과로 인한 사회후생손실은 없다.

⑤ 소비자에게 부과한 경우보다 후생손실이 커진다.

정답 | ④
해설 | 공급곡선이 수직이면 조세 부과로 인한 산출량 감소가 발생하지 않는다.

09 물품세 부과에 대한 설명이다. 후생손실이 가장 작은 경우는?

① 수요곡선 우하향, 공급곡선 우상향

② 수요곡선 수평, 공급곡선 우상향

③ 수요곡선 우하향, 공급곡선 수평

④ 수요곡선 우하향, 공급곡선 수직

⑤ 완만한 수요곡선, 가파른 공급곡선

정답 | ④
해설 | 공급곡선이나 수요곡선이 수직이면 후생손실은 0이다.

10 다음 중 재화의 특성이 나머지와 다른 것은?

① 국방서비스   ② 가로등

③ 등대   ④ 공원벤치

⑤ 널리 알려진 과학지식

정답 | ④

해설 | ①, ②, ③은 순수공공재이나 ④는 경합성을 띠는 비순수공공재이다.

11 순수공공재에서 발생할 가능성이 가장 높은 문제는?

① 역선택   ② 공유지의 비극

③ 무임승차 문제   ④ 도덕적 해이

⑤ 본인 – 대리인 문제

정답 | ③

해설 | 무임승차 문제는 순수공공재에서 가장 빈번하게 발생한다.

CHAPTER 07

거시경제학 개관

25. GDP와 경기변동

국내총생산의 의미와 거시경제학에서 GDP의 의미를 학습한다.

- 총생산과 총지출의 관계
- GDP의 의미와 측정
- 명목GDP와 실질GDP
- 경기변동에 대한 간략한 소개

(1) 생산과 지출

① 거시경제학의 최대 관심사는 바로 GDP, 국내총생산이다. 생산이 이루어진다는 것은 생산 요소인 고용이 발생한다는 것이며, 이는 요소공급자가 소득을 얻는다는 것이다. 때문에 거 시경제학에서 국내총생산은 곧 국내총소득과 일치한다.

② 기업이 생산을 원활히 지속하려면 당연히 판매가 꾸준히 이루어져야 한다. 미시경제 영역 에서는 생산＝판매를 의미하지만 거시경제 영역에서는 생산과 판매를 동일시하지는 않는 다(거시경제 영역에서는 재고에 대한 의미가 크게 작용한다).

기업이 판매를 한다는 것은 누군가 기업의 제품을 구매한다는 것이다. 다시 말해 거시적 관 점에서는 각 경제 주체로부터 적정 수준의 지출이 발생해야 기업의 생산활동이 적정 수준 을 유지할 수 있다는 것이다. 여기서 지출은 가계의 소비지출일 수도 있고, 사업 확장을 위 한 기업의 투자 목적의 설비구입과 같은 민간투자지출일 수도 있다. 물론 사회간접자본의 확충이나 기타 재정투자 목적의 구매 등의 정부투자지출이 될 수도 있다. 혹은 외국과 교역 을 하는 개방경제에서는 수출이 기업의 판매와 생산을 촉진할 수도 있다(반대로 국내 경제 주체가 국산품을 구매하지 않고 대신 외국제품을 구매한다면, 이는 국내 기업의 생산을 위 축시킬 수 있다).

③ 이러한 가계, 기업, 정부의 구매(지출) 증가는 각 기업의 생산을 촉진하게 되는데 이로써 고 용도 증가하고 각 생산요소의 요소소득도 증가하게 된다. 이러한 관점, 다시 말해 지출의 증가가 생산을 촉진한다는 관점의 이론을 유효수요이론이라 한다.

④ 하지만 각 경제 주체가 지출을 하려면 이를 위한 소득이 있어야 한다. 그러므로 지출 증가는 소득의 증가로부터 비롯된다. 그런데 이 소득은 생산요소의 고용이 늘어날 때 증가한다. 따

라서 생산 증가 → 고용 증가 → 소득 증가 → 지출 증가 → 생산 증가 → … 이런 식의 순환 사이클이 이루어진다. 그렇다면 경제의 선순환구조가 잘 돌아가기 위해서는 제일 먼저 생산을 촉진시켜야 하는가? 고용을 촉진시켜야 하는가? 아니면 소득을 촉진시켜야 하는가? 아니면 지출을 촉진시켜야 하는가? 이는 '닭이 먼저냐, 달걀이 먼저냐'와 유사한 질문이다. 성장하는 경제는 성장하는 어린 아이와 같다. 아이가 건강하게 무럭무럭 잘 자라기 위해서는 잘 먹어야 한다. 잘 먹어야 잘 놀 수 있다(운동 및 야외활동). 잘 놀아야 잘 쌀 수 있다. 잘 싸야 잘 먹을 수 있다. 따라서 이 중 어느 한 과정에서라도 문제가 발생하면 아이의 건강과 체력은 상하게 되고 잘 성장할 수 없다.

아이가 잘 먹는 것이 경제 전체적인 소득이 잘 발생하는 것이다. 잘 노는 것이 소비 및 지출이 잘 유지되는 것이고, 잘 싸는 것이 거시 경제 총생산이 잘 이루어지는 것에 비견될 수 있다. 만일 잘 먹었지만 잘 놀지 않고 집에서만 웅크리고 있는 것은 소비부진에 의한 내수침체라고 할 수 있다. 이는 과잉저축＋과소소비의 문제로 경제에 문제를 야기할 수 있다. 잘 놀았지만 잘 싸지 못하는 것은 소비 및 지출이 발생하였음에도 생산이 촉진되지 못하는 상황이다. 이는 생산설비의 낙후나 지속적인 산업투자가 부진한 경우 발생하게 된다. 잘 싸는데 잘 먹지 않는다면 이는 생산의 증가가 요소소득 증가로 이어지지 않는 경우이다. 이때는 소득 분배 시스템을 점검해야 할 필요가 있다.

하지만 가장 큰 문제는 잘 먹지 못해 기운이 없어 잘 못 놀고 신체활동이 없으니 배변활동도 줄어 잘 못 싸고 그러니 잘 먹지를 못하고 다시 기운이 없어 잘 못 노는 식의 악순환이다. 아이가 몸살이 걸리거나 배탈이 나면 이러한 악순환이 시작될 수 있다. 물론 태생적으로 건강한 체질인 아이라면 몸살이나 배탈이 몇 년이고 지속되지는 않고 며칠 푹 쉬면 나을 것이다. 하지만 그 며칠 간의 고생도 아이에게는 고통스럽다. 따라서 몸살, 배탈 등이 나면 바로 병원에 가서 주사 및 약을 처방받아 치유를 받는 게 더 바람직할 수 있다.

⑤ 경제도 마찬가지이다. 생산, 소득, 소비(지출)의 순환이 잘 이루어져야 경제가 잘 돌아가는 것이다. 이러한 순환고리의 어느 한 연결 부분에서 문제가 발생하더라도 사소한 경우라면 자연치유력처럼 경제도 알아서 조정해서 균형을 회복하려는 속성을 보인다. 하지만 이러한 문제가 계속 누적되거나, 혹은 자연치유력을 넘어서는 큰 사고 등이 발생하면 이때는 모든 순환고리로 문제가 파급되고, 경제의 움직임과 순환에 큰 장애가 발생한다. 이를 경제대공황이라 한다. 따라서 경제정책 담당자들은 마치 아이의 건강을 매일 살피듯, 경제의 각 순환고리에 문제 유무를 면밀히 살피고 이상 조짐이 있으면 이에 적절한 대처 방안을 마련해야 한다. 아이가 너무 활동이 왕성해 과도하게 먹고 체중이 적정 수준 이상으로 불어나면 식사량과 운동량에 대한 조절이 필요하듯 경기도 적정 수준을 넘어서 버블이 발생할 수준이 되면 역시 경제정책 담당자들은 경기를 쿨－다운시켜야 한다. 물론 활동량과 식사량 자체가 매우 줄어들면 이는 경기침체의 조짐이므로 이에 대한 적절한 처방을 준비해야 한다.

※ 지출은 가계의 지출, 기업의 지출, 정부의 지출로 나눌 수 있다. 이를 모두 합쳐 총지출이라고 한다. 이는 추후 유효수요이론 부분에서 자세히 학습한다.

(2) GDP의 의미

① 그렇다면 왜 거시경제학에서는 특히 GDP를 주요지표로 보는가? 흔히들 아이의 건강상태를 볼 때는 배변상태를 관찰한다. 잘 싸면 일단 건강에 큰 이상은 없다고 볼 수 있다. 거시경제도 마찬가지이다. GDP, 즉 거시경제 전반의 생산활동에 큰 이상이 없다면, 고용과 소득 발생도 잘 이루어지고 있다는 것이다. 소득이 있으면 (극히 예외적인 경우가 아니라면) 소비 및 지출도 원활히 이루어질 것이다.

② GDP(Gross Domestic Product : 국내총생산)이란, 1년 동안 한 나라의 국경 안에서 발생한 생산활동의 총량을 화폐 단위로 환산한 값이다.

국내총생산 : 1년 동안 국경 안에서 생산된 재화와 서비스의 최종재의 시장가치의 총합
- 여기서 '1년 동안'은 당해 연도 1월 1일부터 12월 31일까지의 기간이며, 이는 곧 GDP는 유량(Flow)의 개념이라는 것을 의미한다.
- '한 나라의 국경 안에서'의 의미는 GDP는 국적개념이 아닌 장소 개념이라는 것이다. 즉 GDP는 생산활동(경제활동) 주체의 국적이 아니라 어느 장소에서 이루어졌는지가 더 중요하다.
- '생산된' 재화와 서비스만 GDP에 포함시킨다는 것은 재품의 판매 여부와는 관계없이 생산과정이 종료된(finished) 제품만을 GDP에 포함시킨다는 것이다. 따라서 생산이 완료되었지만 판매되지 않는 재고품들도 재고투자라는 항목으로 GDP 계산에 포함시킨다.
- '재화와 서비스의 최종재(Final Goods)'를 GDP에 포함시킨다는 것은 다른 생산공정에 부품이나 중간재료로 들어간 중간재(Intermediate Goods)는 GDP 계산에서 제외시킨다는 것이다. 이러한 중간재까지 GDP 계산에 포함시킬 경우, 경제 주체들의 생산활동을 중복계상할 수 있기 때문이다.
- '시장가치의 총합'은 시장에서 합법적으로 거래되는 품목만 GDP에 포함시킨다는 것이다. 따라서 지하경제나 전업주부의 가사노동 등은 GDP 계산 시 제외된다.

③ 최종재와 중간재의 부가가치 예시
예를 들어 어느 국가의 생산가능인구가 단 3명, 농부, 제분소 주인, 제과점 주인만 있다고 하자. 농부는 맨땅에서 밀을 경작해서 밀 100kg을 생산해 이를 제분소 주인에게 100만 원을 받고 팔았다. 제분소 주인은 이 밀을 밀가루로 만들어 제과점 주인에게 180만 원에 팔았다. 제과점 주인은 이 밀가루로 빵을 만들어 최종소비자에게 300만 원을 받고 팔았다. 이때 각 경제 주체의 경제활동을 표로 나타내면 같다.

품목	농부	제분소	제과점
	밀	밀가루	빵
시장가격	100만 원	180만 원	300만 원
부가가치	+100만 원	+80만 원	+120만 원
표 25-1. 생산공정 상 부가가치			

표 25-1에서 농부는 맨땅에서 시가 100만 원의 밀을 생산했다. 즉 농부의 생산활동액은 100만 원이다. 제분소 주인은 100만 원짜리 밀을 180만 원짜리 밀가루로 만들었다. 이때 제분소 주인의 생산활동액은 80만 원이다. 그리고 제분소 주인은 100만 원짜리 밀을 180만 원 가치의 밀가루로 만듦으로써 80만 원의 가치를 더해 준 것이다. 이를 생산공정 상의 부가가치(Value Added)라 한다. 즉 각 생산공정 상의 부가가치는 각 생산공정에 참여한 중간재 요소공급자의 요소소득과 일치해야 한다. 마지막으로 제과점 주인은 180만 원 짜리 밀가루를 300만 원 가치의 빵으로 만들었다. 즉 제과점 주인의 생산활동액(이자 부가가치액)은 120만 원이고 이는 곧 제과점 주인의 소득이 된다.

정리하면 농부 부가가치 100만 원+제분소 주인 부가가치 80만 원+제과점 주인 부가가치 120만 원=300만 원이 각 경제 주체의 생산활동총액이다. 이는 최종재인 빵의 시장가치와 동일하다. 만일 각 생산단계에서의 중간재로 쓰인 밀, 밀가루 등의 시장가치까지 모두 합산하면 밀 100만 원+밀가루 180만 원+빵 300만 원=총 580만 원이 된다. 이는 GDP의 진정한 의미인 각 경제 주체의 생산활동 총액을 나타내지 못한다. 따라서 GDP는 최종재의 시장가치만을 반영해야 한다.

※ 혹은 최종재의 시장가치가 아닌, 각 생산단계 상의 중간재 부가가치 총합으로도 GDP를 계산할 수 있다. 오히려 이 방식의 GDP 측정이 더 많은 정보를 가져다 준다.

※ GDP 계산 시 유의할 점

품목	농부	제분소	제과점
	밀	밀가루	빵
생산완료일	2020/12/1	2020/12/15	2021/1/2
시장가격	100만 원	180만 원	300만 원
부가가치	+100만 원	+80만 원	+120만 원

만일 농부의 밀 생산종료일은 2020년 12월 1일, 제분소 주인의 밀가루 생산종료일은 2020년 12월 15일인데, 제과점 주인이 좀 게을러 빵을 해가 넘어가 2021년 1월 2일에 완성했다면 2020년 GDP 상에서는 밀가루가 최종재이다. 따라서 2020년 GDP는 180만 원이 된다.

(3) 명목GDP와 실질GDP

① 최종재가 핫도그와 햄버거뿐인 어느 국가의 2020년 가격과 생산량이 아래 표와 같다.

2020년	핫도그	햄버거
P	10$	15$
Q	10개	10개
표 25 - 2. 2020년도 GDP		

이때 이 국가의 2020년도 GDP는 250$이다.

그런데 2021년, 이 국가의 핫도그와 햄버거 생산량은 2020년과 동일하지만 물가가 아래 표와 같이 상승했다면?

2021년	핫도그	햄버거
P	12$	18$
Q	10개	10개
표 25 - 3. 2021년도 GDP		

이때 이 국가의 2021년도 GDP는 300$이다.

② 즉 이 나라의 2020년과 2021년 간 생산활동 총량은 변함이 없다. 그러나 물가의 상승으로 인해 GDP가 증가한 것으로 표현된다. 이는 GDP의 진정한 의미를 훼손시킨다. 이를 보완하기 위해 등장한 지표가 바로 실질GDP(Real GDP)이다.

③ 앞서 당해연도 수량에 당해연도 가격을 곱하여 측정한 GDP를 명목GDP(Nominal GDP)라 한다(여기서 당해연도란 측정하고자 하는 연도를 말한다. 흔히 비교연도라고도 한다). 반면 물가상승에 의해 실제적 경제활동량이 과대계산되는 것을 보정한 GDP가 앞서 설명한 실질GDP이다.

④ 실질GDP 도출을 위해서는 먼저 기준연도를 설정하여야 한다. 그리고 우리가 측정하고자 하는 연도(비교연도, 또는 당해연도)의 수량과 기준연도에서의 가격을 곱하여 실질GDP를 계산한다. 예를 들어 위 예시에서 2021년도의 실질GDP를 구하려면 먼저 기준연도를 설정해야 한다. 이때 기준연도를 2020년으로 설정하자. 그러면 2021년의 실질GDP는 핫도그와 햄버거의 2020년 가격에 2021년 생산량을 곱하여 합산한다. 즉 2021년의 실질GDP는 250$가 된다.

결국 실질GDP는 비교연도 생산량에 기준연도 가격을 곱함으로써 기준연도와 비교연도 간 물가의 변동으로 인한 명목GDP의 부풀림을 차단하여 준다.

※ 기준연도의 가격에 비교연도의 수량을 곱하는 방식을 파셰방식이라 한다(즉 파셰지수는 가격을 고정시킨다).

※ 보통 기준연도는 5년 단위로 갱신한다. 즉 2020년부터 2024년까지는 2020년 가격을 기준으로 한다. 그리고 2025년부터 2029년까지는 2025년 가격을 기준으로 삼는다.

⑤ 그런데 명목GDP=비교연도 P×비교연도 Q이고 실질GDP=기준연도 P×비교연도 Q이

므로 $\dfrac{명목 GDP}{실질 GDP} = \dfrac{비교연도\ P}{기준연도\ P}$ 라는 공식이 성립한다.

즉, 명목GDP/실질GDP는 비교연도와 기준연도 사이의 물가수준의 비율을 의미한다. 이를 이용하여 기준연도와 비교연도 사이 물가의 차이를 하나의 지표로 나타낼 수 있는데 이를 GDP디플레이터라 한다.

$$GDP 디플레이터 = \dfrac{명목 GDP}{실질 GDP} \times 100$$

위 사례에서 2021년의 GDP디플레이터는 120이다. 이는 이 나라의 2020년 물가를 100이라고 할 때, 2021년의 물가는 120이라는 것이다. 즉 GDP디플레이터는 비교연도의 물가수준을 나타내는 지수라고 볼 수 있다.

※ GDP디플레이터의 변화율은 명목GDP 변화율－실질GDP 변화율이 된다. 이때 GDP디플레이터의 변화율은 물가상승률이 된다.

※ 실질GDP의 변화율을 경제성장률이라고 한다.

(4) GDP의 변동(경기변동)

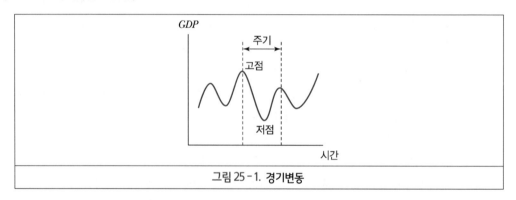

그림 25 - 1. 경기변동

① 위 그림처럼 (실질)GDP의 변동을 경기변동이라고 한다(실제로는 실질GDP의 변동이 아니라 실질GDP 변화율, 즉 경제성장률의 변동을 경기변동이라고 한다).

② 거시경제학의 큰 두 가지 주제는 경기변동, 그리고 경제성장이다. 경기변동은 계절의 변화처럼 어느 경제나 일상적으로 겪는 자연스런 현상이다. 하지만 추울 때는 따뜻하게 옷을 입고, 더울 때는 시원하게 옷을 입는 것처럼 경기변동이 발생하면 경기변동의 진폭을 줄이는 것이 바람직하다. 이를 경기안정화라 한다.

26. 국민소득 3면 등가

총생산, 총소득, 총지출 간의 관계에 대해 학습한다.

－국민소득 3면 등가
－GDP를 변화시키는 요인
－GNI

(1) 총생산과 총소득, 총지출

① 국가 경제 내 총생산이 이루어졌다는 것은 각 경제 주체들이 생산 활동에 참여하였다는 것이다. 당연히 생산활동에 참여한 대가로 요소소득을 얻는다. 기업의 생산량 총액은 기업의 이윤과 총비용으로 나뉜다. 그리고 총비용은 임금＋이자＋지대로 구성된다. 결국 경제 내 GDP 총액은 임금＋이자＋지대＋이윤의 총합이 된다. 그리고 임금＋이자＋지대＋이윤은 경제활동에 참가한 대가로 받는 경제 주체들의 총소득이다.

따라서 국내총생산은 국내총소득과 일치한다. 보통 거시경제학에서 국내총소득의 이니셜은 Y로 표현한다. 즉 항상 $GDP = Y$가 성립하게 된다.

② 국내 경제주체들이 총소득을 얻으면 먼저 세금을 납부해야 한다. 이때 세금의 크기를 T라고 하면 $Y - T$가 세금을 납부하고 남은 경제 주체들의 처분가능소득(Disposal Income)이 된다. 즉 $Y^d = Y - T$이다(여기서 Y^d는 처분가능소득).

경제 주체들은 처분가능소득의 일부는 저축(S)하고 나머지는 소비지출(C)에 사용한다. 즉 $Y = C + S + T$가 될 것이다.

직관적으로 조세(T)는 정부의 지출(G)이 될 것이다. 그리고 저축(S)은 민간기업의 투자지출(I)이 될 것이다. 즉 총소득 $Y = C + S + T$는 가계, 기업, 정부의 지출인 $C + I + G$와 같은 크기가 된다. 이때 가계, 기업, 정부의 지출의 총합 $C + I + G$를 총지출(Aggregate Expenditure ; AE)이라 한다. 즉 총소득＝총지출이 된다.

그러므로 거시경제는 균형에서 총생산＝총소득＝총지출이 일치하여야 한다. 이를 국민소득 3면 등가의 원칙이라 한다.

③ 위에서 $S = I$가 되고 $T = G$가 된다고 가정하고 국민소득 3면 등가의 원칙을 설명하였다. 하지만 항상 $S = I$, $T = G$가 성립하는 것은 아니다. 만일 정부가 조세수입보다 많은 정부지출을 집행한다면 정부의 재정적자가 발생하여 $T < G$가 된다. 하지만 이 경우에는 정부가 재정적자분만큼 금융시장에서 차입을 하게 된다. 이로 인해 정부의 차입분만큼 민간투자가 위축된다. 따라서 $T < G$가 되면 $S > I$가 된다. 즉 $S + T = G + I$가 항상 성립하게 된다. 정부가 균형재정을 달성하지 않는 경우에도 국민소득 3면 등가는 성립하는 것이다.

(2) 개방경제에서 국민소득 3면 등가

① 국민소득 3면 등가에 따르면 경제는 $GDP = AE$에서 균형을 달성한다. 즉, 균형에서는 $GDP = C + I + G$가 성립한다. 그런데 이는 외국과 교역이 전혀 이루어지지 않는 폐쇄경제에서의 균형이다. 만일 수출과 수입이 자유로운 개방경제에서는 이 균형 조건이 어떻게 변화할까?

② 개방경제에서는 $GDP = C + I + G + (X - M)$이 성립한다.
   이를 보다 자세히 설명하면 다음 그림과 같다.

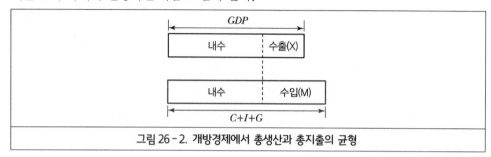

그림 26 - 2. 개방경제에서 총생산과 총지출의 균형

위 그림에서 GDP는 내수와 수출의 합으로 구성된다. 이 중 내수는 대한민국에서 생산되어 대한민국 내에서 판매된 수량이다. 그리고 대한민국 경제 주체의 총지출은 C+I+G로서 이는 국산품과 수입품에 대한 지출을 모두 합한 것이다. 따라서 내수(국산품에 대한 지출)의 크기는 C+I+G-M이 된다. 따라서 GDP=내수+수출=C+I+G+X-M이 되는 것이다.

※ 만일 내수의 위축 없이 단순히 수입(M)이 증가하면 대한민국의 GDP는 어떻게 변화할까? 아무런 변화도 발생하지 않는다. 예를 들어 C+I+G=300, X=100, M=80이라고 하자. 이때 GDP는 320이다. 그런데 여기서 내수의 감소 없이 단순히 수입이 80에서 90으로 증가하였다면 가계, 기업, 정부는 국산품에 대한 지출 감소 없이 외제품에 대한 지출을 10 늘린 것이다. 따라서 M이 80에서 90으로 증가하지만 C+I+G도 300에서 310으로 늘어난 것이다. 따라서 GDP=C+I+G+X-M은 불변이다.
하지만 가계, 기업, 정부가 국산품에 대한 지출을 10 줄이고 대신 외제품에 대한 지출을 10 늘린다면? 즉 국산품을 외제품으로 대체하며 수입을 증가시킨 것이라면, 이때는 내수가 위축되고 이에 따라 대한민국의 GDP는 10만큼 감소한다.

③ 결국 GDP는 국산품에 대한 생산이 촉진되는 경우 증가하게 된다. 즉 국산품에 대한 가계의 소비 증가, 기업의 투자 증가, 정부의 구매 증가, 수출의 증가는 대한민국의 GDP를 끌어올리는 요인이다. 그리고 단순한 수입의 증가는 우리나라의 GDP에 아무런 영향을 미치지 못하지만 수입 증가로 인해 국산품에 대한 지출이 위축되면 이는 GDP를 감소시키는 요인이 된다.

※ 재정거래와 GDP

단순한 재산의 주인이 바뀌는 이전거래는 GDP를 늘리는 데 아무런 기여를 하지 못한다.

예를 들어 A씨가 올해 생산된 국산 자동차를 구매하는 행위는 당연히 우리나라의 GDP를 늘리는 데 기여한다. 하지만 A씨가 작년에 B씨가 구입한 국산 자동차를 중고로 매입한다면 이는 새로운 자동차의 생산을 촉발시키는 행위가 아니다. 그저 이미 창출된 재산(자동차)의 주인이 B에서 A로 옮겨지는 것뿐이다. 이처럼 이미 생산되어 최초로 거래되었던 자산의 주인이 추후 변경되는 행위는 우리나라 GDP 증가에 아무런 기여를 하지 못한다. 주식거래, 부동산 거래 등이 여기에 포함된다.

하지만 만약 이러한 재산거래가 직접거래가 아닌 중개인에 의해 매개되는 간접거래라면 이때 중개인은 A와 B를 중개해주는 서비스(일)를 한 것이다. 따라서 중개수수료만큼의 생산활동이 이루어진 것이다. 즉 재산거래 자체는 GDP에 포함되지 않지만 중개서비스는 GDP에 포함된다. 마찬가지로 로또구매 자체는 GDP에 포함되지 않지만, 로또용지를 생산하고 판매하는 복권판매점의 수익은 GDP에 포함된다.

GDP는 새로운 일을 통해 새로운 부가가치가 창출될 때 증가하는 것을 기억하자.

※ GDP와 GNI

국가의 총생산 및 경제규모를 측정하는 개념으로는 GDP가 적합하다. 하지만 국내총소득을 측정하는 지표로는 GDP말고도 GNI(국민총소득)를 자주 사용한다. GNI는 과거 GNP와 유사한 개념이다.

명목GNI는 명목GDP에 국외순수취 요소소득을 가감한 값이다. 그런데 물가변동은 교역조건에 따른 실질무역손익을 가져다준다. 이를 반영한 것이 바로 실질국민총소득(실질GNI)이다.

(정리)

명목GNI는 명목GDP에 국외순수취 요소소득을 가감한 값이다.

실질국내총소득(실질GDI)은 실질GDP에 교역조건 변화에 따른 무역손익을 가감한 값이다.

실질국내총소득(실질GDI)에 국외순수취 요소소득을 가감하면 실질GNI가 도출된다.

27. 케인즈의 유효수요이론

케인즈의 시각에 대해 학습한다.

- 세이의 법칙과 고전경제학
- 가격경직성과 가격신축성
- 경제대공황
- 케인즈의 유효수요이론

(1) 세이의 법칙

① 미시적으로 어느 시장에서 수요가 증가하면 균형점은 그림 27 - 1처럼 점 a에서 점 b로 변화한다. 즉 개별 재화의 가격은 상승하지만 요소가격은 불변이며 공급곡선도 불변이다.

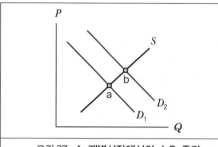

예를 들어 커피에 대한 수요가 증가하면 커피 가격과 수량도 증가하지만, 시중의 이자율과 아르바이트생의 인건비까지 상승하지는 않는다.

즉 개별 재화에 대한 가격이 상승했다고 거시 전체적으로 모든 요소에 대한 고용이 증가하는 것이 아니므로 요소가격은 변하지 않는 것이다(따라서 공급곡선도 불변이다).

그림 27 - 1. 개별시장에서의 수요 증가

② 하지만 거시 전체적인 관점에서 총수요가 증가하면 이는 모든 시장에서의 수요 증가이다.

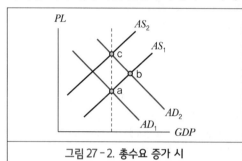

이에 따라 거의 대부분의 요소시장에서 요소수요도 함께 증가한다. 따라서 거시 전체적으로 요소가격이 상승하게 된다. 이에 따라 대부분의 시장에서 한계비용이 상승하게 되고 이는 곧 거시 전체적인 관점에서 총공급곡선의 좌측 이동을 야기하게 된다.

따라서 거시경제적으로 총수요 증가 시 최종균형은 점 c가 된다.

그림 27 - 2. 총수요 증가 시

③ 거시 전체적인 총수요가 감소한 경우라면? 아래 그림에서 최초의 거시경제 균형은 점 a였다. 여기서 총수요가 감소하면 대부분의 시장에서 수요가 줄어든다.

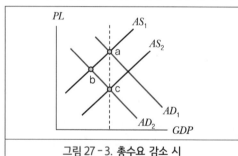

이에 따라 거래량이 줄고 이는 곧 기업의 요소고용의 감소로 이어진다. 따라서 거시 전반적인 요소가격도 하락하고 이에 따라 기업의 한계비용도 낮아진다. 이는 거시 전체적인 총공급곡선의 우측 이동을 야기한다. 결국 이때도 좌측 그림처럼 거시경제의 최종균형은 점 c가 된다.

그림 27 - 3. 총수요 감소 시

즉 거시 전체적으로는 총수요곡선이 이동하여도 총공급곡선이 이를 상쇄시키는 방향으로 이동하게 되고 결국 총수요의 변동이 발생하여도 경제 전체 실질GDP는 변하지 않게 된다.

④ 결국 경제 전체의 실질GDP는 수요요인이 아니라, 경제 전체의 산출능력, 즉 공급 측 요인에 의해 결정될 수밖에 없다. 이를 경제학자 세이는 '공급은 스스로 자신의 수요를 창출한다.'라는 세이의 법칙으로 표현하였다.

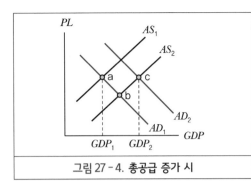

만일 좌측 그림에서 거시 경제의 최초 균형이 점 a였는데, 이때 거시 전반적인 생산성이 증가하여 대부분의 기업의 한계비용이 감소하면 총공급곡선은 우측으로 이동한다. 이에 따라 실질GDP도 증가하고 물가는 하락한다.

소득이 늘고 물가가 하락하면 거시 전체적인 총수요도 증가한다. 따라서 거시 경제의 최종균형은 점 c가 된다.

그림 27 - 4. 총공급 증가 시

(2) 가격신축성과 가격경직성

① 앞서 살펴본 세이의 법칙은 고전경제학의 가장 일반적인 관점이었다. 하지만 이러한 세이의 법칙이 성립하기 위해서는 기본적인 전제조건이 필요하다. 바로 요소수요 변화 시 이에 대한 요소가격이 신축적으로 반응해야 한다는 것이다. 이를 가격의 신축성(Price Flexibility)이라고 한다.

가격의 신축성은 요소수요에 대한 요소가격의 신축적 반응을 의미하기도 하지만 보다 넓게는 생산물 수요에 대한 시장가격의 신축적 반응을 의미하기도 한다.[6]

하지만 현실에서는 수요가 증가하였다 하더라도 거래관습이나 기타 요인들에 의해 단기적으로는 가격이 고정된 경우가 일반적이다. 예를 들어 수요 변동이 발생하여도 커피가격이 1주일마다 변화하지는 않는다. 노동자의 임금도 마찬가지이고 보통의 정규직의 경우 임금은 연 단위로 변화한다. 즉 대부분의 재화가격이나 요소가격은 최소 몇 주에서 몇 달 정도는 경직적인 채로 유지된다. 이를 가격의 경직성(Price Rigidity)이라고 한다.

② 가격이 경직적인 경우에는 총수요 변화 시 총공급곡선이 즉각 반응하지 않는다.

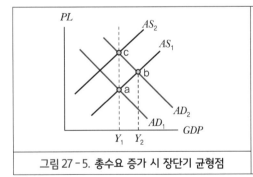

총수요가 AD_1에서 AD_2로 증가한 경우 거시 경제 균형은 점 a에서 점 b로 이동한다.

그러다 시간이 지나 요소수요 증가에 의해 요소가격이 상승하고 나면 총공급곡선이 AS_1에서 AS_2로 이동하고 거시경제균형은 점 c가 된다.

즉 총수요 증가 시 거시경제의 단기균형은 점 b이고 장기균형은 점 c인 것이다.

그림 27 - 5. 총수요 증가 시 장단기 균형점

이처럼 가격이 경직성이 유지되는 단기에는 총수요의 변화가 실질GDP 변화를 야기할 수 있다.

※ 엄밀하게는 위 그림에서 가로축은 GDP가 아닌 경제성장률이다. 또한 세로축은 물가수준이 아닌 물가상승률이다.

---

6) 기업의 생산물이 중간재인 경우를 포함한다.

(3) 경제대공황

① 1929년 미국 주식시장에서 급락이 발생하며 전세계 경제대공황이 시작되었다. 주가 하락에서부터 시작된 자산가치의 하락은 경제의 총수요를 줄이는 요인이 되었다. 고전경제학에서는 가격이 신축적으로 조정된다고 믿고 있었기에 총수요가 급감하여 거시 경제의 균형이 그림 27−6의 점 a에서 점 b로 일시 후퇴하여도 곧 총공급곡선도 우측 이동하여 경제가 곧 회복될 것이라고 믿었다.

하지만 고전경제학파의 생각과는 달리 20세기부터 본격화된 대량제조업 기반의 사회에서 가격의 경직성은 이전과는 달리 길게 유지되었다. 따라서 총공급곡선은 계속 AS_1에서 유지되었고 경제는 b점에서 생각보다 오래 머물렀다. 따라서 기업들은 노동자를 해고하기 시작했고, 실직한 노동자들은 당연히 씀씀이를 줄였다. 이는 거시 경제 전체의 총수요의 추가적인 감소로 이어졌고, 이에 총수요곡선은 이제 AD_3가 되었다. 이에 따라 기업은 추가로 노동자를 해고하였고, 이는 또다시 총수요의 감소로 이어졌다.

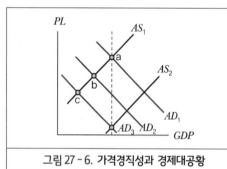

그림 27 − 6. 가격경직성과 경제대공황

물론 시간이 오래 경과하면 요소가격이 낮아지며 총공급곡선이 AS_2가 되어 거시경제균형은 최초의 실질 GDP 수준으로 회복되지만 그때까지 경기침체로 많은 고통을 받게 된다.

따라서 케인즈는 가격경직성이 유지되는 단기에는 총수요의 감소에 대해 적극적인 정부의 시장개입을 주장하였다.

(4) 케인즈의 유효수요이론

① 이제 가격경직성이 유지되는 단기에 총수요를 통제하면 거시경제의 물가수준과 실질GDP 수준도 통제할 수 있음을 학습하였다. 이처럼 총수요를 조절하여 거시경제를 안정화시키는 정책을 총수요관리정책이라 한다.

② 총수요곡선은 앞서 배운 총지출함수를 통해 도출할 수 있다. $AE = C + I + G + (X - M)$으로 구성된 총지출에서 소비지출 C, 민간투자지출 I, 수출 X는 물가수준에 의해 달라진다.

먼저 물가가 하락하면 경제 주체들의 실질소득이 증가한다. 이에 따라 소비지출이 증가한다. 이를 피구효과(Pigou − Effect) 또는 부의 자산효과(Wealth Effect)라 한다.

또한 물가가 하락하면 실질이자율이 하락한다.[7] 이에 따라 민간투자지출이 증가한다. 그리고 물가가 하락하면 수출도 증가한다. 즉 물가가 하락하면 총지출액은 증가한다. 이를 그림으로 표현하면 다음과 같다.

---

7) 이에 대한 원리는 추후 화폐금융 파트에서 학습한다.

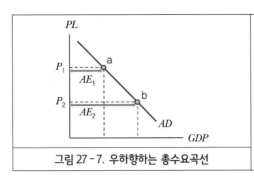

그림 27 - 7. 우하향하는 총수요곡선

물가수준의 변화는 총수요곡선 자체를 이동시키는 것이 아니라 총수요곡선 상의 이동으로 봐야 한다. 물가 이외의 요인으로 총지출 AE이 변화하면 이는 총수요곡선 자체의 이동이 된다.
즉 물가와 무관하게 $C+I+G+(X-M)$이 변화하면 총수요곡선도 움직인다.

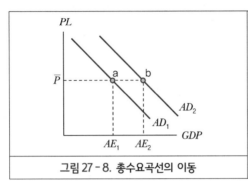

그림 27 - 8. 총수요곡선의 이동

예를 들어 정부가 세금을 인하하여 가계의 처분가능소득이 증가하였다면 이는 물가와 무관한 총지출의 증가이고 이에 따라 총수요곡선도 우측으로 이동하게 된다.

③ 그렇다면 물가 이외에 총지출 AE에 영향을 주는 요인은 무엇인가. 우선 총지출의 하위 구성항목인 소비지출, 민간투자지출, 정부투자지출, 수출과 수입을 나누어서 살펴보자. 케인즈에 따르면 소비지출은 다음과 같다.

$$C_t = C_0 + c(Y_t - T_t) + \varepsilon_t$$

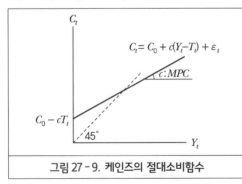

그림 27 - 9. 케인즈의 절대소비함수

C_t는 t기의 거시경제 전체의 소비지출
C_0는 소득과 무관한 최소한의 기초소비지출(Y_t는 t기의 총소득, T_t는 t기의 조세)
ε_t는 오차항 (평균이 0이라 가정)

※ 여기서 소문자 c는 한계소비성향(MPC)이라 한다. 소비지출곡선의 기울기가 되며 1보다 작은 값이다.

민간투자지출은 $I_t = I_0 - br_t$이다. 여기서 I_t는 t기의 민간투자지출 총액이다. r_t는 t기의 시장이자율이고 b는 기업의 투자가 이자율에 얼마나 민감하게 반응하지를 나타내는 지표로서 투자의 이자율 탄력성은 $\log b$에 정비례한다. 따라서 b를 그냥 투자의 이자율탄력성이라고 표현해도 된다.

정부투자지출은 그냥 $G_t = G_0$이다. 정부투자지출은 정부의 정책의지에 따라 좌우되므로 다른 변수에 영향을 받지 않는다고 가정한다. 또한 수출도 $X_t = X_0$로 국내거시경제변수와 무관하게 결정된다고 가정한다.

t기의 조세총액은 $T_t = T_0 + \tau Y_t$로 여기서 T_0는 정액세를 나타내고 τY_t는 비례세를 나타낸다. 그리고 Y_t 앞에 붙은 계수 τ는 비례세율을 의미한다(누진세까지 고려할 경우 이론이 너무 복잡해지므로 누진세는 고려하지 않는다).

t기의 수입액은 $M_t = M_0 + m Y_t$이다. M_0는 소득과 무관한 수입이며 $m Y_t$는 소득에 따라 증감하는 수입을 의미한다(보통 수입은 총소득과 정의 관계이다). 여기서 m은 한계수입성향이라 부른다.

즉 $AE = C + I + G + (X - M)$이고, 각 세부항목은

$C = C_0 + c(Y - T)$

$I = I_0 - br$

$G = G_0$

$T = T_0 + \tau Y$

$X = X_0$

$M = M_0 + m Y$로 표현된다(편의상 시간을 의미하는 하첨자 t는 생략).

따라서 $AE = (c - c\tau - m)Y + (C_0 - cT_0 + I_0 - br + G_0 + X_0 - M_0)$가 된다.

이를 바탕으로 가로축에 GDP, 세로축의 총지출(AE)로 구성된 좌표평면에 총지출함수를 곡선으로 나타내면 아래 그림과 같다.

이때 총지출곡선의 기울기는 $0 < c - c\tau - m < 1$로 가정한다.

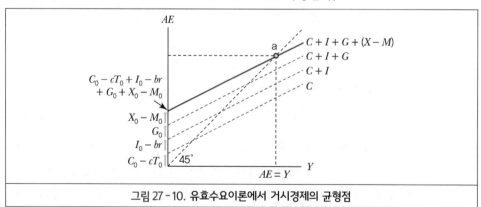

그림 27 - 10. 유효수요이론에서 거시경제의 균형점

그리고 국민소득 3면 등가의 원리에 의해 거시경제는 $AE = Y$에서 균형을 달성한다.
즉 $(c - c\tau - m)Y + (C_0 - cT_0 + I_0 - br + G_0 + X_0 - M_0) = Y$에서 균형이 이루어지므로
거시경제의 (단기) 균형점에서 균형국민소득은

$$Y^* = \frac{C_0 - cT_0 + I_0 - br + G_0 + X_0 - M_0}{1 - c + c\tau + m} \text{이다.}$$

④ 만일 $AE > Y$라면? 즉, 현재 총지출이 총생산량을 상회하는 경우라면. 이는 현재 거시 전체적으로 초과수요인 상황이다.

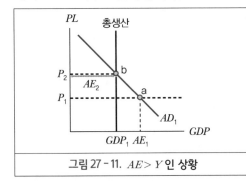

$AE > Y$라면 현재 거시경제의 위치는 좌측 그림에서 점 a이다.
고전학파의 견해에 따르면 이 경우 가격이 신축적으로 P_2로 상승하여 총지출이 AE_2로 감소하고 점 b에서 $AE = Y$가 달성될 것이다(세이의 법칙).

그림 27 - 11. $AE > Y$인 상황

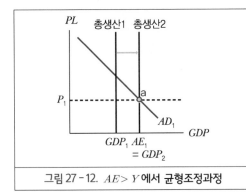

하지만 단기에 가격이 경직적인 상황에서는 가격이 P_1을 유지하고 기업들은 경제 주체의 구매에 맞춰 생산을 증가시킨다. 따라서 국내 총생산이 GDP_1에서 GDP_2로 증가하여 결국 거시경제 균형은 점 a가 될 것이다.

그림 27 - 12. $AE > Y$에서 균형조정과정

반대로 $AE < Y$라면 거시전반적으로 초과공급인 상황이며 이 경우 (가격이 경직적인 상황에서는) 기업이 생산을 줄여 결국 $AE = Y$를 달성할 것이다.
즉 단기에는 거시경제의 균형이 항상 $AE = Y$에서 이루어지는데, 이때 거시경제균형국민소득의 크기는 (고전학파의 견해와는 달리) 총지출요인에 의해 결정된다. 이를 유효수요이론이라 한다.

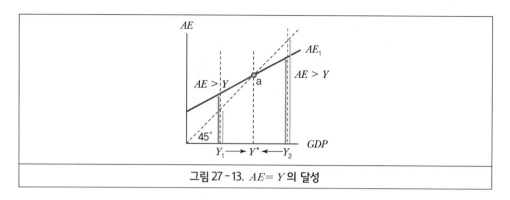

그림 27 - 13. $AE = Y$ 의 달성

⑤ 유효수요이론에 따르면 아래 그림처럼 균형 a점에서 위치한 상황에서 기업들이 총생산을 늘려 GDP를 200으로 증가시켜도 총지출이 이를 소화해주지 못해 기업은 재고가 쌓이게 되고 결국 다음 기에 생산을 줄여 다시 GDP는 원 균형수준인 100으로 돌아가게 되는 것이다. 그렇다면 이 나라 경제는 단기에는 GDP 100 수준을 벗어나지 못하는 것일까?

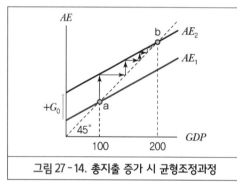

그림 27 - 14. 총지출 증가 시 균형조정과정

아니다. 총지출곡선을 움직이면 거시경제의 단기균형 점도 달라진다. 예를 들어 정부가 정부지출 G_0 를 증가시켰다고 하자.

그러면 이제 이 경제의 총지출곡선은 기존의 AE_1 에서 AE_2 로 상승한다. 따라서 거시경제의 단기균형점도 점 b로 이동하게 된다.

28. 소비함수

거시경제의 소비함수에 대해 학습한다.

- 케인즈의 절대소비함수
- 쿠츠네츠의 실증분석
- 항상소득이론
- 생애주기이론
- 상대소득가설과 불규칙보행가설

(1) 케인즈 절대소비함수

① 단기 물가가 경직적인 상황에서는 경제 전체의 총지출이 바로 GDP를 결정짓는다. 그리고 총지출은 소비지출＋민간투자지출＋정부투자지출＋순수출의 합이다. 여기서 소비지출에 대한 여러 학파의 견해를 살펴본다. 먼저 케인즈의 견해를 살펴본다.

② 케인즈는 거시 전체의 소비지출은 단기에 오직 처분가능소득(Disposal Income)에만 반응한다고 보았다. 이를 간단한 함수형태로 나타내면 케인즈의 절대소비함수가 된다.

케인즈의 절대소비함수 : $C_t = C_0 + c Y_t^d + \varepsilon_t$

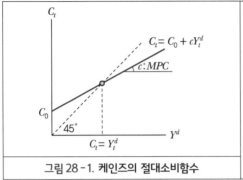

	C_t 는 t 기의 거시경제 전체의 소비지출
	C_0 는 소득과 무관한 최소한의 기초소비지출
	Y_t^d 는 t 기의 처분가능소득 : $Y_t^d = Y_t - T_t$,
	(Y_t 는 t 기의 총소득, T_t 는 t 기의 조세)
	$c = \dfrac{\Delta C_t}{\Delta Y_t^d}$. 처분가능소득 1단위 증가 시 소비지출의 증가분. 이를 한계소비성향(MPC)이라 한다.
	ε_t 는 오차항 (평균이 0이라 가정)

그림 28 - 1. 케인즈의 절대소비함수

케인즈의 절대소비함수에 의하면 C_t 에 영향을 주는 것은 오직 t기의 처분가능소득, Y_t^d 뿐이다. 따라서 정부는 조세의 크기를 조절하여 소비지출에 영향을 줄 수 있다. 또한 한계소비성향(Marginal Propensity to Consume ; MPC)은 $0 < c < 1$ 의 값을 지닌다. 따라서 케인즈의 절대소비함수를 곡선으로 표현하면 위 그림과 같다.

〈예시〉 $C_t = 100 + 0.8 Y_t^d$ 인 경우

Y_t^d	0	100	200	300	400	500	600
C_t	100	180	260	340	420	500	580

※ 한계소비성향이 항상 일정한 상수이지는 않다. 보통 처분가능소득이 증가함에 따라 한계소비성향은 점차 감소하는 경향을 보인다. 그러나 수험에서는 모형의 단순함을 위해 일정한 한계소비성향을 가정하는 것이 보통이다.

③ 평균소비성향(Average Propensity to Consume ; APC)는 소비지출을 처분가능소득으로 나눈 값이다. 즉 $APC = \dfrac{C_t}{Y_t^d}$ 이다. 절대소비함수의 경우 $APC = \dfrac{C_0 + c Y_t^d}{Y_t^d} = \dfrac{C_0}{Y_t^d} + c$ 이므로 절대소비함수에서는 항상 평균소비성향이 한계소비성향보다 크다. 즉 $APC > MPC$ 이다.

(2) 쿠츠네츠 소비논쟁

① 20세기 초 쿠츠네츠는 미국 국세청 자료를 이용하여 미국의 처분가능소득과 소비지출 간의 관계를 분석하였다. 이때 특정 시점에서의 각 가정의 처분가능소득과 소비지출 간의 관계를 분석한 횡단면분석(Cross – Section Analysis)에서는 $APC > MPC$ 임이 밝혀졌다.

② 그런데 장기 시계열 데이터를 이용한 분석(Time−Series Analysis)에서는 $APC=MPC$인 결과가 도출되었다. 쿠츠네츠의 분석에 의하면 단기적으로는 $APC>MPC$가 성립하는데 장기적으로는 $APC=MPC$가 성립하는 것이다.

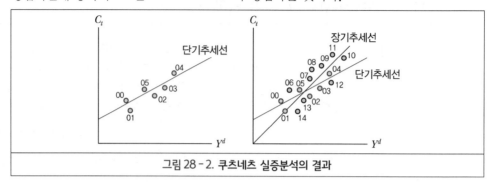

그림 28 − 2. 쿠츠네츠 실증분석의 결과

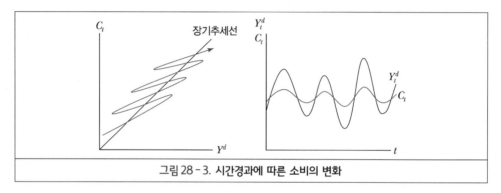

그림 28 − 3. 시간경과에 따른 소비의 변화

위 결과에 대해 해석하면 다음과 같다. 경기변동에 따라 소득이 변동하면 이에 따라 소비지출도 함께 등락을 거듭하는데 이때 소득의 변동에 비해 소비의 변동은 안정적이라는 것이다. 따라서 쿠츠네츠의 실증분석 결과에 맞는 소비함수는 단기에는 Y축을 통과해야 하며, 장기에는 원점을 통과하면 기울기는 일정해야 한다(이때 장기소비함수의 기울기가 꼭 45도일 필요는 없다. 하지만 실제로는 45도에 매우 가깝다).

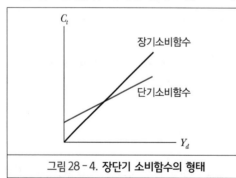

그림 28 − 4. 장단기 소비함수의 형태

케인즈의 절대소비함수는 쿠츠네츠의 실증분석 결과 중 단기 데이터 해석에 알맞은 함수이다. 따라서 단기와 장기 모두 설명해줄 수 있는 새로운 소비함수에 대한 가설이 필요하다.
1950년대 이후 등장한 새로운 소비이론으로는 항상소득이론, 생애주기이론, 상대소득가설, 불규칙 보행 가설 등이 있다.

(3) 항상소득이론

① 통화주의학파의 대표적 경제학자 밀튼 프리드만(M. Friedman)은 항상소득이론(Permanent Income Hypothesis)을 제시하여 단기에 $APC > MPC$, 장기에 $APC = MPC$가 성립하는 것을 설명하고자 하였다.

② 항상소득이론은 기본적으로 소비의 평활화 원리(Consumption – Smoothing)에 기반한다. 즉 소득이 크게 변동하여도 소비는 비교적 안정적으로 유지하려는 기본적인 효용극대화 원리를 따른다는 것이다.

③ 그리고 프리드만은 소득을 항상소득과 임시소득으로 구분하였다.

즉 $Y = Y^P + Y^T$인데, 여기서 Y는 특정기간의 총소득, Y^P는 해당기간의 항상소득(Permanent Income), Y^T는 해당기간의 임시소득(Transitory Income)이다.

그리고 프리드만은 총소비를 항상소비와 임시소비로 구분하였다. 즉 $C = C^P + C^T$이다.

※ 임시소득의 거시경제적 장기평균은 0이다.

④ 여기서 항상소비는 항상소득에만 영향을 받는다. 즉 $C^P = kY^P$이고, 여기서 $k \simeq 1$에 근접한다.

항목	상관계수
C^P, Y^P	+
C^P, Y^T	0
C^T, Y^T	0
C^T, Y^P	0
Y^P, Y^T	0
C^P, C^P	0

표 28 – 1. 상관계수

하지만 항상소비는 임시소득과 임시소비와는 전혀 무관하다. 그리고 항상소득도 임시소득과 임시소비와 전혀 무관하다. 또한 임시소득과 임시소비도 전혀 무관하다.

즉 $Corr(C^P, Y^P) > 0$이고,
$Corr(C^P, Y^T) = 0$,
$Corr(C^T, Y^T) = 0$, $Corr(C^T, Y^P) = 0$
$Corr(Y^P, Y^T) = 0$, $Corr(C^P, C^T) = 0$이다.

※ 상관계수(Correlation Coefficient)

상관계수란 두 변수가 얼마나 정(+)의 관계, 혹은 음(−)의 관계에 가까운지를 나타내는 척도이다. 만일 어느 반 학생들의 수학점수와 영어점수가 양(+)의 상관관계를 보인다면, 이는 이 반 학생은 전반적으로 수학점수가 높은 학생이 영어점수도 높다는 의미이다.

상관계수는 −1부터 +1까지의 값을 지닌다. 상관계수가 +1이면 아주 강력한 양(+)의 상관관계로 이는 정비례를 의미한다. 상관계수가 0이라면 두 변수는 아무런 관련도 없다는 뜻이다.

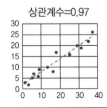
상관계수=0.97

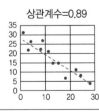
상관계수=0.89

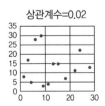
상관계수=0.02

⑤ 현재 소비자의 총소득이 100이라고 하자. 그리고 임시소득은 0이라고 가정하자. 이때 $k = 0.9$라면 현재 소비는 $C^P = kY^P$, 즉 90이다. 따라서 소비자는 그림 28-5의 점 a에 위치한다.

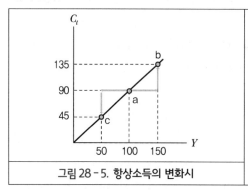

그림 28 - 5. 항상소득의 변화시

그런데 이때 이 소비자의 항상소득이 100에서 150으로 증가하면 소비는 135가 되어 점 b로 이동하고, 항상소득이 500이 되면 소비는 45가 되어 점 c로 이동한다. 따라서 항상소득 변화 시 소비함수는 좌측 그림처럼 원점을 통과하는 직선의 형태가 된다.

하지만 임시소득의 변화에는 이렇게 반응하지 않는다. 예를 들어 소비자가 점 a에 위치하고 있었는데 임시소득이 +500이 되었다고 하자. 그러면 소비자의 총소득은 1500이 되지만 소비는 135가 되지 않는다.

왜냐하면 임시소득 50의 증가는 이 소비자에게는 (50÷잔여수명)만큼의 항상소득 증가이기 때문이다. 예를 들어 이 소비자의 잔여수명이 5기 남았다면 현재의 임시소득 +50의 증가는 결국 항상소득 +10의 증가를 의미하며 이 소비자의 소비는 +9만큼 증가한다. 마찬가지로 임시소득의 -50 감소는 이 소비자에게 -9의 소비 감소를 야기하게 된다.

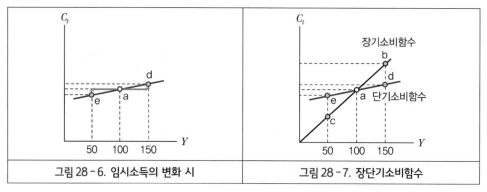

| 그림 28 - 6. 임시소득의 변화 시 | 그림 28 - 7. 장단기소비함수 |

⑥ 그런데 임시소득은 단기에 개별경제주체에게는 0이 아니지만 장기에는 거시경제 전체 평균이 0이다(보다 엄밀하게는 임시소득은 장기 항상소득으로 편입된다). 따라서 단기에서는 임시소득의 존재로 인하여 단기 소비함수가 그림 28-7처럼 나타나지만 장기소비함수는 원점을 통과하는 직선의 형태가 된다.

(4) 생애주기이론

① 모딜리아니(Modigliani)는 소비평활화에 따른 장단기 소비행태의 차이를 생애주기적 관점에서 설명하였다.

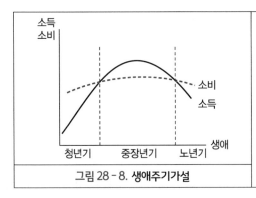

생애의 소득패턴을 따져보면 청년기에는 소득이 비교적 적고 중장년기에 소득이 높다. 그리고 노년기에는 다시 소득이 줄어들게 된다. 그러나 소비의 평활화 원칙에 따라 소비는 전 생애에 걸쳐 비교적 안정적으로 유지하는 게 바람직하다. 이를 그래프로 표현하면 아래와 같다.

그림 28 - 8. 생애주기가설

② 위 그래프에 따라 단기에 소득이 변동하여도 소비는 단기에는 비교적 안정적으로 유지한다. 그러나 생애 전체에서는 총소득＝총소비가 성립한다. 따라서 단기 소비함수는 Y축을 통과하는 완만한 형태이나 장기소비함수는 원점을 통과하는 기울기가 거의 1에 가까운 직선의 형태가 된다.

※ 상대소득가설

듀젠베리는 소비자의 비합리적인 소비패턴, 즉 의존적 소비와 비가역적 소비에 따라 쿠츠네츠의 결과를 설명하고자 하였다.

– 의존적 소비 : 단기에는 동류집단과 유사한 수준의 소비량을 유지. 그러나 장기에는 자신의 소득수준에 따라 소비를 조절하게 됨(전시효과)
– 소비의 비가역성 : 소득이 감소하여도 소비습관을 즉각 바꾸기 어려움. 따라서 단기에는 소득감소율보다 소비감소율이 작음. 그러나 장기에는 소득감소율만큼 소비도 감소(톱니효과)

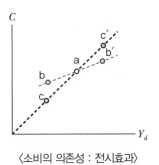

〈소비의 의존성 : 전시효과〉　　〈비가역적 소비 : 톱니효과〉

※ 랜덤워크가설(불규칙보행가설)

Hall에 의하면 현재 소비의 가장 좋은 예측치는 바로 이전기의 소비이다.

$C_t = \dfrac{\sum\limits_{i=1}^{n} E(Y_i)}{n}$. 여기서 $E(Y_i)$는 Y_i에 대한 기댓값이다. 이를 소비의 평활화 조건에 대입하여 정리하면 $C_t = C_{t-1} + \varepsilon_t$를 얻는다. 여기서 오차항 ε_t가 i.i.d. 이므로 결국 $C_t = E(C_{t-1})$이다. 즉 현재 소비의 가장 좋은 예측치는 바로 이전기의 소비이다.

랜덤워크가설은 합리적 기대가설을 적용한 새고전학파의 소비이론이다.

29. 투자함수

미시적 관점에서 민간투자에 대한 요인을 학습한다.

– 현재가치법과 내부수익률법
– 토빈의 Q

(1) 투자의 의의

① 투자는 민간투자지출과 정부투자지출로 구분할 수 있다. 이 둘의 경제학적 성격은 유사하나 지출 주체의 차이가 있다. 따라서 민간투자지출과 정부투자지출에 영향을 미치는 요인이 달라진다. 여기서는 우선 민간투자지출에 초점을 맞추어 분석한다.

② 민간투자지출은 기업이 향후 이익획득을 목적으로 공장이나 설비, 기자재, 기술 등을 구입하고 확충하는 행위를 의미한다. 따라서 적정 수준 이상의 민간투자지출이 꾸준히 이루어지면 경제의 장기 생산가능곡선이 확장하며 경제규모 자체가 커지게 된다. 즉 기업의 투자는 장기 경제성장의 가장 중요한 동력이 된다. 또한 기업의 투자지출은 단기에는 지출(내수)의 성격을 갖는다. 기업이 공장, 설비 등을 확충하기 시작한다면 건설업, 기계산업, 부품산업에 속한 기업과 근로자의 소득이 증대된다. 이러한 투자지출은 단기에는 총지출(내수) 확충에 가장 결정적인 요인이 되며 경기변동에 지대한 영향을 미친다.

③ 민간의 투자는 대개 타인의 자본을 차입하여 이루어진다. 따라서 이자부담을 고려할 수밖에 없다. 설령 100% 자기자본을 이용한 투자라고 할지라도 자기자본의 사용의 기회비용을 투자에 따른 비용으로 간주하여야 한다. 이때 투자의 기회비용은 결국 시장의 일반적인 이자율 수준에 의해 결정될 것이다. 따라서 시장의 (실질)이자율이 투자의 지대한 영향을 미칠 것이라는 것은 자명하다. 또한 투자로부터 얻는 미래의 예상수익의 크기도 투자에 영향을 크게 미칠 것이다. 케인즈는 동물적 감각(Animal Spirit)이라 하여 기업가의 직감이 투자에 큰 영향을 미친다고 보았다. 반면 프리드만으로 대표되는 통화주의학파는 불확실한 미래상황에서는 현재의 이자율 수준이 투자에 훨씬 더 민감한 영향을 미친다고 주장하였다.

※ 케인즈는 민간투자는 이자율에 둔감하다고 보았고 통화주의학파는 민간투자가 이자율에 매우 민감하게 움직인다고 주장하였다.

(2) 현재가치법과 내부수익률법

① 현재가치법이란 미래수익을 시장의 이자율로 할인하여 현재 투자원금과 비교하여 투자의 적정성 여부를 판단하는 기법이다. 수식으로 표현하면 다음과 같다.

투자의 현재가치 : $PV = \dfrac{R_1}{(1+r)} + \dfrac{R_2}{(1+r)^2} + \dfrac{R_3}{(1+r)^3} + ... + \dfrac{R_n}{(1+r)^n} = \displaystyle\sum_{i=1}^{n} \dfrac{R_i}{(1+r)^i}$

따라서 $PV > C$ 라면 해당 투자는 매력적이다. 여기서 C는 투자원금의 현재가치이다. 반대로 $PV < C$ 라면 투자는 이루어지지 않는다.

② 시장이자율이 상승하면 PV는 하락하게 되고 이에 따라 투자가 철회될 가능성이 높아진다. 반대로 이자율이 하락하면 PV는 상승하고 투자가 진행될 가능성이 커진다. 그런데 현재가치법에 따르면 미래의 이자율과 미래 수익을 적절히 예측하고 있어야 한다는 전제조건이 필요하다.

③ 반면 케인즈는 현재가치법과는 달리 내부수익률법을 주장하였다. 즉, $\sum_{i=1}^{n} \dfrac{R_i}{(1+m)^i} = C$가 되도록 하는 내부수익률 m을 도출하여 시장이자율 r과 비교하여 투자의 적정성 여부를 판단한다는 것이다.

④ $r > m$이면 투자수익의 현재가치보다 은행예금이 매력적이 되어 투자를 철회한다. 반대로 $r < m$이라면 은행예금보다는 투자가 매력적이 되어 투자를 진행한다. 즉 현재가치법과 유사하게 이자율이 상승하면 투자가 감소하고, 이자율이 하락하면 투자가 증가하지만 그 민감도는 현재가치법에 비해 덜하다.

※ 투자재원이 오직 한 종류이고 투자대안도 오직 하나라면 현재가치법과 내부수익률법의 분석 결과는 동일하다. 그러나 투자재원을 서로 상이한 투자대안에 분산투자하는 경우에는 현재가치법과 내부수익률법의 결과가 달라질 수 있다.

※ **토빈의 q 이론 : 직관적 설명**

현 시점에서 $\dfrac{\text{기업의 시가총액}}{\text{기업의 실물자본}} > 1$이라면 기업에 대한 실물투자가 증가하게 된다.

이때 $\dfrac{\text{기업의 시가총액}}{\text{기업의 실물자본}} = $ 토빈의 q라고 한다. 즉 토빈의 q가 1보다 크면 실물투자가 증가하는 것이다. 이를 직관적으로 서술하면 다음과 같다.

예를 들어 완전경쟁에 직면한 어느 소재부품시장에서 유망한 기업 A가 있다. A의 실물자본의 현 시세는 1,000억 원이라 하자. 이는 A와 똑같은 기업을 하나 세우기 위해서는 1,000억 원의 자금이 소요된다는 것을 의미한다. 어느 자산가가 소재부품 시장이 성장할 것을 예견하고 A와 같은 기업을 하나 설립하길 희망한다. 그런데 A기업의 현재 시가총액이 1,050억 원이다(즉 토빈의 q가 1.05). 그렇다면 이 자산가는 A사의 주식을 전부 인수하는 방식으로 이 소재부품시장에 뛰어들진 않을 것이다. 왜냐하면 1,000억 원으로 A사와 동일한 조건의 새로운 기업을 하나 차리는 것이 비용상 더 유리하기 때문이다. 또한 완전경쟁시장을 가정하면, 이 자산가가 A와 동등한 조건의 새 기업을 설립하여 경쟁이 더 격화된다고 제품의 시장가격이 낮아진다거나 하지 않을 것이다.

즉 완전경쟁의 상황에서 대표기업의 토빈의 q가 1보다 크다면, 이때는 실물투자가 증가하게 된다. 하지만 현재 A기업의 시가총액이 970억 원이라면 (토빈의 $q = 0.97$) 해당 시장에 뛰어들고자 하는 이 자산가는 1,000억 원을 들여 새로운 기업을 설립하기보다는 그냥 A사의 주식을 전부 인수하는 것이 유리하다. 따라서 토빈의 q가 1보다 작다면 이때는 신규투자자는 실물투자에 뛰어들지 않고 주식투자의 방식으로 투자를 진행하게 된다.

30. 재정정책의 승수효과

정부지출과 조세 변화가 단기 균형국민소득이 미치는 영향에 대해 학습한다.

－재정정책의 의의
－독립지출의 승수효과
－조세승수
－균형재정승수
－유발투자가 존재하는 경우

(1) 재정정책의 의의

① 앞서 3장에서 정부의 투자지출 증가 시 균형국민소득이 증가할 수 있음을 학습하였다.

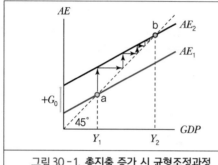

예를 들어 최초의 총지출이 AE_1 이고 균형국민소득이 점 a에서 유지되고 있다고 하자. 그런데 이때 정부가 정부지출 G_0 를 증가시켰다고 하자.

그러면 이제 이 경제의 총지출곡선은 기존의 AE_1 에서 AE_2 로 상승한다. 따라서 거시경제의 단기균형점도 점 b로 이동하게 된다.

그림 30 - 1. 총지출 증가 시 균형조정과정

다시 말해 총지출곡선의 Y절편인 $(C_0 - cT_0 + I_0 - br + G_0 + X_0 - M_0)$이 변화하면 총지출곡선 자체가 위아래로 움직이게 되고 이에 따라 거시경제의 (단기)균형점도 따라 움직이게 된다. 그런데 총지출곡선의 Y절편인 $(C_0 - cT_0 + I_0 - br + G_0 + X_0 - M_0)$ 중 G_0 와 T_0는 정부의 고유 권한으로 움직일 수 있다.

② 즉 정부는 정부투자지출과 조세의 크기를 조정하여 거시경제의 (단기) 균형국민소득을 컨트롤 할 수 있는 것이다. 이처럼 정부지출과 조세를 조절하여 거시경제의 균형국민소득을 통제하는 정책을 재정정책(Fiscal Policy)라 한다.

이때 G_0 를 증가시키거나 T_0 를 줄이면 총지출곡선이 상방으로 이동하여 균형국민소득이 증가하는데 이와 같은 정책을 확장재정정책(Expansionary Fiscal Policy)라 하고, 반대로 G_0 를 줄이고 T_0 를 늘려 균형국민소득의 크기를 줄이는 정책을 긴축재정정책(Contractionary Fiscal Policy)라고 한다.

※ 유효수요이론에서는 가격의 경직성이 매우 엄격하게 지켜지고 있는 단기(Short - Run), 혹은 극심한 불경기를 가정한다. 즉 G_0 이 증가하여 거시경제의 총지출이 증가하여도 물가 및 요소가격은 전혀 상승하지 않는 상황을 기본전제조건으로 삼는다.[8]

---

8) 이때 총공급곡선은 수평이 된다.

(2) 승수효과

① 이때 정부지출이 만약 $+100$ 증가하면 균형국민소득도 $+100$만큼 증가할까? 아니다. 보통 정부지출 증가분보다 몇 갑절 이상 증가하게 되는데 이를 승수효과(Multiplier Effect)라 한다.

② 예시를 들어 설명하기 위해 매우 단순한 모형을 상정해보자.

$C = 100 + 0.8(Y - T)$

$I = 80$

$G = 100$

$T = 100$(즉, 비례세율 $\tau = 0$)

수출과 수입은 없다고 가정하자.

이때 최초의 거시경제의 균형소득을 구하면 다음과 같다.

여기서 $AE = C + I + G = 200 + 0.8Y$ 이다. 따라서 $AE = Y$ 를 만족하는 $Y^* = 1,000$ 이다.

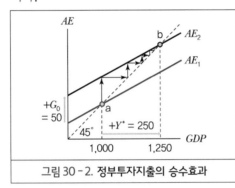

그림 30 - 2. 정부투자지출의 승수효과

그런데 정부가 정부투자지출 G를 최초의 100에서 150으로 증가시켰다고 하자. 그러면 총지출은 $C + I + G = 250 + 0.8Y$이 되고 $AE = Y$ 를 만족하는 $Y^* = 1,250$으로 균형국민소득은 $+250$ 증가한다. 즉 정부지출증가분보다 5배 더 늘어나는 것이다.

이때 정부투자지출 증가분 대비 균형국민소득 증가분의 배수를 정부투자지출 승수라고 한다.
(여기서 정부투자지출 승수 $= 5$)

③ 이 승수효과를 보다 상세히 설명하면 다음과 같다. 최초의 거시경제 상황은 다음과 같다.

$C = 100 + 0.8(Y - T)$

$I = 80$

$G = 100$

$T = 100$(즉, 비례세율 $\tau = 0$)

최초의 거시경제의 균형소득은 $Y^* = 1,000$이었으므로 이때 소비지출의 크기는 820이었다. 그런데 정부가 $+50$만큼 정부투자지출을 증가시킨다. 예를 들어 $+50$의 예산을 들여 댐을 건설한다든가, 공항을 새로 짓는 것이다(신규공항을 짓는다고 하자). 그러면 공항건설에 참여한 여러 건설회사, 중장비회사, 건설근로자 등에게 $+50$의 소득이 발생하게 된다.

그런데 건설에 참여한 경제 주체들은 증가한 소득 $+50$ 중 40만큼 소비지출을 늘린다(한계소비성향이 0.8). 따라서 이제 소비지출은 820에서 860으로 증가한다. 따라서 이제 내수가 $+40$만큼 살아난다. 즉 건설참여자가 증가시킨 $+40$만큼 국내기업들의 매출이 증가하게 된다. 그리고 이 매출 증가분은 결국 경제주체들의 +40의 소득 증가를 야기한다. 따라서 이제 추가로 +32의 소비지출이 늘어나 소비지출은 860에서 892가 된다.

이제 또다시 국내기업들의 매출이 +32 증가하고 이는 곧 국내소득의 +32 증가를 의미한다. 이에 따라 다시 소비지출이 +25.6 증가한다. 이처럼 정부의 투자지출 증액 +50은 지속적인 내수확장의 효과를 가져오는 것이다.

이처럼 정부투자지출 증액분에 따라 (시간이 경과함에 따라) 누적되는 총지출의 증액분을 모두 더하면 아래 수식으로 표현된다.

$$\Delta AE = 50 + 50 \cdot (0.8) + 50 \cdot (0.8)^2 + 50 \cdot (0.8)^3 + \cdots$$

이는 무한등비수열의 합이다. 따라서 $\Delta AE = \dfrac{50}{1-0.8} = 250$이 되는 것이다. 그런데 국민소득 3면 등가 원리에 의해 결국 $\Delta AE = \Delta Y^*$이다.

(무한등비수열의 합 S는 $S = \dfrac{a}{1-r}$ 이다. 여기서 a는 초항, r은 공비. 단 $0 < r < 1$)

정리하면 비례세율=0, 한계수입성향=0인 경우 정부지출증가에 따른 균형국민소득의 증가분의 크기는 $\Delta Y^* = \Delta G \cdot \dfrac{1}{1-c}$ 가 된다. 여기서 c는 한계소비성향의 크기이다.

④ 우리는 이미 27장에서 $Y^* = \dfrac{C_0 - cT_0 + I_0 - br + G_0 + X_0 - M_0}{1 - c + c\tau + m}$ 임을 배웠다. 위 사례에서는 $\tau = 0$, $m = 0$이고 $b = 0$, 수출, 수입도 없으므로 결국 $Y^* = \dfrac{C_0 - cT_0 + I_0 + G_0}{1-c}$ 이다.

이때 $\dfrac{\Delta Y^*}{\Delta G_0} = \dfrac{1}{1-c}$ 이다. 즉 $\dfrac{\Delta Y^*}{\Delta G_0}$ 가 정부투자지출 승수인 것이다.

⑤ 마찬가지로 독립민간투자 I_0가 증가할 때도 균형국민소득이 따라 변화하는데, 이때 $\dfrac{\Delta Y^*}{\Delta I_0}$ 를 독립투자지출 승수라 한다. 독립투자지출 승수는 정부투자지출 승수와 동일한 크기임을 쉽게 확인할 수 있다.

(3) 조세승수

① 이제 정부가 정액세 T_0를 변화시킨다고 하자. 예를 들어 앞의 사례에서

$C = 100 + 0.8(Y - T)$

$I = 80$

$G = 100$

$T = 100$(즉, 비례세율 $\tau = 0$)이고 최초의 균형국민소득 $Y^* = 1,000$인 상황에서 정부가 +50 만큼 정부투자지출을 늘려 최초의 내수시장을 +50 확장시켜준 경우, 균형국민소득은 승수효과에 의해 +250 증가하였다.

하지만 정부가 정부투지지출은 원래의 100을 유지하는 대신 T를 100에서 50으로 -50 줄였다면 균형국민소득은 어떻게 변화할까? 먼저 조세가 50만큼 감소하였으므로 경제 주체들의 처분가능소득이 $+50$ 증가하게 될 것이다. 따라서 경제 주체들은 증가한 $+50$의 소득 중 $+40$만큼 소비지출을 늘릴 것이다. 이에 따라 소비지출의 크기가 820에서 860으로 증가한다. 이에 국내기업의 매출과 경제 주체들의 소득도 $+40$ 증가한다. 이에 다시 소비지출이 $+32$만큼 증가하고 다시 국내기업의 매출과 경제 주체들의 소득이 $+32$ 증가한다. 이처럼 정부의 조세 감소도 정부투자지출과 마찬가지로 승수효과를 가져온다.

② 그런데 여기서 한 가지 유의할 것이 있다.

앞서 정부투자지출이 $+50$ 증가한 경우, $\Delta G_0 = +50$만큼 먼저 내수를 확장시켰다. 그리고 이에 따라 $\Delta C = +40$이 증가하고 이후 연쇄적으로 소비지출이 $+32$, $+25.6 \cdots$ 증가하기 시작했다.

하지만 정부가 정부투자지출을 늘리지 않고 대신 조세를 50 삭감해준 경우에는 정부투자지출 증가에 따른 최초의 $+50$ 만큼의 내수확장효과는 없고, $\Delta C = +40$부터 내수확장이 시작되는 것이다. 결국 조세 -50의 효과에 따른 (시간 경과에 따른) 총지출의 증액 누적합산액은 다음과 같다.

$$\Delta AE = 40 + 40 \cdot (0.8) + 40 \cdot (0.8)^2 + 40 \cdot (0.8)^3 + \cdots = \frac{40}{1-c} = -50\left(\frac{-c}{1-c}\right)$$

즉 정부의 조세변화액 ΔT_0 발생시, 균형국민소득의 변화분 $\Delta Y^* = \Delta T_0 \times \left(\frac{-c}{1-c}\right)$ 가 된다.

이때 조세(정액세) 변화분 대비 균형국민소득 변화분의 배수 $\frac{-c}{1-c}$ 를 조세승수라 한다.

※ $\tau = 0$, $m = 0$ 이고 $b = 0$, 수출, 수입도 없는 경우 $Y^* = \dfrac{C_0 - cT_0 + I_0 + G_0}{1-c}$ 이다. 이때 $\dfrac{\Delta Y^*}{\Delta T_0}$ $= \dfrac{-c}{1-c}$ 가 됨을 알 수 있다.

(4) 비례세와 한계수입성향이 존재하는 경우

① 이제 비례세가 존재하고 수출과 수입 모두 발생하는 개방경제로 모형을 확장하여 보자.

이때 균형국민소득이 $Y^* = \dfrac{C_0 - cT_0 + I_0 - br + G_0 + X_0 - M_0}{1 - c + c\tau + m}$ 임은 이미 학습하였다.

따라서 이 경우

정부투자지출 승수 $\dfrac{\Delta Y^*}{\Delta G_0} = \dfrac{1}{1 - c + c\tau + m}$

독립투자지출 승수 $\dfrac{\Delta Y^*}{\Delta I_0} = \dfrac{1}{1-c+c\tau+m}$

조세승수 $\dfrac{\Delta Y^*}{\Delta T_0} = \dfrac{-c}{1-c+c\tau+m}$ 가 된다.

※ 균형재정승수

정부가 경기확장을 위해 조세 증가 없이 정부투자지출을 증액하면 재정적자가 발생한다. 그렇다면 정부투자지출 증가분만큼 조세를 증액한다면, 경기 확장효과는 발생할까?

답은 '발생한다'이다(하지만 그 효과는 상당히 약화된다).

정부가 만일 +1만큼 정부투자지출을 증가시키면 균형국민소득은 $\dfrac{1}{1-c+c\tau+m}$ 만큼 늘어난다. 대신 정부가 +1만큼 조세를 늘리면 균형국민소득은 $\dfrac{-c}{1-c+c\tau+m}$ 만큼 감소한다.

따라서 이 효과를 합산하면 균형국민소득은 $\dfrac{1-c}{1-c+c\tau+m}$ 만큼 증가한다.

이때 정부의 재정은 균형상태를 유지하므로 $\dfrac{1-c}{1-c+c\tau+m}$ 를 균형재정승수라고 한다.

만일 비례세율=0, 한계수입성향=0이라면 균형재정승수는 $\dfrac{1-c}{1-c} = 1$ 이 된다.

01 국내총생산의 의미에 대한 설명으로 틀린 것은?

① GDP란 1년 동안 국경 안에서 생산된 최종재의 시장가치의 총합이다.

② '1년 동안'은 1월 1일부터 12월 31일까지의 기간이다.

③ '생산된'의 의미는 생산이 완료된 재화나 서비스를 의미한다.

④ '시장가치'란 시장에서 합법적으로 거래되는 재화만을 포함한다는 것이다.

⑤ 판매되지 않은 재화도 GDP에 포함시킨다.

정답 | ④
해설 | '시장가치'란 시장에서 합법적으로 거래되는 재화와 서비스만을 포함한다는 것이다.

02 GDP와 GNI의 가장 큰 차이는 무엇인가?

① GDP는 유량이나 GNI는 저량이다.

② GDP는 속지개념이고 GNI는 국적개념이다.

③ GDP는 기업의 경제활동을, GNI는 가계의 경제활동을 측정한다.

④ GDP는 생산총량을, GNI는 소득총량을 측정한다.

⑤ GDP는 항상 GNI보다 크다.

정답 | ②
해설 | GDP는 국경 내 경제활동을, GNI는 국적인의 경제활동을 측정한다.

03 국민소득 3면 등가의 원칙에 대한 설명으로 옳지 않은 것은?

① 국내총생산＝국내총소득＝국내총지출의 항등식이 성립하여야 하며 이를 국민소득 3면 등가의
   원칙이라 한다.

② 국내총생산은 기업의 생산활동 총량이며, 임금＋이자＋지대＋이윤으로 구성된다.

③ 국내총소득＝세금＋소비＋저축으로 분해된다.

④ 정부이전지출과 민간소비지출을 합산하여 소비지출이라 한다.

⑤ 폐쇄경제의 경우에는 3면등가가 성립하지 않을 수 있다.

정답 | ⑤
해설 | 폐쇄경제에서도 3면 등가 원칙은 성립한다.

04 한계소비성향, 한계저축성향에 대한 설명으로 옳지 않은 것은?

① 한계소비성향 MPC는 소득이 1단위 늘어날 때 변화하는 소비의 크기를 말한다.

② 1－MPC를 한계저축성향(MPS)이라 한다.

③ 한계소비성향이 1에 가까운 가계는 소득의 증가분을 거의 소비에 전용하므로 저축이 매우 부실한 것이다.

④ 한계소비성향이 1보다 크다는 것은 소득의 증가분 이상으로 소비를 늘리지는 않는다는 것이다.

⑤ 한계소비성향과 한계저축성향의 합은 항상 1이다.

정답 | ④
해설 | 한계소비성향이 1보다 작다는 것은 소득의 증가분 이상으로 소비를 늘리지는 않는다는 것이다.

05 항상소득이론에 대한 설명으로 틀린 것은?

① 항상소득, 항상소비 그리고 임시소득이 존재할 경우 장단기 소비패턴의 차이를 설명한 이론이다.

② 항상소득은 매기 꾸준하고 일정하게 들어올 것으로 예상되는 소득이다.

③ 임시소득은 장기에 예측 불가능한 소득이다.

④ 경제 주체는 항상소득의 일정비율을 항상소비에 지출하고 임시소득은 대부분 언제 나갈지 모르는 임시소비에 대응하기 위하여 저축한다.

⑤ 장기에 한계소비성향과 평균소비성향이 일치함을 설명해줄 수 있다.

정답 | ③
해설 | 장기에는 임시소득의 거시적 평균을 예측할 수 있다.

06 쿠츠네츠의 소비실증 분석 결과로 옳은 것은?

① 단기한계소비성향＝장기한계소비성향

② 단기평균소비성향＝장기평균소비성향

③ 단기한계소비성향＝단기평균소비성향

④ 장기한계소비성향＝장기평균소비성향

⑤ 장기평균소비성향＞장기한계소비성향

정답 | ④
해설 | 쿠츠네츠의 실증분석에 따르면 단기한계소비성향＜단기평균소비성향이 성립하지만 장기한계소비성향＝장기평균소비성향이 성립한다.

07 생애주기이론에 대한 설명으로 옳지 않은 것은?

① 생애주기이론에 따른소득패턴을 따져보면 중장년기에 소득이 가장 높다.

② 소비는 소비의 평활화 원칙에 따라 생애에 걸쳐 안정적으로 유지하는 것이 바람직하다.

③ 노년기에는 소득이 줄어들지만 소비 > 소득의 형태가 나타난다.

④ 생애주기 이론에 따르면 생애 전체에서 총소득 = 총소비가 성립할 수 없다.

⑤ 장기에 한계소비성향과 평균소비성향이 일치함을 설명해줄 수 있다.

정답 | ④
해설 | 생애주기이론에 따라 생애 전체에서는 총소득 = 총소비가 성립한다.

08 투자함수에 관련된 설명으로 옳은 것은?

① 민간투자지출과 정부투자지출의 경제학적 성격과 지출 주체는 유사하다.

② 기업의 투자는 장기 경제성장의 가장 중요한 동력이 된다.

③ 케인즈는 민간투자가 이자율에 매우 민감하게 움직인다고 주장하였다.

④ 통화주의학파는 민간투자가 이자율에 둔감하다고 보았다.

⑤ 투자의 증가는 단기총공급곡선을 우측으로 이동시킨다.

정답 | ②
해설 | 민간투자지출과 정부투자지출은 경제학적 성격은 유사하지만 지출 주체의 차이가 있다. 또한 케인즈는 민간투자가
이자율에 둔감하다고 보았고, 통화주의학파는 민간투자가 이자율에 매우 민감하다고 보았다.

09 다음 중 현재가치법과 내부수익률법을 고려하여 투자가 철회되는 상황이 올바르게 짝지어진 것
을 고르시오.

① 현재가치법 − PV > C   ② 현재가치법 − 이자율 하락

③ 내부수익률 − 이자율 > 내부수익률   ④ 내부수익률 − 이자율 하락

⑤ 내부수익률 − 내부수익률의 하락

정답 | ③
해설 | 내부수익률에 의해 r > m이면 투자수익의 현재가치보다 은행예금이 매력적으로 여겨져 투자를 철회한다.

10 다음 중 기업의 실물투자가 증가하는 상황은?

① NPV < 0
② 토빈의 q > 1
③ 동물적 감각의 쇠퇴
④ 자본의 사용자 비용 상승
⑤ 경기전망의 악화

정답 | ④
해설 | 정부투자지출은 민간기업의 투자지출과 성격이 유사하다.

11 개방경제에서의 GDP에 대한 설명으로 옳지 않은 것은?

① 수출에서 수입을 차감한 값을 순수출이라고 한다.
② 외국과 교역을 하는 개방경제에서는 GDP = C+I+G+X−M이 성립한다.
③ GDP란 국내 경제 주체의 총지출액, AE는 국내 생산활동량 총액이다.
④ 내수의 변화 없이 수입만 증가한다면 GDP는 불변이다.
⑤ 수출의 증가는 GDP의 증가요인이다.

정답 | ③
해설 | GDP란 국내 생산활동량 총액, AE는 국내 경제 주체의 총지출액이다.

12 소비지출과 민간투자지출에 대한 서술로 옳은 것은?

① GDP에서 차지하는 비중은 소비지출보다 민간투자지출이 크다.
② 변동성은 민간투자지출보다 소비지출이 더 크다.
③ 기업의 재고품은 소비지출 항목에 추산된다.
④ 경기변동의 주원인은 민간투자지출의 변동이다.
⑤ 소비지출과 민간투자지출은 서로 역의 관계에 직면한다.

정답 | ④
해설 | 소비지출은 민간투자지출보다 비중은 크지만 그 변동폭이 안정적이다. 때문에 경기변동의 주원인은 민간투자지출의 변동이다. 기업의 재고는 재고투자항목으로 기입된다.

13 다음 중 총지출을 증가시키는 요인으로 알맞은 것은?

① 이자율의 상승
② 조세의 증가
③ 수출의 감소
④ 한계소비성향의 증가
⑤ 통화량의 감소

정답 | ④
해설 | 한계소비성향이 커지면 소비지출이 증가하여 총지출도 증가한다.

14 다음 중 단기에 총수요 확장효과가 가장 큰 경우는?

① 투자가 이자율에 민감하여 정부가 적자재정을 편성할 때
② 화폐수요곡선이 수평이며 중앙은행이 통화량을 증대시켰을 때
③ 한계소비성향이 매우 큰 경우에 정부의 재정지출 증가 시
④ 경제 주체가 합리적 기대를 따르며 정부의 예상된 재정지출 증가 시
⑤ 경제 주체들이 정부의 재정지출 증가를 미래 조세 증가로 인식하는 경우

정답 | ③
해설 | ① 투자가 이자율에 민감하면 구축효과로 재정정책의 효과가 상쇄된다.
② 화폐수요곡선이 수평이면 유동성 함정이다. 이 경우 통화정책은 무력하다.
④ 합리적 기대에서 예상된 정책은 효과가 없다.
⑤ 재정지출 증가를 미래 조세 증가로 인식하면 현재 저축이 증가하여 경기확장효과가 반감된다.

15 총지출에 대한 설명으로 옳지 않은 것은?

① 총지출 AE＝C＋I＋G는 거시경제의 장기 균형을 결정짓는 가장 중요한 변수이다.
② C는 처분 가능 소득과 조세의 크기에 영향을 받는다.
③ 민간투자지출 I는 우선 시중 이자율에 영향을 받는다.
④ 정부투자지출 G는 정부의 의지에 따라 결정된다.
⑤ 유효수요이론에 따르면 총지출의 증가는 균형국민소득의 증대를 야기한다.

정답 | ①
해설 | 총지출 AE＝C＋I＋G는 거시경제의 단기 균형을 결정짓는 가장 중요한 변수이다.

16 물가와 무관하게 총지출이 증가한다면 총수요곡선이 우측으로 이동한다. 그 요인이 아닌 것은?

① 조세의 감소 ② 정부투자지출의 증가
③ 이자율 하락에 따른 민간투자의 증대 ④ 순수출 감소
⑤ 통화량의 증가

정답 | ④
해설 | 순수출 감소는 총수요곡선이 좌측으로 이동하는 요인이다.

17 2년 후 투자원리금의 합계가 121이고 무위험이자율이 10%인 투자대안의 현재가치는 얼마인가?

① 90 ② 100
③ 110 ④ 120
⑤ 121

정답 | ②
해설 | 121을 1.1로 두 번 나눈 값이다.

Test of Economic Sense And Thinking

31. 통화량과 화폐공급

통화의 의의와 중앙은행의 통화공급에 대해 학습한다.

– 통화지표
– 지급준비제도
– 통화승수와 신용창조

(1) 통화지표

① 통화(Currency)란 현재 유통 중인 화폐를 의미한다. 이는 현금과 예금을 통칭한다. 이러한 통화는 유동성 및 환금성을 기준으로 몇 가지 등급으로 구분해 볼 수 있다. 먼저 현금 및 현금등가물을 M1이라는 통화지표로 묶어 표현한다.

$$M1 = 현금 + 요구불예금 + 수시입출식 예금$$

요구불예금은 당좌예금, 보통예금 등을 말한다. 수시입출금식 예금은 저축예금, 시장금리부 수시입출식 예금을 포함한다. 흔히 결제성 예금을 통칭한다. M1은 현금으로의 전환이 매우 용이하며 유동성이 높다는 특징을 지닌다.

$M2 = M1 + 저축성 예금 + 시장형 금융상품 + 실적배당형 상품, 금융채, 거주자 외환예금$ (만기 2년 이상의 장기 금융상품 제외)

M2는 M1에 자산 증식 목적의 저축통화까지 합산한 통화지표이다. M2는 유동성은 다소 떨어지지만 약간의 번거로움을 감수하면 언제든 현금으로 환원할 수 있는 통화지표를 의미한다.

② Lf는 금융기관의 유동성을 의미한다. 만기 2년 이상의 정기예금, 적금, 금융채, 금전신탁, 생명보험회사의 보험계약 준비금, 증권금융회사의 예수금을 포함한다. L은 광의의 유동성으로 기업어음, 회사채, 국공채 등이 포함된다. Lf와 L은 결제성 기능보다는 화폐의 저장기능을 염두에 둔 통화이다.

※ 화폐의 3대 기능 : 교환(결제)기능, 가치저장기능, 가치척도기능

현금	M1	M2	Lf
요구불예금			
수시입출식 예금			
정기예적금			
시장형 상품			
실적배당형 상품			
기타 예금, 금융채			
2년 이상 장기금융상품			
생명보험계약준비금 및 증권금융 예수금			
기타 금융기관 상품			
국채, 지방채			L
회사채, CP			

표 31 - 1. 통화지표

③ 보통 시중의 통화량이 증가하면 (명목)이자율이 하락한다. 통화량의 증대는 유동성이 풍부해진 것을 의미한다. 따라서 대부자금이 많아져 대출이 수월해진다. 이로 인해 대개 이자율이 하락하게 된다. 반대로 통화량이 감소하면 유동성이 감소하여 이자율은 상승하는 경향을 보인다. 이러한 통화량과 이자율의 역의 관계를 설명하는 이론으로는 크게 대부자금 공급설과 유동성 선호설이 있다. 이는 추후 학습한다.

(2) 지급준비제도

① 은행은 예금자로부터 예금을 수취하여 이를 자금이 필요한 이들에게 대출하여 준다. 이때 예금금리보다 대출금리가 높게 형성되는데 이러한 대출금리와 예금금리의 격차, 즉 예대마진이 은행 수익의 원천이다. 따라서 은행은 가능한 한 예금수신액 대부분을 대출하는 것이 이윤창출에 도움이 될 것이다. 하지만 무턱대고 예금수신액을 대부분 대출할 경우 자칫 심각한 문제에 직면할 수도 있다.

먼저 차입자에 대한 신용도에 대한 엄격한 검증 없이 무분별하게 대출해줄 경우, 대출금 회수에 어려움을 겪을 수 있다. 이는 은행의 건전성에 치명적일 수 있다. 또한 예금자는 언제 자신의 예금을 인출할지 모른다. 따라서 은행은 이러한 예금 인출에 대비하여 예금수신액 전부를 대출하지 않고 반드시 일정분은 은행금고에 보유하고 있어야 한다. 이를 지급준비금(Reserve)이라 한다. 물론 은행은 될 수 있는 한 이 지급준비금을 적게 보유하고 싶어 한다. 하지만 상술한 바와 같이 적정 수준의 지급준비금이 없으면 은행의 건전성이 취약해지므로 중앙은행은 각 시중은행에 예금수신액 대비 최소한도의 지급준비금 비율 하한을 강제한다. 이 비율을 법정지급준비율이라고 한다.

② 각 시중은행은 법정지급준비율을 초과하여 지급준비금을 추가로 보유할 수도 있다. 이 초과금을 초과지급준비금이라고 한다.

〈예시〉

자산	부채
대출 85억 원 법정지급준비금 10억 원 초과지급준비금 5억 원	예금 100억 원

표 31 - 2. 은행의 재무상태표 예시

위 사례에서 법정지급준비율은 10%임을 알 수 있다.

(3) 신용창조

① 법정지급준비율이 100%보다 낮은 경우를 부분지급준비금제도라 한다. 즉 은행은 예금수신액 중 일부를 대출을 해줄 수 있다는 것이다. 그런데 은행이 대출을 해주어 현금이 시중에 풀려나가면, 이 현금은 시중을 돌고 돌다 언젠가는 (다른) 은행의 예금으로 들어가게 될 것이다.

예를 들어 톰이 A은행에서 1억 원을 대출받아 가게 인테리어를 새로 했다. 인테리어업자 제리는 톰으로부터 1억 원을 받고 이 중 4천만 원은 아파트 전세금으로 터피에게 지불하고, 나머지 6천만 원은 B은행에 예금하였다. 그리고 터피는 제리에게 받은 4천만 원을 C은행에 입금하였다. 따라서 B와 C은행은 합산하여 신규예금 1억 원을 받은 셈이다. 이제 B와 C은행은 이 신규예금 중 일부를 대출해줄 수 있다. 만일 법정지급준비율이 10%라면, B은행은 5,400만 원까지, C은행은 3,600만 원까지 대출이 가능하다. 즉, 두 은행을 합산하여 9,000만 원의 신규 대출이 이루어질 수 있다. 이 때 새롭게 시중에 풀린 대출금 9,000만 원은 또 현금의 형태로 시중을 돌다 언젠가는 또 다른 은행에 예금의 형태로 들어갈 것이다. 그러면 그 은행은 다시 8,100만 원까지 대출을 해줄 수 있는 것이다.

② 이렇듯 부분지급준비금 제도 하에서는 신규예금이 들어오면 이 중 지급준비금을 제외한 부분을 대출해주고 이 대출이 다시 누군가의 예금이 되어 은행에 들어가고 다시 대출이 되는 과정이 수없이 반복되는 것이다. 이러한 과정을 신용창조(Credit Creation), 또는 예금창조라 한다.

③ 이러한 신용창조가 발생하면 시중 전체의 통화량은 최초의 예금액보다 수 배 이상 불어나게 된다. 예를 들어 중앙은행이 최초로 시중은행에 100억 원의 현금을 입금하였다고 하자. 이제 시중 총통화량은 100억 원이다(예금주는 중앙은행이다). 그리고 법정지급준비율은 10%라고 가정하자.

은행은 이제 100억 원 중 90억 원을 신규 대출해줄 수 있다. 즉 신규로 90억 원의 현금이 시중에 유통되는 것이다. 이제 총통화량은 190억 원이 된다(중앙은행 명의의 예금 100억 원＋현금유통액 90억 원). 시간이 지나 시중에 유통된 현금 90억 원이 누군가의 명의로 은행에 예금된다(아직 시중 총통화량은 190억 원이다. 중앙은행 명의의 예금 100억 원＋누군가의 예금 90억 원).

이제 은행은 신규예금 90억 원 중 81억 원을 대출할 수 있다. 다시 시중에 추가로 현금이 81억 원 유통된다. 이제 시중 총통화량은 271억 원이 된다(중앙은행 명의의 예금 100억 원＋누군가의 예금 90억 원＋현금 81억 원). 그리고 또 시간이 흘러 81억 원의 현금이 다시 은행에 들어오고 다시 은행은 이 중 72.9억 원을 대출해준다. 다시 현금이 추가로 72.9억 원이 풀리는 것이다.

이렇게 중앙은행이 예금의 형태로 최초로 100억 원을 시중 은행에 맡기면, 신용창조과정을 거치며 시간이 지남에 따라 시중에 풀리는 총통화량(현금＋예금)은 $100＋90＋81＋72.9$ …로 계속 불어나게 된다.

이때 중앙은행이 최초로 푼 화폐량을 본원통화(Reserve Base)라 한다. 그리고 신용창조과정을 거치며 늘어나는 시중의 총통화량의 최대값은, 위 사례의 경우

$\Delta M = 100 + 100 \cdot 0.9 + 100 \cdot 0.9^2 + 100 \cdot 0.9^3 + \cdots$ 가 된다.

무한등비수열의 합에 의해 $\Delta M = \dfrac{100}{0.1} = 1,000$ 억 원이 된다.

즉 $\Delta M = \Delta H \times \dfrac{1}{법정지급준비율}$ 이 된다. 여기서 ΔM은 시중의 총통화량 증가분이며 ΔH는 본원통화증가분이다. 그리고 본원통화 대비 총통화량의 배율인 $\dfrac{1}{지급준비율}$을 통화승수(Money Multiplier)라 한다. (여기서 지준율은 초과지급준비금까지 포함하여 계산한 지급준비율이다)

④ 위 사례에서 통화승수가 $\dfrac{1}{지급준비율}$ 가 되는 것은 시중에 풀린 현금이 언젠가 반드시 예금으로 입금되는 경우를 가정한 것이다. 만일 시중에 풀린 현금이 장롱 속에 들어가 예금으로 입금되지 않는다면 이는 신용창조에 기여하지 못하게 되므로 통화승수는 다소 낮아지게 된다.

예를 들어 각 경제 주체들이 자신이 보유한 통화 중 일부는 항상 현금으로 보유하여 은행에 예금하지 않는다고 하자. 이때 통화량에서 현금의 비율, 즉, $\dfrac{현금보유분}{통화량} = c$라고 하자. 예를 들어 $c = 0.2$라면 대출을 통해 시중에 1억 원의 현금이 풀리면 이 중 8,000만 원은 은행에 예금으로 들어가지만 2,000만 원은 결코 입금되지 않고 계속 지갑에 현금으로 머물게 되는 것이다. 그러면 신용창조과정이 약해지게 된다.

즉 중앙은행이 H만큼 신규 본원통화를 늘렸다고 하자. 이제 이 중 cH는 현금으로 남지만 $(1-c)H$는 예금이 된다. 그리고 지급준비율을 z라고 하자. 그러면 $(1-c)(1-z)H$ 만큼 대출이 발생하여 시중에 그만큼 현금이 풀린다. 하지만 이 중 다시 은행으로 회수되는 금액은 $(1-c)^2(1-z)H$이고 다시 $(1-c)^2(1-z)^2H$만큼 신규 대출이 발생한다.

따라서 실제 신용창조에 의해 총통화량은 $H+(1-c)(1-z)H+(1-c)^2(1-z)^2H+\cdots$ 만큼 증가한다. 즉 $M=\dfrac{H}{1-(1-c)(1-z)}=H\times\dfrac{1}{c+z-zc}$ 가 된다.

이때 통화승수는 $\dfrac{1}{c+z-zc}=\dfrac{1}{c+z(1-c)}$ 이다.

※ $\dfrac{\text{현금보유분}}{\text{통화량}}=c$ 일 때, 현금-예금비율$=\dfrac{\text{현금보유분}}{\text{예금}}=k$ 라고 하자. 여기서 예금=통화량-현금이

므로 결국 $k=\dfrac{cM}{M-cM}=\dfrac{c}{1-c}$ 가 된다.

이를 $\dfrac{1}{c+z(1-c)}$ 에 대입하면 $\dfrac{1}{c+z(1-c)}=\dfrac{k+1}{k+z}$ 를 얻는다.

풀이 : $\dfrac{k+1}{k+z}=\dfrac{\dfrac{c}{1-c}+1}{\dfrac{c}{1-c}+z}=\dfrac{\dfrac{c}{1-c}+\dfrac{1-c}{1-c}}{\dfrac{c}{1-c}+\dfrac{z-zc}{1-c}}=\dfrac{\dfrac{1}{1-c}}{\dfrac{c+z-zc}{1-c}}=\dfrac{1}{c+z-zc}$

※ 화폐발행액과 본원통화

중앙은행이 본원통화를 100억 원 발행하면 실제로 화폐발행액도 100억 원이 되는가? 아니다. 중앙은행이 본원통화를 발행해 시중은행에 예치하면 법정지급준비금만큼 시중은행을 보유금을 남겨두어야 한다. 이때 시중은행은 지급준비금 중 일부는 한국은행에 맡겨야한다. 이를 지준예치금이라고 하며 시중은행은 실제로 지급준비금 중 지준예치금을 제외한 시재금만큼만 금고에 보관한다. 따라서 중앙은행은 본원통화를 발행하여 시중은행에 주었다 이 중 지준예치금을 다시 즉각 회수해야 한다. 이는 매우 번거롭다. 그러므로 처음부터 본원통화를 발행할 때, 지준예치금을 제외하고 화폐를 찍어서 시중은행에 유통시킨다.

즉 화폐발행액=민간보유 현금총액+시재금이 된다.

32. 통화정책 수단

중앙은행의 통화량 조절 수단에 대해 학습한다.

- 채권의 구조
- 공개시장운용 및 전통적 통화정책수단
- 비전통적 통화정책수단 소개

(1) 채권의 구조의 의의

① 채권(Bond)이란 간단히 말해 돈 돌려받을 권리를 뜻한다. 그리고 이러한 권리가 담겨진 증서를 채권증서라고 부른다. 기업은 채권시장을 통해 필요한 자금을 차입하기도 한다. 채권

을 발행(혹은 매각)했다는 것을 자금을 차입했다는 것을 의미한다. 채권을 매수(혹은 매입)했다는 것은 채권발행자에게 돈을 빌려줬다는 것이다.

② 채권은 만기와 이자 지급방식 등에 따라 세부적으로 매우 다양한 종류로 나뉠 수 있는데, 우선은 가장 기본적인 채권인 순수할인채권에 대해 소개한다.

순수할인채권은 채권증서에 기본적으로 1) 액면가, 2) 발행인, 3) 만기일이 적시되어 있다. 예를 들어 A전자회사가 만기일이 1년 후인 액면가 10억 원의 채권을 발행한다고 하자. 채권시장에서 톰이 이 채권을 9억 원에 매입하였다고 하자. A사는 채권을 팔아 9억 원의 현금을 톰으로부터 수취하게 된다. 이 9억 원으로 A사는 필요한 곳에 지출한다.

이제 1년이 지나 만기일이 도래하였다. 톰은 이 채권증서를 들고 A사를 찾아간다(만일 A사가 망하지 않고 계속 영업 중이라면). A사는 액면가인 10억 원을 톰에게 지급해야 한다. 즉 톰은 A사에게 9억 원을 빌려주고 만기일에 원리금 10억 원으로 돌려받는 것이다. 이때 톰의 수익은 1억 원이고 투자원금(9억 원) 대비 수익률은 약 11.1%이다.

순수할인채권의 수익률은 $\dfrac{\text{액면가} - \text{채권가격}}{\text{채권가격}} \times 100\%$ 이다.

③ 그런데 A사가 매우 우량하고 부도의 가능성도 극히 희박하다고 하자. 그렇다면 A사의 채권을 구입하면 1년 후에 어김없이 10억 원을 돌려받을 수 있다. 만일 시중의 안전한 은행의 정기예금 금리가 5%라고 하자. 톰은 9억 원을 정기예금으로 예치할 경우 1년 후 9억 4,500만 원을 돌려받지만 A사의 채권을 구입하여 10억 원을 돌려받게 된 것이다. 따라서 일반적 은행예금보다 월등히 좋은 수익률을 기록하게 된다.

금융시장은 경쟁시장이다. 따라서 이 좋은 채권투자를 톰만 하지 않는다. A사가 액면가 10억 원의 채권을 채권시장에서 매물로 내놓으면 제리도 이를 구입하려 할 것이다. 제리가 톰보다 비싼 응찰가인 9억 2천만 원을 제시하여 A사의 채권을 구입하면 이때 제리의 수익률은 $\dfrac{10억\ 원 - 9.2억\ 원}{9.2억\ 원} \fallingdotseq 8.7\%$ 로 여전히 은행금리보다 높은 수익률을 얻는다. 즉, 채권가격이 9억 2천만 원이어도 여전히 은행투자보다 매력적이므로 또 다른 경쟁자가 나타나 더 비싼 가격을 부를 것이다. 이렇듯 우량하고 부도의 위험이 매우 적은 채권은 그 수익률이 은행금리보다 높다면 계속해서 채권가격이 올라갈 것이다.

만일 누군가가 채권응찰가격으로 9억 5,200만 원을 부르면 (이 가격에 낙찰받을 경우) 채권의 수익률은 약 5.04%가 된다. 이제 거의 은행정기예금금리에 근접하게 되고 이보다 더 비싸게 채권을 구입하면 은행예금에 투자하는 것보다 딱히 더 수익이 좋은 것도 아니게 된다. 즉 (안전하고 우량한 기업이 발행하는) 채권수익률이 은행정기예금금리에 필적하는 정도에서 채권가격이 결정될 것이다.

④ 하지만 우량하고 안전한 기업이 아니라 미래가 다소 불투명한 기업이 발행하는 채권의 가격은 어떻게 될까? 아무래도 채권의 회수가능성이 다소 낮아 투자자(채권매수자) 입장에서는 불안하다. 때문에 이 불안을 기꺼이 감수하고 채권을 구입하려면 이에 대한 보상이 필수

적이다. 즉, 높은 수익률이 필요하다. 때문에 우량하지 못한 리스크가 어느 정도 있는 발행자의 채권은 낮은 가격＝높은 수익률을 기대해 볼 수 있다. 물론 이 높은 수익률은 이 발행인이 부도를 내지 않고 만기일까지 상환여력을 지닌 채 생존한 경우에 한정된다.

⑤ 현행 상법 상 우리나라에서 채권을 발행할 수 있는 기관은 오직 상법 상의 주식회사, 정부 및 산하기관에 국한된다. 즉 개인은 채권을 발행할 수 없다. 이때 민간기업이 발행한 채권을 회사채, 정부가 발행한 채권을 국채, 정부산하기관이 발행한 채권을 공채라 한다. 당연히 국공채의 안정성은 회사채보다 좋다. 따라서 같은 만기조건이라면 국공채가 보다 높은 가격(낮은 수익률)을 보일 것이다.

⑥ 우리나라의 중앙은행인 한국은행 역시 준정부기관으로서 채권을 발행하고 매입할 수 있다. 게다가 매우 대량의 채권을 매입, 매각한다. 한국은행이 채권을 발행하는 것은 자금을 조달하기 위한 것은 아니고, 채권의 수요와 공급을 조절하여 채권의 가격 및 채권 수익률을 통제하고자 하는 목적 때문이다. 이는 추후 공개시장 운영제도에서 자세히 서술한다.

(2) 공개시장운영

① 한국은행은 증권매매, 통화안정증권의 매각 및 환매, 통화안정계정 예수, 이 3가지 방식을 통해 시중의 통화량을 조절하는 이른바 공개시장운영(Open Market Operation)이라는 정책을 시행한다. 이 중 통화안정증권의 매각(발행) 및 환매는 가장 널리 알려진 공개시장 운영방식이다.

② 통화안정증권은 일종의 환매조건부 채권(RP)이다. 즉 한국은행이 채권을 발행하고도 만기 이전에라도 정해진 이자지급 조건에 따라 되사올 수 있는 채권이다. 한국은행은 이런 RP를 이용하여 시중의 통화량과 이자율에 영향을 미친다.

③ 만일 한국은행이 대규모의 통화안정증권을 발행한다고 하자. 한국은행의 리스크는 시중의 그 어떤 은행의 리스크보다도 작다. 따라서 통화안정증권은 매우 매력적인 투자대상이다. 그런데 통안채의 공급이 매우 많다면 당연히 통안채의 거래가격은 낮아진다. 이에 따라 통안채의 수익률이 상승하게 된다. 예를 들어 현재 통안채의 수익률이 1.5%이고 일반 시중은행의 금리가 1.8%였는데, 한국은행이 통안채의 공급을 늘려 (통안채의 가격이 하락하고) 통안채 수익률이 1.9%가 되었다고 하자. 그러면 시중의 투자자들은 당연히 은행 예금을 인출하고 통안채를 구입할 것이다. 은행의 수신이 줄면 은행은 어쩔 수 없이 수신을 끌어오기 위해 자신들의 예금금리를 최소한 1.9%보다는 높게 올려야 한다. 즉 중앙은행의 채권 발행은 시중은행의 이자율을 올리는 요인이 되는 것이다.

그리고 중앙은행이 채권을 발행(매각)한다는 것은 시중의 투자자들에게 채권을 판매하여 현금을 수취한다는 것이다. 중앙은행은 이때 흡수한 현금을 일단 파쇄한다. 시중에서 유통 중인 현금을 줄이는 것이다.

이처럼 중앙은행의 채권 발행(매각)은 시중의 이자율을 올림과 동시에 시중의 (본원)통화량을 줄이는 정책이다. 이는 긴축통화정책(Contractionary Monetary Policy)이다.

④ 반대로 한국은행은 시중에 유통 중인 통안채를 만기 전이라도 재매입할 수 있다. 물론 적절한 이자를 지급하고 매입해야 한다. 시중에 유통 중인 채권을 한국은행이 매입하면 시중의 채권수요가 증가한다. 이는 통안채의 가격 상승요인이다. 자연스레 채권수익률은 하락하고 이제 채권투자자들은 채권을 한국은행에 되팔고 받은 현금을 상대적으로 유리한 은행에 예금할 것이다. 은행은 수신이 증가하고 은행이자율은 낮아진다. 이와 함께 시중의 (본원)통화량도 증가하게 된다.

즉, 중앙은행의 채권매입은 확장통화정책(Expansionary Monetary Policy)으로 이자율을 낮추고 통화량을 늘리는 정책이다.

※ 금융통화위원회

한국은행은 금융통화위원회를 개최하여 공개시장 운영 방향을 결정한다. 위원회는 7인이 위원회로 구성되어 있으며 한은 총재와 부총재는 당연직으로 위원장과 부위원장을 맡는다.
나머지 5인은 기재부 장관, 한은 총재, 금융위원장, 대한상공회의소 회장, 전국은행연합회 회장의 추천을 받은 인사를 대통령이 임명한다.

※ 이표채권

순수할인채는 만기 때까지 이렇다 할 현금흐름이 없다. 또한 물가상승률이 0보다 크다면 당연히 채권가격은 액면가를 상회할 수 없다.
반면 이표채권은 만기 때까지 정해진 기간마다 이표이자를 지급하는 채권이다. 예를 들어 액면가가 10억 원, 이표이자율이 0.1%, 이자 지급주기가 3개월이라면 이 채권을 구입하면 물론 만기 때 10억 원을 일시로 받지만 그 외에도 만기 도래 시까지 3개월마다 이표이자인 100만 원을 지급받는다.
때문에 물가상승률이 상당히 낮고, 또한 시중 이자율도 매우 낮은 경우라면 이표채권의 시중 거래가격은 액면가보다 높을 수 있다.

(3) 재할인율 정책

① 중앙은행은 공개시장운영 외에도 재할인율을 조절하여 시중의 이자율과 통화량을 조절할 수 있다.[9] 재할인율은 중앙은행과 시중은행 간 자금 거래 시 적용되는 창구 금리를 의미한다.
② 재할인율이 인상되면 시중 금리가 인상된 것과 동일한 효력이 발생한다. 즉, 중앙은행의 재할인율 인상은 긴축통화정책이며 (본원)통화량을 감소시킨다. 반대로 재할인율의 인하는 확장통화정책으로 시중의 (본원)통화량을 늘리고 이자율을 낮추는 효과를 갖는다.

(4) 법정지급준비율 제도

① 앞서 지급준비율은 통화승수에 영향을 줄 수 있음을 학습하였다. 따라서 중앙은행이 법정지급준비율을 변경하면 본원통화량은 변함이 없어도 통화승수가 변하여 시중의 총통화량은 변한다.

---

9) 한국은행은 현재 재할인율 정책을 폐기하였다.

② 법정지급준비율이 인상되면 통화승수는 하락, 시중 총통화량은 감소하고 이자율은 상승한다. 즉 법정지급준비율의 인상은 긴축통화정책이다. 반면 법정지급준비율의 인하는 확장통화정책이다.

(5) 기타 통화정책 수단

① 신용중시견해에 따르면 통화정책이 이자율에 영향을 주고 다시 소비와 투자에 영향을 주는 전통적인 이자율 경로보다는, 시중 금융기관의 대출행태, 기업의 건전성 등 신용경로가 통화정책의 효과에 더 중요할 수 있다고 본다.

② 이에 따라 한국은행은 전통적인 통화정책 수단 외에도 자금조정대출, 금융중개지원대출, 특별대출, 자금조정예금 등 여수신 제도적 관점에서 통화정책을 병용하기도 한다.

33. 화폐수요

화폐수요에 대해 학습한다.

– 고전학파의 견해(화폐수량설)
– 케인즈학파의 화폐수요함수

(1) 피셔의 교환방정식

① 고전학파 경제학자인 피셔는 경제주체들이 화폐를 보유하고자 하는 목적은 거래를 위한 지불수단으로 보았다. 그의 견해에 의하면 한 개인이 일정기간 동안 보유해야 하는 화폐의 양은 아래와 같은 공식으로 표현된다.

$M \cdot V = P \cdot Q$(여기서 M은 화폐량, V는 거래 횟수, P는 재화의 가격, Q는 구매량)

이를 피셔의 교환방정식(또는 피셔의 항등식)이라고 한다. 이러한 교환방정식을 거시적인 관점으로 확대하면 다음과 같다.

$M \cdot V = P \cdot Y$ (여기서 M은 통화량, V는 유통속도, P는 물가, Y는 실질GDP)

위 공식을 해석하면 다음과 같다. 거시경제 전체적으로 필요한 총통화량은 $M = \dfrac{1}{V}PY$ 가 된다. 즉 거시전체적으로 경제주체들이 필요로 하는 화폐수요는 $M^d = \dfrac{1}{V}PY$라는 것이다. 즉, 고전학파의 화폐수요는 $M^d = \dfrac{1}{V}PY$이다.

※ **교환방정식의 예시적 설명**

> 예를 들어 어느 경제에 톰과 제리만이 있다고 하자. 톰은 햄버거를 연간 12개 생산하고, 제리는 핫도그를 연간 24개 생산한다. 톰은 매달 제리의 핫도그 가게에 들러 핫도그를 2개씩 구매한다. 제리는 매달 톰의 햄버거 가게에 들러 햄버거를 1개씩 구매한다.
>
> 톰의 햄버거 가격은 10,000원이고, 제리의 핫도그 가격은 5,000원이다. 그러면 이 경제의 화폐경제가 원활히 돌아가기 위해 필요한 통화량은 얼마일까? 여기서 거래횟수(V)는 총 24회이다(톰12번+제리12번). 그리고 명목GDP, 즉 PY는 24만 원이다.
>
> 따라서 $M \cdot V = P \cdot Y$ 공식에 의해 이 경제에 필요한 통화량 M은 10,000원이다.
>
> 즉, 톰에게 10,000원의 화폐만 있으면 이 경제는 원활하게 모든 거래가 화폐를 매개로 하여 잘 돌아간다는 것이다.
>
> 톰이 먼저 10,000원을 들고 제리의 가게에 들러 핫도그 2개를 구매한다. 그리고 다시 제리가 톰의 가게에 들러 (아까 받은) 10,000원으로 톰의 햄버거를 1개 구매한다. 그리고 다음 달에 다시 톰이 제리의 가게에 들러 10,000원을 주고 핫도그 2개를 구매한다. 다시 제리가 톰의 가게에 들러 10,000원을 주고 햄버거를 1개 구매한다. 이렇게 10,000원짜리 지폐 한 장만 있으면 톰과 제리 사이에 연간 12번씩의 거래가 완벽하게 화폐를 매개로 돌아가게 된다.

② 고전학파의 이러한 화폐수요이론을 화폐수량설이라고 한다. 이 견해에 따르면 화폐수요함수는 $M^d = \dfrac{1}{V}PY$이므로 화폐수요는 오직 유통속도(거래횟수), 물가, 실질소득에만 영향을 받는다. 그런데 고전학파 경제학자들은 화폐유통속도 V는 매우 안정적이라고 보았다. 결국 고전학파에 따르면 화폐수요는 물가와 실질소득에만 영향을 받는다.

③ $M \cdot V = P \cdot Y$를 변화율 공식으로 환산하면 $\dfrac{\Delta M}{M} + \dfrac{\Delta V}{V} = \dfrac{\Delta P}{P} + \dfrac{\Delta Y}{Y}$가 된다.

즉 통화량변화율+유통속도변화율=물가상승률+경제성장률이 된다. 이때 유통속도의 변화율=0을 가정한다면[10] 통화량의 변화는 물가상승률과 경제성장률에 영향을 미치게 된다.

※ 추후 총공급이론에서 학습하겠지만, 고전학파는 통화량의 변화가 경제성장률에는 영향을 미치지 않는다고 보았다. 따라서 통화량 변화에도 $\dfrac{\Delta Y}{Y} = 0$이 성립하고 결국 $\dfrac{\Delta M}{M} = \dfrac{\Delta P}{P}$이 성립한다고 보았다.
이를 화폐중립성(Money Neutrality)이라고 한다.
하지만 일반적인 경우 단기에는 통화량의 변화는 물가상승률과 경제성장률에 동시에 영향을 준다. 즉 단기에는 화폐중립성이 성립한다고 보긴 어렵다.

※ 고전학파의 화폐수량설에 의하면 경제 주체들의 화폐수요는 오직 물가와 실질소득에만 영향을 받는다. 하지만 실제로 화폐수요는 이 두 요소 외에도 많은 요인들에 의해 영향을 받는다. 이후 고전학파의 견해를 이어받은 통화주의학파는 고전학파의 화폐수량설을 보다 개량하여 신화폐수량설을 제안하였다. 신화폐수량설에 의하면 $M^d = kPY$의 화폐수요함수를 얻게 되는데, 여기서 k를 마샬케이라고 부른다. 그리고 이 k는 화폐수요에 영향을 미치는 다양한 요인들을 망라한 함수이다.

※ 실질화폐수요함수, 즉 $\dfrac{M^d}{P} = kY$를 고려하면 실질화폐수요는 오직 실질소득에만 반응한다.

---

10) 실제 수험문제에서는 항상 $\dfrac{\Delta V}{V} = 0$을 가정하지는 않는다.

(3) 케인즈의 화폐수요함수

① 고전학파 및 통화주의학파의 견해로는 경제 주체들의 화폐보유 목적이 거래적 목적이 가장 중요하였다. 또한 화폐수량설에 따르면 이자율은 화폐수요에 영향을 주지 못한다(통화주의학파의 신화폐수량설에서는 이자율이 화폐수요량에 다소간 영향을 준다. 하지만 그 효과는 미미하다).

② 반면 케인즈는 경제 주체들이 화폐를 보유하려는 목적은 크게 3가지로 구분하였다.

첫째는 고전학파와 동일한 거래적 목적이다.

둘째는 예비적 목적으로 갑작스럽게 의도치 않은 급전의 지출을 위해 화폐를 보유하고 있으려 한다는 것이다.

여기서 케인즈는 거래적 목적과 예비적 목적의 화폐수요는 고전학파와 동일하게 소득에 비례한다고 보았다. 하지만 고전학파의 화폐수요와 케인즈의 화폐수요의 가장 큰 차이는 바로 세 번째 화폐수요의 목적인 투기적 목적의 유무에서 갈린다.

케인즈에 따르면 경제 주체들은 적당한 투자자산이 오면 바로 이를 구입하여 시세차익을 얻으려 할 텐데, 적당한 투자타이밍이 되었을 때 이 자산을 구매하기 위한 목적으로 보유하는 현금 및 현금성 자산(예금 등의 통화)를 바로 투기적 목적에 의한 화폐수요라고 보았다. 그리고 이러한 투기적 목적의 화폐수요(량)는 이자율에 민감하게 반응할 것이라 보았다.

③ 이를 케인즈의 유동성 선호설이라 한다. 케인즈 먼저 경제주체들이 소득을 얻으면 이 중 일정비율은 거래적, 예비적 목적으로 현금 및 예금, 즉 화폐로 보유하고 나머지 소득은 투기를 위해 일단 현금으로 쟁여두거나 아니면 채권을 구입하여 재산을 불릴 것이라고 보았다.

※ 여기서 케인즈는 재산증식 수단으로 오직 채권투자만을 가정하였는데, 물론 현실에서는 재산증식 수단으로 채권뿐만 아니라 주식, 부동산, 펀드 등 다양한 투자대안이 있다. 하지만 일반적인 자본의 수익률은 보통 연동되기 마련이다. 다시 말해, 주식수익률이 높아지면 자연히 부동산수익률, 펀드수익률 등도 (정확하게 같은 비율은 아니지만) 대개 높아지는 경향을 보인다. 물론 엄밀하게 이야기하면 여러 투자자산들의 수익률과 수익개선 시기 등이 완전히 일치하지는 않지만 그래도 거시적 관점에서 자본수익률이 개선되는 시기에는 대부분의 투자자산의 수익률이 동행하는 양상을 보인다. 따라서 재산증식 수단을 오직 채권 한 종류로 가정한 케인즈의 가정은 비현실적인 가정은 아니다. 오히려 이론을 보다 이해하기 쉽게 단순화한 편의성을 고려한 가정이라고 봐야 할 것이다.

④ 그렇다면 경제 주체들은 매달 소득이 들어오면 거래적 예비적 목적의 화폐 이외에 남은 소득으로 지금 채권을 구입할지 아니면 당분간은 현금으로 보유하고 있다 나중에 채권을 구입할지 투자 타이밍을 결정해야 한다. 이때 채권을 구입하는 목적은 시세차익을 노리기 위한 투기적 목적이다. 따라서 향후 채권가격이 올라갈 것 같으면 바로 채권을 구입하는 것이 좋다. 그런데 향후 채권가격이 떨어질 것 같으면 지금 채권을 구입하지 않고 잠시 현금으로 보유하고 있다가 나중에 채권가격이 떨어지고 나면 그때 채권을 구입하는 것이 좋다. 이때 채권가격이 하락할 때까지 현금으로 보유하는 남은 소득을 투기적 목적의 화폐수요(량)라고 한다.

⑤ 그러면 경제 주체들은 언제 채권가격이 하락하고, 언제 채권가격이 상승할 것이라고 예측

할까? 바로 향후 이자율의 등락 예측에 의존한다. 앞서 채권의 수익률은 시중의 이자율에 연동된다고 학습하였다. 그리고 이는 채권의 가격과 시중의 이자율이 반대로 움직인다는 것을 의미한다.

따라서 향후 이자율이 떨어질 것으로 본다면, 이는 향후 채권가격의 상승을 의미할 것이고 향후 이자율이 상승한다면 채권가격은 하락할 것이다.

⑥ 톰은 현재 소득 500만 원이 있다. 이 중 거래적·예비적 목적으로 200만 원은 일단 현금 및 예금으로 보유하고 여유자금 300만 원이 남아 있다. 그리고 톰이 생각하는 우리나라의 적정 이자율 수준은 3%이다. 그런데 만일 현재 이자율이 3%보다 낮다면 톰은 향후 우리나라의 이자율이 3% 수준으로 올라가리라 예상한다. 이는 향후 채권가격의 하락을 예상한다는 것과 같다. 따라서 톰은 지금 당장 채권을 구입하지 않고 이자율이 3%대로 올라갈 때까지 여유자금 300만 원을 홀딩하려 할 것이다. 즉, 톰은 300만 원을 투기적 목적으로 쟁여둘 것이다.

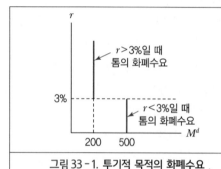

그림 33 - 1. 투기적 목적의 화폐수요

하지만 현재 이자율이 3%보다 높다면? 이 경우 톰은 향후 이자율이 떨어질 것이라고 예상한다. 이는 향후 채권가격의 상승을 의미한다. 따라서 이때 톰은 여유자금 300만 원으로 즉시 채권을 구입할 것이다. 이때 톰의 투기적 목적의 화폐수요량은 0이 된다.

이렇듯 투기적 목적의 화폐수요를 고려한다면 각 경제 주체가 생각하는 적정이자율 수준을 기점으로 위 그림처럼 두 개의 수직선의 화폐수요곡선이 그려지게 된다.

⑦ 반면 제리는 우리나라의 적정이자율 수준이 2%라고 본다. 따라서 제리는 현재 이자율이 2%보다 높다면 여유자금을 전부 채권 구입에 사용한다. 반대로 현재 이자율이 2%보다 낮다면 여유자금을 투기적 목적으로 쟁여둘 것이다. 한편 터피는 우리나라의 적정 이자율 수준을 1.5%로 본다. 이때 제리와 터피의 화폐수요곡선은 아래 그림처럼 나타날 것이다.

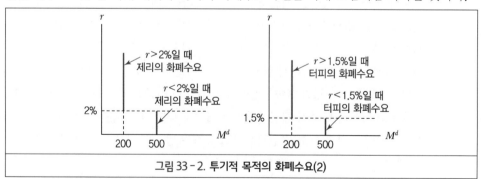

그림 33 - 2. 투기적 목적의 화폐수요(2)

⑧ 이제 톰과 제리, 터피의 3인의 화폐수요를 모두 합산하면 아래 그림과 같아진다.

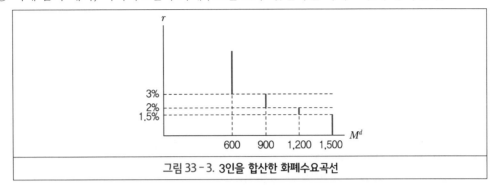

그림 33 – 3. 3인을 합산한 화폐수요곡선

⑨ 매우 많은 경제주체들이 생각하는 적정이자율 수준이 모두 동일하지는 않을 것이다. 이를 감안하여 시장 전체 화폐수요곡선을 그리면 아래 그림과 같이 우하향하는 곡선의 형태를 띤다.

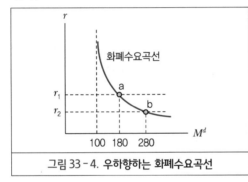

그림 33 – 4. 우하향하는 화폐수요곡선

좌측 그림에서 이자율이 r_1인 경우, 시장 전체 화폐수요량은 180이다. 이때 거래적, 예비적 목적의 화폐수요량은 100이고 투기적 목적의 화폐수요량은 80이다. 그런데 이자율이 r_2로 하락하면 거래적, 예비적 목적의 화폐수요량은 100에서 불변이지만 투기적 목적의 화폐수요량이 180으로 증가하여 경제 전체 화폐수요량은 280이 된다.

⑩ 중앙은행의 화폐공급량(총통화량)은 중앙은행의 정책의지에 의해 결정되므로 이자율과 무관하다.

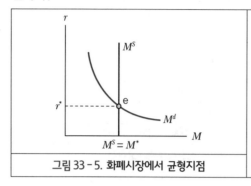

시중의 화폐공급곡선은 수직선으로 나타난다. 그러므로 화폐시장에서 수요과 공급이 만나는 균형지점은 좌측 그림처럼 나타난다.
화폐공급곡선과 화폐수요곡선이 만나는 점 e에서 화폐시장균형이 달성되며 이때 균형이자율은 r^* 이다.

그림 33 – 5. 화폐시장에서 균형지점

⑪ 확장통화정책과 긴축통화정책 시

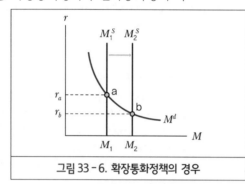

중앙은행이 확장통화정책을 시행하여 화폐공급곡선이 M_1^s 에서 M_2^s 로 우측 이동하면 화폐시장균형은 점 a에서 점 b로 이동하며, 이에 따라 균형이자율은 하락한다.

그림 33 – 6. 확장통화정책의 경우

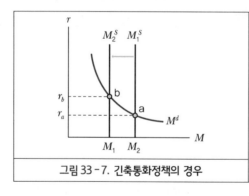

반대로 긴축통화정책을 시행하면 화폐공급곡선이 좌측 이동한다. 이에 따른 화폐시장에서의 균형지점의 변화는 좌측 그림과 같다. 긴축통화 정책 시 균형이자율은 상승한다.

그림 33 – 7. 긴축통화정책의 경우

⑫ 만일 실질국민소득이 증가하여 (거래적, 예비적 목적의) 화폐수요의 증가한다면, 이는 화폐수요곡선의 우측 이동을 야기한다. 이 경우 화폐시장에서의 균형이자율은 상승한다. 반대로 실질소득의 감소는 균형이자율의 하락을 가져온다.

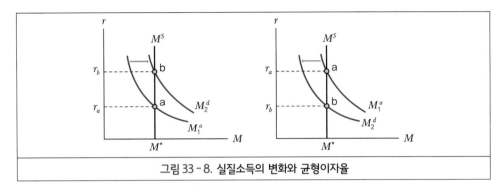

그림 33 - 8. 실질소득의 변화와 균형이자율

※ 통화공급의 내생성이 존재하는 경우

위 분석에서는 화폐시장에서 화폐공급곡선을 수직선으로 나타내었다. 이는 시중의 통화량과 이자율이 무관하다는 전제 조건을 반영한다. 그런데 중앙은행이 발행하는 본원통화는 이자율에 무관하지만 통화승수는 이자율의 영향을 받을 수 있다.

특히 경제 주체의 현금보유비율이 이자율의 감소함수라면 화폐공급곡선은 수직선이 아닐 수 있다. 이를 통화공급의 내생성이라 한다.

현금을 보유하는 것에 대한 기회비용은 이자소득이다. 즉, 거래의 편의성을 위해 이자소득을 포기하는 것이다. 하지만 이자율이 상승하면 이자소득에 대한 아쉬움 때문에 경제 주체들은 현금보유비율을 줄이려는 경향을 보여 현금보유비율은 이자율과 반대의 움직임을 보일 것이다. 현금보유비율의 감소는 통화승수 증가 요인이다.

따라서 현금보유비율이 이자율의 감소함수인 경우, 이자율 상승 시 통화승수가 높아질 것이고 이는 총통화량의 증가를 의미한다. 이때 화폐공급곡선은 우상향하는 형태를 나타낸다.

(4) 유동성 함정

① 케인즈의 유동성 선호설에 따르면 거시경제의 화폐수요함수는 우하향한다. 이는 이자율이 낮아질수록 채권가격의 하락을 예견하는 경제 주체가 많아져 채권 구입을 보류하고 투기적 동기의 화폐수요량을 늘리기 때문이다.

그런데 경제 주체들은 '이만큼 이자율이 떨어졌으면 더 이상은 떨어지지 않겠지'라고 여기는 이자율의 하한선, 즉 임계이자율 수준까지 이자율이 하락하면 더 이상 추가적인 이자율 하락을 예견하지 않게 된다. 따라서 실제 이자율이 임계이자율 수준까지 하락하면 아무도 채권가격의 상승을 예견하지 않기 때문에 채권을 구입하지 않고 모두 자신의 소득을 전부 화폐로 보유하게 된다.

이때 화폐수요곡선은 수평선이 되는데 이 구간을 유동성 함정(Liquidity Trap) 구간이라고 한다.

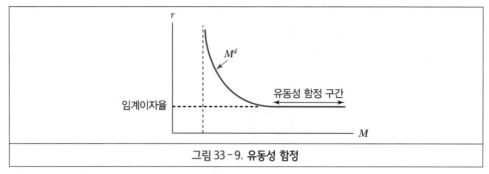
그림 33 - 9. 유동성 함정

※ 유동성 함정 구간에서는 화폐수요의 이자율 탄력성이 ∞가 된다.

② 이러한 유동성 함정 구간에서는 공개시장운영에 의한 시중 이자율 조절 정책이 효과를 발휘할 수 없다. 아무도 채권을 구매하려 하지 않으므로 채권가격을 통제하여 시중 이자율을 움직이는 정책이 아무런 효과를 보지 못하는 것이다.

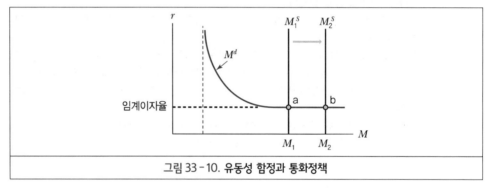
그림 33 - 10. 유동성 함정과 통화정책

유동성 함정 구간에 빠진 경우, 중앙은행이 채권을 매입하여 통화공급을 M_1^s 에서 M_2^s 로 늘려도 화폐시장의 균형점은 점 a에서 점 b로 이동하고 시중 이자율은 임계이자율 수준에서 벗어나지 못한다.

※ **양적완화(Quantitative Easing)**

> 양적완화는 유동성 함정 등 전통적인 금융통화정책 수단의 효과가 불분명해질 경우 중앙은행이 사용할 수 있는 비전통적 통화정책이다.
> 미국 연준의 경우, 2009년 금융위기로 인해 지속적 확장통화정책을 시행하였고, 이에 따라 시중 금리가 사실상 제로금리 수준에 근접하자 양적완화 조치를 시행하는 방식으로 시중에 유동성을 공급하고 경기 진작의 효과를 이어나갔다.
> 양적완화(QE)의 골자는 전통적인 공개시장운영 방식으로 채권을 매입하는 것이 아니라, 중앙은행의 기업의 대규모 부실채권을 직접 인수하여 기업에 자금을 제공하는 방식으로 이루어진다. 미국 연준은 이러한 방식의 양적완화를 통해 3차에 걸쳐 대규모의 유동성을 시중에 공급하였다.

(5) 케인즈 화폐수요함수의 수리적 표현

① 케인즈의 화폐수요함수의 일반적 표현식은 다음과 같다.

$$\frac{M^d}{P} = kY - hr \ ,$$

여기서 k는 마샬케이, P는 물가[11]), Y는 실질소득, r은 이자율, h는 화폐수요의 이자율 탄력성을 나타낸다.

② 고전학파의 경우 화폐수요의 이자율탄력성은 $h = 0$이다. 즉 $M^d = kPY$이 고전학파의 화폐수요함수이다. 반면 통화주의학파는 $h > 0$인 것은 인정하였으나 그 크기는 매우 낮은 값이라고 보았다. 반면 케인즈학파는 화폐수요의 이자율탄력성 h가 비교적 큰 값이라고 보았다(유동성함정에서는 $h = \infty$이다).

h의 크기에 의해 화폐수요곡선의 기울기가 달라진다.

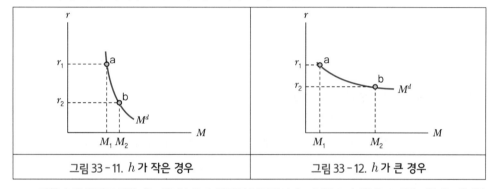

그림 33 - 11. h가 작은 경우	그림 33 - 12. h가 큰 경우

※ 고전학파 및 통화주의학파는 화폐수요가 상당히 안정적이라고 보았으며, 반대로 케인즈학파는 화폐수요가 불안정하다고 보았다.

※ k와 화폐수요의 이자율탄력성 h는 추후 학습할 LM곡선 기울기에 영향을 준다.

---

11) 케인즈의 경우 물가는 단기 고정인 것으로 간주하였다.

01 중앙은행의 통화, 금융정책에 대한 설명 중 옳지 않은 것은?

① 지급준비율이 변화하여도 본원통화는 불변이다.

② 투기적 동기의 화폐보유는 이자율에 영향을 받는다.

③ 유동성 함정에서는 통화정책의 효과가 매우 강화된다.

④ 통화주의학파는 재량적 통화정책에 반대한다.

⑤ 일반적으로 재정정책에 비해 외부시차가 길다.

정답 | ③

해설 | 유동성 함정에서는 화폐수요곡선이 수평이라 통화량을 늘려도 이자율이 변하지 않는다. 따라서 통화정책이 무력해진다.

02 공개시장운영에 대한 설명으로 옳지 않은 것은?

① 중앙은행은 시중의 통화량을 조절하여 시중 이자율을 조정할 수 있다.

② 공개시장운영은 중앙은행이 채권을 사고 파는 행위를 통해 통화량을 조절하는 정책 수단이다.

③ 중앙은행이 채권을 매각하면 채권가격이 상승하고 이에 따라 채권수익률이 하락한다.

④ 중앙은행이 채권을 매각하면 이를 시중 금융기관이 매입한다.

⑤ 중앙은행이 물가를 안정시키고자 한다면 채권을 매각할 것이다.

정답 | ③

해설 | 중앙은행이 채권을 매각하면 채권가격이 하락하고 이에 따라 채권수익률이 상승한다.

03 통화승수에 대한 서술로 잘못된 것은?

① 현금보유비율이 증가하면 통화승수는 하락한다.

② 지급준비율이 상승하면 통화승수는 하락한다.

③ 통화승수가 커지면 본원통화가 일정하여도 총통화량이 감소한다.

④ 신용창조과정에 의한 승수이다.

⑤ 통화승수가 이자율의 영향을 받는다면 통화공급의 내생성이 발생할 수 있다.

정답 | ③

해설 | 통화승수가 커지면 본원통화가 일정하여도 총통화량은 증가한다.

04 케인즈의 유동성 선호설에 대한 설명으로 옳지 않은 것은?

① 케인즈는 거래적, 예비적 동기 이외에 투기적 목적으로 화폐를 보유하려고 한다.

② 채권 가격이 올라갈 것이 예상되면 거래적, 예비적 목적 외의 모든 화폐를 채권 구입에 투자한다.

③ 채권가격이 떨어질 것 같으면 채권을 모두 팔고 현금이나 예금으로 보유하려고 한다.

④ 경제 주체가 화폐를 보유하려는 목적은 오직 거래적 동기에 의해 기인한다고 봤다.

⑤ 이자율이 하락하면 투기적 목적의 화폐수요량이 증가한다.

정답 | ④
해설 | 고전학파의 견해에 대한 설명이다.

34. IS곡선

생산물시장에서의 균형조건을 나타내는 IS곡선에 대해 학습한다.

- 이자율과 균형국민소득
- IS곡선의 도출
- IS곡선의 이동

(1) IS곡선의 도출과 의미

① 앞서 3장에서 유효수요이론에 따르면, 총지출곡선이 움직이면 단기 균형국민소득도 변화함을 학습하였다.

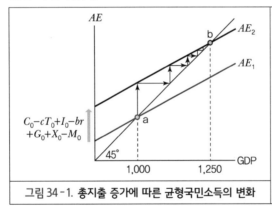

예를 들어 최초의 총지출이 AE_1 이고 균형국민소득이 점 a에서 유지되고 있다고 하자. 그런데 총지출곡선이 AE_1 에서 AE_2 로 상승하면 거시경제의 단기 균형점도 점 b로 이동하게 된다. 다시 말해 총지출곡선의 Y절편인 $(C_0 - cT_0 + I_0 - br + G_0 + X_0 - M_0)$이 변화하면 거시경제의 (단기)균형점도 따라 움직이게 된다. 그러므로 시중의 이자율 r 이 변화하면 단기 균형국민소득도 변화하게 된다.

그림 34-1. 총지출 증가에 따른 균형국민소득의 변화

② 즉 시중의 이자율 r 이 상승하면, 민간투자지출이 위축되고 이에 따라 균형국민소득도 감소한다. 반대로 이자율 r 이 하락하면 민간투자지출이 증가하고 이에 따라 균형국민소득도 증가한다. 이러한 r 과 Y^* 간의 인과관계를 나타낸 곡선(함수)을 IS곡선[12]이라고 한다.

IS곡선은 생산물시장에서의 균형, 즉 총생산과 총지출 간의 균형조건을 나타내는 곡선이므로 IS곡선의 구체적인 형태는 $AE = Y$ 를 정리하여 도출할 수 있다. 여기서 $AE = C + I + G + (X - M)$이다.

---

12) IS는 Invest-Saving의 머릿글자이다.

※ (복습 : 단기 균형국민소득의 도출)

$AE = C + I + G + (X - M)$이고 각 세부항목은

$C = C_0 + c(Y - T)$ $I = I_0 - br$

$G = G_0$ $T = T_0 + \tau Y$

$X = X_0$ $M = M_0 + mY$

 로 표현된다.

따라서 $AE = (c - c\tau - m)Y + (C_0 - cT_0 + I_0 - br + G_0 + X_0 - M_0)$가 된다. 그리고 국민소득 3면 등가의 원리에 의해 거시경제는 $AE = Y$에서 균형을 달성한다.

즉 $(c - c\tau - m)Y + (C_0 - cT_0 + I_0 - br + G_0 + X_0 - M_0) = Y$에서 균형이 이루어지므로 거시경제의 (단기) 균형점에서 균형국민소득은 $Y^* = \dfrac{C_0 - cT_0 + I_0 - br + G_0 + X_0 - M_0}{1 - c + c\tau + m}$이다.

위 박스의 결과인 $Y^* = \dfrac{C_0 - cT_0 + I_0 - br + G_0 + X_0 - M_0}{1 - c + c\tau + m}$는 $AE = Y$를 정리한 것이다. 즉 $Y^* = \dfrac{C_0 - cT_0 + I_0 - br + G_0 + X_0 - M_0}{1 - c + c\tau + m}$이 바로 IS곡선인 것이다. 그런데 IS곡선은 보통 X축에 균형국민소득 Y^*, Y축에 이자율 r을 표시하므로 위 식을 r에 대해서 다시 정리하는 것이 좋다.

$r = -\dfrac{(1 - c + c\tau + m)}{b}Y + \dfrac{(C_0 - cT_0 + I_0 + G_0 + X_0 - M_0)}{b}$ 가 IS곡선이다.

※ 유발투자를 고려한 경우의 IS 곡선은

$r = -\dfrac{(1 - c + c\tau + m - i)}{b}Y + \dfrac{(C_0 - cT_0 + I_0 + G_0 + X_0 - M_0)}{b}$

여기서 i는 유발투자계수 ($I = I_0 - br + iY$)

③ 따라서 IS 곡선의 기울기는 $-\dfrac{1 - c + c\tau + m - i}{b}$이다. 그러므로 한계소비성향이 클수록, 비례세율이 작을수록, 한계수입성향이 작을수록, 유발투자계수가 클수록 완만해진다.

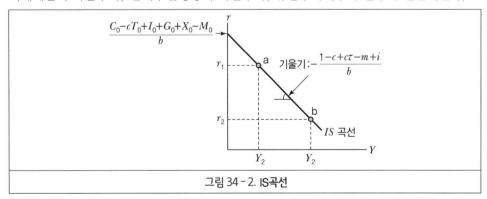

그림 34 - 2. IS곡선

위 그림에서 이자율이 r_1인 경우 균형국민소득은 Y_1이다. 그런데 이자율이 r_2로 하락하면 민간투자지출이 증가하고 이에 따라 균형국민소득이 Y_2로 증가하게 된다.

④ IS곡선의 Y절편은 $\dfrac{C_0 - cT_0 + I_0 + G_0 + X_0 - M_0}{b}$ 이다. 따라서 T_0와 M_0가 감소하거나, I_0, G_0, X_0가 증가하면 IS곡선은 우측으로 이동한다. 반대의 경우에는 IS곡선은 좌측으로 이동한다.

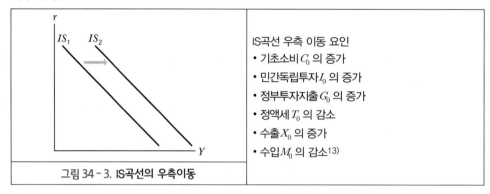

그림 34 - 3. IS곡선의 우측이동

IS곡선 우측 이동 요인
- 기초소비 C_0의 증가
- 민간독립투자 I_0의 증가
- 정부투자지출 G_0의 증가
- 정액세 T_0의 감소
- 수출 X_0의 증가
- 수입 M_0의 감소[13]

※ 비례세율의 증가는 IS곡선의 기울기의 변화 요인이다. 곡선의 평행 이동을 야기하지 않는다.
※ 이자율의 변화는 IS곡선 선상의 이동 요인이다. 곡선 자체의 이동 요인이 아니다.

(2) 생산물시장에서의 조정 과정

① IS곡선상의 지점은 생산물시장에서의 균형, 즉 $AE = Y$가 성립하는 지점이다. 다시 말해, IS곡선상에서 이탈한 지점은 $AE \neq Y$인 지점인 것이다. 그러므로 IS곡선에서 이탈하면 생산물시장에서 조정 과정을 거치며 다시 IS곡선상으로 돌아가게 된다.

② IS곡선의 좌하방에 위치한 지점은 생산물시장에서 초과수요인 지점이다. 즉 $AE > Y$인 상황이다.

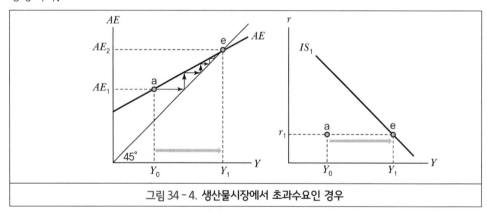

그림 34 - 4. 생산물시장에서 초과수요인 경우

위 그림에서 현재 경제가 점 a에 위치하고 있다고 하자. 위 우측 그림에서 점 a에서는 $AE_0 > Y_0$이다. 즉 초과수요이다. 따라서 점 e를 향해 경제가 조정되어 가는데 이때 균형국민소득이 증가하여 최종적으로는 점 e에서 균형을 달성하고 이때 $AE_1 = Y_1$이 이루어진다.

---

13) 여기서 수입의 감소는 내수에 대한 지출 증가를 수반하는 것으로 받아들인다.

생산물시장에서의 불균형은 화폐시장과는 무관하므로 화폐시장에서 결정되는 이자율은 여기에서는 변할 이유가 없다. 따라서 균형으로의 조정 시 이자율은 r_1수준에서 불변이다. 다시 말해 IS곡선 좌하방 영역은 $AE > Y$인 초과수요 상황을 의미하며 이때 IS곡선으로의 조정은 수평 방향으로 이루어진다.

③ 반대로 현재 경제가 IS곡선 우상방에 위치한다면 이는 생산물시장에서의 초과공급인 상황, 즉 $AE < Y$를 의미하며 이때 균형으로의 조정은 역시 수평 방향으로 이루어진다. 예를 들어 현재 경제 상황이 아래 그림 점 b라면 재고 증가로 인해 경제 주체들은 차기에 고용과 생산을 줄이며 결국 최종균형인 점 e에서 균형을 달성하게 된다.

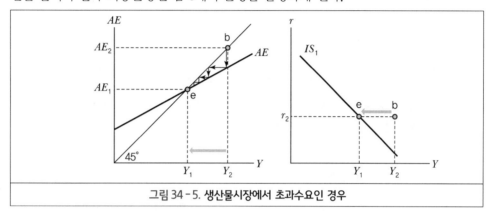

그림 34 - 5. 생산물시장에서 초과수요인 경우

(3) 승수효과와 IS곡선의 이동

① 앞서 정부투자지출, 조세지출, 민간독립투자지출 등이 변화하면 승수효과에 의해 균형국민소득이 훨씬 많이 변화하는 것을 학습하였다. 이때 승수효과의 크기는 IS곡선의 수평 이동 거리와 일치한다.

② 예를 들어 한계소비성향이 0.8, 비례세율 0.25, 한계수입성향이 0.1인 경우 유발투자는 없는 것으로 가정하면 정부투자지출승수는 $\dfrac{1}{1 - c + c\tau + m} = 2$이다. 이때 정부투자지출을 + 100만큼 증가시키면 균형국민소득은 +200 증가한다. 이 거리가 바로 IS곡선의 수평의 이동거리와 일치한다.

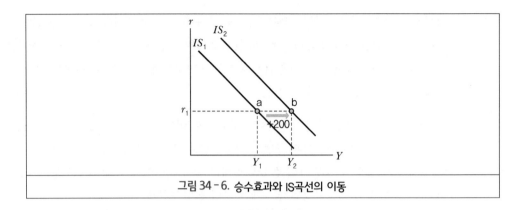

그림 34 - 6. 승수효과와 IS곡선의 이동

35. LM곡선과 통화정책

화폐시장에서의 균형조건을 나타내는 LM곡선에 대해 학습한다.

－LM곡선의 의의와 도출
－LM곡선의 이동

(1) LM곡선의 의의와 도출

① 앞에서 이자율과 균형국민소득 간의 긴밀한 관계에 대해 학습하였다. 이는 이자율이 독립변수(원인)일 때 이에 따라 변화하는 종속변수(결과)로서의 균형국민소득의 관계를 지칭한다.

② 그런데 현실경제에서는 이자율이 균형국민소득에도 영향을 주지만 반대로 균형국민소득도 이자율에 영향을 준다. 즉 이제 국민소득이 독립변수(원인)일 때 이에 따라 변화하는 종속변수로서의 균형이자율의 관계를 살펴본다. 즉 화폐시장에서의 균형조건에 대해 학습한다.

③ 앞서 유동성 선호설에 따르면 실질소득의 변화는 거래적 · 예비적 화폐수요에 영향을 미치고 이에 따라 화폐수요곡선이 변화한다. 화폐공급이 불변일 때, 화폐수요의 변화는 균형이자율의 변화를 가져온다. 즉 실질소득의 변화가 이자율의 변화를 야기하는 것이다. 이때 실질소득 Y의 증가 → 화폐수요 증가 → 균형이자율의 상승을 야기하며, 반대로 실질소득의 감소 → 화폐수요 감소 → 균형이자율의 하락을 야기한다.

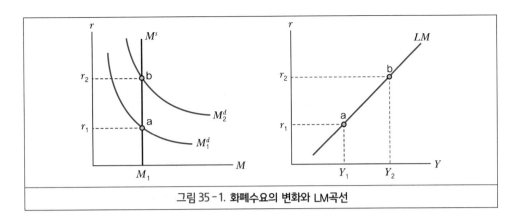

그림 35 - 1. 화폐수요의 변화와 LM곡선

위 그림에서 균형국민소득이 Y_1 일 때, 화폐수요곡선은 M_1^d 이고 이때 이자율은 r_1 이다. 따라서 균형국민소득이 Y_1 일 때 거시경제균형은 점 a이다. 그런데 균형국민소득이 Y_2 로 증가하였다. 따라서 (거래적 · 예비적 목적의) 화폐수요가 증가하여 화폐수요곡선은 M_2^d 가 된다. 따라서 균형이자율은 r_2 로 상승한다. 그러므로 결국 균형국민소득 Y_2 인 경우 화폐시장에서 균형이 이루어지는 이자율은 r_2 이다. 이를 소득 - 이자율 평면에 나타내면 위 우측 그림에서 점 b가 된다. 즉 점 a와 점 b는 균형국민소득 증가에 따라 화폐시장균형을 달성토록 하는 이자율의 관계를 나타낸 곡선이다. 이를 LM곡선[14]이라고 한다.

④ **LM곡선의 수리적 도출**

케인즈의 화폐수요함수는 $\dfrac{M^d}{P} = kY - hr$ 이었다. 그리고 화폐공급은 외생변수로서 M^s 이다. 화폐시장의 균형은 당연히 $M^d = M^s$ 에서 이루어지므로 LM곡선은 $\dfrac{M^s}{P} = kY - hr$ 를 정리하여 도출한다. 즉 $r = \dfrac{k}{h}Y - \dfrac{M^s}{hP}$ 가 LM곡선이 된다. 여기서 $\dfrac{k}{h}$ 는 LM곡선의 기울기이며 양(+)의 기울기이다. 그리고 $-\dfrac{M^s}{hP}$ 는 LM곡선의 Y절편이다.

⑤ 화폐수요의 이자율탄력성 h 가 큰 경우라면 화폐수요곡선이 완만하다. 이 경우 균형국민소득이 다음 그림의 Y_1 에서 Y_2 로 매우 많이 증가하여도, 화폐수요곡선이 많이 우측 이동하여도 균형이자율은 많이 상승하지 않는다. 즉 완만한 LM곡선을 지니게 된다.

---

14) LM은 Liquidity preference - Monetary supply의 머릿글자이다.

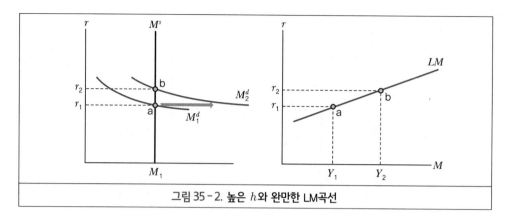

그림 35 - 2. 높은 h와 완만한 LM곡선

⑥ 또는 k가 작은 값이어도 LM곡선은 완만해진다. 즉 소득이 많이 증가해도 화폐수요곡선 자체가 조금 이동하면 균형이자율도 조금 상승하게 되므로 LM곡선이 완만해진다.

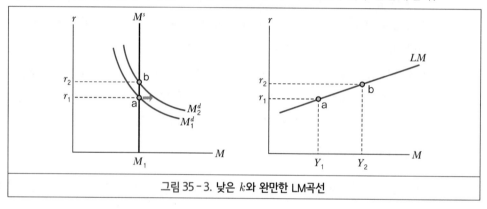

그림 35 - 3. 낮은 k와 완만한 LM곡선

⑦ 반대로 화폐수요의 이자율탄력성 h가 낮거나 k가 큰 경우 LM곡선은 비교적 가팔라지게 된다.

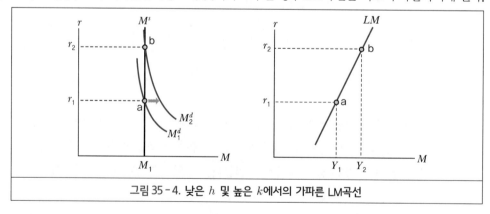

그림 35 - 4. 낮은 h 및 높은 k에서의 가파른 LM곡선

(2) LM곡선의 이동

① LM곡선의 Y절편은 $-\dfrac{M^s}{hP}$ 이다. 따라서 외생변수인 (총)통화량에 의해 LM곡선은 좌우로 이동한다. 통화량이 증가하면 LM곡선의 Y절편은 하락한다. 이는 LM곡선의 하방 이동을 야기한다. 그런데 경제학에서는 곡선이 위아래로 움직인다는 표현은 지양한다. 따라서 이 경우 LM곡선은 우측 이동한다고 표현한다. 반대로 통화량이 감소하면 LM곡선은 좌측으로 이동한다.

② 물가가 변화하여도 LM곡선은 좌우 이동한다. 물가가 상승하면 LM곡선의 Y절편은 증가한다. 즉 물가 상승은 LM곡선의 좌측 이동 요인이다. 반대로 물가가 하락하면 LM곡선은 우측으로 이동한다. 여기서 물가의 상승은 실질통화량의 감소를 의미하며 물가의 하락은 실질통화량의 증가를 의미한다.

※ 통화공급의 내생성이 존재하는 경우의 LM곡선

현금보유비율이 이자율의 감소함수이면 통화공급의 내생성이 발생하고 이때 화폐공급곡선은 우상향하게 된다. 이때 LM곡선은 화폐공급곡선이 수직인 경우에 비해 보다 완만해지게 된다.

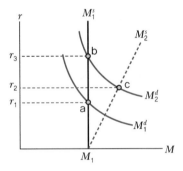 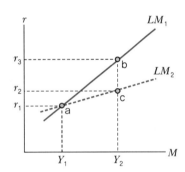

국민소득이 Y_1 에서 Y_2 로 증가하여 화폐수요도 M_1^d 에서 M_2^d 로 증가하였다. 만일 화폐공급곡선이 M_1^s 에서 수직이면 균형이자율은 r_1 에서 r_3 까지 상승하지만 화폐공급곡선이 내생성에 의해 우상향하면 균형이자율은 r_2 까지만 상승한다. 따라서 이때 LM곡선은 화폐공급곡선이 수직일 때보다 완만해진다.

(3) 화폐시장에서의 조정 과정

① LM곡선상의 지점은 화폐수요와 화폐공급이 일치하는 화폐시장에서의 균형을 의미하는 점이다. 따라서 LM곡선상에서 이탈한 지점은 화폐시장에서의 불균형 상황을 의미한다. 이때 LM곡선의 우하방은 화폐시장에서의 초과수요, 즉 $M^d > M^s$ 인 상황이며, 반대로 LM곡선의 좌상방은 화폐시장에서의 초과공급, 즉 $M^d < M^s$ 인 상황이다.

② 화폐시장에서의 불균형이 발생하면 생산물시장과는 달리 수직 방향으로 조정 움직임이 발생한다. 예를 들어 다음 그림에서 현재 경제가 점 a에 있다면 화폐시장에서 초과수요 상황이다. 따라서 이자율이 상승하면 균형을 회복한다. 최종균형은 점 b가 된다.

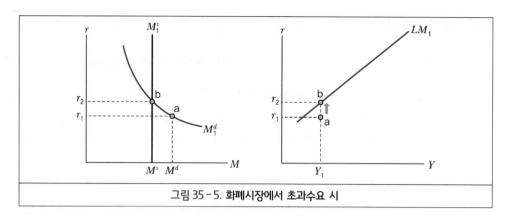

그림 35 - 5. 화폐시장에서 초과수요 시

③ 반대로 화폐시장에서 초과공급인 경우 아래 점 c에서 균형 상태인 점 d로 조정된다.

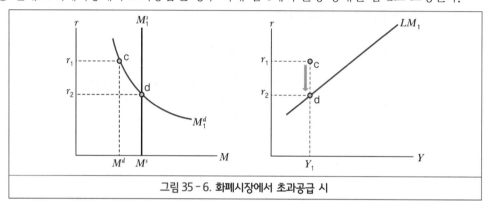

그림 35 - 6. 화폐시장에서 초과공급 시

36. IS - LM과 재정정책, 통화정책

재정정책과 통화정책의 효과에 대해 학습한다.

- 재정정책과 통화정책
- 구축효과와 학파별 견해

(1) 생산물시장과 화폐시장의 동시 균형

① IS곡선은 생산물시장에서의 균형, $AE = Y$ 조건을 만족하는 점들이며 LM곡선은 화폐시장에서의 균형, $M^d = M^s$ 를 만족하는 점들이다. 따라서 IS곡선과 LM곡선의 교점이 생산물시장과 화폐시장에서의 동시 균형을 만족하는 점으로, 단기 거시경제의 균형점이 된다.

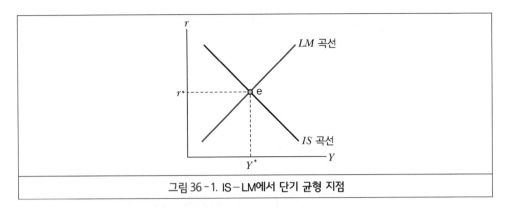

그림 36 - 1. IS−LM에서 단기 균형 지점

② 여기서 물가는 고정된 것으로 간주한다. 즉 극심한 불경기로 물가 상승 압력이 없거나 아니면 상당히 짧은 단기에 물가가 경직적인 경우를 가정한다. 즉 IS−LM 모형을 통한 분석은 물가변수를 고려하지 않는 단기 분석이론이다.

③ IS곡선의 하방은 생산물시장에서의 초과수요, $AE > Y$인 상황이며 이 경우 수평 우측으로 조정이 이루어지고, IS곡선의 상방은 생산물시장에서의 초과공급, $AE < Y$인 상황으로 이 경우 수평 좌측으로 조정이 이루어진다.

LM곡선의 하방은 화폐시장에서의 초과수요, $M^d > M^s$인 상황으로 이 경우 수직 상방으로 조정이 이루어지고, LM곡선의 상방은 화폐시장에서의 초과공급, $M^d < M^s$인 상황으로 이 경우 수직 하방으로 조정이 이루어진다.

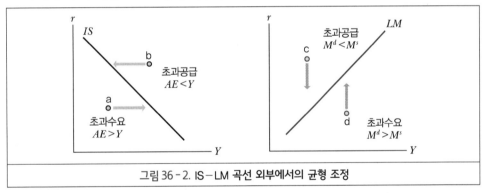

그림 36 - 2. IS−LM 곡선 외부에서의 균형 조정

④ 따라서 IS-LM곡선을 모두 고려할 경우 거시경제의 균형 조정 방향은 다음 그림과 같다.

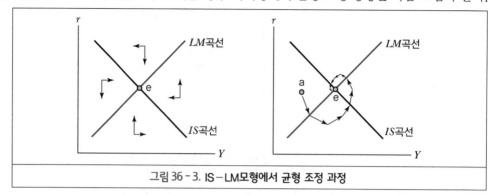

그림 36 - 3. IS-LM모형에서 균형 조정 과정

※ 현실에서는 생산량의 조정보다 이자율의 조정 속도가 빨라 수평 조정보다 수직의 조정이 빨리 이루어진다.

(2) 재정정책과 구축효과

① 확장재정이 시행될 경우, IS곡선이 우측 이동한다. 이때 거시경세의 단기균형은 섬 a에서 점 b로 이동한다. 이때 승수효과는 점 c까지의 이동거리이다. 그런데 LM곡선이 우상향하므로 확장재정 시 이자율이 상승하고 이로 인해 민간투자가 위축되어 실제 경기확장 효과는 점 b에 그친다. 이때 점 c와 b사이의 거리를 구축효과(Crowding Out Effect)라 한다. 반대로 긴축재정정책의 경우 아래 그림 점 d에서 IS곡선이 좌측으로 후퇴하여 점 e로 이동한다(긴축재정의 경우 구축효과는 이자율 하락에 의해 민간투자가 확장하는 방향으로 나타난다).

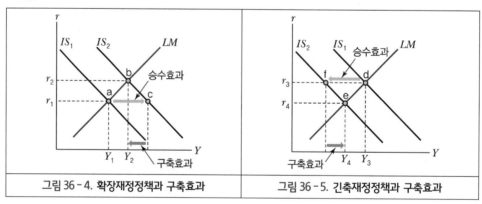

| 그림 36 - 4. 확장재정정책과 구축효과 | 그림 36 - 5. 긴축재정정책과 구축효과 |

② IS곡선이 수평선이 아니고, LM곡선이 수직선이 아니라면 구축효과는 승수효과를 초과하지 못한다. 이때 확장재정 시 균형국민소득은 증가하고 균형이자율은 상승한다. 긴축재정 시 균형국민소득은 감소하고 균형이자율은 하락한다.

(3) 통화정책의 효과

확장통화정책 시 LM곡선이 우측 이동하여 거시경제의 균형이 아래 좌측 그림 점 a에서 점 b로
이동한다(통화정책의 경우 구축효과는 발생하지 않는다). 반면 긴축통화정책의 경우 거시경제
균형이 아래 우측 그림 점 c에서 점 d로 이동한다.

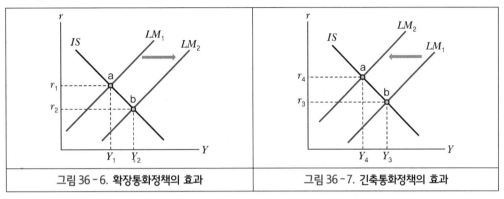

| 그림 36-6. 확장통화정책의 효과 | 그림 36-7. 긴축통화정책의 효과 |

(4) 케인즈학파의 견해

① 케인즈의 견해에 따르면 투자는 이자율에 무관하다. 즉 $I = I_0 - br$에서 $b = 0$이다. 따라서
IS곡선은 수직선이다. 반면 화폐수요는 이자율에 민감하므로 LM곡선은 완만하다. 물론 극
단적인 경우 유동성함정에 빠진다면 LM곡선은 수평선이다. 하지만 이는 너무 극단적인 경
우이며, 일반적인 케인즈학파의 견해는 투자의 이자율 탄력성 b는 매우 작아 IS곡선은 매
우 가파르며, 화폐수요의 이자율 탄력성 h는 상대적으로 큰 값으로 LM곡선은 매우 완만하
다고 주장하였다. 따라서 확장재정 시 승수효과에 비해 구축효과는 매우 작은 값이라고 주
장하였다. 즉 케인즈학파에 의해면 확장재정정책은 경기확장에 매우 효과적이다.

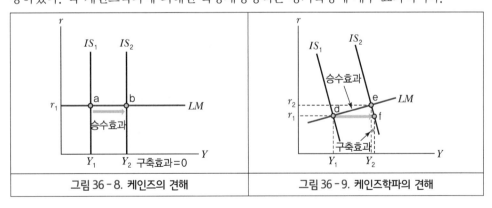

| 그림 36-8. 케인즈의 견해 | 그림 36-9. 케인즈학파의 견해 |

② 긴축재정정책의 경우 경기 수축 효과가 매우 크게 나타난다.

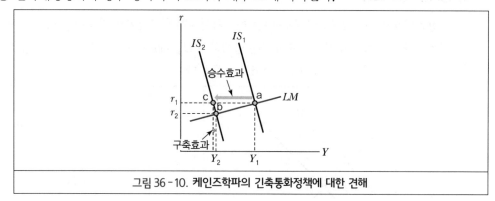

그림 36-10. 케인즈학파의 긴축통화정책에 대한 견해

③ 케인즈학파는 통화정책의 효과는 그리 크지 않을 것이라 주장하였다. 확장통화정책 시 거
시경제 균형은 아래 좌측 그림의 최초 점 a에서 점 b로, 균형국민소득은 Y_1에서 Y_2로 소
폭 증가에 그친다. 긴축통화정책 시에는 거시경제 균형이 아래 우측 그림의 점 c에서 점 d
로 이동한다. 역시 균형국민소득은 매우 소폭 감소한다.

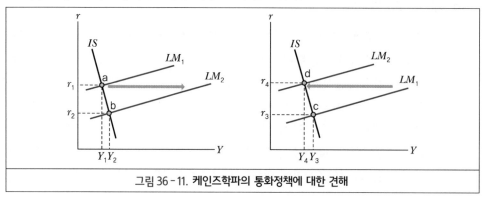

그림 36-11. 케인즈학파의 통화정책에 대한 견해

(5) 통화주의학파의 견해

① 케인즈학파와는 달리 통화주의학파는 투자는 이자율에 매우 민감하며 반대로 화폐수요는
매우 안정적이라고 보았다. 이는 완만한 IS곡선과 가파른 LM곡선을 의미한다. 따라서 통
화주의학파에 따르면 재정정책은 구축효과가 승수효과의 대부분을 잡아먹으므로 재정정
책은 별 효과가 없다.

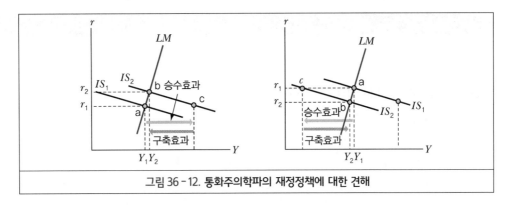

그림 36 – 12. 통화주의학파의 재정정책에 대한 견해

② 반면 통화정책은 매우 강력한 효과를 지닌다고 보았다.

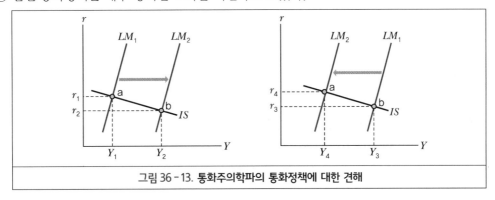

그림 36 – 13. 통화주의학파의 통화정책에 대한 견해

※ 통화정책에서의 준칙과 재량 논쟁

케인즈학파의 경우 통화정책의 효과는 미약하므로 재량적 통화정책이 가능하다는 입장을 견지하였다. 이러한 재량적 통화정책은 미세조정(Fine Tuning)이 가능하다는 것과 동일하다. 미세조정이란 약간의 통화량 변동이 약간의 경기변동 효과를 지니므로 그때그때 상황에 맞춰 조금씩 통화량을 조절하며 경기안정을 꾀하는 것이 가능하다는 것이다.

하지만 통화주의학파는 통화정책이 경기에 미치는 영향이 매우 강력하므로 재량적 통화정책에 반대하고 준칙적 통화정책을 강조하였다. 통화주의학파에 따르면 미세한 통화량의 변화도 매우 큰 폭의 경기변동을 가져오므로 미세조정은 하지 않는 것이 바람직하고 사전에 약정된 통화공급량을 장기적 관점에서 꾸준히 유지하는 준칙(k%룰)적 통화정책을 유지하는 것이 경기안정화를 달성하는 길이라고 보았다. 이러한 통화주의학파의 관점은 추후 테일러준칙으로 확장된다.

01 재정정책에 대한 설명으로 옳지 않은 것은?

① 재정정책은 정부투자지출과 조세를 조정하여 총지출(총수요)을 조절하는 정책이다.
② 정부투자지출 증가분보다 균형국민소득 증가분이 더 크다.
③ 정액세 감소분보다 균형국민소득 증가분이 더 크다.
④ 케인즈학파는 재정정책은 구축효과가 매우 크므로 효과가 크지 않을 것이라 주장했다.
⑤ 정부투자와 조세를 같은 크기만큼 증액하여도 균형국민소득은 증가한다.

정답 | ④
해설 | 케인즈학파는 재정정책이 매우 효과적이라고 보았다.

02 통화정책에 대한 설명으로 옳지 않은 것은?

① 통화정책은 본원통화, 지준율 등을 조절하여 시중 총 통화량을 조절하는 정책이다.
② 통화정책의 최종 목표는 통화량 변화에 따른 이자율 변화를 꾀하여 민간투자지출을 조절하는 것이다.
③ 케인즈학파는 민간투자가 이자율에 민감하므로 통화정책이 매우 강력한 효과를 지닌다고 주장했다.
④ 통화주의학파는 통화정책의 남발은 경제에 미치는 충격이 매우 커 준칙에 입각하여 예측 가능한 통화정책을 수행할 것을 강조했다.
⑤ 통화량의 지속적 증가는 장기 물가 상승을 야기한다.

정답 | ③
해설 | 통화주의학파의 주장이다. 통화주의학파는 민간투자가 이자율에 민감하므로 통화정책이 매우 강력한 효과를 지닌다고 주장했다.

03 화폐수량설이 성립할 때 통화량이 10% 증가하였다. 유통속도 변화율은 불변이고 실질GDP가 6% 상승하였다면 물가상승률은 얼마인가?

① 0% ② 2%
③ 4% ④ 6%
⑤ 8%

정답 | ③
해설 | 화폐수량설이 성립하면 통화량변화율 + 유통속도변화율 = 물가상승률 + 경제성장률이다.

CHAPTER 10

총수요-총공급 모형

37. 총수요곡선

총수요곡선의 의의와 도출과정에 대해 학습한다.

- 총수요의 구성요인
- 물가와 총지출
- 총수요곡선의 도출

(1) 총수요곡선과 총지출 간의 관계

① 총지출은 $AE = C + I + G + (X - M)$으로 구성되어 있다. 그런데 여기서 C, I, X은 물가에도 영향을 받는다. 먼저 물가가 하락할 경우, 경제주체의 실질잔고가 증가한다(화폐의 구매력이 증가). 이에 따라 소비지출이 증가하는데 이를 부의 자산효과, 또는 피구효과라고 부른다.

② 또한 물가가 하락하면 실질화폐량도 증가한다. 유동성 선호설에서 $\dfrac{M^d}{P} = kY - hr$이다.

화폐시장의 균형은 $M^d = M^s$ 에서 성립하므로 균형에서는 $r^* = \dfrac{k}{h}Y - \dfrac{M^s}{hP}$ 이다. 따라서 (명목)통화량이 불변일 때, 물가가 하락하면 실질이자율은 하락한다. 즉 물가 하락 시 (다른 조건이 불변이면) 실질이자율 하락으로 민간투자지출은 증가한다.

③ 그리고 물가가 하락하면 수출이 증가한다. 따라서 물가가 하락하면 총지출은 증가한다. 이를 물가를 Y축으로, 총지출AE을 X축으로 나타낸 평면에 곡선으로 그리면 다음과 같다.

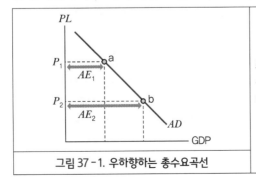

그림 37-1. 우하향하는 총수요곡선

좌측 그림에서 물가와 총지출 간의 관계를 나타낸 곡선을 총수요곡선(AD : Aggregate Demand Curve)라 한다. 그리고 물가와 무관하게 총지출인 $C + I + G + G + (X - M)$이 변화하면 총수요곡선도 움직인다.

(2) 총수요곡선의 이동

① 물가요인과 무관한 요인으로 총지출이 증가하면 총수요곡선은 우측으로 이동한다.

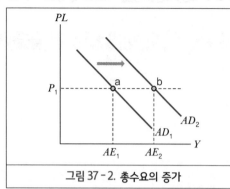

그림 37 - 2. 총수요의 증가

총수요곡선의 우측 이동 요인으로는 확장정책, 독립 투자의 증가, 소비지출의 증가, 수출의 증가, 수입 감소로 인한 내수의 확장 등이 있다.

② 반대로 물가와 무관한 요인으로 총지출이 감소하면 총수요곡선은 좌측으로 이동한다. 총수요곡선의 좌측 이동 요인으로는 긴축정책, 독립투자의 감소, 소비지출의 감소, 수출 감소, 수입증가로 인한 내수의 위축 등이 있다.

※ 총수요곡선의 수평 이동 거리는 IS - LM 모형 상의 균형점의 수평 이동 거리와 동일하다.

예를 들어 확장재정정책으로 아래 좌측 그림의 IS곡선이 IS_1 에서 IS_2 로 이동하여 거시경제의 균형이 점 a에서 점 b로 이동하면, 실제 총수요곡선도 아래 우측 그림과 같이 AD_1 에서 AD_2 로 이동한다. 이때 LM곡선이 수평이 아니라 우상향하므로 구축효과가 발생한다. 따라서 이 경우 IS곡선의 우측 이동 거리보다 AD곡선의 우측 이동 거리가 짧다.

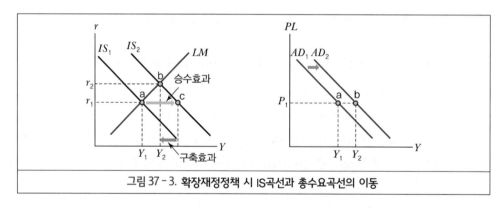

그림 37 - 3. 확장재정정책 시 IS곡선과 총수요곡선의 이동

※ 피구효과와 실질잔고효과

피구효과란 물가 하락에 따른 실질 부(Real Wealth)의 증가가 소비지출을 증대시키는 효과를 말한다. 그리고 실질잔고효과는 물가 하락에 따라 화폐자산의 실질가치가 증가하여 소비지출이 증대되는 효과를 말한다. 따라서 피구효과와 실질잔고효과는 거의 유사한 개념이다(다만 피구효과가 보다 광의의 개념이다).

38. 가격신축성과 고전학파의 총공급곡선

고전학파의 총공급곡선에 대해 학습한다.

- 완전예견과 가격신축성
- 세이의 법칙

(1) 완전예견과 가격신축성

① 미시적 관점에서 개별 제품에 대한 수요 증가 시 해당 산업 종사자에 대한 고용량과 시장임금은 상승한다. 예를 들어 A제품을 생산하는 산업에 종사하는 노동자들이 있다. 거시경제 전반적으로 총수요는 불변인데, A제품에 대한 수요만 증가하였다고 하자. 즉 물가는 거의 상승하지 않고 A제품의 시장가격 P_A만 상승하였다. 그러면 A산업에 종사하는 노동자에 대한 노동수요가 증가하고 노동고용량은 아래 우측 그림 점 c에서 점 d로 변화한다.[15]

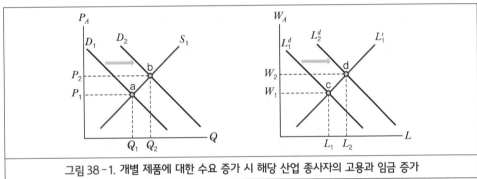

그림 38 − 1. 개별 제품에 대한 수요 증가 시 해당 산업 종사자의 고용과 임금 증가

② 하지만 거시 전반적으로 총수요가 증가하여 대부분의 제화와 서비스에 대한 수요가 동반 증가한다면 어떠한 일이 발생하는가? 대부분의 산업에 종사하는 노동자에 대한 고용과 임금이 상승할까?

③ 19세기 경제학자들은 기본적으로 경제주체들이 향후 물가에 대한 예견이 완벽하며, 또한 자신들이 책정하는 요소가격, 재화 및 서비스 가격도 시장 물가에 즉각적으로 연동되어 변한다고 생각하였다. 따라서 물가가 상승하면 이에 따라 명목임금과 명목이자율도 신축적으로 변하고 결국 물가가 변화하여도 실질임금 및 실질 이자율은 불변이라고 생각하였다.

④ 실질임금과 실질이자율이 불변이라면 각 경제주체들은 노동과 자본의 공급량도 불변인 채로 유지하여야 할 것이다. 즉 총수요가 증가하여 대부분의 재화와 서비스에 대한 수요가 증가하였다. 따라서 대부분의 재화와 서비스의 가격도 상승하고 이에 따라 물가도 상승한다. 이때 경제주체들이 상승한 물가에 따라 자신들의 요소가격을 물가상승률만큼 증가시킨다면 요소실질소득과 요소고용량은 이전과 동일한 수준에서 불변일 것이다.

---

15) 여기서 임금 W는 명목임금을 나타낸다.

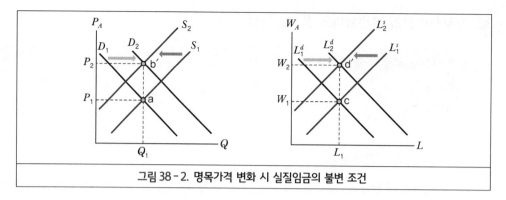

그림 38 – 2. 명목가격 변화 시 실질임금의 불변 조건

즉 거시 전체적으로 총수요가 증가하여 각 재화, 서비스에 대한 수요 증가 시에는 개별경제
주체들도 물가 상승에 따라 자신들의 요소가격을 물가상승률만큼 올리고 노동시장에서의
균형점은 최초 점 c에서 점 d'로 변한다. 결국 요소고용량은 이전과 동일한 수준을 유지하
게 된다.

⑤ 만일 물가가 상승하였는데 개별요소공급자가 자신의 요소가격을 물가상승률만큼 상승시
키지 않는다면(이 경우를 '요소가격이 경직적'이라고 표현한다)?

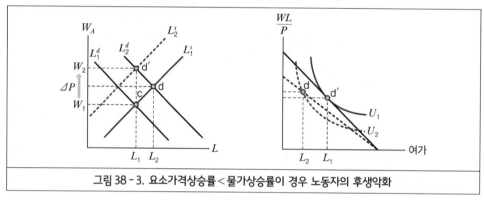

그림 38 – 3. 요소가격상승률＜물가상승률이 경우 노동자의 후생악화

위 그림에서 물가상승률만큼 요소가격이 오르면 임금수준은 W_1에서 W_2로 올라야 한다
고 하자. 따라서 명목노동공급곡선도 L_1^s에서 L_2^s로 이동시켜 요소시장의 균형점을 점 c에
서 점 d로 바꿔야 한다. 그래도 노동자들의 시간당 실질임금이 이전 수준과 동일한 수준을
유지할 수 있다. 그런데 명목노동공급곡선을 그대로 불변인 채로 유지하면 요소시장균형은
점 d에 머물게 되는데 이는 노동자들의 시간당 실질임금이 하락한 것이다.

이 경우 노동자의 효용은 위 우측 그림처럼 감소하게 된다. 미시 파트에서 학습한 소득과
여가에 대한 노동자의 효용은 무차별곡선과 예산선의 접점에서 극대화된다. 이때 예산선의
기울기는 시간당 실질임금이다. 따라서 물가 상승 시 노동자의 명목임금이 W_1에서 W_2로
상승하면 노동자의 예산선은 불변이다. 따라서 노동량도 이전과 동일한 수준인 L_1을 유지
할 때 물가 상승 이전과 동일한 효용을 지킬 수 있다.

그런데 물가가 상승하였는데도 노동자들의 명목임금이 물가상승률만큼 상승하지 않으면 노동자들이 직면하는 예산선의 기울기가 감소한다(상기 우측 그림에서 검은색 점선). 이때 노동자들의 노동량이 L_2로 증가하고 이에 따라 이전에 비해 소득수준 자체가 증가하였어도 물가 상승 이전에 비해서는 효용이 감소하게 된다.

즉 물가 상승 시 노동자들의 최적 대응은 물가상승률만큼 요소가격을 올리고 이전과 동일한수준의 노동량을 유지하는 것이다. 이때 개별 기업 역시 노동고용량을 이전과 동일한 수준을 유지하면 기업의 실질이윤도 불변이다.

※ 물가 상승 시 노동자(요소공급자)들이 물가상승률보다 낮은 수준으로 요소가격을 올리면 노동자들의 효용은 감소하지만 기업의 이윤은 증가한다.

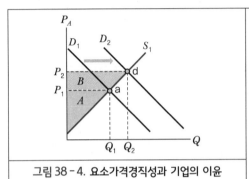

그림 38 – 4. 요소가격경직성과 기업의 이윤

총수요 증가로 개별시장의 수요가 증가하였는데 요소가격은 경직적이어서 한계비용곡선(공급곡선)이 불변이라면 기업의 생산자잉여는 좌측 그림 A영역에서 B영역만큼 추가로 증가한다. 이때 기업의 생산량은 Q_1에서 Q_2로 증가한다. 이는 기업의 노동고용량의 증가를 의미한다.

※ 물가 상승 시 물가상승률보다 요소가격이 더 크게 상승하면 노동자들의 실질임금은 상승하지만 기업의 실질이윤이 감소하게 된다. 따라서 노동자들은 물가상승률보다 더 높은 수준으로 명목임금인상을 요구할 수 없다.

(2) 세이의 법칙

① 지금까지의 논의는 기본적으로 경제주체들이 향후 물가의 변동을 정확히 예견하고 있으며 이에 따라 매기 요소가격을 물가상승분만큼 정확하게 조정할 수 있다는, 이른바 완전예견과 가격신축성의 가정을 전제로 한다.

② 19세기 후반까지의 경제는 이러한 완전예견과 가격신축성에 대한 가정이 잘 맞아떨어지는 경제구조를 지니고 있었다. 따라서 그 당시 총수요가 증가하고 대부분의 재화와 서비스에 대한 수요가 증가하여 물가가 상승하여도 명목요소가격의 변화율은 물가상승률과 일치하였고 이에 따라 각 기업의 요소고용량은 불변이며 이는 결국 경제 전체 실질GDP는 불변을 유지하고 있음을 시사한다. 즉 당시 주류 경제학자들은 거시경제적으로 총수요의 변동이 발생하여도 실질GDP에 아무런 영향을 미치지 못한다고 보았다.[16]

이러한 당시 경제학자들을 (추후 등장하게 될 케인즈경제학파와 대비하기 위해) 고전학파라고 부른다.

---

16) 엄밀하게는 실질GDP의 불변이 아니라 실질GDP의 증가율, 즉 경제성장률의 불변을 의미한다.

※ 물론 총수요의 변동이 아닌 생산성, 기술변화, 총수요와 무관한 요소가격의 변화 등은 기업의 공급에 영향을 주고 이에 따라 경제 전체의 실질GDP는 변화할 수 있다.

③ 총수요는 실질GDP에 영향을 주지 못한다는 이러한 고전학파 경제학자들의 견해는 '세이의 법칙'(Say's Law)으로 극명하게 드러난다.

세이의 법칙 : 공급은 그 스스로 자신의 수요를 창출한다.

세이의 법칙은 가격신축성을 의미하는 원리이기도 하다. 만일 거시경제 전체적으로 총수요에 비하여 GDP가 매우 많아졌다고 하자. 이는 초과공급을 의미하며 기업들은 장사가 안 되고 재고가 쌓여 갈 것이다. 이때 세이의 법칙에 의하면, 기업들은 제품의 시장가격을 인하하고 이에 따라 물가는 하락하게 된다. 물가의 하락은 경제주체들의 실질소득의 증대를 야기한다. 각 경제주체의 실질소득 증가에 의해 총수요가 점차 증가하여 초과공급이 해소된다. 반대로 거시경제 전체적으로 GDP가 매우 낮아 초과수요가 발생하였다면, 재화와 서비스 가격이 상승하고 물가가 상승하여 실질소득이 감소하면서 총수요도 위축된다. 결국 총수요는 총생산과 같은 수준으로 수렴하게 될 것이다.

이러한 세이의 법칙의 따르면 거시경제 전체적으로 일단 GDP가 창출되면 (물가와 가격의 신축적인 조절을 통해) 이에 딱 알맞은 총수요가 자동적으로 형성된다. 그러니 경제는 총수요에 대해 신경 쓸 필요가 없는 것이다. 오직 총생산을 잘 이루는 데에만 초점을 맞추는 것이 바람직하다는 결론을 얻는다.

④ 고전학파의 총공급곡선은 수직이다. 고전학파의 견해에 따르면 총수요가 증가하여도 각 기업과 경제주체들의 요소고용량은 불변이다. 이는 총수요가 변화하여도 실질GDP는 불변이라는 것이다. 예를 들어 아래 좌측 그림에서 총수요 AD_1 인 상황에서 실질GDP는 Y_1 수준이고 이때 거시 경제의 균형은 점 a이다. 이때 총수요가 AD_2 로 증가하여도 세이의 법칙에 의해 실질GDP는 Y_1 에서 불변이고 물가만 P_1 에서 P_2 로 상승한다. 즉 거시경제의 균형은 점 a에서 점 b로 이동한다. 이때 총수요 변동에 따른 거시경제의 균형지점의 변화궤적, 즉 점 a와 b를 연결한 곡선을 총공급곡선이라 한다. 따라서 고전학파의 견해를 따르면 거시경제의 총공급곡선은 최초의 실질GDP 수준에서 수직선이다.

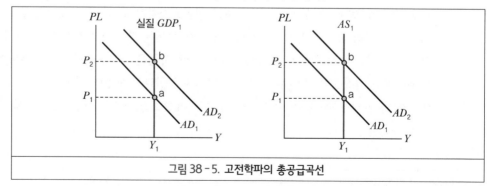

그림 38 - 5. 고전학파의 총공급곡선

⑤ 고전학파의 견해에 따르면 총공급곡선은 총수요에 의해 좌우되지 않는다. 총공급은 거시경제의 산출 수준, 즉 생산가능곡선의 크기에 의해 좌우된다. 따라서 생산성 향상, 기술 진보, 효율성의 증대, 원자재 가격의 하락 등에 의해 총공급곡선은 우측으로 이동한다.

※ 물가와 요소가격의 조정

현실적으로 요소가격은 매일매일 재조정되지는 않는다. 한번 요소공급계약이 체결되면 못해도 몇 주 내지 몇 달은 이미 계약한 명목가격으로 거래가 이루어진다. 즉 초단기에는 가격신축성이 성립하지 않는다. 이를 고려하여 총수요 변화에 대한 거시경제 균형 조정 과정을 보다 자세히 서술하면 다음과 같다.

예를 들어 어느 국가의 거시경제의 최초 균형점이 점 a라고 하자. 그리고 총수요가 증가하여 물가가 5%가량 상승하였다고 하자. 하지만 요소공급자들은 당장 자신들의 요소가격을 올리지 못한다. 따라서 A산업의 한계비용곡선은 이전과 동일한 MC_1 수준을 유지한다. 하지만 재화가격은 5% 상승하였으므로 이제 A산업의 제품가격은 P_1 에서 P_2 가 된다. 즉 A산업의 고용과 산출은 증가한다. 이러한 현상은 A산업뿐만 아니라 거시경제 전 영역에서 발생한다. 따라서 총수요의 증가 시 매우 짧은 기간 동안은 거시경제 전반적으로 고용과 산출이 증가한다. 이에 따라 거시경제의 실질GDP는 다소 증가하고 이제 일시적으로 거시경제의 균형지점은 점 b가 된다.

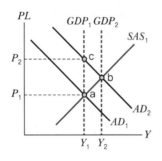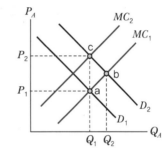

하지만 총수요 증가에 기인한 물가의 상승으로 몇 달 후에는 요소가격도 이에 맞추어 상승하게 된다. 따라서 이제 A산업이 직면한 한계비용곡선은 MC_2 가 되어 이제 A산업의 균형산출량은 이전 수준으로 돌아가게 된다. 마찬가지로 이 경제의 전 영역의 산출량이 이전 수준으로 돌아가고, 이는 이 경제의 실질GDP도 이전 수준인 Y_1 으로 회귀함을 뜻한다. 따라서 거시경제의 최종 균형은 점 c에서 달성된다. 즉 가격신축성이 성립하지 않는 매우 짧은 단기에는 총수요의 증가가 실질GDP를 증대시킬 수 있으며 이때의 단기 총공급곡선은 점 a와 b를 연결한 우상향하는 형태로 그려진다. 반면 장기에는 거시경제 균형이 점 a에서 c로 이동하고 이 두 점을 연결한 수직의 직선을 장기총공급곡선(LAS)이라 한다.

39. 가격경직성과 케인즈학파의 총공급곡선

가격경직성과 총공급곡선에 대해 학습한다.

– 경제대공황의 발생
– 가격경직성
– 케인즈학파의 총공급곡선

(1) 경제대공황

① 1929년 10월 24일 목요일 미국 주가가 폭락하자 금융시장이 패닉에 휩싸였다. 자산가치가 폭락하며 기업의 장부상 가치가 떨어지자 기업들은 자금 조달에 어려움을 겪게 되었고 무엇보다 기업들의 신규 투자가 급감하였다. 이는 내구재 및 자본재에 대한 수요를 떨어뜨리고 이로 인하여 미국의 여러 주력 산업의 매출이 감소하기 시작하였다. 결국 미국 경제 전체적으로 실업이 증가하기 시작하였다.

② 실업 증가로 인해 민간 경제주체들의 처분가능소득이 줄어들며 내수(총수요)의 위축이 점차 가시화되었다. 하지만 고전학파 경제학자들은 여전히 세이의 법칙을 신봉하며, '총수요의 감소로 경제의 초과공급이 발생하면 물가와 요소가격이 하락하고 이는 민간 경제주체들의 실질소득을 원상복귀시킬 것'이라고 보았다. 경제주체들의 실질소득이 원상복귀하면 다시 이전의 균형수준을 회복할 것이므로 당시의 경제학자들은 주가 폭락과 내수 위축에 대해 별다른 정책적 필요성을 느끼지 못했었다.

③ 하지만 1929년은 고전학파 경제학자들이 맹신했던 세이의 법칙이 적용되던 19세기와는 다른 경제구조로 전환이 거의 완료된 사회였다. 즉 다양한 산업이 전후방으로 매우 복잡하게 얽힌 산업구조이며 이는 세이의 법칙이 성립하기 위한 두 가지 전제조건인 완전예견과 가격신축성이 단기에는 성립하지 않는 사회가 도래하였음을 의미한다. 물론 완전예견과 가격신축성은 초단기에는 성립하지 않음을 당시 고전학파 경제학들도 잘 알고 있었다 하지만 초단기를 벗어나 몇 달 정도의 시간만 지나면 가격신축적 조정기능의 의해 경제는 이전 수준의 실질GDP를 회복할 것으로 보았다. 하지만 몇 달이 지나도, 해가 바뀌어도 침체된 내수와 줄어든 실질GDP는 회복 조짐을 보이지 않았다. 오히려 지속적으로 실업이 증가하고 이에 따라 실질GDP가 감소하는 악순환이 더욱 심화되었다. 이는 가격경직성이 유지되는 기간에 대한 오판 때문이었다.

④ 경제대공황 당시 고전학파 경제학들의 생각은 다음과 같았다.

"최초의 거시경제의 균형이 점 a였다. 그런데 자산가치 하락과 일시적 경기 후퇴로 총수요가 AD_2로 감소하여 거시경제 균형이 일시적으로 점 b로 후퇴하였다."

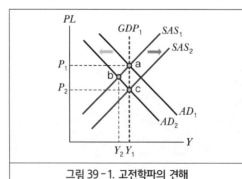

그림 39 - 1. 고전학파의 견해

하지만 몇달 이후 물가 하락에 반응하여 거시경제 대부분의 요소가격이 하락하고 이는 각 산업의 한계비용의 인하, 그리고 그에 따라 단기 총공급곡선의 우측 이동(하락)을 야기할 것이다. 이에 거시 경제의 균형은 몇달 후 점 c에서 달성될 것이라고 보았다. 따라서 경제의 실질GDP는 이전과 동일한 수준인 Y_1을 회복할 것이라고 판단하였다.

⑤ 하지만 고전학파 경제학자들의 예측과는 달리 경기 침체에도 요소가격은 계속 경직성을 유지하였고 이에 단기 총공급곡선도 하락(우측 이동)하지 않고 계속 이전 수준을 유지하였다. 즉 거시경제의 균형이 침체 수준인 점 b에서 당분간 머물렀다. 즉 실업이 계속 발생하고 이는 가계소득의 꾸준한 감소를 야기했다. 이로 인하여 총수요곡선이 재차 AD_3로 위축되어 이제 거시경제의 균형이 점 d가 되었다.

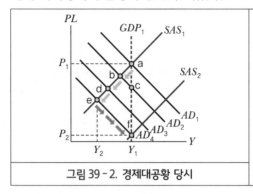

그림 39 - 2. 경제대공황 당시

즉 가격경직성이 생각보다 오래 지속됨에 따라 불경기로 인해 총수요가 위축될 경우, '실업 증가 → 가계소득 감소 → 소비지출 감소 → 총수요 감소 → 실업 증가'의 악순환이 지속되는 것이다. 물론 불경기가 계속 지속되다가도 시간이 많이 경과하면 요소가격이 인하하면서 단기총공급곡선이 SAS_2로 인하(우측 이동)하면서 장기의 거시경제 균형은 점 f로 복귀하고 거시경제의 실질GDP는 불경기 이전 수준을 회복한다.

하지만 불경기가 발생하고 가격신축성이 재차 달성될 때까지의 기간 동안 경제는 계속 Y_2 수준의 경기침체를 감내해야만 한다. 이에 케인즈는 경기침체가 심화된 경우, 가격신축성이 회복될 때까지 기다리지 말고 즉각적으로 총수요를 진작시켜 빠른 경기 회복을 달성하는 것이 바람직하다고 주장하였다. 그렇다면 가격의 신축성이 회복될 때까지의 소요 시간은 어느 정도이겠는가? 이를 파악하기 위해서는 먼저 가격경직성에 대해 학습하여야 한다.

(2) 케인즈의 가격경직성

① 케인즈는 총수요가 변동하여도 단기에는 사회적 관습, 물가 예견에 대한 제약 등에 의해 요소가격이 경직적이라고 주장하였으며 이는 매우 현실적인 견해이다. 따라서 총수요 충격에 따른 물가 변동에도 개별 기업이 직면하는 한계비용곡선은 불변이거나 매우 소폭으로 움직인다. 이는 단기에는 총공급곡선이 우상향하는 형태를 유지한 채 움직이지 않는다는 것을 의미한다. 따라서 총수요곡선이 좌우로 움직이면 거시경제의 균형점은 단기에는 고정된 단기 총공급곡선을 따라서 움직이게 된다.

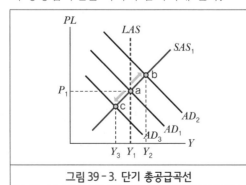

그림 39 - 3. 단기 총공급곡선

최초의 거시경제 균형이 점 a이다. 만일 확장정책을 시행하여 총수요가 AD_2가 되면 거시경제의 단기 균형은 점 b가 되어 실질GDP는 증가한다(물가도 상승).

반대로 긴축정책을 시행하면 총수요는 AD_3가 되고 거시경제의 단기 균형은 점 c가 된다.

따라서 케인즈학파의 견해의 따르면 가격경직성이 성립하는 단기에는 총수요의 변화가 실질GDP의 변화를 야기할 수 있다. 그러므로 단기에는 총수요를 움직여 거시경제의 실질GDP를 통제할 수 있는데 이를 총수요관리정책이라 한다.

② 하지만 장기가 되면 단기총공급곡선이 총수요곡선의 이동을 상쇄하는 방향으로 움직여 거시경제의 실질GDP는 최초 수준으로 돌아가게 된다.

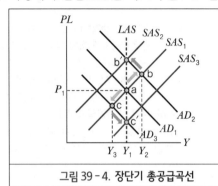

그림 39 - 4. 장단기 총공급곡선

즉 장기에는 총수요관리정책의 효력이 사라지게 된다. 이를 두고 고전학파는 케인즈학파의 총수요관리정책을 장기 효과가 없는 하나마나한 정책이라고 비판하였다. 하지만 케인즈는 이러한 비판에 대해 '장기에는 우리 모두 죽는다'라고 응수했다. 즉 경기불황이 자연적으로 회복할 때까지 마냥 기다리며 그 긴 기간 동안의 고통을 감내하는 것이 어리석다 지적한 것이다

※ 케인즈는 경제대공황 당시 매우 극단적인 가격경직성을 주장하였다. 매우 극심한 불경기라 총수요가 증가하여도 요소가격뿐만 아니라 최종재의 시장가격마저도 상승하지 않는 경우를 상정하였다. 이 경우에는 단기총공급곡선이 수평선으로 나타난다. 이때는 총수요의 변화폭이 바로 실질GDP의 변화로 전환된다.

※ 총수요 - 총공급 모형에서 X축은 실질GDP 수준을 의미하는데, 엄밀하게는 실질GDP의 증가율, 즉 경제성장률을 의미한다. 또한 세로축인 Y축은 물가 수준을 의미하지만 엄밀하게는 물가상승률을 의미한다. 하지만 X축과 Y축을 성장률로 나타내면 계산문제를 풀 때 로그 단위로 표시해야 하는 번거로움이 발생한다. 그래서 학부 수준의 문제에서는 계산의 단순화를 위해 X축과 Y축을 실질GDP와 물가 수준으로 표기한다.

(3) 케인즈학파의 총공급곡선

① 상기 논의를 종합하면 케인즈학파의 총공급곡선은 단기에 우상향하는 형태이며 장기에는 수직인 형태를 띤다. 고전학파의 경우에는 장단기 총공급곡선이 모두 수직이다.

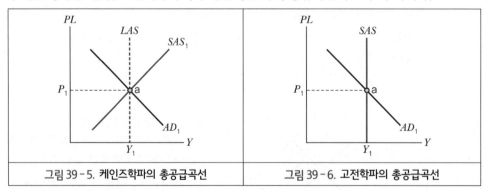

| 그림 39 - 5. 케인즈학파의 총공급곡선 | 그림 39 - 6. 고전학파의 총공급곡선 |

② 양 학파의 총공급곡선의 차이는 단기의 가격신축성과 가격경직성 유무에 기인한다.

40. (보론) 적응적 기대와 총공급곡선

기대 형성이 총공급곡선에 미치는 영향에 대해 학습한다.

- 물가 예견과 가격의 조정
- 정태적 기대
- 적응적 기대

(1) 물가에 대한 예측과 가격 조정

① 초단기적으로 물가 변동에 신축적으로 요소가격이 조정되지 않는 가격경직성이 존재하는 경우에는 매기 요소가격 협상 시 향후 물가 수준의 예측이 매우 중요하다. 예를 들어 1년 단위로 연봉을 조정하는 경우, 연초 연봉협상이 잘못되면 1년간 고생을 하게 된다.

톰은 1월 초 연봉협상에서 올해 물가가 3% 상승할 것이라 기대하여 사측에 명목연봉의 3% 인상을 요구하였다. 사측도 이에 동의하였다. 하지만 올해 실제 물가가 10% 상승해 버렸다. 즉 톰은 물가 예견을 잘못한 대가로 1년 간 실질연봉에서 손해를 입게 되었다. 반대로 올해 물가가 실제로 1%만 상승하였다면 이 경우에는 회사 측이 손해를 입게 된다.

따라서 회사와 노동자 모두 실질적 손해를 입지 않기 위해서는 실제 물가 상승을 정확히 예측하여 연봉을 결정하는 것이 중요하다. 아무튼 노동자와 사측은 1년간의 물가상승률만큼 명목임금 인상에 동의할 것이다. 이때 1년간의 물가상승률을 π^e 라고 하자. 그러면 노동자의 명목임금 상승률도 $\dfrac{\Delta w}{w} = \pi^e$ 가 될 것이다.

② 만일 경제주체들이 예측한 물가상승률이 3%인데 실제로는 총수요의 증대가 발생하여 실제 물가상승률이 8%라고 하자. 이때 총수요곡선은 상방(우측)으로 8% 증가하는데, 단기총공급곡선은 상방(좌측)으로 3%만 상승한다.

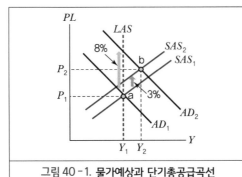

그림 40 - 1. 물가예상과 단기총공급곡선

이때 최초의 거시경제 균형은 점 a였다. 그런데 총수요곡선은 AD_2로 이동하고 반면 단기 총공급곡선은 SAS_2가 되어 거시경제의 균형은 점 b가 된다. 따라서 실질GDP는 Y_1에서 Y_2로 증가한다. 즉 총수요 증가 시 실제 물가상승률이 예상 물가상승률보다 높은 경우 $(\pi > \pi^e)$에는 실질GDP도 증가하게 된다.

③ 만일 연초 새로운 임금협상 시에 경제주체의 예상 물가상승률이 실제 물가상승률과 동일하다면? 예를 들어 올해 총수요 증대가 예견되는데 경제주체들은 이로 인한 물가상승률을 8%로 예상한다. 그리고 실제로도 물가가 8% 상승한다면? 즉 $\pi = \pi^e$ 라면?

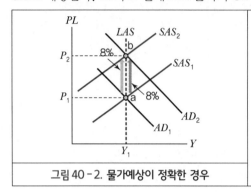

이때 최초의 거시경제 균형은 점 a였다. 그런데 총수요곡선은 AD_2 로 이동하고 단기 총공급곡선도 총수요곡선과 같은 높이만큼 상방 이동하여 SAS_2 가 되고, 이로써 거시경제의 균형은 점 b가 된다. 따라서 실질GDP는 Y_1 에서 불변이다. 즉 임금협상 시기 도래 시점에서 $\pi = \pi^e$ 라면 실질GDP는 이전 수준을 유지한다.

그림 40 - 2. 물가예상이 정확한 경우

④ 정리하면 $\pi = \pi^e$ 인 경우 가격경직성은 새로운 요소가격협상 시기가 도래하면 소멸되고 바로 가격신축성이 회복되어 총공급곡선이 수직이 되고 총수요의 변화가 실질GDP에 미치는 영향이 소멸한다. 하지만 $\pi \neq \pi^e$ 인 경우에는 새로운 요소가격협상 시기가 도래하여도 여전히 가격경직성이 유지되고 이 경우 총수요의 변화가 실질GDP에 미치는 효과가 잔존한다.
⑤ 따라서 향후 물가 변화에 대한 경제주체의 기대 형성 혹은 예견의 정확도는 거시경제의 총공급곡선의 형태 및 총수요관리정책의 효과에 지대한 영향을 미치는 것이다.

(2) 고전학파의 완전예견

① 고전학파 경제학자들은 경제주체들이 향후 물가를 완벽히 예견하는 것으로 가정하였다.
② 따라서 고전학파의 완전예견에 따르면 단기에도 항상 $\pi = \pi^e$ 이 성립하므로 가격경직성은 오직 1기간만 존재하고 차기 가격 조정기에는 가격신축성이 회복된다. 이는 단기총공급곡선이 최초의 균형점에서 수직인 것을 의미한다.

(3) 정태적 기대

① 하지만 20세기에 들어와 경제구조가 고도화됨에 따라 시시각각 물가의 변동이 발생하게 되었고 이에 따라 차기의 물가 수준의 정확한 수준을 예측하는 것이 매우 어려워졌다.
② 이때 정태적 기대에 의한 물가 예견은 '차기의 물가상승률은 직전기의 물가상승률과 동일할 것'이라는 예견 방식이다. 수식으로 표현하면 다음과 같다.

$$\pi_t^e = \pi_{t-1}$$

(여기서 π_t^e 는 t 기의 경제주체들의 예상 물가상승률, π_{t-1} 은 $t-1$ 기의 실제 물가상승률)

예를 들어 2020년의 실제물가상승률이 4%였다면 2021년 초 경제주체들은 2021년의 물가상승률도 4%가 될 것이라고 기대한다.

※ 정태적 기대는 수험에서 가장 빈번하게 출제되는 계산문제 유형이다. 단 단순한 계산을 위해 물가상승률이 아닌 물가 수준 자체에 대한 기대형성 공식으로 변형되어 출제된다. 즉 실제 계산문제에서는 $\pi_t^e = \pi_{t-1}$ 이 아닌 $P_t^e = P_{t-1}$의 공식을 이용한 문제가 출제된다. 여기서 P_t^e 는 t기의 경제주체의 예상 물가 수준, P_{t-1}은 $t-1$기의 실제 물가 수준을 의미한다. 예를 들어 2020년의 실제 물가 수준이 100인데 경제주체들이 정태적 기대에 의해 향후 물가를 예측한다면, 경제주체들은 2021년의 물가를 100으로 예상한다는 것이다.

※ 완전예견과 정태적 기대 비교

고전학파의 완전예견은 미래에 대한 가격변수를 정확히 예측한다는 점에서 매우 비현실적이라고 볼 수 있다. 반면 정태적 기대는 미래의 가격변수에 대해 바로 직전기의 변화율만 고려한다는 점에서 매우 단순한 가정이라고 볼 수 있다. 하지만 19세기까지만 하더라도 거시경제의 물가상승률은 매우 안정적이었기 때문에 이러한 가정이 타당하였다. 아래 그림처럼 물가상승률이 매우 안정적이었으므로 다음기의 물가수준도 거의 정확하게 예측한다.

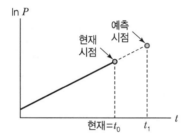

만일 물가상승률이 매년 거의 변화 없이 일정한 증가율을 기록하여왔다면 좌측 그림처럼 (로그 단위로 표현한) 물가지수의 기울기가 일정할 것이다. 현재 t_0 시점에서 1년 후의 물가수준을 정태적 기대로 예측한다면 일정한 기울기에 따라 t_1 시점의 물가는 별색 표시된 점에서 형성될 것이라 기대한다.

그런데 19세기 상황처럼 매년 물가상승률이 일정하다면 실제 물가도 예측 지점을 정확히 지날 것이다. 따라서 물가상승률의 변화가 거의 없던 당시 상황에서는 정태적 기대가 완전예견과 큰 차이가 없었다. 하지만 20세기에 들어와 물가상승률의 잦은 변화가 발생하면서 정태적 기대에 따라 물가를 예견하는 경우 종종 예측오차가 발생하게 된다.

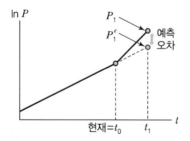

만일 상기 그림처럼 t_0 시점에서 정태적 기대에 의해 t_1 시점의 물가를 별색 지점으로 예측하였는데, 올해 갑작스런 총수요의 증가가 발생하면 실제 물가는 예측 물가보다 더 상승하고 이에 따라 예측오차가 발생할 수 있다. 결국 경제주체들이 올해 총수요가 얼마큼 변동하는지 사전에 예측하는 것이 향후 물가를 정확히 예견하는 데 매우 중요하다고 볼 수 있다.

(4) 적응적 기대

① 적응적 기대란 갑작스런 물가상승률의 변화가 발생하여 예측오차가 발생하면 다음 기 물가를 예측할 때 이 예측오차의 일정 비율을 가감하여 예측하는 방식의 기대형성이론이다. 공식으로 표현하면 다음과 같다.

$$\pi_t^e = \alpha(\pi_{t-1} - \pi_{t-1}^e) + \pi_{t-1}^e$$

$$혹은 \ P_t^e = \alpha(P_{t-1} - P_{t-1}^e) + P_{t-1}^e$$

② 날씨 예측을 예로 들면 다음과 같다. 매우 온화한 기후의 A국은 항상 낮 기온이 20도이다. 이 나라에 거주하는 톰은 20도의 온도에 알맞은 옷을 입고 출퇴근한다. 월요일 아침에도 톰은 당연히 오늘 낮기온이 20도이리라 예측하고 이에 맞는 옷을 챙겨 입었다. 그런데 갑자기 월요일에 이상 한파가 닥쳐 낮 기온이 4도로 급락했다. 즉 월요일의 예측오차가 −16도인 것이다. 월요일 추위에 고생한 톰은 다음 날 화요일 아침에 옷을 고를 때 고민에 휩싸인다. '어제 갑작스런 이상한파로 고생했는데, 오늘도 이상한파가 닥쳐 낮 기온이 4도이면 어쩌지?'라는 생각이 들었지만. 이내 '에이. 어제만 이상한파였겠지. 원래 항상 20도인 기후였으니 오늘은 다시 20도 온도를 회복하겠지'라는 생각도 들었다. 톰은 고민하다 이상한파가 지속될 확률 50%, 다시 정상기후로 회복될 확률 50%라고 여기고 가장 안전한 방식으로 오늘의 옷을 고르기로 했다. 즉 어제의 예측오차 −16도에 50%를 곱하여 어제의 예측기온에 더해 오늘의 온도를 예측하기로 한 것이다. 즉 20도−8도=12도. 즉 톰은 오늘의 온도를 12도라고 여기고 이에 알맞은 옷을 골라 입고 나갔다(여기서 톰은 화요일 오늘의 낮 기온이 실제로 12도가 될 것이라고 생각한 것이 아니라, 오늘 온도가 4도 아니면 20도일 확률이 반반이어서 추운 날씨와 따뜻한 날씨에 모두 대비할 수 있도록 12도에 알맞은 옷을 고른 것이다).

③ 그런데 화요일에도 이상한파가 지속되어 낮 기온이 어제와 마찬가지로 4도를 기록하였다. 톰은 12도에 맞는 옷을 입고 나와 오늘도 추위에 좀 고생을 했지만, 다행히 어제보다는 따뜻하게 입고 나와 어제만큼 고생하지는 않았다.

이제 다시 하루가 지나 수요일 아침이 되었다. 이틀 연속 이상한파가 지속되었다. 그래서 이제는 오늘 수요일도 이상한파가 지속될 것 같다. 그런데 '에이 이틀 연속 이상한파니까 오늘은 다시 날씨가 풀리겠지.'라는 생각도 든다. 하지만 한파가 계속될 가능성이 어제보다는 높아진 것이 사실이다. 이에 톰은 또 어제의 예측오차의 절반을 어제의 예측기온에 더해 오늘의 온도를 예측하기 한다. 즉 어제의 예측오차는 −8도였으므로 어제의 예측온도 12도에 −4도를 더해 오늘의 온도를 8도로 예측하였다.

④ 그런데 수요일도 이상한파가 지속되어 실제 기온은 4도를 기록하였다. 하지만 오늘 기온을 8도로 예측한 톰은 어제보다 따뜻하게 입고 나갔으므로 약간의 추위만을 느꼈다. 그리고 다시 목요일이 되었다. 3일 연속 이상한파가 지속되었으므로 톰은 목요일도 이상한파가 닥칠 것 같았다. 하지만 혹시라도 다시 20도로 온도가 회복될 가능성이 없는 것은 아니었다.

그래서 다시 적응적 기대로 오늘 온도를 예측한다. 즉 어제의 예측온도 8도에 어제의 예측 오차 −4도의 절반을 더해 오늘 온도를 6도로 예측하였다. 이쯤에서 기후의 신을 불러 물어 보니 이 나라는 앞으로도 계속 이상한파가 지속되어 4도의 온도를 기록할 것이라고 한다. 물론 톰은 이 사실을 모른다. 하지만 톰은 이런 식을 적응적 기대방식에 따라 향후 온도를 예측할 텐데, 이때 톰의 예측온도를 표와 그림으로 나타내면 다음과 같다.

날짜	월	화	수	목	금	토	일
예측온도	20	12	8	6	5	4.5	4.25
실제온도	4	4	4	4	4	4	4
예측오자	−16	−8	−4	−2	−1	−0.5	−0.25

표 40 - 1. 적응적 기대를 통한 기온 예측 예

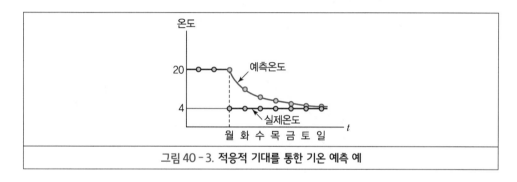

그림 40 - 3. 적응적 기대를 통한 기온 예측 예

위 그림에서 월요일에 이상한파가 닥쳤는데 적응적 기대에 의해 매일매일의 온도를 예측하면 초기에는 예측오차가 크지만 시간이 지남에 따라 예측오차가 점차 줄어들어 감을 알 수 있다. 즉 적응적 기대의 공식 $P_t^e = \alpha(P_{t-1} - P_{t-1}^e) + P_{t-1}^e$ 에서 P_t^e 가 오늘의 예측온도 라면 P_{t-1}^e 는 어제의 예측온도이고, P_{t-1} 은 어제의 실제 온도이다. 그리고 α 조정계수로 서 0과 1사이의 값을 지니는데, 위 톰의 사례에서는 0.5이다.

※ 조정계수가 1에 가까울수록 가장 최신의 실측데이터에 크게 가중치를 두는 것이다. 가중치가 1인 경우 에는 정태적 기대와 동일하다. 다시 말해 정태적 기대는 적응적 기대의 특수한 상황이다. 반대로 조정계 수가 0에 가까울수록 과거의 누적된 데이터에 가중치를 크게 두는 것이다. 조정계수의 값은 예측자가 임의로 설정할 수 있다.

※ 적응적 기대는 이처럼 인간의 예측 능력으로는 그 트렌드의 변화를 예측할 수 없는 기후 변화, 환경 변화 등에 대해 인간의 확률적인 효용의 극대화를 얻고자 할 때 사용하는 기대형성이론이다.

⑤ 적응적 기대방식에 따라 향후 물가를 예측한다면? 예를 들어 어느 경제가 과거 수십 년간 매년 3%의 물가상승률을 기록하여 왔다. 따라서 경제주체는 t_0 시점 현재 올해의 물가상승 률을 당연히 3%라고 기대한다. 그런데 이 상황에서 중앙은행이 확장통화정책을 시행한다 (혹은 정부의 확장재정정책). 또한 정부는 당분간 확장기조를 계속 유지할 계획이다. 따라 서 총수요곡선이 우측 이동하고 이에 따라 올해 실제 물가상승률은 5%가 된다. 따라서 예

측오차가 2%p 발생한다. 이때 적응적 기대에 따른 경제주체의 향후 물가 예측 상황은 아래 표와 같다(조정계수는 0.5로 가정).

시점	1기	2기	3기	4기	5기	6기	7기
π^e	3	4	4.5	4.75	4.875	4.9425	4.97625
π	5	5	5	5	4.755	5	5
예측오자	2	1	0.5	0.25	0.125	0.0675	0.03875

표 40 - 2. 적응적 기대에 따른 물가 예측 예 (단위 : %)

즉 적응적 기대에 따라 물가를 예측하는 경우, 총수요의 변화 시 단기에는 $\pi \neq \pi^e$인 상태가 지속되지만 시간이 지남에 따라 그 오차는 점차 줄어들고 결국 장기에는 $\pi = \pi^e$를 달성하게 된다. 이는 단기에는 총수요 변화 시 실질GDP가 영향을 받지만 기간이 제법 경과되어 $\pi = \pi^e$이 이루어지면 총수요의 변화가 실질GDP에 주는 영향도 사라진다는 것이다.

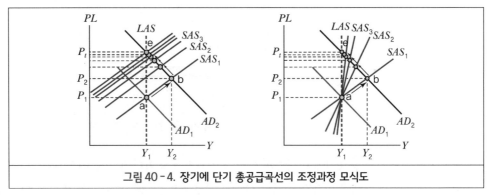

그림 40 - 4. 장기에 단기 총공급곡선의 조정과정 모식도

상기 그림은 적응적 기대를 가정한 경우, 확장정책이 시행된 경우 장단기 총공급곡선의 변화양상을 나타낸 것이다. 최초의 거시 경제 균형이 점 a에서 형성되었는데, 이때 총수요곡선이 AD_2로 증가하면 1기에는 거시경제의 균형이 점 b에서 형성된다. 그리고 2기에는 단기 총공급곡선이 점차 상방으로 이동하며 거시 경제의 균형이 점차 점 e를 향해 수렴하여 간다. 이는 적응적 기대에서 예측오차가 점차 줄어드는 것에 따른 결과이다(그런데 실제 거시경제 분석데이터로는 단기 총공급곡선의 궤적을 구할 수 없다. 단기 총공급곡선은 이론적 가상곡선이며 실제 거시경제 데이터로는 단기의 거시경제의 균형점의 위치만 알 수 있다. 따라서 확장정책 이후 단기 총공급곡선이 점차 상방으로 이동한다고 표현할 수도 있지만 경우에 따라 단기 총공급곡선이 점차 가팔라진다고도 표현할 수 있다).

※ 통화주의학파도 경제 주체들은 적응적 기대에 따라 물가를 예측한다고 보았다. 즉 장단기 총공급곡선의 형태에 대해서는 케인즈학파와 통화주의학파의 의견이 일치한다.

41. (보론) 합리적 기대와 새고전학파와 총공급곡선

합리적 기대가설과 새고전학파의 총공급곡선에 대해 학습한다.

- 합리적 기대
- 루카스 섬모형
- 루카스 총공급곡선

(1) 합리적 기대

① 앞서 적응적 기대를 다시 상기하여 보자. 이제는 아침 단골 빵집에서 마약 토스트를 사먹는 제리의 상황을 고려하자. 제리는 매일 아침 9시 정각에 빵집에 도착해 갓 나온 따뜻한 첫 빵을 구입한다.

② 월요일 아침. 늘 그렇듯 제리는 9시에 빵집에 나갔는데 아직 빵이 나오지 않았다 그래서 제리는 우두커니 앉아 40분을 기다리니 그제야 빵이 나왔다.

이제 다음날, 화요일 아침이 되었다. 제리는 빵집에 9시에 나가야 할지 9시 40분에 나가야 할지를 고민한다. 어제만 빵이 늦게 나온 것인지, 아니면 아예 빵 나오는 시간 자체가 40분 늦춰져서 앞으로 계속 9시 30분에 나올 것인지 알 수 없기 때문이다(물론 안전하게 9시에 나가 40분 우두커니 기다리면 되지만 경제학적 관점에서는 이는 손해이다. 제리는 가장 효율적인 선택을 하고 싶어한다. 그리고 전지적 관점에서 말하자면 빵집의 사정으로 앞으로 계속 9시 40분에 첫 빵이 나올 것이다. 물론 제리는 이 상황을 아직 모른다).

③ 적응적 기대에 따른다면 (조정계수는 0.5 가정) 제리는 화요일 아침 9시 20분에 빵집에 나올 것이다. 그리고 수요일에는 9시 30분에 빵집에 방문할 것이다. 목요일에는 9시 35분, 금요일에는 9시 37분 30초에 …

그런데 이러한 제리의 예측과 행동이 과연 합리적인 것일까? 아니다. 그냥 빵집 주인에게 내일은 첫 빵이 언제 나오는지 물어보면 된다.

④ 적응적 기대는 인간의 예측을 벗어난 자연과 신의 의지에서 기인하는 변화에 대한 예측에 적용할 수 있는 방법이다. 하지만 물가 및 경제 변수에 대한 움직임은 인간의 행동으로부터 기인한다. 따라서 총수요에 의해 변동하는 물가를 적응적 기대방식으로 예측하는 것은 이치에 합당하다고 볼 수 없다.

⑤ 이러한 적응적 기대방식에 따른 물가예측에 대해 반론을 제시하며 등장한 새로운 기대형성 이론이 바로 합리적 기대(Rational Expectation)이다.

(2) 합리적 기대의 형성

① 합리적 기대가설이란 경제 주체가 매 시점에서 가용 가능한 최대한 정보를 바탕으로 추론한 변수의 예측치의 평균이 실측치와 동일하다는 가설이다.

② 합리적 기대가설을 수식으로 표현하면 다음의 조건부 확률식과 같다.

$\pi_t^e = E(\pi_t | \Omega_{t-1})$(여기서 Ω_{t-1}는 $t-1$기의 주어진 정보집합)

즉, 경제 주체들의 예상인플레이션율 π_t^e은 직전까지 축적된 정보의 한도에서의 추정된 인플레이션의 기댓값이 된다. 그리고 이 기댓값은 확률분포의 형태를 띤다. 위 식을 다른 식으로 풀어내면 다음과 같아진다.

$\pi_t^e = \pi_t + \varepsilon_t$ 혹은 $P_t^e = P_t + \varepsilon_t$, 여기서 ε_t는 평균이 0이고 분산이 일정한 백색잡음이다.

③ 이러한 합리적 기대에 따른 물가의 예측은 적응적 기대에서처럼 체계적 오차(Systematic Error)를 발생시키지 않는다. 하지만 합리적 기대라도 오차가 아예 0이 되는 것은 아니다. 오차의 거시적 전체 평균이 0이 되는 것이며 개별 경제 주체의 오차는 0의 값이 아닐 수 있다.

④ 물론 직전기까지 주어진 정보의 왜곡이나 오류, 정보의 제약 등 불완전 정보요인이 발생하면 $\pi_t^e \neq \pi_t$이 성립한다. 따라서 합리적 기대가 정확히 형성되기 위해서는 대칭정보, 혹은 완전정보가 성립하여야 한다. 여기서 정보의 왜곡의 대표적 사례는 예측 불가능한 정부의 기습적인 정책변화, 혹은 정책의 혼선이나 의도적 거짓정책, 기만정책 등이 있다.

⑤ 합리적 기대에 의해 총수요의 변화와 향후 물가 수준을 예측할 경우, 정보의 제약이나 비대칭이 발생하지 않는다면 거시 전체적으로 $\pi_t^e = \pi_t$이 성립하고 이 경우 단기 총공급곡선은 수직이다. 하지만 정보제약 및 불완전정보가 발생하면 $\pi_t^e \neq \pi_t$이 성립하게 되어 단기 총공급곡선은 우상향하는 형태를 지닌다.

⑥ 그런데 정보의 제약 및 불완전정보는 장기에는 해소되기 마련이다. 따라서 합리적 기대에 의한 경우에도 장기의 총공급곡선은 언제나 수직이다.

(3) 루카스 총공급곡선

① 로버트 루카스는 일반적인 총공급곡선의 수리적 형태를 다음과 같이 제안하였다.

$Y_t = \overline{Y} + \beta(P_t - P_t^e) + \varepsilon_t$ (여기서 Y_t는 t기의 실질GDP, $\overline{Y}$는 완전고용산출량 혹은 잠재GDP, P_t는 t기의 실제 물가, P_t^e는 t기의 경제 주체들의 예상물가수준을 의미하고 $\beta > 0$이다)

※ 가로축과 세로축인 변화율인 경우에는 $y_t = \overline{y} + \beta(\pi_t - \pi_t^e) + \varepsilon_t$로 표현된다.

여기서 y_t는 t기의 경재성장률, $\overline{y}$는 잠재성장률, π_t는 t기의 실제 물가상승률, π_t^e는 t기의 경제 주체들의 예상물가상승률을 의미한다.

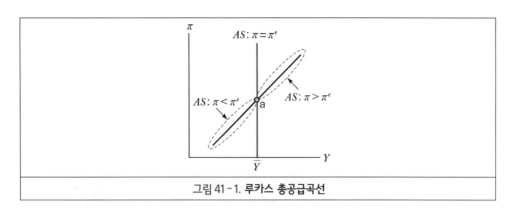

그림 41-1. 루카스 총공급곡선

② 적응적 기대에서 총수요 변화 시 단기에는 $\pi_t \neq \pi_t^e$, 그리고 장기에는 $\pi_t = \pi_t^e$이다.

기대이론	총수요 변화	단기	장기
적응적 기대	AD 증가	$\pi_t > \pi_t^e$	$\pi_t = \pi_t^e$
	AD 감소	$\pi_t < \pi_t^e$	$\pi_t = \pi_t^e$

③ 합리적 기대에서 총수요 변화 시 불완전정보에서 $\pi_t \neq \pi_t^e$, 완전정보에서 $\pi_t = \pi_t^e$이다.

기대이론	총수요 변화	불완전정보	완전정보
합리적 기대	AD 증가	$\pi_t > \pi_t^e$	$\pi_t = \pi_t^e$
	AD 감소	$\pi_t < \pi_t^e$	$\pi_t = \pi_t^e$

(4) 합리적 기대 하에서 정부정책의 효과

① 만일 합리적 기대가 형성되어 있고 완전정보 상황이라고 하자. 그렇다면 단기에도 $\pi_t = \pi_t^e$ 가 형성되고 이는 단기 총공급곡선이 자연산출량 수준에서 수직이라는 것이다. 이때 정부 가 총수요곡선을 움직이는 총수요관리정책을 실시한다면 어떻게 될까?

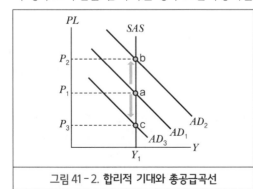

그림 41-2. 합리적 기대와 총공급곡선

좌측 그림처럼, 초기 균형이 점 a인 상황에서 총수요를 AD_2로 늘리면 거시 경제 균형은 점 b가 되고, 총수요 를 AD_3으로 줄이면 거시 경제 균형은 점 c가 된다. 즉 합리적 기대+완전정보 상황에서 총수요의 변화 는 단기에도 실질GDP에 아무런 영향을 주지 못한다. 이를 '정책무력성 정리'라고 한다.

② 따라서 합리적 기대 하에서 총수요의 변화가 실질GDP의 변화를 야기하는 경우는 불완전정보에서만 가능하다. 예를 들어 중앙은행이 일시적으로 실질GDP를 증대시키기 위해서는 총수요를 변화시키지 않을 것처럼 경제 주체들을 안심시킨 다음 기습적으로 확장통화정책을 실시해야 한다. 이는 일종의 기만정책이다.

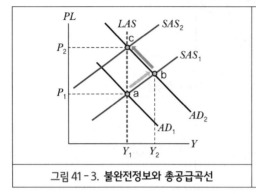

좌측 그림처럼, 초기 균형이 점 a인 상황에서 기습적으로 총수요를 AD_2로 늘리면 거시경제 균형은 점 b가 된다. 즉 예상치 못한 기습적 확장정책은 일시적 경기확장 효과를 가져 온다.
하지만 바로 다음 기에 총수요의 확장을 알아차린 경제 주체들은 즉각 산출량을 이전 수준으로 회복시키고 거시경제의 균형은 점 c지점으로 움직인다.

그림 41 - 3. 불완전정보와 총공급곡선

③ 합리적 기대가설을 받아들인 새고전학파 경제학자들은 이러한 예상치 못한 경제정책은 단기의 일시적 효과에 그치며 장기에는 물가에 큰 변동만을 야기한다고 비판하였다.

※ 루카스의 섬모형

루카스(1973)는 불완전정보 하에서 합리적 기대형성에 대한 모형을 발표하였다.
불완전정보를 가정하기 위해 여러 섬으로 이루어진 군도 경제를 상정한다. 중앙의 큰 섬에는 시장이 형성되어 각종 재화와 서비스, 그리고 정보를 교류한다. 그리고 중앙섬을 둘러싸고 있는 각 섬은 나름의 특산물을 생산한다. 예를 들어 A섬의 특산물은 고등어이다. A섬의 어부인 톰은 고등어 시세와 물가를 보고 매일 매일의 고등어 어획량을 결정한다.

만일 물가는 불변인데 고등어 시세만 오른 경우라면, 이는 총수요는 불변이고 고등어에 대한 수요가 증가한 것이다. 그러면 톰은 당연히 고등어 어획량을 늘릴 것이다.
하지만 고등어 시세도 올랐지만 물가도 같은 비율만큼 오른 것이라면 이는 총수요의 증가이므로 합리적 기대 하에서는 톰은 당연히 어획량을 이전 수준과 동일하게 유지하는 것이 유리하다.
그런데 문제는 고등어의 시세는 매일 확인이 가능하지만 경제 전체의 물가에 대한 정보는 제약되어 있다. 즉 한 달에 한 번씩 방문하는 중앙 섬에 가야만 물가 정보를 확인할 수 있는 것이다.
어느 날 톰은 고등어 시세가 10% 상승한 것을 알게 되었다. 하지만 물가는 이전과 동일한 수준인지, 아니면 물가도 동반 상승한 것인지 확인할 길이 없다. 하지만 톰은 오늘 고등어를 얼마만큼 잡을지 결정해야 한다. 이러한 불완전 정보 하에서 톰은 과연 어떻게 결정을 내려야 할까?

톰은 과거의 기억을 되살려본다. 과거에 고등어 가격이 상승한 사례가 100번 있었다. 그리고 고등어 가격이 상승한 달에 중앙 섬에 가서 물가의 동반 상승 여부를 확인해보니, 고등어 가격과 물가가 동반 상승한 경우가 97번, 물가는 불변이었고 고등어 가격만 단독으로 상승한 경우는 고작 3번이었다. 따라서 톰은 이번의 고등어 가격 상승도 97%의 확률도 물가와 동반 상승한 것이라고 판단하여 고등어 어획량을 늘리지 않을 것이다. 그런데 만일 과거 고등어 가격 상승 사례 100번 중 물가와 동반 상승한 경우가 고작 7번 정도였고 나머지 93번은 물가가 불변이고 고등어 가격의 단독 상승이었다면, 톰은 이번에도 고등어 가격의 단독 상승일 확률이 크다고 볼 것이고 고등어 어획량을 늘릴 것이다.

이러한 루카스의 섬모형은 정부정책의 신뢰성에 대한 함의를 내포한다. 예를 들어 과거 빈번하게 확장통화정책을 남발한 국가가 있다고 하자. 이 국가는 과거에 빈번히 확장통화정책을 실시하여 총수요를 확장시켰으므로 만일 고등어 가격이 올랐다면 이 국가의 어부들은 이번에도 확장통화정책 때문에 오른 것이라 여기고 어획을 늘리지 않을 것이다.

반면 확장통화정책을 거의 실시하지 않고 준칙적 통화정책을 고수해 온 국가라면 어떨까?

이 국가가 과거에는 거의 재량적 통화정책을 시행하지 않았는데, 이번에만 특별히 확장통화정책을 실시하였다고 하자. 그리고 이로 인해 고등어 가격이 올랐지만, 어부들은 확장통화정책 때문에 고등어 가격이 올랐다고 생각치는 않을 것이다. 따라서 이때 어부들의 어획량은 증가한다.

정리하면 과거에 빈번하게 통화정책을 남발한 국가에서 이번에도 기습적인 확장통화정책을 실시하면 이 나라의 경제 주체들은 물가수준을 확인하지 않고 한정된 고등어 가격정보만으로도 확장통화정책이 시행되었다는 것을 눈치챌 것이다. 이 국가의 단기총공급곡선은 매우 가파른 형태가 된다.

하지만 과거의 기습적인 확장통화정책을 거의 실시하지 않고 예상 가능한 준칙적 통화정책만을 실시해오던 국가가 이번에만 기습적인 확장통화정책을 실시하면 이 충격은 예상치 못한 충격이므로 이 국가의 단기 총공급곡선은 우상향하는 형태가 될 것이다.

실제로 루카스는 남미와 북미 및 서유럽 국가들의 자료를 이용하여 빈번한 재량적 통화정책의 횟수와 총공급곡선의 기울기가 양(+)의 상관관계가 있음을 밝혀내었다.

42. 새케인즈학파의 가격경직성이론

합리적 기대에서도 가격경직성이 유지될 수 있는 조건에 대해 학습한다.

- 메뉴비용, 신용할당
- 효율성 임금
- 기타 새케인즈학파의 가격경직성이론

(1) 메뉴비용이론

① 맨큐(1985)는 독점적 경쟁시장에서 매우 작은 수준의 메뉴비용도 재화가격의 경직성을 유발할 수 있음을 보였다.

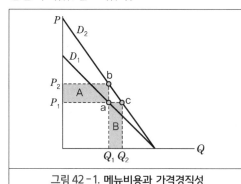

그림 42 - 1. 메뉴비용과 가격경직성

독점적 경쟁에 직면한 어느 기업의 개별수요곡선이 D_1 이다(편의상 한계비용=0으로 가정). 이때 이 기업의 이윤극대화지점은 점 a이다. 그런데 총수요 증가로 물가와 개별수요가 함께 상승하여 이제 이 기업의 수요곡선이 D_2 가 되었다. 이때 기업의 이윤극대화 지점은 점 b가 된다. 따라서 이 기업은 자신의 제품가격을 P_1 에서 P_2 로 인상해야 한다.

그런데 제품가격의 인상은 메뉴판 교체, 카달로그 교체 등 메뉴비용을 수반한다. 그래서 이 기업은 그냥 자신의 제품가격을 P_1으로 유지키로 했다. 이때 이 기업의 균형지점은 점 c가 된다. 즉 A면적을 포기하고 대신 B면적을 얻어온 것이다. 물론 A>B이므로 점 c가 이윤극대화 지점은 아니다. 하지만 대신 메뉴비용을 아낀 것이므로 A−B<메뉴비용이라면 굳이 자신의 제품가격을 P_2로 올리지 않고 그냥 P_1을 유지하는 것이 유리하다. 물론 이때 이 기업의 산출량은 Q_1에서 Q_2로 증가한다(위 그림 상 A−B의 크기가 그리 크지 않으므로 작은 메뉴비용에도 그냥 가격을 유지하는 것이 유리할 수 있다).

② 맨큐의 메뉴비용 모형은 독점적 경쟁시장에서 개별 기업은 물가의 상승에도 자신의 재화가격은 그대로 유지하는 것이 더 유리할 수 있다는 것을 보여준다. 하지만 장기에 걸쳐 물가가 매우 상승하게 되면 그때는 이 기업도 어쩔 수 없이 자신의 재화 가격을 같이 상승시켜야 한다. 따라서 메뉴비용에 따른 재화 가격의 경직성은 장기에는 사라지게 된다.

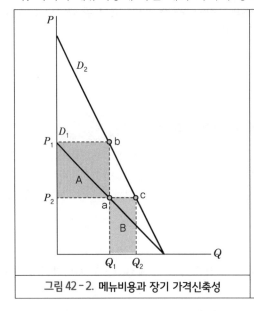

장기에 지속적으로 물가의 상승이 누적되면 명목수요곡선이 D_2로 크게 늘어나고, 이에 따라 개별기업이 인상해야 하는 재화의 가격도 P_2로 크게 늘어난다. 그럼에도 재화가격을 P_1을 고수한다면 이때 이 기업이 입는 손실액은 A+B의 면적이 되고 이는 제법 큰 면적이다. 따라서 장기에는 메뉴비용을 아끼기 위해 가격 경직성을 유지하는 것은 바람직하지 못하다.

그림 42−2. 메뉴비용과 장기 가격신축성

(2) 효율성 임금 이론

① 효율성 임금(Efficiency Wage)은 20세기 초 자동차 산업의 아버지 헨리 포드에 의해 제시된 바 있다. 포드는 당시 일반 육체노동자의 일당의 두 배 가량의 임금을 지급하고 노동자들을 고용하였다. 균형임금보다 높은 임금을 지급하자 포드 회사의 노동생산성은 오히려 증가하여 기업 전체적으로도 이득이 되었다고 평가받는다.

② 효율성 임금에 의한 생산성 증대효과는 우선 업무태만 방지에서 기인한다. 일종의 도덕적 해이의 방지이다. 만일 나태하게 근무하다 발각되어 해고당하게 되면 다시는 이 높은 수준의 임금을 받지 못한다. 따라서 자동적으로 태업이 방지된다.

③ 또한 구직자의 역선택을 방지하는 데에도 도움이 된다. 이전에 균형임금 수준을 제시하였던 경우에는 입사지원을 하지 않다 임금 수준을 높인 후 입사지원을 한 구직자라면, 높은 생산성을 지니는 구직자라고 볼 수도 있다. 즉 높은 임금 수준에서만 반응한다는 것이 높은 생산성을 지닌 구직자의 신호발송이 되는 것이다. 이는 기업 입장에서는 효과적인 선별 수단이 되기도 한다.

④ 또한 높은 수준의 임금은 이직을 방지하고 이에 따라 이직비용(Turn–Over Cost)을 줄이는 데에도 효과적이다.

⑤ 현재의 경제구조와는 큰 관련이 없지만 20세기 초반에는 노동자들에게 높은 임금을 지급하자 노동자들이 풍부한 영양소의 음식을 섭취하여 신체적 생산성이 증가한 효과가 발생하였다고 한다.

※ 상기 열거한 효율성 임금에 대한 이론적 논의는 솔로우, 고든, 애컬로프, 스티글리츠 등에 의해 이루어졌다.

⑥ 효율성 임금이 시행되면 총수요 증가에 대해 단기에는 실질임금의 경직성이 발생한다.

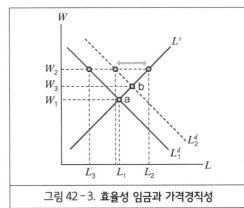

그림 42 – 3. 효율성 임금과 가격경직성

좌측 그림에서 노동시장의 균형은 점 a이다. 이때 기업은 균형임금 W_1 보다 높은 W_2 수준의 효율성 임금을 제시한다. 이때 노동시장의 초과공급이 발생하고 이로 인해 도덕적 해이와 역선택이 방지되는 등의 효과를 얻는다.
그런데 총수요 증가로 인해 노동수요곡선이 L_2^d 로 이동하여도 기업이 제시하는 효율성 임금은 W_2 을 유지해도 된다.

왜냐하면 효율성 임금이 W_2 를 유지하여도 여전히 노동의 초과공급이 발생하므로 효율성 임금의 효과는 유지되기 때문이다. 따라서 효율성 임금의 존재는 단기의 실질임금의 경직성을 설명하여 준다.

(3) 신용할당

① 신용할당(Credit Ration)이란 금융시장(대부시장)에서 대부자가 균형이자율보다 낮은 수준으로 자금을 대출해주는 상황이다. 2003년도 노벨경제학상 수상자인 스티글리츠의 대표적 이론인 신용할당은 효율성 임금과 그 이론적 구조가 매우 유사하다. 효율성 임금이 균형임금보다 높은 수준의 임금을 제시하여 자신의 회사에 대한 구직자들의 초과공급을 유발하는 것임과 마찬가지로 신용할당은 금융시장에서 균형이자율보다 낮은 수준의 이자율로 자금을 대출함으로써 자신(은행)에 대한 차입자들의 초과수요를 유발하는 것이다.

② 신용할당이 시행되면 은행 입장에서는 안전하고 우량한 기업만 선별하여 대출을 진행할 수 있어 역선택 방지에 용이하다.

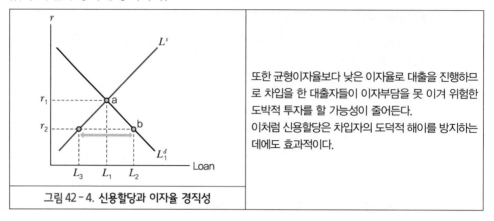

그림 42 - 4. 신용할당과 이자율 경직성

또한 균형이자율보다 낮은 이자율로 대출을 진행하므로 차입을 한 대출자들이 이자부담을 못 이겨 위험한 도박적 투자를 할 가능성이 줄어든다.
이처럼 신용할당은 차입자의 도덕적 해이를 방지하는 데에도 효과적이다.

③ 금융시장에서의 의도적인 초과수요를 유발하므로 효율성 임금과 마찬가지로 단기에는 실질이자율의 경직성이 발생할 수 있다.

(4) 기타 새케인즈학파의 가격경직성 이론

① 실질임금의 경직성을 설명하는 이론은 크게 효율성 임금이론, 암묵적 노동계약이론, 내부자－외부자 모형이 있다. 이 중 암묵적 노동계약이론에 의하면 경기변동에 따라 실질임금도 변동하기 마련인데, 위험기피자인 노동자는 호황과 불황과 무관하게 장기평균임금보다 약간 낮은 수준으로 경직적인 임금(암묵적 임금)을 꾸준히 받는 것을 더욱 선호한다. 또한 위험중립자인 기업은 노동자에게 이러한 암묵적 임금을 지급함으로써 장기에 장기평균임금과 암묵적 임금의 차액만큼을 획득한다.

② 내부자－외부자 모형
불경기에 실업이 발생하면 실직자(외부자)들은 자신들이 받고자 하는 임금을 낮춰 부를 것이다. 하지만 이렇게 되면 생존자(내부자)들의 일감이 줄어들게 된다. 따라서 내부자들은 다양한 방식으로 외부자들이 낮은 임금을 무기로 자신들의 일감 및 일자리를 위협하는 것을 방어한다. 따라서 기업은 불경기에도 낮은 임금을 주고 고용할 수 있는 실직자들을 기존 내부자들과 대체하기 어렵게 된다. 혹은 이직비용, 신규 교육비용, 채용과정에서의 수반 비용 등을 고려한다면 외부자들을 고용하는 것이 그리 매력적이지 않을 수 있기에 기업들이 알아서 외부자들을 고용하지 않을 수 있다.

③ 돈부쉬의 오버슈팅 모형은 환율 시장에서의 가격경직성을 설명하는 근거가 된다.

01 총공급곡선의 형태에 대한 설명 중 옳은 것은?

① 적응적 기대에 따르면 장단기 총공급곡선은 수직이다.

② 화폐중립성이 성립할 경우, 총공급곡선은 우상향한다.

③ 합리적 기대가 형성된 경우, 단기에 총공급곡선은 우상향한다.

④ 기대이론과 무관하게 장기 총공급곡선은 수직이다.

⑤ 가격경직성이 클수록 총공급곡선의 기울기는 가팔라진다.

정답 | ④
해설 | 장기 총공급곡선은 기대이론 및 학파와 무관하게 수직이다.
     ① 적응적 기대에 따르면 단기 AS는 우상향, 장기 AS는 수직이다.
     ③ 합리적 기대가 형성되면 총공급곡선은 수직이다.

02 다음 중 합리적 기대에 따라 행동한 사람은?

① 갑은 아침에 출근을 할 때 항상 어제 아침 기온에 따라 옷을 고른다.

② 을은 눈이 온다는 예보를 접하고 차가 막힐 것을 염려하여 평소보다 20분 빨리 집에서 출발하였다.

③ 병은 미용실에 가기 위해 지난달 헤어컷 요금인 2만 원을 예상하고 현금을 준비했다.

④ 정은 약속시간에 친구가 조금 늦는다는 연락을 받았음에도 정시에 약속장소에 나갔다.

⑤ 무는 작년의 일기예보를 토대로 올해 농사를 준비한다.

정답 | ②
해설 | 합리적 기대란 주어진 정보 하에서 최선의 예측을 통해 미래를 대비하는 기대전략이다.

03 기대이론과 학파별 견해에 관한 설명으로 올바르게 연결된 것은?

① 고전학파 : 합리적 기대가설을 받아들이며 장기 총공급곡선은 수직이다.

② 케인즈학파 : 적응적 기대가설을 받아들이며 장기 총공급곡선은 우상향한다.

③ 새고전학파 : 적응적 기대가설을 받아들이며 단기 총공급곡선은 수직이다.

④ 새케인즈학파 : 합리적 기대가설을 받아들이며 장기 총공급곡선은 수직이다.

⑤ 통화주의학파 : 합리적 기대가설을 받아들이며 단기 총공급곡선은 수직이다.

해설 | ① 고전학파는 완전예견을 주장하며 따라서 장단기 총공급곡선은 수직이다.

②, ⑤ 케인즈학파와 통화주의자들은 적응적 기대가설을 따르며 단기 총공급곡선은 우상향, 장기 총공급곡선은 수직이다.

③ 새고전학파와 새케인즈학파는 모두 합리적 기대가설을 기반한다. 다만 새고전학파는 정보대칭상황에서 가격이 신축적이므로 단기에도 총공급곡선이 수직이라고 주장한다. 반면 새케인즈학파는 가격경직성으로 단기 총공급곡선은 우상향하지만 장기에는 가격경직성이 해소되므로 장기 총공급곡선은 수직이다.

04 합리적 기대가 형성되어 있고 정부가 예견 가능한 확장통화정책을 추진한 경우, 이때 따른 경제상황에 대한 서술로 바른 것은?

① 실업률이 하락하고 물가는 상승한다.

② 실업률은 불변이고 물가는 상승한다.

③ 실업률이 하락하고 물가는 불변이다.

④ 실업률과 물가 모두 불변이다.

⑤ 실업률과 물가 모두 하락한다.

정답 | ②

해설 | 합리적 기대에서 예측 가능한 정책이 시행되면 물가변수만 변화하고 고용과 GDP는 불변한다.

43. 실업

실업의 의미와 측정에 대해 학습한다.

– 실업의 측정
– 실업의 발생 원인
– 자연실업률과 이력현상

(1) 실업

① 실업(Unemployment)이란 일할 능력과 일할 의사가 있음에도 현재 일자리가 없는 상태를 의미한다. 여기서 일할 능력은 만 15세 이상이면 충족된 것으로 본다. 또한 일할 의사는 현재 일하고 있거나 적극적으로 구직 중인 상태를 말한다.

② 통계청은 매달 15일 경제활동인구조사에 의거하여 실업자와 실업률 통계를 공표한다. 여기서 실업자는 조사기간 직전 주에 소득을 목적으로 1시간도 일을 하지 못한 자를 말한다.

(2) 실업률의 측정

① 통계청이 실시하는 경제활동인구조사에 따른 각 인구의 구성 분류는 다음과 같다.

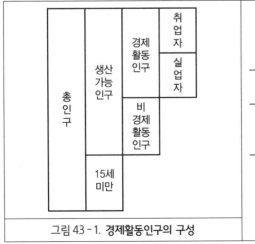

– 대한민국 총인구를 우선 만 15세를 기준으로 나눈다. 이중 만15세 이상인구＝생산가능인구
– 생산가능인구 중 일할 의사가 있는 인구를 경제동인구로 분류하고 일할 의사가 없는 인구를 비경제활동인구로 분류한다.
– 경제활동인구를 일자리가 있는 취업자와 일자리가 없어 현재 구직 중인 실업자로 분류한다.

그림 43 - 1. **경제활동인구의 구성**

② 각 명칭에 대한 상세한 정의는 다음 표와 같다.

(출처 : 통계청 통계설명자료)

구분	설명
15세 이상 인구	대한민국에 상주하는 만 15세(매월 15일 현재) 이상인 자 – 단, 군인(직업군인, 상근예비역 포함), 사회복무요원, 의무경찰, 형이 확정된 교도소 수감자 등은 제외
경제활동	상품이나 서비스를 생산하기 위해 수입이 있는 일을 행함을 뜻함 – 수입이 있더라도 다음의 활동은 경제활동으로 보지 않음 ① 법률에 위배되는 비생산적인 활동(예 도박, 매춘 등) ② 법률에 의한 강제노역 및 봉사활동 ③ 경마, 경륜, 증권, 선물 등 투자활동
경제활동인구	만 15세 이상 인구 중 취업자와 실업자를 말한다
취업자	① 조사 대상 주간 중 수입을 목적으로 1시간 이상 일한 자 ② 자기에게 직접적으로는 이득이나 수입이 오지 않더라도 자기 가구에서 경영하는 농장이나 사업체의 수입을 높이는 데 기여한 가족종사자로서 주당 18시간 이상 일한 자(무급가족종사자) ③ 직장 또는 사업체를 가지고 있으나 조사 대상 주간 중 일시적인 병, 일기불순, 휴가 또는 연가, 노동쟁의 등의 이유로 일하지 못한 일시 휴직자
실업자	조사 대상 주간에 수입 있는 일을 하지 않았고, 지난 4주간 일자리를 찾아 적극적으로 구직활동을 하였던 사람으로서 일자리가 주어지면 즉시 취업이 가능한 사람
비경제활동인구	조사대상 주간 중 취업자도 실업자도 아닌 만 15세 이상인 자, 즉 집안에서 가사와 육아를 전담하는 가정주부, 학교에 다니는 학생, 일을 할 수 없는 연로자와 심신장애자, 자발적으로 자선사업이나 종교단체에 관여하는 자 등을 말한다.

표 43-1. 경제활동인구조사 용어 설명

③ 각종 지표 공식은 다음과 같다.

구분	설명
실업률	(실업자/경제활동인구) × 100%
고용률	(취업자/15세 이상 인구) × 100%
경제활동참가율	(경제활동인구/15세 이상 인구) × 100%

표 43-2. 고용지표 산출 공식

※ 구직포기자(구직단념자)의 실업률의 착시 현상

구직단념자의 정의는 다음과 같다.

비경제활동인구 중 취업희망과 취업가능성이 있으나 아래의 사유(노동시장적 사유)로 지난 4주간에 구직활동을 하지 않은 자 중 지난 1년 내 구직경험이 있었던 자

① 전공이나 경력에 맞는 일거리가 없을 것 같아서

② 원하는 임금 수준이나 근로조건에 맞는 일거리가 없을 것 같아서

③ 근처(주변)에 일거리가 없을 것 같아서

④ 교육, 기술, 경험이 부족해서

⑤ 나이가 너무 어리거나 많다고 고용주가 생각할 것 같아서

⑥ 이전에 찾아 보았지만 일거리가 없었기 때문에

출처 : 통계청 통계조사자료

생산가능인구가 불변인 상황에서 구직단념자가 증가하면 실업률이 감소한다. 예를 들어 비경제활동인구가 100만 명, 취업자가 90만 명, 실업자가 10만 명인 경우 실업률은 10%이다. 그런데 실업자 중 3만 명이 상기 이유로 구직을 단념하게 되면 이들은 비경제활동인구로 편입된다. 따라서 비경제활동인구 103만 명, 취업자 90만 명, 실업자 7만 명이 되어 경제활동인구가 97만 명이 되고 이때 실업률은 약 7.2%가 되어 실업률이 하락한다. 구직단념자의 증가는 오히려 고용상황이 악화된 것이지만 실제 실업률은 하락하는 것으로 나타난다. 따라서 고용상황의 개선 여부를 정확히 파악하기 위해서는 실업률과 고용률을 함께 살펴야 한다.

(3) 실업의 종류와 발생 원인

① 실업의 종류는 그 발생 원인에 따라 크게 마찰적 실업(혹은 탐색적 실업), 구조적 실업, 경기적 실업으로 구분한다.

② 먼저 마찰적 실업(Frictional Unemployment)이란 노동시장의 마찰적 요인으로 인해 발생하는 실업이다. 여기서 마찰적 요인이란 노동의 이동을 저해하는 정보의 제약, 물리적 제약, 문화적 장벽, 제도적 제약 등을 총칭한다. 예를 들어 컴퓨터과학을 전공한 톰이 A국 회사에 취업을 하고 싶지만 거리가 너무 멀다거나, 아니면 A국의 언어와 문화를 익히지 못했거나, 혹은 취업 비자를 취득할 수 없는 이유로 A국 회사에 취업하지 못해 발생하는 실업을 마찰적 실업이라 하는 것이다.

③ 특히 정보의 제약, 즉 톰이 A국의 회사에 자신에게 알맞은 일자리가 있음을 몰라서 취업하지 못하는 마찰적 실업을 탐색적 실업이라 한다(보통 거시경제학에서의 마찰적 실업은 탐색적 실업을 지칭하는 경우가 대부분이다).

④ 탐색적 실업의 발생 원인은 대부분 이직활동이다. 즉 이직 과정에서 발생하는 일시적 실업 상태는 탐색적 실업이라고 볼 수 있다. 즉, 탐색적 실업은 자발적 실업이다. 때문에 탐색적 실업은 단기적으로 경제에 미치는 비효율성이 그다지 크지는 않지만 탐색적 실업이 장기화되면 구직자 입장에서도 고통스럽고 경제 전체적으로도 유휴자원이 증가하는 것이므로 나름대로의 해결방안이 요구된다. 이러한 탐색적 실업을 해결하기 위해서는 구직자와 구인자 간 정보 격차의 해소, 정보교류의 활성화 등의 정책을 고려할 수 있다.

※ 경기가 아무리 좋아도 탐색적 실업은 0이 되지 않는다. 따라서 경제가 아무리 이상적인 상황이라도 실업률은 0%가 될 수 없으며 또한 0%의 실업률이 바람직하지도 않다.

※ 최적 탐색기간 모형

탐색적 실업기간은 어떻게 결정될까? 먼저 구직가의 경우 (탐색적) 실업 기간이 늘어날수록 자신이 요구하는 유보임금 수준이 점차 낮아질 것이다. 반대로 새롭게 사람을 뽑아야 하는 회사는 공석이 길어질수록 입사자에게 제공하려는 임금 수준이 늘어날 것이다.

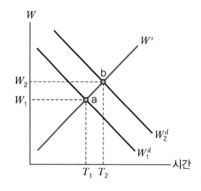

좌측 그림에서 W_1^d 는 구직자의 유보임금 곡선이며 W^s 는 회사의 제공의향임금을 나타낸 곡선이다. 이 둘의 교점은 점 a이며 이때 탐색기간은 T_1 이다.

그런데 만일 실업급여가 증가한다면?
이때 구직자의 유보임금 곡선은 W_2^d 로 증가하고 이에 따라 탐색기간도 T_2 로 증가한다.

⑤ 구조적 실업(Structural Unemployment)이란 산업구조의 변화로 인해 발생하는 실업이다. 즉 사양산업에서 발생하는 실업이다. 예를 들어 채산성 악화에 따라 폐광된 탄광의 광부, 무인데스크 설치로 인해 일자리를 잃은 점원 등이 구조적 실업에 해당된다. 구조적 실업의 (원론적인) 해결방안은 재교육, 평생교육 정책 등이다.

⑥ 경기적 실업(Cyclical Unemployment)이란 불경기로 인해 발생하는 실업이다. 단기에 가장 큰 영향을 미치는 실업이다. 경기적 실업은 실질GDP와 완벽히 반대로 움직인다. 때문에 경제성장률이 상승하면 경기적 실업이 감소하고 실업률은 낮아지게 된다. 반대로 경제성장률이 둔화되면 경기적 실업이 증가하고 실업률도 상승한다. 경기적 실업의 해결 방안은 확장적 정책이다.

(4) 자연실업률

① 실업률은 경기에 따라 등락을 반복하는 것이 일반적이다. 이때 장기적 관점에서의 장기 평균 실업률을 자연실업률(Natural Rate of Unemployment)이라고 한다.

※ 자연실업률의 정식 명칭은 물가안정실업률(Non-Accelating Inflation Rate of Unemployment : NAIRU)이다. 즉 물가상승률이 안정적으로 유지될 때의 실업률, 다시 말해 의도적인 재량적 통화정책이 시행되지 않을 때의 장기실업률을 말한다. 통화주의학파에 의해 창설된 개념으로 준칙적 통화정책을 꾸준히 시행할 때 얻어지는 안정적 균형 상태에서의 실업률이 바로 자연실업률의 원개념이다.

② 따라서 실제 실업률이 자연실업률에 다다랐다면 경제는 굳이 확장통화정책을 시행할 필요가 없는 고용상태라는 것이다. 그러므로 이 상황을 완전고용에 이르렀다고 볼 수 있다. 즉 거시경제에서 완전고용이란 실업률이 0%인 상황을 의미하는 것이 아니라 실제 실업률이 자연실업률에 다다른 상황이다. 그리고 이때의 실질GDP는 잠재GDP(Potential GDP) 혹은 완전고용산출량(Full Emplyment GDP)이라고 하며 이때의 경제성장률을 잠재성장률이라고 한다.

③ 자연실업률이란 거시경제 지표를 이용하여 측정 가능한 개념이 아니라 거시경제 상황에 비춰 이상적인 상황을 상정하는 일종의 목표개념이다. 예를 들어 이번 올림픽에서 대한민국이 금메달 10~12개가량을 획득하는 것이 대한민국의 스포츠 수준에 걸맞은 것이라고 느낀다면 바로 이 목표 금메달 10~12개가 대한민국의 자연금메달이 되는 것과 같다(대한민국이 목표수준의 금메달 10~12개 가량을 획득하였을 때 올림픽 순위가 7~9위를 기록한다면 바로 이 올림픽 순위 7~9위가 바로 대한민국의 잠재순위가 되는 것이다).

※ 즉 자연실업률은 장기의 총공급곡선에 영향을 받는 실업률로서 단기의 총수요 변동과는 무관하다.

④ 따라서 현재 실업률이 자연실업률보다 낮다면 이는 목표의 초과달성이다. 이때를 호황국면에 접어들었다고 볼 수 있다. 물론 이때 실제 경제성장률은 잠재성장률을 상회한다. 하지만 이는 필요 이상의 총수요를 유발하므로 장기적으로 경제의 버블을 발생시킨다. 따라서 이때 정부는 긴축기조를 설정해야 한다.

⑤ 반대로 현재 실업률이 자연실업률을 상회한다면 이는 불황이다. 당연히 경제성장률은 잠재성장률에 미치지 못하므로 이때 정부는 확장정책을 시행한다.

※ 이력현상(Hysteresis)

이력현상이란 물리학에서 등장하는 용어로 '어떤 물리량이 그때의 물리조건만으로는 일의적으로 결정되지 않고, 그 이전에 그 물질이 경과해 온 상태의 변화 과정에 의존하는 현상(출처 : 두산백과)'이라고 한다.

경제학에서의 이력현상이란 불경기가 오래 지속되어 실제 실업률이 오랫동안 고공행진을 하면 자연실업률 자체가 상승하는 현상을 말한다.

실제 실업률은 경제성장률과 역(−)의 관계에 있다. 따라서 불황 시에 경제성장률이 낮아지면 실제 실업률은 상승하고, 이후 경기가 회복되면 실업률도 이전 수준(자연실업률)으로 복귀한다. 그런데 불황이 지속되어 실제 실업률이 장기간 높은 상태를 유지하다가 다시 경제가 회복되어 성장률은 잠재성장률 수준으로 회복되었지만 실업률은 원 수준으로 회복되지 않아 자연실업률 자체가 상승하게 되는 현상을 이력현상이라 한다.

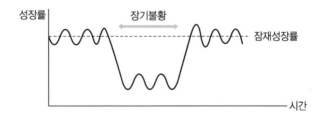

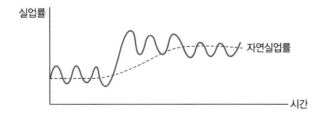

이러한 이력현상의 원인으로는 노동조합, 최저임금, 실업보상보험 등 제도적 요건에 의해 발생한다는 견해가 존재하는 한편, 낙인효과 등에 의해 발생한 것으로 보는 견해도 있다(참고로 이력현상은 80~90년대 서유럽에서 관측된 현상이며 미국에서는 관측되지 않았다).

이외에도 내부자-외부자 모형에서도 이력현상의 발생 가능성을 추정한다. 또는 장기 실업이 오래되어 실직자들이 자신의 숙련도를 상실하기 때문에 경기가 회복되어도 재취업하기 어렵다는 이른바 '지속이론'의 견해도 있다.

※ 자연실업률의 측정

자연실업률은 목표치 개념으로 실측을 하기 애매하다. 하지만 거시경제가 자연실업률에 다다렸다면 이 경제의 고용시장은 장기의 동태적 균형 상태를 유지할 것이다. 이는 매기 신규 취업자의 수와 신규 실직자의 수가 동일해서 실업률이 변하지 않고 안정적으로 유지된다는 것이다. 따라서 매기의 취업률과 실직률을 알 수 있다면 이를 바탕으로 자연실업률을 측정해 볼 수 있다.

예를 들어 매기 취업자 E 중 5%가 실직한다고 하자. 또한 매기 실업자(구직자) U 중 15%가 취업에 성공한다고 하자. 이 경제가 자연실업률 상태라면 $0.05 \times E = 0.15 \times U$ 가 성립해야 한다. 따라서 $\dfrac{E}{U} = 3$ 이다. 그런데 실업률은 $\dfrac{U}{U+E} = \dfrac{1}{1+\dfrac{E}{U}}$ 이다. 따라서 이때 실업률은 25%이며 이 실업률이 바로 자연실업률이 된다.

(정리하면) 매기 실직률을 x, 매기 취업률을 y 라 하면 자연실업률은 $u^N = \dfrac{y}{x+y}$ 가 된다.

44. 인플레이션

인플레이션의 대해 학습한다.

- 인플레이션의 의미
- 인플레이션과 사회적 비용
- 피셔가설

(1) 인플레이션

① 인플레이션(inflation)이란 지속적인 물가상승을 의미한다. 그리고 물가상승률을 인플레이션율이라고 한다. 인플레이션율은 보통 GDP디플레이터의 변화율 혹은 소비자물가지수 변화율을 사용한다.

② 디플레이션(Deflation)이란 물가수준 자체의 하락을 의미하며 이는 곧 음(-)의 물가상승률을 말한다. 반면 디스인플레이션은 인플레이션의 억제, 즉 물가상승률이 하락하는 것을 의미한다.

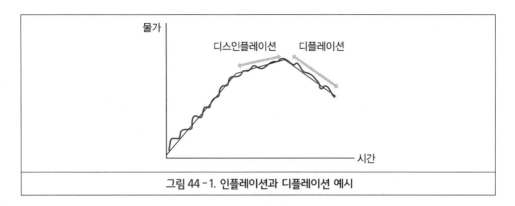

그림 44 - 1. 인플레이션과 디플레이션 예시

③ 인플레이션의 발생 원인은 크게 두 가지, 총수요의 증가 혹은 (단기) 총공급의 감소로 나뉜다. 총수요 증가에 기인한 인플레이션을 수요견인(Demand Pull) 인플레이션, 총공급 감소로 인한 인플레이션을 비용상승(Cost Push) 인플레이션이라 한다.

수요견인 인플레이션 시에는 물가 상승과 함께 GDP가 증가하고 실업은 감소한다. 반면 비용상승 인플레이션이 발생하면 물가 상승과 함께 경기는 위축된다. 따라서 비용상승 인플레이션은 스태그플레이션(Stagflation)을 유발한다. 여기서 스태그플레이션은 경기침체(Stagnation)과 인플레이션(Inflation)의 합성어이다.

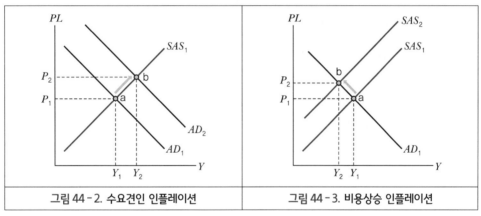

| 그림 44 - 2. 수요견인 인플레이션 | 그림 44 - 3. 비용상승 인플레이션 |

(2) 소비자물가지수의 측정

① GDP디플레이터의 측정은 앞서 이미 학습하였다. 기준연도의 가격을 고정하고 비교연도의 수량을 가중치로 활용하는 방식의 파셰지수인 GDP디플레이터와는 달리 소비자물가지수(Consumer Price Index : CPI)는 기준연도의 수량을 고정하고 비교연도의 가격을 가중치로 활용하는 방식의 라스파이레스 지수이다.

② 소비자물가지수는 통계청이 매달 측정한다. 1인 이상의 전국 가구의 월평균 소비지출액 중 1만분의 1(0.01%) 이상의 비중을 차지하는 460개 품목의 가격을 기준으로 측정한다. 또한 가계소비지출 조사를 통해 얻은 기초 자료를 바탕으로 대한민국의 (가상의) 대표적 가구를

상정한다. 이 대표가구의 소비지출을 소비바스켓이라 한다. 이 소비바스켓에 따라 각 품목의 가중치를 결정한다.

③ 소비자물가지수 측정 예시

품목	수량(바스켓)	2020년 1월 가격	2020년 2월 가격
쌀	10kg	1만 원/kg	9,000원/kg
휘발유	20리터	2,000원/리터	2,500원/리터
한우	1kg	3만 원/kg	4만 원/kg
맥주	10병	3,000원/병	3,000원/병
총지출액	-	20만 원	21만 원
CPI		100	105

표 44 - 1. 소비자물가지수 측정 예

위 표에서 2020년 1월을 기준연도(월)로 잡고 소비바스켓을 구입하기 위한 총지출액을 구하면 20만 원이다. 그런데 2020년 2월 각 재화 가격의 변화로 인해 동일한 소비바스켓을 구입하기 위한 지출액이 21만 원으로 증가하였다. 이때 기준연도(월)의 지출액을 100으로 환산하면 2020년 2월의 지출액은 지수로는 105가 된다. 즉 2020년 1월 CPI＝100이고 2월의 CPI＝105가 되는 것이다.

④ 소비자물가지수 역시 5년마다 기준연도를 갱신한다. 이때 소비지출액 비중이 0.01% 이상인 품목에도 변화가 발생하기 마련이다. 때문에 5년을 주기로 소비자물가지수 산정에 포함되는 품목이 새로 진입하기도 하고 이제 더 이상 소비자들이 사용하지 않게 된 품목은 지수 산정에서 제외되기도 한다.

⑤ 소비자물가지수의 산정방식의 한계로 인해 CPI는 소비자들이 체감하는 실제 물가의 상승보다 과대평가될 가능성이 있다. 이에 대한 사유는 다음과 같다.

• 먼저 소비에서의 대체재의 존재를 고려하지 못하기 때문이다. 예를 들어 한우 가격이 상승하면 소비자들은 한우 구입량을 대폭 줄이고 상대적으로 저렴해진 호주산 소고기를 구입할 수 있다. 때문에 한우 가격 상승으로 인해 물가가 많이 올랐다고는 느끼지 않을 수 있다. 하지만 라스파이레스 방식에 의해 수량이 고정된 CPI는 이를 반영하지 못한다.

• 둘째로, CPI는 기술 진보나 제품의 성능 향상을 반영하지 못한다. 예를 들어 데이터 사용료가 증가하였지만 대신 데이터 속도가 획기적으로 개선되었다면 소비자들은 데이터 사용 요금의 인상을 물가 인상으로 여기지 않을 것이다. 하지만 CPI상으론 분명하게 물가 상승이다. 또한 새로운 신제품의 등장 역시 CPI는 반영하지 못한다.

※ 이 외에도 라스파이레스 방식으로 측정되는 생산자물가지수(PPI)가 있다. PPI는 한국은행에서 조사·작성한다. 참고로 우리나라의 경우에는 생산자물가지수가 상승하면 시차를 두고 소비자물가지수가 상승하는 것이 일반적이다.

(3) 피셔가설

① 피셔가설(Fischer Hypothesis) : 명목이자율 i = 실질이자율 r + 인플레이션 π

② 예를 들어, 제리가 톰에게 100만 원을 차입하려고 한다. 톰은 제리에게 연간 3%의 이자를 받는 조건으로 100만 원을 빌려주었다. 그런데 제리가 돈을 빌리자마자 갑작스레 물가가 급등하기 시작했다. 덩달아 금가격도 폭등하자 제리는 톰한테 빌린 100만 원으로 금을 구입하였다. 1년간 물가상승률은 무려 20%였고, 금 가격도 120만 원으로 상승하였다. 제리는 이제 금을 팔아 120만 원을 획득하였고, 이중 103만 원을 톰에게 상환하고 남은 17만 원을 챙겼다. 즉 제리는 17만 원의 시세차익을 자신의 돈을 한 푼도 안 들이고 얻은 셈이다. 반면 톰은 금 가격 인상에 다른 시세차익을 얻지 못하고 겨우 (명목)이자 3만 원만 챙긴 것이다.

③ 다시 제리가 톰에게 또 100만 원을 빌리려고 한다. 그러자 이제 톰은 제리와 이자율을 협상할 때, 지난번처럼 갑작스런 물가상승에 대한 기회비용까지 얹어 이자율을 정한다. 톰과 제리는 앞으로 1년 동안 물가가 6% 상승할 것으로 예상한다. 따라서 톰은 제리에게 명목이자율을 9% 요구하였고 제리는 이에 동의하였다. 이처럼 돈거래를 시작할 때 거래당사자 간의 (합의된) 예상인플레이션을 적용하는 방식의 이자율 결정 방식을 사전적 피셔가설이라 한다.

$$\text{명목이자율 } i = \text{실질이자율 } r + \text{예상인플레이션율 } \pi^e$$

따라서 위 거래에서 (사전적) 실질이자율은 3%로 약정된 것이다. 그러므로 실제로도 물가가 1년 동안 6% 상승하였다면 톰이 제리에게 돈을 빌려주지 않고 그 돈으로 금을 구입하면 톰의 재산은 106만 원이 된다. 그런데 톰이 제리에게 돈을 빌려주고 얻게 된 재산의 크기는 109만 원이므로 톰의 얻는 실질이자소득은 3만 원, 실질이자율은 3%가 되는 것이다(마찬가지로 제리가 부담하는 실질이자율도 3%이다).

④ 하지만 실제 물가상승률이 톰과 제리가 예상한 수치와 항상 일치하지 않을 수 있다. 만일 예상치 못한 인플레이션이 발생하여 실제 물가상승률이 8%가 되었다고 하자($\pi > \pi^e$). 즉 톰은 1년 후 109만 원의 돈을 돌려 받는데, 처음부터 100만 원을 제리에게 빌려주지 않고 금을 구입하였더라면 톰의 재산은 108만 원이 된다. 즉 100만 원을 제리에게 빌려주고 얻게 된 실질이자소득은 1만 원인 셈이다. 즉 톰의 (사후적)실질이자율은 1%이다. (실질이자율 = 명목이자율 − 실제 인플레이션율)의 공식을 사후적 피셔가설이라 한다.

⑤ 따라서 예상치 못한 인플레이션 ($\pi > \pi^e$)이 발생하면 사후적 실질이자율은 사전적 실질이자율보다 낮아진다. 이는 채권자가 애초에 받아가기로 한 실질이자소득이 줄어들게 된 것이고, 역으로 채무자가 부담해야 하는 실질이자부담이 감소한 것으로 불공정한 부의 재분배가 발생한 것이다. 반대로 예상치 못한 디플레이션 ($\pi < \pi^e$)이 발생하면 채무자로부터 채권자로 (불공정한) 부의 이전이 발생한다.

(4) 인플레이션의 사회적 비용

① 인플레이션은 성장하는 경제가 겪는 자연스러운 현상이다. 하지만 적정 범위를 벗어난 인플레이션은 사회적으로 많은 문제와 비효율을 야기한다.

② 인플레이션으로 인한 사회적 비용은 크게 예상치 못한 인플레이션과 예상된 인플레이션으로 나누어 분석한다. 예상치 못한 인플레이션의 경우에는 앞서 피셔가설 부분에서 설명한 바와 같이 불공정한 부의 재분배가 발생할 수 있다는 것이다.

③ 반면 예상 가능한 인플레이션도 여러 가지 사회적 비효율을 야기할 수 있다. 우선은 메뉴비용이 발생한다는 점이다. 또한 구두창 비용(Shoe-Leather Cost)도 발생한다. 인플레이션이 발생하면 현금의 화폐구매력이 감소한다. 즉 화폐의 실질가치가 하락한다. 하지만 현금은 거래적 목적으로 어느 정도는 보유해야 한다. 하지만 급격한 인플레이션이 발생하면 너무 과도하게 현금을 보유하는 것이 손해이다. 따라서 이 경우에는 최소한의 (거래적 목적의) 현금을 보유하는 것이 유리하다. 때문에 자주 은행에 들락날락거리며 수시로 현금을 인출해야 한다. 이로 인해 구두가 빨리 닳아 구두창을 자주 교체해서 발생하는 비용이 구두창 비용이다.[17]

45. 필립스 곡선

실업과 물가의 상충관계에 대해 학습한다.

- 필립스 곡선의 도출
- 기대부가필립스 곡선

(1) 필립스 곡선

① 영국[18] 출신의 경제학자 윌리엄 필립스는 19세기~20세기 초 영국의 명목임금상승률과 실업률 간의 상충관계(반비례 관계 : Trade-off)를 발견하였다. 이후 명목임금상승률 대신 물가상승률과 실업률 간의 상충관계로 널리 확장된 이론이 바로 필립스 곡선이다.

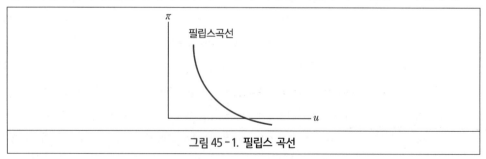

그림 45-1. 필립스 곡선

---

17) 물론 이는 상징적인 비유로 수시로 현금을 인출하기 위해 소요되는 노력과 시간 등에 대한 기회비용을 의미한다.
18) 더 정확하게는 당시 대영제국 영연방의 뉴질랜드

② 실업률과 물가상승률 간의 상충관계가 빈번하게 드러난다는 것은 단기에 총공급곡선은 우상향하며 총수요의 잦은 변동이 발생하는 것을 반영한다.

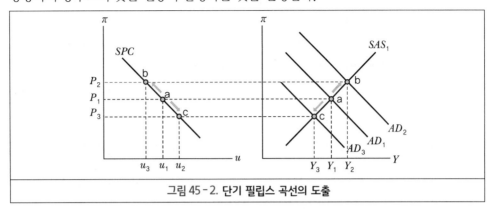

그림 45-2. 단기 필립스 곡선의 도출

위 그림에서 최초 거시경제 균형이 우측 a점이라고 하자. 이때 물가(상승률)은 P_1이고 경제성장률은 Y_1이라고 하자. 이때 실업률이 u_1이고 실업률-인플레이션율 평면을 나타내는 좌측 그림에서 점 a에 대응된다. 이때 총수요가 증가하여 거시경제 균형이 우측 그림 점 b가 되면 물가는 상승하고 실질GDP도 증가하여 실업률이 감소한다. 따라서 실업률과 인플레이션율은 좌측 그림에서 점 b에 위치한다. 반대로 총수요가 감소하면 실업률과 인플레이션율은 좌측 그림에서 점 c에 위치한다.

③ 따라서 단기의 필립스 곡선은 단기 총공급곡선의 좌우 대칭 형태로 그려진다.

④ 하지만 장기에는 총수요가 변동하여도 경제성장률은 불변이다. 따라서 장기에는 총수요 변동에도 실업률은 자연실업률 수준으로 수렴한다. 이는 장기필립스 곡선은 자연실업률 수준에서 수직임을 의미한다.

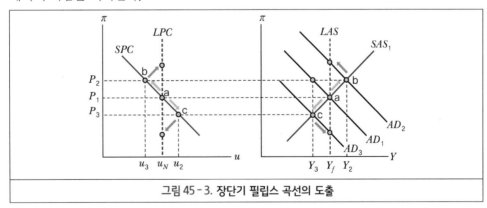

그림 45-3. 장단기 필립스 곡선의 도출

(2) 기대부가 필립스 곡선

① 앞에서 살펴본 바와 같이 단기 필립스 곡선은 단기 총공급곡선의 좌우 대칭형이다. 따라서 단기 총공급곡선이 우측으로 이동하면 단기 필립스 곡선은 좌측으로 이동하고, 단기 총공급곡선이 좌측으로 이동하면 단기 필립스 곡선은 우측으로 이동한다.

더 간단하게 표현하면, 단기 총공급곡선이 상방으로 이동하면 단기 필립스 곡선도 위로 움직이고 단기 총공급곡선이 아래로 움직이면 단기 필립스 곡선도 아래로 움직인다.

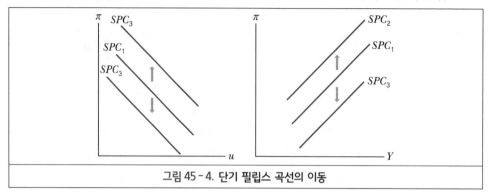

그림 45 - 4. 단기 필립스 곡선의 이동

② 그런데 단기 총공급곡선에 영향을 미치는 요인 중 하나가 바로 경제주체들의 예상인플레이션율이다. 경제주체들의 예상인플레이션율이 상승하면 경제주체들은 바로 다음기의 요소가격을 올리고 이는 단기 필립스 곡선의 좌측 이동(상방 이동)을 가져온다. 따라서 예상인플레이션율(기대인플레이션율)이 상승하면 단기 필립스 곡선도 상방 이동(우측 이동)한다. 이를 기대부가 필립스 곡선이라 한다.

01 실업과 관련된 설명 중 옳지 않은 것은?

① 확장정책을 통해 자연실업률을 낮출 수 있다.

② 불경기로 인하여 발생하는 실업은 경기적 실업이다.

③ 자연실업률은 장기에도 안정적이나 절대 불변은 아니다.

④ 고용 없는 성장은 구조적 실업을 야기한다.

⑤ 탐색적 실업은 자발적 실업에 속한다.

정답 | ①
해설 | 경기안정화 정책으로 단기실업률을 조정할 수 있다. 자연실업률은 불변이다.

02 다음 중 예상치 못한 물가 상승 시 가장 큰 손해를 입는 사람은?

① 고정금리로 대출받은 자

② 주식투자자

③ 물가 연동되지 않은 고정 연금을 받는 자

④ 변동금리로 대출을 해 준 자

⑤ 실물자산에 투자한 자

정답 | ③
해설 | 예상치 못한 물가 상승 시 고정금리이율로 이자를 수령하는 자가 가장 큰 손해를 입게 된다.

03 다음 중 자연실업률에 영향을 미치는 요인으로 적절한 것은?

① 통화량의 증대   ② 정부투자지출의 증대

③ 잠재성장률의 변화   ④ 경기적 실업의 변화

⑤ 단기적 생산성 충격

정답 | ③
해설 | 자연실업률은 장기실업률이므로 잼재성장률의 변화에 의해 영향을 받는다.

04 어느 경제의 비경제활동인구가 100만 명, 취업자의 수는 80만 명, 고용률은 40%이다. 이 경제의 실업률은 얼마인가?

① 10%   ② 20%

③ 25%   ④ 40%

⑤ 주어진 정보로는 계산할 수 없다.

정답 | ②

해설 | 고용률(취업자/생산가능인구)이 40%이므로 생산가능인구는 200만 명이다. 따라서 경제활동인구는 100만 명이고 실업자의 수는 20만 명이다.

46. 화폐중립성

장단기 통화량과 물가, 실질GDP 간의 관계에 대해 학습한다.

– 피셔 교환방정식
– 화폐중립성

(1) 피셔의 교환방정식

① 앞서 화폐수요 파트, 화폐수량설에서 피셔의 교환방정식에 대해 학습하였다.

$M \cdot V = P \cdot Y$(여기서 M은 통화량, V는 유통속도, P는 물가, Y는 실질GDP)

② $M \cdot V = P \cdot Y$을 변화율 공식으로 환산하면 $\dfrac{\Delta M}{M} + \dfrac{\Delta V}{V} = \dfrac{\Delta P}{P} + \dfrac{\Delta Y}{Y}$가 된다.

여기서 화폐유통속도 V는 매우 안정적인 값을 지니므로 $\dfrac{\Delta V}{V} \simeq 0$에 근접한다.

따라서 현실적으로는 $\dfrac{\Delta M}{M} = \dfrac{\Delta P}{P} + \dfrac{\Delta Y}{Y}$가 성립하게 된다.

③ 먼저 단기에 $\pi \neq \pi^e$가 성립하여 단기총공급곡선이 우상향하는 경우. 중앙은행이 확장통화 정책을 실시하여 통화량 증가율이 (+)가 되는 경우를 살펴보자.

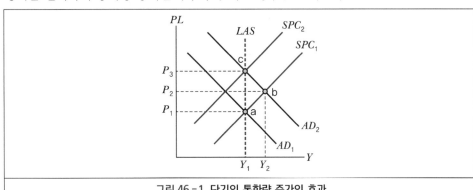

그림 46 - 1. 단기의 통화량 증가의 효과

상기 그림에서 최초의 거시경제 균형이 점 a였는데 중앙은행이 확장통화정책을 실시하여 통화량 증가율이 (+)가 되었다. 단기에는 거시경제의 균형이 점 b가 되었다. 즉 물가상승률도 (+)이지만 경제성장률도 (+)이다. $\frac{\Delta M}{M} = \frac{\Delta P}{P} + \frac{\Delta Y}{Y}$ 의 공식에 따라 이때 물가상승률은 통화량 증가율에는 미치지 못한다.

④ 하지만 장기에 $\pi = \pi^e$가 성립하여 거시경제 균형이 점c로 옮겨지면 경제성장률은 원점으로 돌아간다. 따라서 장기에는 통화량 증가율이 경제성장률에 미치는 영향이 사라진다. 즉 장기에, 혹은 $\pi = \pi^e$이 총공급곡선이 수직이 되는 경우에는 $\frac{\Delta M}{M} = \frac{\Delta P}{P}$ 가 된다.

따라서 장기에는 통화량의 변화가 실질GDP에 아무런 영향을 주지 못한다. 이를 화폐중립성(Money Neutrality)이라고 한다.

> ※ 화폐중립성의 엄밀한 정의는 다음과 같다. '통화량은 (장기에) 명목변수에만 영향을 줄 뿐, 실질임금, 실질이자율, 실질소득 등 실질변수에는 아무런 영향을 주지 못한다.'
> ※ 총공급곡선이 우상향하는 경우에는 통화량의 증대가 실질GDP에 영향을 미친다. 즉 단기총공급곡선이 우상향하는 경우에는 화폐중립성이 성립하지 않는다.

⑤ 장기에는 항상 $\pi = \pi^e$이 성립하므로 장기에는 화폐중립성이 성립한다. 결국 장기의 과도한 물가 상승은 과도한 통화량의 증대에서 비롯된다. 이를 두고 프리드만은 '인플레이션이란 언제 어디서나 화폐적인 현상이다.'라고 하였다.

(2) 세뇨리지와 인플레이션 조세

① 세뇨리지(seigniorage)란 화폐주조차익을 말한다. 현재 5만 원권 1장을 제조하는 데 들어가는 원가는 대략 100~200원가량으로 추정된다.[19] 즉 한국은행이 오만 원권 1장을 발행하면 화폐주조차익은 최고 4만 9천 원 이상 획득하는 것이다.

② 현재는 법정통화의 발행 권한이 각국의 중앙은행에 의해 엄정하게 통제되지만 과거의 상업혁명 이전 시대에는 각 지영의 영주가 영지 내에서 통용되는 화폐의 발행 권한을 지니고 있었다. 예를 들어 어느 소국의 군주 톰이 자국 내에서 유통되는 명목화폐(Fiat Money)를 발행할 수 있는 권한을 지니고 있다고 하자. 그리고 이 화폐의 이름을 제리라고 하자. 현재 이 나라에서 유통되는 화폐총량은 100만 제리이다. 그리고 1제리와 쌀 1kg가 교환되고 있다(즉 쌀 1kg의 가격은 1제리이다).

③ 그런데 사치스러운 톰이 외국에서 명품을 많이 구입하느라 재정이 바닥나는 바람에 이번 달 왕실에서 사용할 쌀을 살 돈이 떨어졌다. 하지만 톰은 걱정이 없다. 왜? 톰은 제리를 100장 더 찍어내면 되기 때문이다. 즉 예산이 고갈된 톰은 자기 마음대로 제리를 추가로 100장 더 발행하여 시장에서 쌀을 100kg 사 오면 되는 것이다.

---

19) 자세한 비용구조는 대외비라고 한다.

④ 이렇게 사치스러운 톰은 왕실 예산이 바닥날 때마다 조세저항을 염려하여 세금을 더 걷지는 않고 맘대로 제리를 발행하여 시장에서 닥치는 대로 물건을 사며 사치스러운 생활을 영위한다. 그런데 톰은 아무런 생산활동도 없이 그냥 종이쪼가리에 자신의 서명을 적은 제리를 발행하고 시장의 물건을 구입한다. 따라서 서민들에게 돌아가야 할 시장의 재화와 서비스가 자꾸 왕실로 들어간다. 결국 서민들은 가만히 앉아서 재화와 서비스를 강탈당하는 것이다. 즉 서민들은 추가로 세금을 더 내는 꼴이다. 이를 인플레이션 조세라 한다.

⑤ 위 과정을 조금 더 경제학적으로 설명하면 톰이 제리를 자꾸 발행하여 국가 내 화폐량이 점차 증가하자 물가가 상승하게 된다. 그런데 신규 발행한 화폐는 톰이 독점적으로 사용한다. 즉 서민들이 지닌 명목화폐량은 이전과 동일한데 물가는 오른다. 결국 서민들은 전보다 재화와 서비스의 구입 및 소비가 줄고 그만큼 톰이 더 소비할 수 있는 것이다.

※ 결국 (독재)정부의 과도한 통화량 증대는 국민들에게 추가적인 조세 증가를 지우는 셈이다. 굳이 세금 추가 징수가 아닌 통화량 증대로 인플레이션 조세를 거둬들이는 것은 이쪽이 조세저항이 작기 때문이다. 하지만 이런 식의 과도한 통화량 증대는 결국 초인플레이션을 야기하고 그 결과는 참담한 비극으로 이어진다.

47. 준칙과 재량 논쟁

통화주의학파와 케인즈학파의 통화정책 논쟁에 대해 학습한다.

- 준칙적 통화정책
- 미세조정과 재량적 통화정책

(1) 통화주의학파의 준칙적 통화정책

① 1950년~1960년대 활동한 통화주의학파는 기본적은 완만한 IS곡선, 가파른 LM곡선을 주장한다. 따라서 이자율 변화에 민간 투자가 매우 민감하게 반응하므로 이자율을 안정적으로 유지하는 것이 경기안정화에 중요하다고 보았다. 그런데 이자율에 영향을 미치는 화폐수요는 안정적인데 가파른 형태이므로 결국 통화량을 안정적으로 유지하는 것이 경기안정화의 키포인트라고 주장하였다.

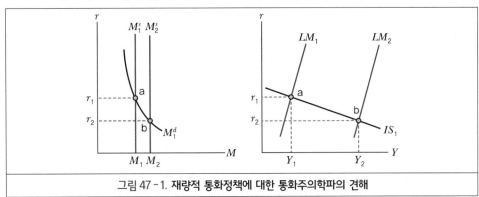

그림 47-1. 재량적 통화정책에 대한 통화주의학파의 견해

② 상기 그림에서 통화량이 약간만 증가해도 거시경제 균형은 점 a에서 점 b로 이동한다. 즉 미세한 통화량의 변화가 매우 큰 폭의 경기변동을 야기한다. 따라서 통화주의학파는 경기 안정화의 측면에서 통화량의 미세조정(Fine Tuning), 즉 재량적 통화정책에 반대하였다.

※ **샤워실의 바보(A Fool in the Shower Room)**

통화주의학파는 재량적 통화정책이 오히려 경기 변동을 심화시킬 수 있다는 비판을 '샤워실의 바보'라는 우화를 통해 표현하였다.

추운 겨울날 샤워를 하러 보일러를 켜고 샤워부스에 들어가 샤워기 수도꼭지를 딱 가운데 방향에 맞추어 틀면 처음에는 당연히 찬물이 나온다. 하지만 잠시만 기다리면 물의 온도가 최적의 온도로 맞춰지고 편안히 샤워를 할 수 있게 된다.

하지만 샤워실의 바보는 그 잠시의 시간을 기다리지 못하고 처음 찬물이 나오자마자 수도꼭지를 뜨거운 물 방향으로 놓는다. 그럼 매우 빠르게 물의 온도가 상승하지만 적정 온도를 넘어 이제는 엄청 뜨거운 물이 나오게 된다. 그러자 다시 샤워기 수도꼭지를 찬물 방향으로 놓는다. 이제 다시 물은 금세 차가워진다. 그러자 다시 수도꼭지를 뜨거운 물 방향으로 놓고 다시 온도가 높아지면 찬물 방향으로 놓고...이를 무한 반복한다.

통화주의학파는 샤워기 수도꼭지(수도손잡이)를 미세하게 바꿔도 물의 온도는 매우 크게 변한다고 본다. 따라서 다년간의 경험을 통해 얻는 가장 최적의 수도꼭지 각도에 맞추어 수도꼭지를 딱 고정시켜 두면 샤워 초기 처음 몇 초만 좀 참으면 바로 최상의 온도로 샤워를 할 수 있다고 보는 것이다.

즉 통화주의학파는 준칙적 통화정책을 주장하였으며 여기서 최적의 수도꼭지 손잡이의 각도를 k% 룰이라고 한다.

(2) 테일러 준칙

① 통화주의학파의 준칙적 통화정책은 매년 누구나 예측 가능한 정도로 사전에 정해진 룰에 따라 통화량 증가율을 일정하게 유지시켜야 한다는 것이다. 물론 현실적으로 영원히 통화량 증가율을 고정시키는 것은 아니고, 잠재성장률과 자연실업률, 그리고 현재 물가상승률과 목표 물가상승률, 그리고 물가상승률 목표치에 따라 잠재성장률과 현재 성장률이 비교적 일치되도록, 현재 실업률과 자연실업률도 비교적 일치되도록, 마지막으로 현재 물가상승률과 목표 물가상승률도 비교적 일치되도록 통화량의 증가율을 맞추는 것을 통화정책의 목적으로 두었다. 이러한 통화주의학파의 견해는 테일러 룰로 대표될 수 있다.

② 이러한 테일러 준칙은 기본적으로 필립스 곡선의 함수 형태를 변형하여 도출한다.
  - 테일러 룰 : $i_t = r_t + \pi^* + \alpha(\pi_t - \pi^*) + \beta(u_t - u_N)$
    - 여기서 i_t는 명목이자율, r_t는 목표실질이자율, π_t는 현재 인플레이션율, π^*는 목표 인플레이션율, u_t는 현재 실업률, u_N은 자연실업률.
  예를 들어 거시경제당국이 설정한 이상적인 경제상황에서의 실질이자율은 $r_t = 2\%$, 물가상승률은 $\pi^* = 2\%$, 그리고 자연실업률은 $u_N = 1.5\%$라고 하자. 따라서 현재 경제상황이 이상적인 상황이라면 $\pi_t = 2\%$, $u_t = 2\%$ 이어야 하고 이때 목표이자율 i_t는 4%가 된다.

그런데 현재 인플레이션이 $\pi_t = 3\%$이고, $u_t = 1.5\%$라고 하자. 즉 고용은 완전고용 상태인데 현재 물가상승률이 목표 물가상승률보다 높다. 따라서 중앙은행은 물가 안정을 위해 긴축통화정책을 실시해야 한다. 이는 목표(명목)이자율 i_t를 올려야 하는 상황이다. 따라서 $\alpha > 0$이다. 반대로 $\pi_t = \pi*$인데 불경기로 고용이 악화되어 $u_t > u_N$이라고 하자. 그러면 중앙은행은 확장정책을 실시해야 한다. 즉 i_t는 낮아져야 한다. 이는 $\beta < 0$임을 시사한다.

※ 혹은 $i_t = r_t + \pi* + \alpha(\pi_t - \pi*) + \gamma(y_t - y*)$로 변형된 공식[20]도 있다. 여기서 y_t는 현재 경제성장률, $y*$는 잠재성장률이며 여기서 $\gamma > 0$이다. 테일러 교수는 1993년 자신의 논문에서 $\alpha, \gamma = 0.5$로 상정하였다. 이는 잠재성장률과 목표 인플레이션율에 대한 과거의 경험적 데이터에 기반한 것이다.

※ 테일러 공식에 따르면 불경기가 발생하거나 과도한 물가 상승이 발생하면 중앙은행은 테일러 룰에 맞추어 통화량과 이자율을 조절해야 한다. 그리고 이는 재량적 정책이 아니다. 사전에 정해진 룰에 따라 통화변수가 조정되는 것이므로 이는 명맥히 준칙적 통화정책에 해당된다.

※ 오쿤의 법칙과 희생률

거시경제에서 (단기에는) 경제성장률과 실업률은 반비례 관계를 지닌다. 즉 경제성장률이 개선되면 실업률은 하락하고 반대로 경기가 악화되면 실업률은 상승한다. 즉 $y_t - y* > 0$이면 $u_t - u_N < 0$이 되는 것이다. 이때 $y_t - y*$를 GDP갭이라고 한다. 보다 엄밀하게는 $GDP\ gap = \dfrac{Y_t - Y_p}{Y_p} \times 100$이다. 따라서 GDP갭 < 0이면 현재 GDP가 잠재GDP 수준을 하회하는 것으로, 실제 실업률은 자연실업률을 상회하게 된다.

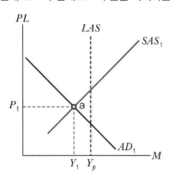

GDP갭이 < 0인 상황은 현재 거시 경제가 좌측 그림 점 a에 위치한 상황이다. 실제 GDP는 Y_1으로 완전고용산출량에 미치지 못하며 따라서 실업률은 자연실업률을 상회하는 불경기 상황이다.

이처럼 GDP갭이 커지면 실제 실업률과 자연실업률 간의 격차도 더 벌어지게 되는데 이에 대한 경험적 비율을 나타낸 것을 오쿤의 법칙(Okun's Law)이라 한다.

1962년 미국의 경제학자 오쿤은 과거의 경제성장률과 실업률 간의 데이터를 바탕으로 경제성장률이 2.5%p 하락하면 실업률은 보통 1%p 상승한다는 것을 발견하였다. 이를 수식으로 표현하면 다음과 같다.

$\dfrac{Y_t - Y_p}{Y_p} = \delta(u_t - u_N)$, 오쿤에 따르면 여기서 $\delta = -2.5$(물론 이 수치는 시대가 변함에 따라 달라질 수 있다)

※ 희생비율(Sacrifice Ratio)

희생비율이란 인플레이션율 1%p 하락을 위해 감수해야 하는 경제성장률의 감소분을 의미한다. 예를 들어 인플레이션율을 현행 3%에서 2%대로 낮추기 위해 경제성장률은 현행 4.5%에서 4.0%로 낮춰야 한다면 이때의 희생비율은 0.5가 된다.

---

20) 오히려 이 수식이 테일러 교수의 1993년 논문에서 제시한 원형에 더 가깝다.

(3) 케인즈학파의 재량적 통화정책

① 철저한 준칙적 통화정책을 주장한 통화주의학파와는 달리 케인즈학파는 미세조정에 따른 재량적 통화정책을 주장하였다. 즉 경기 상황에 맞추어 이자율을 안정적으로 유지할 수 있도록 그때그때마다 통화량을 빈번하게 조정하는 것이 좋다고 보았다.

② 먼저 케인즈학파는 화폐 수요가 매우 불안정하다고 보았다. 즉 아래 그림에서와 같이 화폐 수요가 M_1^d에서 M_3^d까지 빈번하게 움직이므로 통화공급량을 M_1^s에서 일정하게 유지하면 이자율이 $r_1 \sim r_3$에서 빈번하게 움직인다고 보았다. 따라서 이자율을 r_1에서 일정하게 유지시키기 위해서는 화폐수요곡선이 움직일 때마다 통화 공급도 M_1^s에서 M_3^s로 기민하게 움직여 줘야 한다는 것이다.

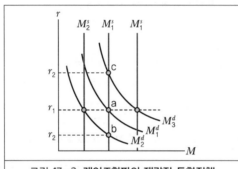

그림 47 - 2. 케인즈학파의 재량적 통화정책

따라서 통화량 목표제를 우선적으로 고려한 통화주의학파와 달리 케인즈학파는 이자율을 일정하게 유지하는 이자율 목표제를 옹호하였고 이는 필연적으로 재량적 통화정책으로 이어진다.

(4) 정책의 시차 논쟁

① 이와 함께 케인즈학파는 통화정책보다는 재정정책 자체를 경기안정화 정책에서 보다 중요하게 여겼다. 이는 가파른 IS곡선과 완만한 LM곡선에서 기인하는 것이기도 하지만, 재정정책은 정책의 외부시차가 비교적 짧은 반면, 통화정책은 정책의 외부시차가 재정정책에 비해 길기 때문이다.

② 하지만 통화주의학파는 재정정책의 경우 정책의 내부시차가 길고 대신 통화정책이 정책의 내부시차가 짧아 정책의 타이밍상 통화정책이 재정정책보다 유리하다고 주장하였다. 여기서 정책의 내부시차란 정책의 필요성을 인식하고 정책을 마련해서 실제 시행할 때까지의 시간을 의미한다, 반면 정책의 외부시차란 정책이 시행되고 나서부터 실제로 정책의 효과가 발현되기까지의 기간을 발한다.

48. 합리적 기대와 총수요 관리정책

새고전학파의 거시정책에 대한 견해를 학습한다.

- 정책무력성 명제
- 루카스 비판
- 리카디안 등가정리
- 시간불일치 문제

(1) 정책무력성과 루카스 비판

① 합리적 시대 가설을 도입한 새고전학파에 따르면 정부의 예상치 못한 정책 변화만 없다면 단기에도 $\pi = \pi^e$ 가 성립하고 이는 단기 총공급곡선이 완전고용산출량 수준에서 수직이라는 의미이다(보다 엄밀하게는 우상향하는 단기총공급곡선이 매우 짧은 기간에도 총수요 변동을 상쇄시키는 방향으로 움직여 언제나 완전고용산출량을 달성할 수 있다는 것이다). 따라서 정부가 재정정책이나 통화정책을 통해 총수요를 변동시켜도 실질GDP는 불변이다.

② 그러므로 새고전학파의 견해에 따르면 정부 요인이 아닌 외부 요인으로 총수요가 변동하여도 굳이 정부가 나서서 총수요를 이전 수준으로 되돌려 놓을 필요가 없다. 단기총공급곡선이 알아서 움직여 총수요 변화를 상쇄시켜줄 것이기 때문이다. 이를 정책무력성이라 한다.

③ 한편 새고전학파의 대표적 경제학자 루카스는 자신의 논문을 통해 과거 신고전학파의 종합적 견해(구 케인즈학파와 통화주의학파의 이론적 통합)를 정면으로 반박하였다. 이를 루카스 비판(Lucas Critique)이라 한다.

④ 과거 케인즈학파 및 통화주의학파는 IS-LM 모형을 통해 각 경제주체의 소비함수, 투자함수 등을 고려하였는데, 이때 한계소비성향, 투자의 이자율 탄력성, 한계수입성향 등을 고정된 상수라고 여기고 과거의 데이터를 바탕으로 해당 상수(파라미터)들을 계량경제학적 방법으로 추정하여 경제모형을 완성하였다(이러한 방식의 연구방법론을 주로 사용하였던 1950년 당시의 경제학적 조류를 신고전학파 Neo Classical이라 한다. 새고전학파와는 다른 용어이다).

⑤ 따라서 정부의 정책 효과를 예견할 때는 각 경제주체들의 고정된 파라미터들로부터 추출한 모형을 기반으로 하는데, 합리적 기대를 가정하면 이는 무용지물이 되는 것이다. 정부가 정책을 사전에 공표한 대로 정직하게 시행하면, 각 경제주체들은 예상 가능한 정부의 정책에 따라 향후 거시경제 균형지점의 이동을 예견한다. 그리고 이에 따라 다시금 자신의 최적화 행동을 변화시킬 것인데, 이때 각 경제주체들의 파라미터도 변화한다는 것이다. 따라서 과거에 누적된 데이터로부터 추정한 경제주체의 파라미터들은 별 의미가 없어진다.[21]

---

21) 루카스 비판을 다소 과격하게 표현하면 '이제 계량경제학은 쓰레기통에 넣어라!'이다.

※ 이러한 루카스 비판에 따라 이후 새고전학파 경제학은 과거 데이터를 기반으로 한 회귀분석 기법 외에도 현재의 파라미터 값을 기반으로 미래의 경제주체의 행동 변화 추세를 예측하는 칼리브레이션 및 시뮬레이션 기법을 적극 받아들인다.

(2) 리카디안 등가정리

① 새고전학파 경제학자인 배로(Barro)는 합리적 기대하에서 정부의 지출이 일정하다면, 정부 예산을 조세를 통해 충당하든 국채를 발행하여 충당하든 정책의 효과는 동일하다는 공채중립성 정리, 일명 리키디안 등가정리를 주장하였다.

② 전통적인 케인즈적 시각에서는 조세를 증가하여 정부지출에 사용하는 것은 균형재정을 유지하므로 국채를 발행하여 정부지출에 사용하는 것보다 승수효과가 작다. 하지만 합리적 기대 상황에서는 조세를 통한 정부 예산의 충당이나 국채를 발행한 정부예산의 충당 모두 동일한 효과를 지닐 것이다.

③ 1기의 조세를 증가시킬 경우, 이는 1기 처분가능소득의 감소를 야기한다. 하지만 소비의 평활화 원칙에 의해 경제주체들은 조세인상분만큼 소비를 줄이지 않고 조세인상분을 남은 잔여수명기간으로 나누어 매 기간 소비를 줄일 것이다. 예를 들어 잔여수명이 10기간인 경제주체에게 1기 500만 원의 조세를 인상하였다. 이에 경제주체는 당장 처분가능소득이 500만 원 줄었지만 소비는 당장 500만 원만큼 줄이지 않고 1기의 소비를 50만 원만 줄인다. 대신 은행에서 450만 원을 대출받아 당장의 세금을 납부한다. 그리고 앞으로 10기간 동안 매기 50만 원씩 소비를 줄여 은행 대출을 상환할 것이다. 이를 통해 소비의 평활화를 유지하는 것이다.[22]

④ 그런데 정부가 조세를 500만 원 인상하지 않고, 국공채를 발행하여 500만 원의 예산을 충당하여 정부지출에 사용하였다. 그런데 합리적 기대를 통해 경제주체는 미래의 조세인상을 예견하게 된다. 따라서 경제주체는 (살아생전) 미래 어느 시점에서인가 조세 500만 원이 인상될 것에 대비하여 소비의 평활화를 위해 현재부터 50만 원씩 소비를 줄이고 이를 매기 꼬박꼬박 저축할 것이다. 즉 500만 원의 정부지출 추가 시 이를 조세로 충당하든 국공채로 충당하든 경제주체들은 현재부터 매기 소비를 50만 원씩 줄이는 선택에는 변함이 없다.

⑤ 하지만 이러한 리카디안 등가정리가 성립하기 위해서는 기본적인 조건이 충족되어야 한다. 먼저 당연히 경제주체들의 합리적 기대가 가정되어야 하며, 유동성제약(차입제약)이 없어야 한다. 또한 경제주체들은 자신의 살아생전 조세가 인상되지 않더라도 후손들이 갚아야 할 미래 조세부담에 대해서도 염려하여야 한다. 당연히 근시안적 소비를 하지 않아야 한다. 또한 정부의 국공채 발행으로 인한 정부의 빚이 늘어나는 속도보다 인구증가율 + 경제성장률이 더 높다면 리카디안 등가정리는 성립하지 않을 수 있다.

---

22) 여기서는 논의를 쉽게 하기 위해 이자율은 고려하지 않았다.

49. 경기변동론

경기변동의 의미와 경기변동 요인에 대해 학습한다.

－경기변동의 정의와 경기순환지표
－화폐적 경기변동이론
－실물경기변동이론

(1) 경기변동 개요

① 경기변동(Business Fluctuation)이란 경제성장률의 등락을 의미한다고 볼 수 있다. 이러한 경기변동은 보통 주기적 특성을 지니는데 이를 경기순환(Business cycle)이라고 한다.

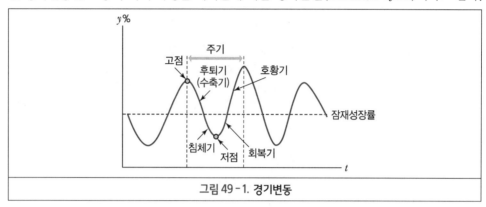

그림 49 - 1. 경기변동

② 경기순환은 그 주기를 기준으로 크게 4개의 파동으로 구분된다. 각가의 파동의 명칭과 원인은 다음 표와 같다.

종류	주기	원인
키친파동	2~3년	재고순환
쥬글러파동	약 10년	신조류(트렌드)의 등장, 설비투자의 변환
쿠츠네츠파동	약 20년	인구구조 변화에 따른 경제구조 변화
콘트라티에프파동	약 50년	산업혁명 등과 같은 거시경제 구조의 격변

표 49 - 1. 경기순환의 종류

③ 경기순환은 경제성장률의 변화로 감지하는데 경제성장률의 변화와 함께 다양한 거시경제 지표가 함께 연동되어 움직인다. 이때 실질GDP 변화에 앞서 미리 움직이는 변수를 선행지표, 실질GDP와 거의 동 시간에 변화하는 지표는 동행지표, 실질GDP 변화 이후 움직이는 지표를 후행시표라고 한다. 대표적 경기선행지표들을 모아 향후 경제성장률 추이를 예측할 수 있도록 지수를 작성할 수 있는데 이를 경기선행지수라고 한다. 마찬가지로 경기동행지수와 경기후행지수로 구성할 수 있다.

현재 통계청은 종합경기지수(Composite Index : C.I.)를 작성 공표하는데, 각 지수의 구성지표들의 목록은 다음 표와 같다.

선행종합지수	동행종합지수	후행종합지수
1. 제조업입직자비율 2. 기업경기실사지수(실적) 3. 순상품교역조건 4. 건축허가면적 5. 자본재수입액 6. 설비투자추계지수 7. 재고순환지표 8. 총유동성 9. 월평균종합주가지수	1. 광공업생산지수 2. 서비스업생산지수 (도소매업 제외) 3. 소매판매액지수 4. 내수출하지수 5. 건설기성액(불변) 6. 수입액(실질) 7. 비농림어업취업자수	1. 생산자제품재고지수 2. 도시가계소비지출 3. 소비재수입액(실질) 4. 상용근로자수 5. 회사채유통수익률

표 15 - 2. 경기종합지수의 구성

※ 이외에도 기업경기 실사지수(BSI)와 소비자동향지수(CSI) 등도 경지지표로서 활용된다. 기업경기실사지수와 소비자동향지수는 모두 향후 경기 예측에 대한 설문조사 방식으로 이루어지며 0과 200 사이의 값을 지닌다. 지수가 100이면 향후 경기가 좋아질 것이라고 예측한 응답자와 나빠질 것이라고 예측한 응답자가 동수인 것이고, 지수가 100 미만이면 나빠질 것이라고 예측한 응답자의 비율이 더 많은 것이다.

④ 과거부터 지속돼 온 경기변동은 여러 가지 특징적 사실들을 지속하여 오고 있다. 이를 경기변동의 전형적 사실들(Stylized Facts)이라 한다.

 i . 경기순환은 지속되나 경기변동폭은 감소하고 있다.

 ii. 소비지출은 경기순행적이나 진폭은 산출량보다 적다.

 iii. 투자지출은 경기순행적이며 산출량보다 더 크게 변동한다.

 iv. 실질임금은 경기순행적이다.

 v . 실질이자율은 경기순행적이다.[23]

 vi. 고용량은 경기순행적이다.

 vii. 실업률은 경기역행적이다.

따라서 설득력 있는 경기변동이론은 위 7가지 사실들을 논리정연하게 설명할 수 있는 이론이어야 한다. 그런데 케인즈학파의 경기변동이론은 iv 사실을 설명하지 못한다.[24]

---

23) 벤과 버냉키(2001)에 따르면 명목이자율은 경기순행적이나 실질이자율은 경기과 무관하다고 한다.
24) 이에 대해서는 본서의 범위를 넘어서므로 추가적 설명은 생략한다.

(2) 전통적 경기변동이론

① 1970년대까지 경기변동의 주요 원인은 총수요의 변동이라고 보았다. 즉 총수요의 4가지 구성항목인 소비지출, 민간투자지출, 정부투자지출, 순수출의 변동이 총수요와 실질GDP에 영향을 주는 것이라고 파악하였다. 따라서 경기변동의 진폭을 줄이고 경기를 안정화시키기 위해서는 케인즈적 관점에 따라 총수요를 안정적으로 유지시키는 것이 주효하다고 여겨왔다.

② 이러한 견해는 현재 성장률이 잠재성장률에서 이탈한 것을 균형에서 이탈한 것으로 엮는 불균형경기변동론의 시각을 따르는 것이다. 따라서 경제성장률이 잠재성장률에서 벗어나면 정부는 적극적으로 총수요를 관리하여 잠재성장률에 복귀시키는 것이 바람직하다는 케인즈학파의 시장개입론이 등장하는 근거이다.

③ 반면 통화주의학파는 정부의 근시안적인 총수요가 관리가 오히려 총수요 변동을 더욱 심화시키므로 준칙에 따라 정책을 시행하여 총수요를 안정시키는 것이 바람직하다는 정부의 비개입주의를 주장하였다.

④ 1970년 합리적 기대혁명이 등장함에 따라 새고전학파는 균형경기변동론의 견해를 주장하였다. 새고전학파에 따르면 경제성장률의 변동은 균형지점에서 이탈한 것이 아니라 외부충격에 따라 경제주체들이 (알아서) 효용극대화를 위해 재조정하는 과정에서 이루어지는 것으로 변동하는 경제성장률 자체가 균형지점이라는 것이다. 이러한 견해는 새고전학파의 대표적 경기변동이론인 실물경기변동이론(Real Business Cycle : RBC)에서 명확하게 드러난다.

⑤ 루카스 화폐적 경기변동이론(Monetary Business Cycle : MBC)은 중앙은행의 예측치 못한 통화충격으로 인하여 총수요와 함께 실질GDP의 변화가 야기된다는 견해이다. 이에 대해서는 앞서 섬모형에서 다룬 바 있다.

(3) 실물경기변동이론

① 프레스캇과 쉬들란에 의해 제시된 실물경기변동(Real Business Cycle : RBC)이론은 기본적은 일반경쟁균형분석의 기법을 이용하여 경기변동을 설명한다. 실물경기변동의 주요 인은 바로 생산성의 충격이다. 생산성의 충격이 총공급에 영향을 미침과 동시에 실질이자율과 실질임금에 영향을 미치고, 이에 따라 자본과 노동고용이 변화하여 실질소득이 변하고 이에 따라 총수요가 따라 변동하게 된다.

② 실물경기변동이론은 기본적으로 일반경쟁균형분석을 사용하므로 경기의 모든 지점이 균형지점이 된다. 따라서 전통적인 케인즈적 경기변동이론에서 잠재성장률에서 이탈한 지점을 불균형지점으로 파악한 것과는 상이한 견해를 보인다.

③ 실물경기변동이론의 함의
- 일반균형분석과정을 사용하였다.
- 생산성 충격이 총공급에 영향을 주며 경기변동의 촉발요인이 된다.
- 노동공급의 기간 간 대체가 발생한다.
- Time to Build. 즉 1회성의 생산성 충격이 지속적인 경기변동 효과를 유지시킨다.

49 - 2. 〈보론〉 경제성장론 소개

경제성장의 동력과 과정에 대해 학습한다.

- 솔로우성장모형 소개
- 내생적 성장이론 소개

(1) 솔로우 성장이론

① 경제 내에서 소득활동을 벌이는 경제주체는 자신에게 주어진 자본에 자신이 보유한 노동을 효율적인 기술을 사용하여 조합함으로써 재화 또는 서비스를 창출한다. 이를 함수로 표현하면 다음과 같다.

$$Y = AK^{\alpha}L^{1-\alpha}$$

여기서 Y는 국가전체 GDP, A는 기술수준, K는 국가전체 자본량, L은 총인구이다. 그리고 자본과 노동의 기여도를 나타내는 α, $1-\alpha$는 모두 0보다 크고 1보다 작다.
그리고 Y/L, 즉 1인당 소득을 나타내는 함수는 아래와 같다.

$$\frac{Y}{L} = y = Ak^{\alpha}$$

여기서 y는 1인당 소득(1인당 생산량)이며, A는 기술수준, k는 1인이 보유한 자본량을 나타낸다. 그리고 α는 0보다 크고 1보다 작다.

② 위 1인당 소득함수를 그래프로 나타내면 아래와 같다.

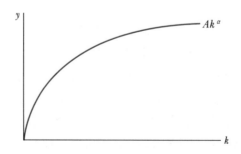

즉, 1인당 자본량 k가 증가할수록 1인당 소득 y도 증가하나 그 증가 속도는 점차 둔화된다.
이를 자본의 한계생산성 체감이라 한다(자본의 한계생산성 체감은 중국 등 개발도상국의

경제성장률이 미국이나 독일 등 선진국의 경제성장률을 훨씬 상회하는 이유이기도 하다). 또한 기술수준 A가 높아지면 소득(생산)함수 자체가 상향 이동하므로 같은 자본량을 보유하더라도 기술 수준이 높아지면 1인당 소득이 증가한다. 그러므로 1인당 소득을 증가시키는 방법에는 저축을 통해 1인당 자본을 늘리는 방법과 기술개발에 투자하여 생산함수를 상향시키는 두 가지 방법이 있다. 그렇다면 과연 두 가지 방법 중 어느 방법이 보다 효과적일까?

③ 우선 저축을 통한 소득 증가에 대해 알아보자. 단순한 설명을 위해 개인의 저축률 s가 일정하자고 가정하자. 물론 개인이 한 해 동안 벌어들인 소득 중 얼마를 저축할 것인가는 미래 소득과 소비의 변동요인에 따라 시시각각 변할 것이다. 그러나 일단은 일정한 저축률을 지니고 있다고 가정하자. 그러면 개인의 소득(생산)곡선과 저축곡선이 아래 그림과 같이 그려질 것이다.

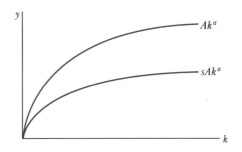

④ 그런데 기계 설비 등 자본을 생산에 투입하면 매년 일정부분이 닳거나 소모되지 마련이다. 예를 들어 택시(자본)를 보유한 개인택시기사의 경우, 택시 영업을 할수록 여러 부품이 소모되어 이를 꾸준히 교체해주어야 한다. 이러한 생산과정에서 소모되는 자본을 고정자본소모, 또는 감가상각이라고 한다. 그러므로 감가상각은 1인당 자본을 감소시키는 요인이다. 그리고 인구의 증가도 개인의 자본을 감소시키는 요인이다. 결혼을 하고 자식을 출산하면 양육하고 교육시키며 자본을 소모하며 또한 유산을 나누어 주기도 한다.

이제 매년 감가상각률을 d, 인구증가율을 n이라 하자. 그러면 개인의 자본소모함수는 $(n+d) \cdot k$가 되고 이를 곡선으로 나타내면 아래와 같다.

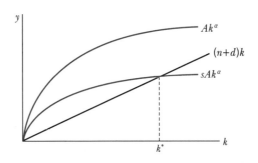

⑤ 그러므로 총저축 sAk^α이 자본소모$(n+d)k$보다 큰 구간(k^* 좌측 구간)에서는 1인당 자본이 증가하며 총저축이 자본소모보다 작은 구간(k^* 우측 구간)에서는 1인당 자본이 감소한다. 따라서 정해진 저축률에서는 결국 1인당 자본이 k^*에서 멈춰선다. 그러므로 저축을 통한 지속적인 개인소득 증대는 불가능하다. 이때 최종적으로 도달하는 1인당 자본량 k^*지점을 균제상태(또는 정상상태)라 한다.

⑥ 저축률이 증가하여도 균제상태에서의 자본량은 증가하나 이 균제자본량은 결국은 멈춰버린다. 마찬가지로 인구증가율과 감가상각률이 변화하여도 균제자본량은 일시적으로 변화하지만 지속적으로 증가하지는 못한다. 즉 자본의 축적으로는 지속적인 경제성장은 불가능하고 결국 기술 수준 A가 꾸준히 증가할 경우에만 경제성장의 지속이 가능하다.

(2) 내생적 성장이론

① 솔로우 성장이론에 따르면 외생적인 기술진보 외에는 1인당 소득의 꾸준한 성장이 불가능하다. 이는 자본의 한계생산성이 체감하기 때문에 발생하는 문제이다. 즉 저축이 지속되어 1인당 자본이 계속 늘어날지라도 자본 증가에 의한 추가적 생산의 증분(한계생산분)이 점차 줄어드므로 인구 증가와 감가상각으로 인해 소모되고 마모되어 없어지는 자본의 소모분을 충당하기에도 벅차 지속적 자본성장의 한계에 봉착하는 것이다.

② 하지만 20세기 후반에 이르러 기계, 설비, 공장 등의 물적 자본 외에도 인간의 숙련도, 학습, 스킬, 노하우, 성취도 등 교육과 훈련 등에 의해 축적되는 정신적 자본, 즉 인적 자본이 생산에 미치는 기여도가 괄목할 만하게 성장하게 되었다. 따라서 20세기 후반부를 넘어 21세기 경제에서는 물적 자본 외에도 인적 자본의 축적이 성장에 미치는 효과를 고려해야 하는 시점이 도래한 것이다.

③ 기업은 경영활동을 통해 얻은 수익을 주주들에게 배분하고 남은 잉여금으로 호사의 양적 성장을 위해 재투자할 텐데, 이때 물적자본의 한계생산성과 인적자본의 한계생산성이 동일해지도록 밸런스를 맞춘 재투자가 효율적인 성장경로이다(이는 한계생산물 균등의 원리에 따른 것이다). 이처럼 물적자본의 한계생산성이 체감하면 인적자본에 대한 투자가 활성화되어 전체적인 (물적 + 인적) 자본의 한계생산성 체감이 방지된다. 이러한 성장모형 중 대표적 이론이 AK모형이다.

④ 한편 솔로우 모형에서 외생적 변수로 간주하였던 기술진보율도 모형 안에서 내생적 변수로 파악하는 이론도 1990년대 이후 등장한다. 이러한 이론도 내생적 성장이론의 범주로 포함시킨다(AK모형과 구분하기 위해 R&D모형이라고 부르기도 한다). R&D모형은 기술진보의 긍정적 외부효과, 이른바 스필오버효과를 강조한다. 이러한 스필오버효과는 완전경쟁시장에서는 불가하므로 독점이나 과점, 혹은 독점적 경쟁시장에서 기술진보의 긍정적 외부효과가 경제 전체 생산성과 기술 수준을 고양시킨다고 보았다. 또한 기업의 기술개발을 독려하기 위한 금융시장의 성숙를 강조한 이론이기도 하다.

01 리카디안 등가정리에 대한 설명 중 옳은 것은?

① 공채중립성 정리라고도 한다.

② 근시안적 소비, 유동성 제약과 무관하게 성립하는 이론이다.

③ 정부의 재원조달 방식에 따라 정책효과가 상이해짐을 설명한다.

④ 적자재정보다는 균형재정이 우월함을 보여주는 정리이다.

⑤ 케인즈학파의 주장을 뒷받침해준다.

정답 | ①

해설 | 리카디안 등가정리는 정부지출이 일정할 때 정부의 재원조달 방식이 공채 발행이나 조세 증가 둘 다 동일한 효과를 지님을 보이는 이론이다. 근시안적 소비, 유동성 제약을 고려하지 않는 경우에는 리카디안 등가정리가 성립하지 않을 수 있다.

02 내생적 성장모형에 관한 설명 중 옳지 않은 것은?

① AK모형에서는 인적 자본의 축적이 자본의 한계생산체감을 방지하여 준다.

② AK모형에서는 저축률이 비교적 높은 경우 자본 축적만으로도 지속적 경제성장이 가능하다.

③ 로머의 R&D 모형에서는 완전경쟁에 직면한 기업의 연구개발이 경제성장효과를 지닌다.

④ 애로우는 학습효과에 따른 생산성 증대를 주장한다.

⑤ 질적 성장을 꾀하는 경제에 알맞은 성장모형이다.

정답 | ③

해설 | 로머의 모형에서 기술개발의 성과는 비경합성과 비배제성을 지니므로 이에 대한 특허권을 보장해주어야 R&D 투자가 발생하게 된다. 즉 불완전경쟁시장을 고려한 모형이다.

03 경제성장 요인 중 양적 성장과 질적 성장에 대한 설명 중 옳지 않은 것은?

① 생산가능곡선을 확장시키는 요인은 생산요소 투입의 증가, 기술진보 혹은 생산성의 증대 두 가지다.

② 양적 성장 요인 중, 노동과 토지의 투입 증가는 정책적으로 변화시키기 매우 어려운 요소이다.

③ 경제성장론에서 질적 성장은 자본 투입의 증대를 의미한다.

④ 생산성에서 가장 직접적으로 영향을 미치는 요인은 기술진보이다.

⑤ 자본이 축적된 국가일수록 양적 성장에서 질적 성장으로 성장 경로를 바꿔야 한다.

정답 | ③
해설 | 경제성장론에서 양적 성장은 자본 투입의 증대를 의미한다.

04 솔로우 성장모형에서 자본 축적에 의한 지속적 성장이 불가능한 이유는?

① 자본의 한계생산체감 때문이다.

② 감가상각의 존재 때문이다.

③ 질적 성장의 효과가 더 크기 때문이다.

④ 기술진보가 내생변수이기 때문이다.

⑤ 인적 자본의 증가율이 물적 자본의 증가율을 상회하기 때문이다.

정답 | ①
해설 | 자본의 한계생산이 체감하여 균제상태가 발생하게 되고 이에 따라 자본 축적에 의한 성장은 한계에 직면하게 된다.

CHAPTER 13

국제경제학

Test of Economic Sense And Thinking

50. 비교우위이론

국제무역의 발생 원인인 비교우위에 대해 학습한다.

- 절대우위이론
- 비교우위이론
- 비교우위와 교환가능 조건의 도출

(1) 절대우위론

① 아담 스미스는 서로 다른 국가가 무역을 하는 원리는 절대우위(Absolute Advantage)에서 기인한다고 보았다. 여기서 절대우위란 어느 한 품목을 한 국가가 다른 국가에 비해 절대적으로 저렴한 비용으로 생산함을 말한다. 예를 들어 양을 생산하는 데 (정해진 기간 동안) 영국에서는 노동자 1명이 양을 4마리 생산할 수 있고, 프랑스에서는 노동자 1명이 양을 3마리 생산할 수 있다면, 영국이 프랑스보다 (동일 자원 투입 시) 양을 더 잘 만드는 것이다. 따라서 영국은 양에 대해서 프랑스보다 절대우위에 있다고 표현한다. 반대로 프랑스는 양에 대해서 영국보다 절대열위(Absolute Disadvatage)에 있다고 표현한다.

그런데 영국에서 양 4마리를 생산하는 데 노동자 1명이 소요된다는 것은 달리 말하면 영국에서 양 1마리를 생산하는 데 노동자가 0.25명 필요하다는 것이다.[25] 반면 프랑스에서는 양 1마리를 생산하는 데 노동자가 0.33명 필요한 셈이다. 이렇게 1개 생산 시 필요한 노동량을 단위당 생산비라고 하는데 당연히 단위당 생산비가 낮을수록 보다 더 잘 만드는 것이다.

② 따라서 아담 스미스는 영국이 프랑스보다 양을 더 잘 만드니까 양은 영국이 생산하고 프랑스는 이를 수입한다고 보았다. 반면 프랑스는 밀을 생산하여 영국에 수출하는데, 아담 스미는 밀은 프랑스가 영국보다 더 잘 만드니까 밀은 프랑스가 생산한다고 보았다.

---

25) 물론 노동자를 4등분하는 것이 아니라 노동시간이 4분의 1로 단축된다는 것을 의미한다.

(단위 : 노동자 1명당 생산량)		
	영국	프랑스
양	4	3
밀	2	5

표 50 - 1. 절대우위 예시

예를 들어 영국에서 노동자 1명이 밀을 2단위 생산 가능한데, 프랑스에서는 노동자 1명이 5단위 생산 가능하다는 것이다. 따라서 양은 영국이 절대우위를, 밀은 프랑스가 절대우위를 지니고 있으며 양국은 절대우위를 지닌 품목에 특화한다는 것이다.

※ 여기서는 생산요소를 노동만 가정하였다. 또한 노동의 한계생산성 MP_L 은 일정하다고 가정한다. 추후 서술하겠지만 노동의 한계생산성이 일정하면 생산가능곡선이 우하향하는 직선이 되고 이 경우 (양국의 경제규모가 비슷한 경우) 완전특화가 이루어진다.

※ 만일 영국과 프랑스의 노동력이 모두 동일하게 100명이라고 가정하면 영국의 생산가능곡선은 우측 그림의 별색 선, 프랑스의 생산가능곡선은 검은색 선이 된다. 이처럼 양국의 생산가능곡선이 교차하는 경우, 양국의 절대우위 품목은 보다 바깥쪽에 위치한 절편이 된다.

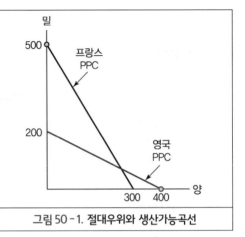

그림 50 - 1. 절대우위와 생산가능곡선

(2) 비교우위론

① 그런데 아담 스미스가 영국과 프랑스의 목장과 농장을 견학하여 조사한 결과, 실제로는 프랑스가 양과 밀 두 품목 모두에서 절대우위를 지니고 있었다.

(단위 : 노동자 1명당 생산량)		
	영국	프랑스
양	4	5
밀	2	5

표 50 - 2. 실제 생산조건

즉 실제 조사 결과 영국에서 노동자 1명이 양과 밀을 각각 4단위, 2단위 생산 가능한데, 프랑스에서는 노동자 1명이 양과 밀을 각각 5단위씩 생산 가능하다는 것이다. 따라서 양과 밀 두 품목 모두 프랑스가 절대우위를 지니고 있었다.

② 이는 절대우위 품목을 지닌 재화에 특화하여 이를 수출하고 절대열위에 있는 품목은 생산을 포기하거나 대폭 줄이고 대신 외국으로부터 수입한다는 아담 스미스의 가설, 절대우위론에 정면으로 배치되는 결과였다. 일종의 퍼즐같은 이러한 문제를 깔끔하게 해결한 가설이 바로 데이비드 리카도의 비교우위론(Comparative Advantage)이다.

③ 리카도는 양과 밀 두 품목 모두 프랑스가 절대우위를 지니지만 그렇다고 프랑스가 양과 밀을 모두 생산하면 그만큼 자원이 분산되는데, 이는 생산에서의 기회비용 대비 비효율적이라는 것이다. 즉 리카도에 따르면 두 품목 모두 프랑스가 더 잘 만들지만 기왕이면 두 품목 중 보다 더 잘 만드는 재화에 자원을 올인하는 것이 보다 더 효율적이라는 것이다. 이대 상대적으로 더 잘 만드는 재화를 비교우위에 있다고 표현한다. 〈표 50 - 3〉의 생산조건에 따르면 프랑스

는 양을 영국보다 1.25배 더 잘 만드는 반면, 밀은 영국보다 약 2.5배 더 잘 만든다.

(단위 : 노동자 1명당 생산량)	영국	프랑스
양	4	5
밀	2	5

표 50 - 3. 실제 생산조건

따라서 프랑스는 (둘 다 영국보다 잘 만들지만) 기왕이면 보다 더 잘 만드는 밀에 자원을 올인하고 영국에 그나마 격차가 적은 양을 생산하도록 하는 것이 더 효과적이다.

이때 프랑스는 밀에 대해 비교우위를 지니며, 영국은 양에 대해 비교우위를 지닌다고 표현한다(또한 프랑스는 양에 대해 비교열위에 있다고 표현한다).

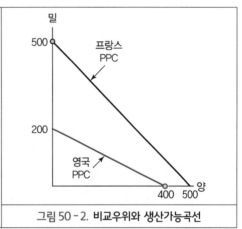

만일 여전히 노동의 한계생산성은 일정하고, 양국의 노동부존량도 100명으로 동일하다고 하면 양국의 생산가능곡선은 우측 그림과 같다. 이때 프랑스의 생산가능곡선의 X, Y절편 모두 영국보다 크다. 즉 두 품목 모두 프랑스가 절대우위를 지닌다.

하지만 밀의 경우 양국의 격차가 더 벌어진 반면 양의 경우 양국의 격차가 그나마 좁다. 따라서 격차가 벌어진 쪽에서는 더 바깥에 위치한 프랑스의 밀이 비교우위를, 격차가 좁은 쪽에서는 안쪽에 위치한 영국의 양이 비교우위 품목이 된다.

그림 50 - 2. 비교우위와 생산가능곡선

④ 따라서 프랑스는 밀을 500단위 생산하고, 영국은 양을 400단위 생산한 다음, 둘은 적절한 교환조건으로 이를 교환, 즉 무역을 실시할 것이다. 이때 영국과 프랑스 모두 만족할 수 있는 교환조건은?

먼저 프랑스의 경우, 자급자족을 한다면 밀 1단위와 양 1단위가 동등한 가치이다. 이는 생산의 기회비용, 다시 말해 생산가능곡선의 기울기를 통해 유추된 결과이다. 자급자족 시 프랑스에서 양 1마리 생산을 위해 포기해야 하는 밀의 수량(양 생산의 기회비용)은 1단위이다. 즉 밀 1단위 생산의 기회비용도 양 1단위이다. 그러므로 프랑스는 밀 1단위를 내주면 최소한 양 1단위를 얻어야 한다. 만약 밀 1단위를 내주고 양을 0.99단위만 받아 오면 이는 명백한 손해이다. 그럴 바에는 차라리 교역을 하지 않고 자국 내에서 밀을 1단위 줄이고 양을 1단위 늘리는게 나은 선택이다. 따라서 프랑스 입장에서는 양과 밀의 교환비율이 $\frac{양}{밀} \geq \frac{1}{1}$ 이어야 한다(만약 밀 1단위＝양0.99단위라면 $\frac{양}{밀} = \frac{0.99}{1}$ 이 되고 이는 프랑스에는 손해가 되는 교환조건이다).

반대로 영국의 경우 양 1단위 생산의 기회비용은 밀 0.5단위이다. 따라서 영국은 양 1단위를 내주고 밀을 0.5단위 이상은 받아 와야 손해를 면하고 이득을 본다. 반대로 양 1단위를 내주고 밀을 0.49단위 받아 오면 영국은 자급자족 시보다 손해다. 즉 영국이 요구하는 교환조건은 $\frac{4}{2} \geq \frac{양}{밀}$이다. 예를 들어 양을 1단위 내주고 밀을 0.8단위 받아 오면, 이때 교환조

건은 $\frac{1}{0.8} = \frac{양}{밀}$이 되어 영국은 자급자족 시보다 이득을 얻는다. 즉 양국이 교환에 참여하

는 교환비율은 $\frac{4}{2} \geq \frac{양}{밀} \geq \frac{1}{1}$이다. 이는 〈표 50 – 3〉의 생산조건 표를 통해 쉽게 얻을 수

있다.

(단위 : 노동자 1명 당 생산량)

	영국	프랑스
양	4	5
밀	2	5

양국이 교환에 참여할 수 있는 수량교환비율

$\frac{4}{2} \geq \frac{양}{밀} \geq \frac{5}{5}$

⑤ 예를 들어 양 3단위를 밀 2단위로 교환하면 $\frac{양}{밀} = \frac{3}{2}$이 되어 $\frac{4}{2} \geq \frac{양}{밀} \geq \frac{5}{5}$의 조건을 만족

하고 양국 모두 자급자족 시보다 이득을 얻는다. 예를 들어 양 300단위와 밀 200단위를 교

환한다고 하자. 그러면 프랑스는 전재산 밀 500단위에서 양을 300얻고 대신 밀은 300으로

줄어든다. 이때 프랑스의 소비지점은 아래 그림 점 a가 된다. 이는 프랑스의 생산가능곡선

바깥에 위치한다. 즉 자급자족 시보다 더 많은 소비를 할 수 있게 된다.

한편 영국은 전재산 양 400단위 중 100단위가 남지만 대신 밀을 200단위 얻어와 이제 영국의

소비지점은 점 b가 된다. 역시 영국은 생산가능곡선 바깥쪽에서 소비를 할 수 있게 되었다.

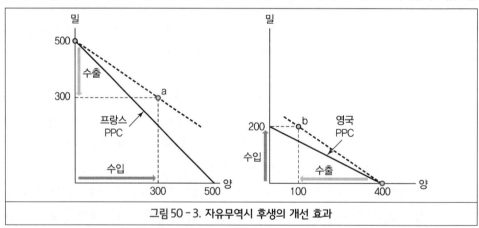

그림 50 – 3. 자유무역시 후생의 개선 효과

※ 비교우위론에서는 교환 가능한 교역조건까지만 파악할 수 있으며 실제 교역 규모의 크기는 정확히 알
수 없다. 이를 알기 위해서는 각 재화에 대한 양국의 수요함수 내지는 무차별곡선을 알아야 한다. 이에
대한 개념은 오퍼곡선(Offer Curve)으로 표현되나 이는 수험의 범위를 넘어서므로 생략한다.

51. 관세정책

관세정책의 효과에 대해 학습한다.

– 자유무역과 사회후생
– 관세부과 시 후생손실
– 수입 쿼터제의 효과

(1) 자유무역의 부분균형 분석

① 앞서 학습한 무역이론에 따르면 비교우위에 입각한 자유무역은 사회후생을 증가시킨다. 하지만 산업구조 조정에 따라 소비자와 생산자 간에는 후생 변화의 방향이 달라질 수 있다.

② 만일 우리나라가 국제 쌀시장에서 쌀 생산에 비교열위를 지닌다고 하자.

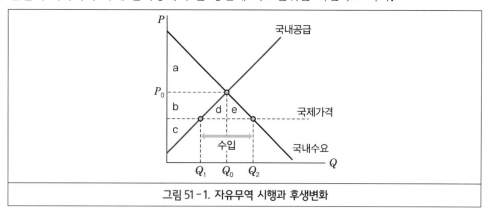

그림 51 – 1. 자유무역 시행과 후생변화

자유무역 시행 이전에는 국내 쌀 가격이 P_0 이며 이때 국내 쌀 거래량은 Q_0 이다. 그리고 이때 소비자잉여는 a의 면적, 생산자잉여는 b+c의 면적이다. 사회후생은 a+b+c이다. 그런데 자유무역이 시행되면 이제 국제가격 수준과 국내 쌀시장 가격이 일치한다(여기서 국제 쌀 가격이 수평선인 것은 대한민국은 국제 쌀시장에서 가격수용자임을 의미한다). 이때 국내수요량은 Q_2 가 되지만 국내 쌀 공급량은 Q_1 으로 감소한다. 그리고 수입량은 $Q_2 - Q_1$ 이다.

③ 자유무역 시행 이후 소비자 잉여는 a+b+d+e로 증가하는 반면, 생산자잉여는 c로 감소한다. 사회후생은 자유무역 시행 이전보다 d+e만큼 증가하였다. 즉 자유무역이 시행되면 비교열위를 지닌 산업의 생산자잉여는 감소한다(반대로 비교우위에 있는 산업에 경우 국내 생산자잉여는 증가한다. 물론 사회후생도 증가한다).

(2) 관세부과의 효과

① 유치산업, 혹은 보호무역이 필요하다고 판단되는 경우, 정부는 국제무역질서에 반하지 않는 수준에서 해당 수입제품에 대한 관세(Tariff)를 부과할 수 있다. 다음 그림처럼 쌀 수입에 대해 일정 수준의 관세를 부과하였다고 하자.

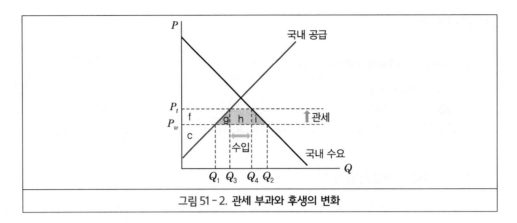

그림 51 - 2. 관세 부과와 후생의 변화

② 관세 부과 후 국내거래가격은 P_t 가 되고 이로 인해 국내 수요량은 Q_4 로 감소하며, 국내 쌀 공급량은 Q_3 으로 증가한다. 쌀 수입량은 $Q_4 - Q_3$ 으로 감소한다.

③ 국내 소비자잉여는 관세 부과 이전보다 f+g+h+i 만큼 감소한다. 이중 f는 생산자잉여로 전환되고 h는 정부의 관세수입이다. 그리고 삼각형 g+i 는 관세 부과로 인한 사회후생 손실의 크기이다.

(3) 수입쿼터제

① 직접적 관세 부과 외에도 정부는 수입면허를 발행하여 허가받은 수입업자에게 수입물량을 할당하는 방식으로 보호무역을 시행할 수 있다. 이를 수입 쿼터제라 한다.

② 폐쇄경제하에서 국내 균형 지점은 아래 그림 점 e이다. 그런데 정부가 x 만큼의 수입쿼터를 허가하여 이를 A기업에게 수입할 수 있는 권한을 부여하였다고 하자. 이제 A기업이 x 만큼 수입을 하면 수입까지 합산한 국내공급곡선은 점선의 S_2 가 된다. 따라서 국내 균형 지점은 점 f가 된다.

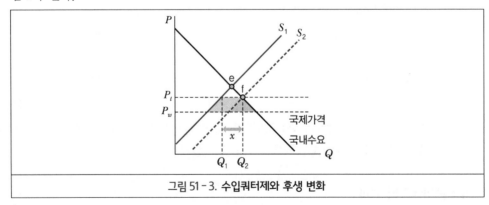

그림 51 - 3. 수입쿼터제와 후생 변화

③ 이때 완전자유무역과 비교하였을 때, 수입업자의 수익은 평행사변형의 면적이고 사회후생 손실은 삼각형 면적이다.

※ 만일 과세 부과 시의 수입량과 동일한 물량의 수입쿼터 물량을 설정하면 사회후생의 변화는 관세부과의 경우와 정확히 일치한다. 다만 정부의 관세수입이 수입업자의 소득이 된다.

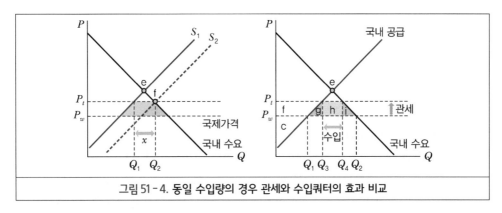

그림 51 - 4. 동일 수입량의 경우 관세와 수입쿼터의 효과 비교

52. 환율결정이론

환율의 의미와 환율결정원리에 대해 학습한다.

- 실질환율과 명목환율
- 구매력 평가설
- 이자율 평가설
- 마샬러너조건과 J커브 효과

(1) 환율과 외환시장

① 환율(Exchange rate)은 자국화폐와 외국화폐의 교환비율을 말한다. 우리나라의 경우 미국 달러를 기준통화로 설정하여 1$당 교환되는 원화의 가치를 환율로 표시하고 이를 원/달러 환율이라고 한다. 예를 들어 1$＝1,150원이라는 것은 현재 우리나라의 외환시장에서 1$를 구매하려면 1,150원을 지불해야 한다는 것이다. 반대로 1$를 원화로 환전하면 1,150원을 얻는다는 것이다(물론 달러매입가격과 매도가격에는 약간의 갭이 존재하지만 여기서는 이를 무시하기로 한다).

만일 1$＝1,150원에서 1$＝1,185원으로 거래가격이 변경되었다면 이는 달러가 비싸진 것이다. 이를 환율이 상승했다고 표현한다(과거 고정환율제도 시절의 용어로는 달러가 평가절상되었다고 표현한다). 반대로 환율의 하락은 달러가치의 하락을 의미한다.

② 환율이 상승하면 어떤 일이 발생하는가? 일단 우리나라의 관점에서 달러화의 가격이 비싸진 것이다. 따라서 예전과 동일한 원화로 구매할 수 있는 달러의 양이 줄어든 것이다. 이는 달러를 주고 구매할 수 있는 재화와 서비스의 양이 줄어든 것이다. 다시 말해 달러로 판매하는 제품이 비싸진 셈이다. 예를 들어 환율이 1$＝1,000원인 경우, 우리나라 돈 5만 원으로 2.5$에 판매되는 미국 제품을 20개 살 수 있었다. 그런데 환율이 1$＝2,000원으로 상승하면 이제 5만 원으로 2.5$짜리 미국 제품을 겨우 10만 구매 가능하다. 때문에 보통 환율이 상승하면 수입이 줄어들게 된다.

반대로 미국 사람 입장에서는 원화 가치가 하락한 것이다. 즉 환율의 상승은 달러 가치의 상승과 원화 가치의 하락이 동시에 발생하는 것이다. 이는 미국 사람 입장에서 원화로 구매할 수 있는 재화와 서비스가 싸진 것이다. 예를 들어 환율이 1$＝1,000원인 경우, 100$를 들고 한국에 놀러 오면 10만 원으로 환전해 25,000원짜리 모듬회 세트를 4인분 먹을 수 있지만 환율이 1$＝2,000원으로 상승하면 이제 똑같은 100$로 25,000원짜리 모듬회 세트를 무려 8인분을 먹을 수 있다. 따라서 원화 가치가 하락하면 보통 외국으로의 수출이 증가한다. 즉 환율의 상승(＝원화 가치의 하락)은 보통 순수출을 개선하는 데 도움을 준다.

③ 변동환율제도를 채택한 나라에서 환율은 자국 화폐와 외국 화폐의 수요와 공급에 의해 시시각각 초단위로 변동한다. 예를 들어 우리나라 외환시장에서 달러의 공급 증가, 원화의 수요증가는 환율을 하락(＝달러 가치 하락＝원화 가치 상승)시키는 요인이며, 반대로 달러의 수요 증가, 원화의 공급 증가는 환율을 상승시키는 요인이다. 우리나라 외환시장에서 달러의 수요와 공급, 원화의 수요 공급에 영향을 미치는 요인들의 예는 무수히 많지만 시험에 자주 출제되는 사례는 다음과 같다.
- 달러 공급 증가 : 우리나라 기업의 수출 증가. 외국인의 한국으로의 투자 증가 등
- 달러 수요 증가 : 외국 제품에 대한 선호도 증가, 외국으로의 여행 및 유학 증가 등
- 원화 공급 증가 : 한국은행의 확장통화정책
- 원화 수요 증가 : 외국인의 한국으로의 투자 증가, 외국인 관광객의 국내 여행 증가 등[26]

④ 환율의 변동에는 많은 요인들이 얽혀 있어 그 방향을 예측하는 것은 매우 어렵다. 이때 환율이 상승하면 이득을 보는 주체는 당연히 곧 달러화(외화) 수입이 발생할 주체들이며, 반대로 환율이 상승하면 손해를 보는 경제주체는 곧 달러화 지출이 예정된 주체들이다.

(2) 실질환율과 명목환율

① 명목환율이란 실제 외환시장에서 거래될 때의 환율을 지칭한다. 예를 들어 현재 서울 외환시장에서 1$＝1,200원에 거래될 때 이를 명목환율이라 한다.

---

26) 보통 외환시장의 달러 공급 증가 요인은 원화 수요 증가 요인과 일치한다.

② 실질환율이란 양국의 명목환율을 물가 수준으로 나눈 값이다. 즉 양국의 물가 차이를 반영한 환율을 의미한다. 예를 들어 현재 명목환율이 1$=1,200원이라고 하자. 그런데 미국에서는 사과 1개가 1$에 거래되는데, 우리나라에서는 사과 1개가 600원이라고 하자. 그럼 1,200원으로 우리나라에서는 사과를 2개 살 수 있는데, 미국에서는 사과를 1개밖에 못 산다. 즉 양국의 물가 격차가 2배인 셈이다.[27] 따라서 이를 반영하면, 즉 양국의 명목환율을 양국의 물가(여기서는 각 제화의 가격)로 나누면 양국의 실질환율은 $\dfrac{1\$}{1\$}=\dfrac{1,200\text{₩}}{600\text{₩}}$, 즉 1 : 2가 된다. 이때 실질환율은 2라고 표현한다. 공식으로 표현하면 다음과 같다.

$$e = E \cdot \frac{P^*}{P}$$

(여기서 e 는 실질환율, E 는 명목환율. P^* 는 외국의 물가, P 는 자국의 물가)

따라서 명목환율이 1$=1,200이고, $P^*=1\$$, $P=600\text{₩}$이라면

$$e = E \cdot \frac{P^*}{P} = \frac{1,200\text{₩}}{1\$} \cdot \frac{1\$}{600\text{₩}} = 2$$가 된다.

③ 만약 양국의 물가가 동일하다면 양국의 실질환율은 1이 된다. 명목환율이 1$=1,200이고 미국의 사과 가격이 1$이며, 우리나라에서 사과의 가격이 1,200원이라면 실질환율도 1 : 1, 즉 1이 된다. 그런데 여기서 미국의 물가가 2배 급등하여 미국에서의 사과 가격이 0.5 $가 된다면? 이제 실질환율은 $\dfrac{1\$}{0.5\$}=\dfrac{1,200\text{₩}}{1,200\text{₩}}=2$ 가 된다(이는 ②의 사례와 같다. 즉 미국의 물가가 한국의 2배로 상승하면 우리나라 입장에서 실질환율이 상승하게 된다).
정리하면 다음과 같다.

- 실질환율은 양국의 명목환율을 양국의 물가로 나누어 도출한다.
- 명목환율이 불변인 상태에서 한국의 물가가 하락하거나 미국의 물가가 상승하면, 혹은 한국의 물가상승률 < 미국의 물가상승률이라면 실질환율은 상승한다. 이는 수출에 유리하다.
- 반대로 명목환율이 불변인 상태에서 미국의 물가가 하락하거나 한국의 물가가 상승하면, 혹은 한국의 물가상승률 > 미국의 물가상승률이라면 실질환율은 하락하고 이는 수출에 불리하다.
- ※ 우리나라 물가가 상승하면 당연히 외국의 입장에서는 한국 제품이 비싸진 것이므로 우리나라의 수출이 줄어든다. 이는 실질환율에 반영되는 것이다.
- ※ 즉 실질환율의 변화는 양국의 교역조건에 영향을 준다. 실질GNI는 바로 이러한 교역조건의 변화까지 고려하여 실질적 국내소득을 계산한다.

---

27) 사과만이 존재하는 1재화 모형을 가정한 경우

(3) 구매력 평가설

① 앞서 양국의 물가 변화는 (명목환율이 불변인 경우) 실질환율에 영향을 준다고 하였다. 하지만 실제적으로는 양국의 물가 변화가 명목환율과 실질환율에 동시에 영향을 준다. 하지만 물가의 변화가 명목환율과 실질환율에 각각 얼마씩 나누어 영향을 줄지는 모른다(그때그때마다 다르다). 따라서 이제 양국의 실질환율이 1로 고정된 경우에 양국의 물가 변화가 양국에 명목환율에 어떠한 영향을 주는지를 이론적으로 분석해보자.

② 이는 실질변수는 불변이고 물가의 변화가 명목변수에만 영향을 주는 '장기' 관점에서의 환율분석과정이라고 볼 수 있다. 이를 구매력 평가설이라고 부른다. 구매력 평가설은 앞서 언급한 바와 같이 양국의 실질환율은 불변이라고 가정한다. 즉 1물1가의 원칙이 적용됨을 가정한다. 1물1가의 원칙이란 동일한 재화의 실질적 가치는 어디에서라도 동일해야 한다는 것이다(이는 특정 재화에 대한 양국의 선호도 일치한다는 것을 말한다. 예를 들어 한국에서 빅맥에 대한 가치, 즉 사람들의 선호가 미국에서의 선호와 일치함을 의미한다).

③ 또한 구매력 평가설은 양국 간 관세장벽, 무역장벽, 수송비, 운송비 및 수수료 기타 마진등 마찰적 요인이 모두 없다고 가정한다. 상기 가정이 성립하는 경우, 양국의 명목환율은 양국의 물가수준 격차에 의해 조절된다는 것이 구매력 평가설의 기본 원리이다.

④ 예를 들어 국내 외환시장에서 (명목)환율이 1\$=1,000원이라고 하자. 그런데 서울에서 빅맥세트의 가격은 5,000원/ 뉴욕에서 빅맥세트의 가격은 10\$라고 하자. 그러면 명목환율 대비 양국의 물가를 비교하면 뉴욕에서의 빅맥이 서울보다 2배 비싼 셈이다. 따라서 구매력 평가설에 따르면 향후 명목환율이 1\$=500원이 되어야 한다(이는 매우 간단한 공식이다. 양국의 명목환율이 양국의 동일제품, 여기서는 빅맥의 가격비율에 맞춰져야 한다. 양국의 빅맥 가격비율은 10\$=5,000원, 즉 1\$=500원이다).

실제 명목환율의 조절 과정은 무위험차익거래(Arbitrage)를 통해 이루어진다. 예를 들어 톰은 한국의 은행에서 5,000만 원을 대출하여 빅맥을 1만 개 구입한다. 이를 뉴욕을 가져다가 판매하여 10만\$를 번다. 이를 다시 한국으로 가지고 와서 한국 외환시장에서 원화로 환전하여 10억을 얻는다. 이 과정에서 한국 외환시장에서는 달러의 공급 증가 및 원화에 대한 수요 증가가 발생한다(즉 명목환율이 하락한다).

이제 톰은 은행에서 차입한 대출 5,000만 원에 약간의 이자를 더해 상환하고 남은 돈은 차익으로 얻는다. 이러한 과정은 양국의 명목환율이 양국의 물가비율에 맞춰질 때까지 지속된다. 즉 명목환율이 1\$=500원에 도달하여 더 이상 무위험차익이 발생하지 않을 때까지 환율이 계속 하락하게 된다(실제로는 운송비 및 이자, 관세 등에 의해 명목환율이 정확하게 1\$=500원 수준까지는 하락하지 않지만 그 언저리까지는 내려갈 것이다).

※ 앞서 설명한 실질환율 개념으로 다시 설명하면 다음과 같다. 구매력 평가설은 실질환율을 1로 가정한다. 즉 양국의 명목환율이 1$ = x₩ 이라고 하자. 그러면 $\frac{1\$}{10\$} = \frac{x₩}{5,000₩}$ 이 되어야 실질환율이 1이 된다. 따라서 실질환율이 1이 되려면 $x = 500$₩이 되어야 한다. 즉 구매력 평가설이 성립하는 명목환율은 1$ = 500₩이다.

⑤ 구매력 평가설에 의하면 결국 물가가 상대적으로 높은 국가의 화폐가치는 절하될 것을 예측한다. 이는 너무나 당연하다. 물가의 상승은 화폐의 구매력 하락을 의미한다. 즉 높은 물가는 그 나라의 화폐가치를 떨어뜨린다. 따라서 상대적으로 높은 물가를 지닌 국가의 화폐가치는 하락하는 것이 당연하다. 이를 공식으로 표현하면 $e = E \cdot \frac{P^*}{P}$ 로부터 $E = e \cdot \frac{P}{P^*}$ 를 얻는다. 그런데 여기서 $e = 1$로 가정한다. 즉 구매력 평가설에 따르면 $E = \frac{P}{P^*}$이다. 이를 변화율 공식으로 나타내면 $\frac{\Delta E}{E} = \frac{\Delta P}{P} - \frac{\Delta P^*}{P^*}$ 이 된다. 즉 '명목환율의 변화율 = 자국 물가 상승률 – 외국 물가 상승률' 이다.

※ 구매력 평가설이 보다 정확히 성립하기 위해서는 양국 간 비교역재(Non – Traded Goods)가 없거나 매우 적어야 한다. 비교역재가 존재하면 1물1가의 원칙이 성립하기 어려워진다.

(4) 이자율 평가설

① 구매력 평가설이 비교적 장기에서의 환율 결정 과정을 분석하는 데 비해, 이자율 가설, 혹은 이자율 평형설은 양국 간의 이자율(자본수익률)의 격차에 의해 발생하는 자본시장의 불균형 조정 과정에서의 환율결정분석을 다룬다.

② 예를 들어 한국의 이자율(혹은 평균적 자본수익률)이 연 3%라고 하자. 그리고 미국의 이자율(혹은 평균적 자본수익률)이 3%라고 하자. 즉 한국과 미국의 자본수익률이 동일하다. 따라서 국제투자자들은 지니고 있는 투자자산 중 절반은 한국에, 나머지 절반은 미국에 투자하기로 결정[28]하여 실제 투자를 진행하였고 이제 한국 외환시장과 국제수지는 균형을 이루었다고 하자. 그런데 한국은행의 이자율이 인하되어 2.5%가 되었다. 이제는 누가 봐도 미국에 투자하는 것이 수익률과 안전성 측면에서 유리해졌다. 따라서 국제투자자들은 한국에 투자한 자본을 달러로 바꾸어 나갈 것이다. 이에 따라 한국 외환시장에서는 달러에 대한 수요가 급등하여 환율도 상승하고, 한국이 다시 이자율을 3% 수준으로 올리지 않는 한 지속적인 자본 유출을 피할 수 없다. 하지만 의외로 한국은 2.5%의 이자율을 계속 유지하고 외환시장도 균형을 유지하고 있다. 왜일까?

---

28) 실제로는 국가 간 리스크의 차이를 고려해야 하지만 여기서는 무시하기로 한다.

바로 한국과 미국의 이자율 격차로 인해 국제투자자들이 한국에서 투자 손해를 입게 되는 것을 상쇄해줄 환율의 변동이 예견되기 때문이다. 즉 한국의 원화가치가 1년 동안 0.5% 상승하게 되어 얻게 되는 환차익이 이자율 격차를 상쇄해줄 것이란 기대가 형성된다면, 이러한 이자율 격차에도 불구하고 한국의 외환시장 및 자본시장은 균형을 유지할 수 있을 것이다.

③ 정리하면 한국의 이자율(자본수익률)이 동등한 수준의 리스크를 지니는 국가의 이자율(이를 국제평형이자율이라고 부른다)과 괴리가 발생하여도 한국 외환시장이 균형을 유지한다면, 이러한 평형이자율과의 격차를 상쇄시키는 환차익이 발생할 것을 국제투자자들이 예견한다는 것이다. 이를 이자율 평가설, 혹은 이자율 평형설이라고 한다.

④ 이자율 평가설에 근거하여 향후 한국에서의 환율의 변화를 예측하는 원리는 간단하다. 즉 현재 환율로 환산한 자산을 한국에 투자하여 얻게 되는 1년 후의 원리금과 상대국에 투자하여 1년 후에 얻게 되는 원리금의 가치가 동등해지도록 환율이 변화할 것이다.

예를 들어 한국의 이자율이 5%이고 미국의 이자율이 3%라고 하자 그리고 현재 (명목)환율이 1$=1,000원이라고 하자. 이자율 평가설이 성립하도록 하는 1년 후의 환율은?

(해설) 1,000원을 한국의 투자하면 1년 후 1,050원을 얻는다. 그리고 1,000원을 현재 환율로 환전하여 미국에 투자하면 1년 후 1.03$를 얻는다. 이자율 평가설에 의해 1,050원=1.03$가 된다. 양변을 1.03으로 나누면, 1$=1019원(근사치)를 얻는다.

즉 한국의 수익률이 높아 한국으로 자본이 유입됨과 동시에 환율이 하락하게 될 테고, 이자율 격차가 해소되지 않는 한 자본의 지속적 유입은 멈추지 않을 것이며 이는 자본시장에서의 불균형이 해소되지 않음을 의미한다. 그럼에도 불구하고 한국이 1년 동안 이자율을 계속 5%로 유지할 수 있다면 이는 국제투자자들이 한국에서의 투자수익이 미국보다 2%가량 유리함에도 불구하고 한국으로의 자본 유입을 멈춘다는 것이며, 이는 원화가치의 2% 하락을 국제투자자들이 예견하고 있다는 것이다.

⑤ 그리고 이자율 평가설이 성립할 때 (명목)환율의 변화율은 $\frac{\Delta E}{E} = r - r^*$이다. 여기서 r 은 자국이자율, r^* 는 외국이자율이다. 이 공식은 엄밀하게는 $1 + r = \frac{E^e}{E}(1 + r^*)$에서 도출한 것이다. 여기서 $1 + r$ 은 한국에 투자했을 때의 1년 후 원리금의 가치, $\frac{E^e}{E}(1 + r^*)$는 현재 환율로 환전한 금액을 미국에 투자했을 때의 1년 후 원리금의 가치를 의미한다(E 는 현재 환율, E^e는 1년 후의 예상환율을 의미한다).

$\Delta E = E^e - E$ 이므로 $\frac{\Delta E}{E} = \frac{E^e - E}{E} = \frac{E^e}{E} - 1$이다. 그런데 $1 + r = \frac{E^e}{E}(1 + r^*)$에서 $\frac{E^e}{E} = \frac{1 + r}{1 + r^*}$이다. 따라서 $\frac{\Delta E}{E} = \frac{1 + r}{1 + r^*} - 1 = \frac{r - r^*}{1 + r^*} \fallingdotseq r - r^*$이다.

⑥ 따라서 이자율 평가설에 따르면 양국의 이자율 격차가 발생하여도 추가적인 자본 유입이나 유출이 없다면, 이는 국제투자자들이 양국의 이자율 격차를 상쇄하는 방향으로 환율의 변화를 예측한다는 것이다. 하지만 이 예측이 틀리면 당연히 투자자들은 손해를 입게 된다. 따라서 $1 + r = \dfrac{E^e}{E}(1 + r^*)$, 그리고 이로부터 파생된 $\dfrac{\Delta E}{E} = r - r^*$은 유위험 이자율 평가설이라고 한다.

하지만 외환선물을 이용하면 향후 환율 변화에 따른 환차익을 완벽히 헷징할 수 있다. 이처럼 선물환율을 이용하여 위험을 제거한 상태에서의 이자율 평가설을 무위험 이자율 평가설이라 한다. 무위험 이자율 평가설의 공식은 $r = r^* + \dfrac{F - E}{E}$ 가 된다. 여기서 F는 선물환율을 의미한다.

(5) 환율과 순수출

① 일반적인 경우 (물가가 경직된 단기에) 환율이 상승하면 수출이 유리해지고 수입이 줄어든다. 환율의 상승은 달러 가치 상승이므로 달러를 주고 구입하는 대부분의 수입 제품이 비싸지며 당연히 수입은 줄어든다. 또한 환율이 상승하면 외국 입장에서 한국 물건이 싸진 것이므로 수출이 증가하게 된다. 하지만 환율의 상승이 실제로 경상수지를 개선하기 위해서는 수출 제품의 가격탄력성과 수입 제품의 가격탄력성의 합이 1보다 커야 한다. 이를 마샬 – 러너 조건이라 한다.

② 예를 들어 미국인들의 한국산 제품에 대한 수요의 가격탄력성이 0.1이라고 하자. 현재 한국산 펜이 미국 현지 가격 1\$이고 판매량은 100이다. 그리고 현재 환율은 1\$ = 1,000원이다. 즉 수출액은 원화 기준 10만 원이다. 그런데 환율이 1\$ = 1,200원으로 인상되어 미국 현지 가격을 0.9\$로 인하하였다(이렇게 달러 표시 가격을 인하하여도 0.9\$ = 1,080원이므로 이전 환율이 1\$ = 1,000원일 때보다 개당 수익은 개선된다). 그런데 미국 현지 가격의 10% 인하에도 수출 물량은 고작 1% 증가한다(가격탄력성이 0.1). 따라서 수출량은 101개가 되고 결국 수출액은 원화 기준으로 10만 9,800원이 된다.

반면 한국인들의 석유에 대한 수요의 가격탄력성은 0.2이다. 석유 1리터의 국제 가격은 2\$이고 환율은 1\$ = 1,000원이던 시절 국내 석유 가격은 2,000원이다. 이때 석유 구입량은 50리터이다. 즉 수입액은 원화 기준 10만 원이다. 즉 경상수지는 균형이었다. 그런데 환율이 1\$ = 1,200원으로 인상되어 국내 석유 가격도 리터당 2,400원으로 20% 인상되었다. 이에 석유 수요량이 4% 감소하여 48리터가 되었다. 이제 석유 수입액은 원화 기준 11만 5,200원이 되어 경상수지는 5,400원 적자를 보게 된다.

즉 환율이 상승하여 수출 제품의 가격경쟁력이 좋아져도 한국 제품의 대한 수요가 비탄력적이라면 가격경쟁력의 상승으로 인한 수출 물량 증대 효과가 작아지고 반대로 환율 상승으로 수입 물가가 인상되어도 수입 제품에 대한 수요도 비탄력적이라면 수입량 감소 효과가 작아 결국엔 환율 상승으로 오히려 경상수지가 악화될 수 있다.

③ 하지만 마샬－러너 조건이 충족되면 이야기는 달라진다. 만일 한국 제품에 대한 미국인의 가격탄력성이 0.6, 또한 수입품인 석유에 대한 국내 소비자의 가격탄력성도 0.6이라고 하자. 둘 다 비탄력적이지만 $e_{PX} + e_{PM} > 1$ 이므로 환율 상승으로 인해 경상수지는 개선될 것이다(일반적인 자유무역국가라면 마샬－러너 조건은 충족하기 마련이다).

구체적으로 위와 동일하게 환율이 1$＝1,000원에서 1$＝1,200원으로 인상되어 미국 현지 가격을 0.9$로 인하하였다고 하자. 이제 수출량이 100에서 106으로 증가한다. 그리고 수출액은 11만 4,480원이 된다. 그리고 국내 석유 가격이 리터당 2,400원이 되자, 석유 수입량도 50리터에서 44리터로 감소하여 수입액은 10만 5,600원이 되었다. 즉 8,880원 흑자를 기록하게 된다.

④ 그런데 마샬－러너 조건이 성립하여도 환율 상승 시 경상수지가 즉각 개선되지는 않고 일시적으로 경상수지가 악화되었다가 천천히 개선효과가 발휘된다. 왜냐하면 환율이 상승하여도 거래 관습이나 계약, 혹은 아직 소진되지 않은 수입량과 수출량 등의 의해 환율 상승 시 수출이 즉각 늘어나지 않고 다소 시간이 지난 이후에 늘어난다. 수입도 마찬가지로 환율이 상승하였다고 즉각 수입이 감소하는 것이 아니라 이미 계약된 물량이 소진되고 나면 천천히 수입량이 줄어든다.

예를 들어 올해 7월 환율이 1$＝1,000원에서 1,200원으로 상승하였다. 이때 미국으로의 펜의 수출이 매달 100개였다면 일단 7월까지는 100개 수출량이 고정이고 8월부터 수출량이 106으로 증가한다. 그리고 석유의 수입량도 7월까지는 일단 50리터이고 8월부터 44리터로 감소한다. 즉 8월에는 경상수지가 흑자로 전환되지만 당장 7월에는 수출액이 원화기준 10만 8,000원. 수입액은 12만 원으로 경상수지가 적자를 기록하게 된다.

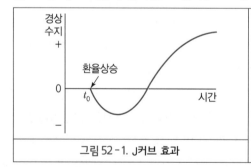

그림 52-1. J커브 효과

이처럼 마샬－러너 조건이 충족되어도 환율 상승 시 경상수지의 방향은 좌측 그림처럼 J자 형태 곡선으로 나타나는데, 이를 'J커브 효과'(J－Curve Effect)라고 부른다.

53. 국제수지의 구성

국제수지의 구성과 변화 요인에 대해 학습한다.

- 국제수지의 구성
- 국제수지의 균형
- 균형국민소득 항등식

(1) 국제수지의 구성

① 국제수지표란 일정 기간 동안 발생한 외화의 유출입을 거래활동별로 기입한 장부를 말한다. 이때 국경 밖으로 외화가 반출되면 적자, 국경 안으로 외화가 유입되면 흑자라고 기입한다. 국제수지는 크게 경상수지와 자본수지 및 금융계정 두 가지로 나누어 작성한다. 또한 복식부기의 원칙에 따라 작성된다.

② 경상수지의 하위 구성항목은 다음 표와 같다.

항목	내용
상품수지	상품의 수출액과 수입액의 차액을 기입
서비스수지	외국과의 서비스 거래로 수취한 돈과 지급한 돈의 차액을 기입
본원소득수지	(1년 미만의 단기거주자의) 급료 및 임금 수지, 투자소득 수지
이전소득수지	국내거주자와 외국거주자 간 아무런 반대급부 없이 주고받은 거래를 기입

표 53-1. 경상수지의 구성

③ 자본수지 및 금융계정의 구성항목은 다음 표와 같다.

항목	하위항목	내용
자본수지	자본이전	자산 소유권의 무상이전, 채권자의 의한 채무면제
	비생산, 비금융자산	상표권, 영업권 등 무형자산의 취득과 처분
금융계정	직접투자	직접투자관계에 있는 투자자와 투자대상기업 간에 일어나는 대외거래
	증권투자	거주자와 비거주자 간에 이루어진 주식, 채권 투자
	파생금융상품	파생금융상품거래로 실현된 손익
	기타투자	이 외의 금융거래
	준비자산	외환보유액 변동분(환율변동 등 비거래적 요인은 제외)

표 53-2. 자본수지 및 금융계정 구성

※ **국제수지표의 구성(한국은행 간행물에서 발췌)**

국제수지표는 크게 경상수지, 자본수지, 금융계정, 오차 및 누락 등 4개의 계정으로 구성되어 있다.

경상수지는 다시 상품수지, 서비스수지, 본원소득수지, 이전소득수지로 구성된다.

상품수지는 상품의 수출액과 수입액의 차이를 기록하고, 서비스수지는 외국과의 서비스거래로 수취한 돈과 지급한 돈의 차이를 기록한다. 본원소득수지는 i)거주자가 외국에 단기간 머물면서 일한 대가로 받은 대금과 국내에 단기로 고용된 비거주자에게 지급한 대금의 차이를 나타내는 급료 및 임금수지와 ii)거주자가 외국에 투자하여 수취한 배당금, 이자와 비거주자의 국내 투자 대가로 지급한 배당금, 이자의 차이인 투자소득수지를 기록한다. 그리고 이전소득수지는 거주자와 비거주자 사이에 대가 없이 이루어진 무상원조, 증여성 송금 등 이전거래내역을 기록한다.

자본수지는 자산소유권의 무상이전, 채권자에 의한 채무면제 등을 기록하는 자본이전과 브랜드네임, 상표등 마케팅자산과 기타 양도가능한 무형자산의 취득과 처분을 기록하는 비생산 · 비금융자산으로 구분된다.

금융계정은 거주자가 외국기업에 대해 혹은 비거주자가 국내기업에 대해 경영참여 등을 목적으로 하는 직접투자, 주식과 채권거래를 나타내는 증권투자, 파생금융상품거래를 계상하는 파생금융상품, 기타투자 및 준비자산으로 구분된다.

기타투자에는 직접투자, 증권투자, 파생금융상품 및 준비자산에 해당되지 않는 거주자와 비거주자 간의 모든 금융거래를 기록하는데 여기에는 대출 및 차입, 수출입과 관련하여 발생하는 채권 · 채무를 기록하는 무역신용, 현금 및 예금 등의 금융거래를 포함한다.

준비자산은 통화당국이 보유하고 있는 외환보유액의 변동분 중 거래적 요인에 의한 변동만을 계상한다.

오차 및 누락은 국제수지표를 작성하는 데 이용하는 기초통계 간의 계상시점 및 평가 방법상의 차이, 기초통계 자체의 오류, 통계작성 과정상의 보고 잘못이나 누락 등으로 인해 경상수지 및 자본수지의 합계와 금융계정금액이 같지 않을 경우 이를 조정하기 위한 항목이다.

(2) 국제수지 균형

① 국제수지표에 작성된 모든 대외거래는 적자와 흑자의 총합이 0이 되어야 한다. 이를 국제수지 균형(Balance of Payment)라 한다.

② 예를 들어 경상수지에서 +20억 달러 흑자가 발생하였다면 자본 및 금융계정에서는 반드시 −20억 달러의 적자가 발생해야 하는 것이다. 경상수지의 흑자는 무역을 통해 외화를 많이 벌었음을 말한다. 남은 외화는 금융투자나 대부를 통해 외국에 투자를 하는 것이 유리하다. 이는 자본수지 및 금융계정의 적자를 유발한다. 만일 무역을 통해 벌어들인 외화를 굳이 외국에 투자하지 않는다면 이는 준비자산 증감에 적자로 기입된다. 즉 외환보유고의 증가는 금융계정상 적자를 유발시킨다.[29]

③ 개방경제하에서 $Y = C + S + T$가 성립한다. 여기서 C는 소비지출, S는 민간저축, T는 조세이다. 그리고 총지출은 $AE = C + I + G + (X - M)$이다. 따라서

$$
\begin{aligned}
Y &= C + S + T \\
-\ )\ AE &= C + I + G + (X - M) \\
\hline
0 &= (S - I) + (T - G) + (M - X)
\end{aligned}
$$

가 성립한다. 이를 국제균형소득 항등식이라 한다.

---

29) 준비자산 증가를 명시적으로 금융계정상 적자라고 표현하는 것은 아니다. 실제로는 국제수지표상 차변에 기입하고 이는 (−)의 부호가 붙는 것이다.

④ 만일 민간저축과 민간투자가 균형 상태여서 $S = I$ 라면, $(T - G) + (M - X) = 0$이 성립한다. 그런데 만일 이 상황에서 정부의 재정적자가 발생하면 $T < G$, $M > X$가 되어야만 한다. 즉 $S = I$ 상황에서 재정적자는 무역적자를 야기한다. 혹은 반대로 무역적자가 재정적자를 유발하게 된다. 이를 쌍둥이 적자라 한다.

⑤ $S + T - G$를 국내총저축이라고도 한다. 그리고 $I + G$를 국내총투자라고도 한다.

01 환율과 국제지수와 관련된 아래 문장 중 옳지 않은 문장은?

① 비교역재가 존재한다면 절대적 구매력 평가설은 성립하기 어렵다.

② 수출제품과 수입제품의 수요가 둘 다 탄력적이라면 환율 상승은 오히려 경상수지를 악화시킨다.

③ 고정환율제도에서 자국통화의 고평가를 유지하려면 외환보유고가 고갈될 수 있다.

④ 외국인 직접투자의 증가는 환율 하락 요인이다.

⑤ 환율이 상승하면 단기적으로 순수출이 개선될 가능성이 커진다.

정답 | ②
해설 | 수출제품의 가격탄력성과 수입제품의 가격탄력성의 합이 1을 초과하면(마샬-러너 조건) 환율 상승이 경상수지를
　　　개선시킨다.

02 서울 외환시장에서 현재 환율이 1$ = 1,000원이다. 그런데 서울에서 X상품이 5,000원에 거래
되고 있는데 뉴욕에서 동일한 X상품이 10$에 판매 중이다. 이와 관련하여 옳은 설명은?

① 환율에 비하여 X 상품 가격이 서울에서 저평가되어 있다.

② 절대적 구매력 평가설에 따르면 X재의 한국 가격이 10,000원이 될 것이다.

③ 무위험차익거래가 발생하여 서울에서 달러 수요가 증가할 것이다.

④ X재가 비교역재라면 환율이 1$ = 500원 수준으로 조정될 것이다.

⑤ 양국의 물가비율이 환율에 맞춰 조정될 것이다.

정답 | ①
해설 | 환율에 비하여 X재가 서울에서 저평가, 뉴욕에서 고평가되어 있다. 따라서 서울에서 원화를 차입하고 X재를 구입한
　　　후에 뉴욕에서 이를 판매하여 취득한 달러화를 원화로 환전하면 시세차익을 얻을 수 있다. 그러므로 서울에서는
　　　원화 수요 증가 + 달러 공급 증가로 환율이 하락하며, X재가 교역재이며 기타 수송장벽, 거래장벽 등이 존재하지
　　　않아 절대적 구매력 평가설이 성립한다면 서울 외환시장에서 환율은 1$ = 500원 수준으로 조정될 것이다.

03 경상수지와 자본 및 금융계정에 대한 설명으로 옳지 않은 것은?

① 경상수지는 상품수지, 서비스수지, 본원소득수지, 이전수지로 나누어 기록한다.

② 자본 및 금융계정은 크게 돈거래를 위해 오고 간 외화를 기록한다.

③ 외국인 직접투자 등은 자본 및 금융계정에 해당하지 않는다.

④ 외화 차입도 자본수지 흑자로 기록한다.

⑤ 경상수지와 자본 및 금융계정의 총합은 항상 0이 되어야 한다.

정답 | ③
해설 | 외국인 직접투자 등도 자본 및 금융계정에 해당한다.

04 구매력 평가설이 성립하기 위한 전제조건이 아닌 것은?

① 1물1가의 원칙 ② 비교역재의 존재

③ 관세 및 수송장벽의 부재 ④ 운송비용이 없을 것

⑤ 자유로운 재화의 이동

정답 | ②
해설 | 비교역재가 존재하면 구매력 평가설이 성립하지 않을 수 있다.

05 다음 중 환율의 상승 요인이 아닌 것은?

① 국내 이자율의 하락 ② 한국인의 해외여행 증가

③ 수출의 증가 ④ 외국 제품에 대한 수요 증가

⑤ 중앙은행의 확장통화정책

정답 | ③
해설 | 수출이 증가하면 외화 공급이 늘어 환율은 하락한다.

54. 파생금융상품

파생금융의 기본원리와 여러 가지 전략에 대해 학습한다.

－선도계약과 선물계약
－선물가격결정
－옵션

(1) 선물

① 선도계약과 선물계약

선도계약이란 가격을 미리 결정하고 제품(현물)을 나중에 인도하는 계약을 말한다. 예를 들어 9월에 수확을 앞둔 농부가 미리 쌀 가격을 도매상과 흥정하여 6월에 가격을 정하고 쌀은 추수가 끝난 이후에 인도하는 형태의 계약을 말한다. 여기서 현물(쌀)을 보유한 농부는 헷져(Hedger)라고 하며 도매상은 스펙큘레이터(Speculator)라고 한다. 농부는 9월 추수 이후에 쌀 가격의 변동과 상관없이 미리 확정된 가격으로 안심하고 농사를 지을 수 있는 반면, 도매상은 만일 쌀 가격이 폭등하게 되는 경우 미리 6월에 체결한 가격만 지불하면 되니 투기적인 이윤을 얻을 수 있다. 물론 운이 나빠 쌀 가격이 폭락하면 도매상은 손해를 입게 된다. 이러한 형태의 선도계약(Forward Contract)은 역사가 매우 오래되었다. 그런데 만일 쌀 가격이 폭락하였는데 도매상이 미리 약정한 가격으로 쌀을 구매하지 않는다면? 또는 실제로 9월 추수가 끝나고 보니 쌀의 품질이 형편없다면? 이러한 경우 선도계약이 원활히 이루어지기 어렵다. 따라서 명확한 상품의 기준과 지불계약의 이행을 위한 제도적인 장치가 필요하다. 이에 규격과 제도를 명쾌하게 정비하여 이루어지는 계약을 선물계약(Futures Contract)라 한다.

② 공매도

톰은 S전자의 주가가 현재 100만 원이지만 조만간 하락할 것이라 예측하였다. 그럼 이 투자자는 S전자 주식을 보유한 제리를 찾아가 S전자 주식을 1주만 빌려달라고 요청한다. 제리는 당분가 S전자 주식을 팔 생각이 전혀 없으므로 흔쾌히 빌려줄 것이다(물론 톰과 제리가 어느정도 친분이 있어야 가능한 일이다). 이제 톰은 제리에게 빌린 S전자 주식을 현재

가격인 100만 원에 바로 팔아버린다. 톰 자신의 주식도 아닌데 빌린 주식을 팔아버리다니! 그래서 공매도라 하는 것이다. 그리고 주식을 팔고 얻은 100만 원은 일단 은행에 맡겨둔다. 이제 한 달 후 정말로 S전자 주가가 80만 원으로 하락하였다. 이제 톰은 은행에서 100만 원+약간의 이자를 찾아 80만 원에 S전자 주식을 사서 제리에게 돌려주면 된다. 결국 톰은 자신의 밑천은 한푼도 안 들이고 20만 원의 차익을 얻은 것이다. 물론 톰의 예상이 빗나가서 S전자의 주가가 상승한다면 톰은 손해를 볼 것이다. 그런데 주식선물과 공매도 전략을 적절히 잘 이용하면 전혀 손해를 입지 않고도 차익을 얻는 방법이 있다. 이를 무위험차익거래라 한다.

③ 무위험차익거래

먼저 기본적인 상황을 설명하면 다음과 같다. 현재 S전자 주가는 100만 원이다. 그리고 S전자 주식 선물가격은 3개월짜리가 102만 원이다. 즉 현재 100만 원인 S전자주식을 3개월 후에 102만 원에 사거나 팔 수 있다는 말이다(102만 원짜리 S전자 선물을 매수하면 3개월 후에 S전자를 102만 원에 살 수 있다는 것이고, 102만 원짜리 S전자 선물을 매도하면 3개월 후에 S전자 주식을 102만 원에 팔 수 있다는 것이다).

그런데 현재 3개월 이자율은 3%라고 하자. 그렇다면 톰은 제리에게 S전자 주식을 빌려 공매도한 다음에 이를 은행에 넣어둘 것이다. 그리고 동시에 102만 원에 S전자 선물을 매수한다. 그리고 3개월이 흘렀다. 이제 톰은 은행에서 103만 원을 찾은 다음 102만 원을 주고 S전자 주식을 구매하여 이를 제리에게 돌려준다. 톰은 1만 원에 무위험차익을 얻은 것이다. 이때 톰은 3개월 후의 S전자 주가가 얼마가 되는 상관없이 무조건 1만 원의 차익을 얻은 것이다. 그래서 이러한 공매도+선물매수 전략을 무위험차익거래라 하는 것이다.

반대로 3개월 동안의 이자율이 1%라고 하자. 이때는 은행에서 100만 원을 빌려서 S전자 주식을 매수해야 한다. 그리고 102만 원짜리 S전자 선물을 매도해야 한다. 이제 3개월이 지나면 톰은 102만 원에 S전자 주식을 팔 수 있게 된다(선물매도자는 헷져이다. 즉 주식을 보유한 사람만이 선물을 매도할 수 있는 것이다). 그리고 은행에 101만 원을 갚으면 1만 원의 무위험차익을 얻게 된다.

정리하면, F를 선물가격, S를 현물가격(현재 주가), r을 만기 때까지의 이자율이라고 한다면, $F > S(1+r)$이면 돈을 빌려 주식(현물)을 구매하고 주식선물을 매도하는 전략, 반대로 $F < S(1+r)$이면 주식을 빌려 공매도하고 주식선물을 매수하는 전략을 통해 무위험 차익을 얻는 것이다.

※ $F > S(1+r)$이라면 주식현물 수요가 늘어 S가 상승하고 주식선물 매도가 늘어 F가 하락한다. 반대로 $F < S(1+r)$이라면 주식현물 공매도가 늘어 S가 하락하고 주식선물 매수가 늘어 F가 상승한다. 따라서 시장에서는 $F = S(1+r)$에서 균형이 이루어진다.

④ 선물시장의 구조

선물시장에서는 우선 계약불이행 위험을 막기 위해 청산소가 존재한다. 이 청산소는 선물 매수자와 매도자에게 보증금(증거금)을 받는다. 그리고 실제 계약 만료 시에 선물매수자나 매도자가 얻게 되는 차익을 바로 지급하고 거래를 청산시킨다. 만약 선물 만기 날짜 이전에 매수자나 매도자의 예상손실액이 너무 커져 버려 보증금이 간당간당해지면 청산소는 마로 추가증거금 납입을 요구한다. 이를 마진콜이라 한다. 만약 즉시 마진콜에 대응하여 증거금을 추가 납입하지 않으면 청산소가 강제로 거래를 청산해 버린다. 우리나라의 주식선물시장에서는 한국선물거래소가 청산소의 역할을 맡는다.

삼성전자, 현대자동차 주식 등 각 개별 종목에 대한 주식선물도 거래가 이루어지기는 하나 실제 거래량은 매우 미미한 수준이다. 반면 KOSPI200 지수를 현물로 하는 KOSPI200 선물거래는 비교적 활발하게 이루어진다. KOSPI200은 지수 1포인트당 50만 원의 가격을 갖는다. 예를 들어 현재 KOSPI200 지수가 310이라면 시가로 1억 5,500만 원이 되는 것이다. 이때 보증금은 시가의 15%만 납입하면 된다. 그리고 KOSPI200 선물계약의 만기일은 매년 3, 6, 9, 12월 둘째 주 목요일이다.

(2) 옵션

① 콜옵션

선물계약의 경우 헷져는 만기 시 정해진 가격에 현물을 팔 수 있다. 대신 스펙큘레이터는 정해진 가격에 선물을 사야 하는데 만일 현물가격인 정해진 가격보다 하락하면 하락한 만큼 손실이 커질 수도 있다. 대신 콜옵션을 매수하면 현물가격이 하락하여도 손실액이 콜옵션가격으로 한정된다. 옵션이란 매수자의 유불리에 따라 선물계약을 이행하거나 아니면 계약을 무효화할 수 있는 권리를 말한다. 즉 옵션은 일종의 복권과도 같다. 예를 들어 톰이 S전자 주식을 만기 시에 100만 원에 구매할 수 있는 콜옵션을 2만 원에 매수하였다고 하자. 그리고 만기 때 S전자 주식이 106만 원이 된다면 톰은 이 콜옵션을 행사하면 된다. 즉 106만 원짜리 S전자 주식을 100만 원에 구매하는 것이다. 이때 톰의 수익은 4만 원이다(왜냐면 시가 106만 원짜리를 100만 원에 구매하여 6만 원의 시세차익을 얻었지만 콜옵션을 2만 원에 매수하였기 때문이다).

반면 S전자 주식이 폭락하여 만기 때 S전자 현물가격이 80만 원으로 폭락하였다면? 톰이 콜옵션이 아니라 선물을 매수한 것이라면 시가 80만 원 짜리를 100만 원에 구매해야 하므로 20만 원의 손실을 입었을 것이다. 그러나 톰은 콜옵션을 매수하였으므로 그냥 이 콜옵션을 포기하면 된다. 다시 말해 계약 자체를 무효화하는 것이다. 이 경우 톰은 콜옵션 매수가격 2만 원만 손해 보면 끝나는 것이다. 그러므로 콜옵션은 현물가격의 상승이 예상될 때 매수하는 것이다. 만일 현물가격이 폭락하더라도 콜옵션 가격만 포기하면 되니 손실이 제한되는 장점을 지닌다.

그러나 콜옵션을 매도한 투자자는 복권을 발행한 것과 다름없다. 따라서 제리가 S전자 주식을 만기 시에 100만 원에 구매할 수 있는 콜옵션을 2만 원의 가격에 톰에게 매도하였다고 하자. 만일 만기 때 S전자 주가가 100만 원보다 낮다면 톰은 콜옵션을 포기하므로 제리는 콜옵션 판매가격 2만 원을 얻게 된다. 그러나 (제리에게는) 운이 나빠 S전자 주가가 120만 원이 되었다면? 그럼 톰이 콜옵션을 행사하고 제리는 시가 120만 원짜리 S전자 주식을 톰에게 100만 원에 팔아야 한다. 즉 18만 원의 손해를 입는다. 즉 콜옵션 매도자는 일종의 복권발행인이며 주가가 상승하는 경우 이에 비례해서 손실이 커질 것이다.

② 풋옵션

풋옵션은 콜옵션과 정반대의 상품이다. 즉 S전자 주식을 만기 때 약정가격에 팔거나 아니면 계약을 무효화할 수 있는 권리를 말한다. 예를 들어 톰이 제리에게 만기 때 S전자 주식을 100만 원에 팔 수 있는 풋옵션을 3만 원에 매수하였다고 하자. 이때 만기 때 S전자의 주가가 80만 원이 되면 톰은 풋옵션을 행사하여 17만 원의 수익을 얻을 수 있다(시세차익 20만 원－옵션매수금 3만 원). 반면 제리는 17만 원의 손실을 입는다. 반대로 S전자 주가가 상승하면 톰은 옵션을 포기하고 제리는 옵션판매금 3만 원을 획득한다. 즉 풋옵션은 주가 하락이 예상되는 경우 매수하는 상품이다.

(3) 다양한 옵션전략

상기 콜옵션과 풋옵션을 적절히 조합하면 다양한 기대수익곡선을 얻을 수 있다.

① Bull 스프레드 : 높은 가격대의 콜옵션을 매도하고 낮은 가격대의 콜옵션을 매수. 또는 높은 가격대의 풋옵션을 매도하고 낮은 가격대의 풋옵션을 매수하여도 된다.

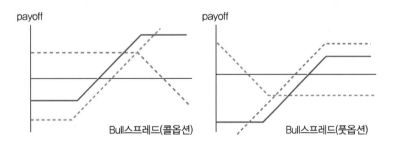

② Bear 스프레드 : 높은 가격대의 풋옵션을 매수＋낮은 가격대의 풋옵션을 매도. 또는 높은
가격대의 콜옵션을 매수하고 낮은 가격대의 콜옵션을 매도

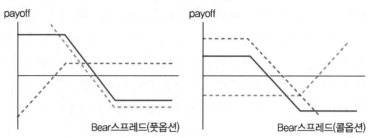

③ Butterfly 스프레드 : 다른 가격대의 콜옵션 매수＋ 풋옵션 2계약 매도
④ Straddle : 같은 가격대의 콜과 풋옵션 동시 매수

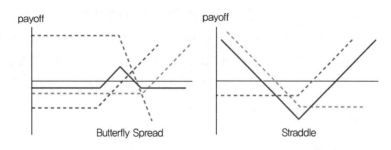

55. 재무제표 소개

주식회사의 의미와 재무제표의 구성항목에 대해 학습한다.

- 주식회사와 주식 발행
- 재무상태표의 세부 항목

(1) 주식의 의미

① 주식 발행과 주식 거래

주식(Stock)은 회사의 소유 권리를 나타내는 증서로서 주식을 보유한 이를 회사의 (공동)
주인인 주주라 한다. 현재 대한민국에 등록된 회사의 70% 이상이 주식회사의 형태이다. 회
사를 운영하기 위해서는 주주들의 장사 밑천인 초기자본금과 외부로부터 조달해 온 부채
(빚)로 자산을 구성하는 것이 일반적이다. 그러므로 최초로 주식회사를 설립하기 위해서는
신주를 발행하여 자본금을 조달한다.

그리고 주식회사가 어느 정도 궤도에 오르면 회사의 권리인 주식을 자유롭게 적정 가격에
매매하는 것이 가능하다. 이 중 한국거래소에 상장된 상장주식(KOSPI)은 전산으로 매우
손쉽게 매매 가능하다. 이외에도 코스닥이나 코넥스 등 코스피 정도의 우량기업은 아니나
앞으로의 성장 가능성이 있는 기업의 주식도 전산 거래가 가능하다.

② 유상증자 · 무상증자

주식의 신주 발행을 통한 주식회사의 자본금 확충 이후에도 주식회사는 경영 상황에 따라 회사의 장사 밑천인 자기자본을 조정할 수 있다. 특히 회사의 규모를 키우거나 회사의 재무건전성 확보를 위해 자본금을 늘리는 선택을 하게 되는데 이를 증자라 한다. 증자는 그 방식에 따라 유상증자와 무상증자로 나뉜다.

유상증자는 추가 자본금을 주주들에게 할당하는 방식으로 이루어진다. 만일 회사의 재무상태가 불안정하여 재무건전성 확보를 위해 유상증자를 하게 된다면 이는 시장에 안 좋은 신호가 될 수 있다. 반면 무상증자는 주주들에게 추가 자본납입을 요구하지 않는다. 기업이 보유한 준비금 등을 이용하여 신주를 추가로 발행한 후 이를 기 주주들에게 무상으로 지급한다. 때문에 무상증자가 이루어지게 된다면 주주들의 효용이 증가하므로 이는 시장에 좋은 신호로 받아들여지게 될 것이다.

한편 자본을 줄이는 '감자'도 이루어질 수 있다. 기업의 계속손실이 유발된다면 자본을 감축하여 이를 메꿔야 하는 경우가 발생하는데 이때 주주들에게 아무런 보상 없이 주금액을 일정 비율 줄여 버리는 무상감자가 있는가 하면, 유상감자는 감소한 주금액을 주주들에게 보상하여 준다.

(2) 재무제표의 구성

① 복식부기의 원리

회계장부를 작성할 때에는 복식부기의 방식으로 작성하는 것이 효율적이다. 즉 거래 발생 시 비용과 수익의 변화가 필연적으로 기업의 자산과 부채에 영향을 주므로 이 관계를 대변과 차변에 명확하게 밝혀 기입하는 것이다. 예를 제품 판매 계약을 맺고 계약금이 입금되었다면 이는 자산의 증가이자 또한 부채의 증가이다. 반면 종업원의 임금을 지급하였다면 이는 비용의 발생이자 자산의 감소이다. 이렇듯 하나의 거래 행위는 자산, 부채, 자본, 비용, 수익에 골고루 영향을 미치므로 해당 거래를 대변과 차변에 나누어 기입하여야 기업의 현 재무상태를 명확하게 파악할 수 있다.

대변에는 자산의 감소, 부채의 증가, 자본의 증가, 수익의 발생을 기입하며 차변에는 자산의 증가, 부채의 감소, 자본의 감소, 비용의 발생을 기입한다.

② 대차대조표의 구성

기본 재무제표의 하나인 대차대조표에는 현재 기업의 자산과 부채, 자본을 기입한다(새로운 국제회계기준에 의하면 대차대조표는 재무상태표로 그 명칭이 바뀌었다). 자산(Asset)이란 현재 기업에 의해 지배되어 향후 수익을 창출하는 데 기여할 것으로 예상되는 일련의 자원을 통칭한다. 예를 들어 전자회사의 경우 공장, 설비, 회사 건물, 재고자산, 특허권 등을 자산으로 보유하고 있을 것이다. 여기서 특허권 등과 같은 무형의 자원도 자산으로 간주한다. 그런데 이러한 자산은 기업이 외부로부터 차입하여 형성시킨 자산도 있지만 본래의 밑천으로 형성한 자산도 있을 것이다. 즉 자산은 부채와 자본의 총합과 일치한다.

주식회사의 예를 들어 대차대조표(재무상태표)를 설명하면 다음 표와 같다.

자산 (1) 유동자산 　－당좌자산 : 현금, 매출채권 등 　－재고자산 : 상품, 원재료 등 (2) 고정자산 　－투자자산 : 장기금융상품 등 　－유형자산 : 설비, 차량 등 　－무형자산 : 산업재산권 등	부채 (1) 유동부채 (2) 고정부채
	자본 (1) 자본금 (2) 자본잉여금 (3) 이익잉여금

여기서 자본금은 발행주식수에 액면가를 곱한 금액이다. 즉 최초의 주식회사의 밑천을 의미한다. 자본잉여금은 회사의 발행자본금을 초과한 금액으로 증자 또는 감자 등의 자본거래로 발생한 순자산의 증가분을 의미한다.

마지막으로 이익잉여금은 당기순이익 중 사내에 유보하기로 한 순자산의 증가분을 의미한다.

③ 손익계산서의 이해

손익계산서는 기업의 일정 기간 동안의 비용과 수익을 기록한 장부를 의미한다. 당연히 '매출액－비용＝수익'의 구조로 작성한다. 여기서는 각 세부 항목을 소개한다.

• 매출액과 매출원가를 계산한 후 매출액－매출원가＝매출총이익을 계산한다.

• 매출총이익에서 판매비와 관리비를 차감하여 영업이익을 산출한다.

• 영업이익에서 영업외 수익을 더하고 영업외 비용, 법인세 등을 차감하여 당기순이익을 산출한다.

판매비와 관리비의 주요 항목은 급여 및 상여금, 복리후생비, 여비 교통비, 통신비, 세금과공과, 감가상각비, 임차료, 사무용품비 등이다. 영업외 수익은 임대료나 유형자산처분 등이 있고 영업외 비용은 이자비용이 대표적이다.

④ 주식시장 관련 회계 용어

주가의 변화는 예측 불가능하다는 것이 거의 정설이다. 많은 계량경제학자들이 다양한 시계열 분석 방법을 통해 주가의 추세를 예측하였는데 추세가 있는 임의보행으로 나타났다. 즉 장기적으로 볼 때 종합주가지수는 꾸준하게 상승하지만 단기적으로는 내일의 주가가 오를지 떨어질지 알 수 없다는 것이다. 그러므로 가장 좋은 주식투자 방법은 우량주를 저축하듯 꾸준히 사 두고 장기간 보유하는 것이다.

그렇다면 어떤 기업이 우량한 기업일까? 기업의 내재가치를 판단하는 지표는 여러 가지가 있다. 본 단원에서는 이러한 기업 가치를 반영하는 지표를 살펴본다.

- 주당순이익(EPS : Earning Per Share) : 당기순이익/발행한 보통주식수. 규모가 다른 기업 간 상대적 수익력을 비교 평가 가능한 지표
- 주가수익비율(PER : Price Earning Ratio) : 기업 주가/주당순이익. PER이 낮다는 것은 주가가 주당순이익에 비해 저평가되었음을 의미
- 총자산이익률(ROA : Return On Assets) : 당기순이익/총자산. 기업 자산 규모 대비 수익률
- 자기자본이익률(ROE : Return On Equity) : 당기순이익/자기자본. 이 비율이 높을수록 장사 밑천 대비 수익이 좋다는 것을 의미
- 경제적 부가가치(EVA) : 영업이익 − 법인세 − 타인자본비용 − 자기자본비용

위 지표들은 단기적 관점에서 단순히 높다고 기업의 가치가 좋아졌다는 것을 의미하는 것이 아니라 비교적 장기적 관점에서 그 추이를 종합적으로 비교해야 한다. 예를 들어 자기자본은 적은데 과도한 부채를 차입하여 일시적으로 당기순이익이 올라가면 ROE가 높아질 수 있다. 그러나 과도한 부채로 인하여 장기적으로 기업가치에는 악영향을 미칠 수 있다. 그러니 각 지표들을 통합적으로 봐야 기업의 진정한 가치를 파악하는 데 도움이 된다.

56. 경영전략

대표적 경영전략에 대해 학습한다.

- BCG 매트릭스
- 5포스 모델
- 포터의 산업구조 분석
- SWOT

(1) BCG 매트릭스

BCG 매트릭스는 미국의 경영자문회사인 Boston Consulting Group(BCG)에 의해 개발된 기법으로 '성장 − 점유율 매트릭스'라고도 불린다. 사업을 향후 성장 가능성과 현재 시장점유율의 두 가지 기준으로 나누어 스타산업/캐시카우산업/도그산업/퀘스천마크(물음표산업)의 네 가지 영역으로 구분 짓는 것이다.

① **스타산업** : 향후 성장 가능성과 현재 시장점유율이 모두 높은 산업을 지칭한다.
② **캐시카우산업** : 현재 이미 안정화된 성장 경로에 진입하였고(즉 더 이상 급속한 성장 가능성은 별로 없으나) 시장점유율이 큰 편으로, 기업에 막대한 현금 창출원이 되는 산업을 지칭한다.
③ **도그산업** : 향후 성장 가능성도 낮고 현재 시장점유율도 신통치 않은 산업을 지칭한다.
④ **물음표산업** : 현재 시장점유율은 낮으나 향후 성장 가능성이 높은 산업을 지칭한다.

BCG 매트릭스는 기업의 주력 산업을 키워 나가기 위해서 기업이 보유한 역량을 어느 산업에 투자할지를 분석하는 데 도움을 주는 매트릭스이다. 만일 현재 기업의 주요 사업군이 스타산업에 속하여 있다면 기업의 역량을 현상 유지를 위하여 투입하는 것이 바람직할 것이다. 그러나 도그산업이 기업의 주사업군이라면 해당 산업군에서 탈출하여 새로운 신규 산업으로 사업 포트폴리오를 변경하거나, 아니면 기업 역량을 해당 산업에서의 시장점유율 확보에 투입하여 캐시카우 산업으로의 전환을 꾀해볼 수 있을 것이다.
캐시카우 산업에 속한 기업은 현재 현금 창출 능력이 우월하므로 새로운 스타산업으로의 진출을 모색하거나 아니면 현재 산업군에서 잠재적 경쟁기업의 추격을 따돌리는 경쟁우위 전략을 펼쳐 해당 산업군에서 지속적 우위를 점하는 전략을 고려해 볼 수 있다.
물음표산업은 향후 성장 가능성은 높으나 이제 막 시장 진입을 시작하여 잠재적 위험이 많은 산업이다. 따라서 기업 역량을 시장점유율 확대에 투입하여 스타산업으로의 전환을 꾀하는 것이 바람직하다.

(2) 5 force 모델

경영학의 구루로 알려진 마이클 포터에 의해 제시된 기업의 경쟁전략 분석기법이다. 기업이 진출한 산업 내 장기 생존과 수익률 확보를 위해서 분석해야 하는 5가지 주 요인은 다음과 같다.
• 산업 내 경쟁기업
• 잠재적 경쟁기업
• 대체재
• 공급자의 협상력
• 수요자의 협상력

위 모형은 기본적으로 미시경제학의 시장이론을 경영 상황에 접목시킨 분석법이다. 현 산업 내 경쟁기업의 형태에 따라 경쟁시장, 독점, 과점시장으로 분류 가능하며, 잠재적 경쟁기업 진입 리스크는 진입장벽의 유무로 분석 가능하다. 또한 대체재의 여부는 독점 또는 과점 형태의 경쟁구도가 독점적 경쟁시장으로 변환되는지를 판단하는 데 주요 요인이 된다. 공급자의 협상력은 요소 공급 독점 상황인지, 따라서 요소 구매 시 원가절감 등의 협상이 가능한지를 분석하는 데 미리 점검해야 하는 요소이다. 마지막으로 수요자의 협상력은 제품 구매자의 협상력으로 수요자의 협상력이 증가하면 산업 내 매력도가 감소하게 된다.

(3) 포터의 산업구조 분석

마이클 포터는 기업이 직면한 산업 내에서 5가지 위협요인을 분류하고 이에 대한 전략적 고찰을 강조하였다.
- 기존 기업 간의 경쟁
- 대체재의 위협
- 잠재적 경쟁자의 진입 위험
- 공급자의 교섭력 : 하청업체나 후방산업 간의 교섭능력
- 구매자의 교섭력 : 최종소비자 및 전방산업 간의 교섭능력

(4) 스왓 분석

- 기회(Opportunity) : 기업의 경쟁우위나 수익을 개선시켜줄 기업 외부 상황 요인
- 위협(Threats) : 기업의 경쟁열위나 수익 악화 가능성을 야기할 기업 외부 상황 요인
- 강점(Strength) : 경쟁우위를 이끌 기업 내 역량과 자산
- 약점(Weakness) : 경쟁열위를 야기할 기업 내 요인들

57. 인사관리

인적자원의 활용과 관리전략에 대해 학습한다.

- VRIO 모형
- 모집과 선발
- 성과평가 방식

(1) VRIO 모형 – 인사관리의 필요성

① **가치(Value)** : 기업은 보유한 자원을 바탕으로 가치를 창출할 수 있어야 한다. 특히 인적자원의 적절한 배치와 활용을 통해 기업 가치를 증진시켜야 한다.

② **희소성(Rarity)** : 보유한 자원의 희소성. 혹은 차별화된 경쟁우위적 특성이 있어야 한다.

③ **모방가능성(Imitability)** : 보유 자원이나 역량이 경쟁기업에 의해 쉽게 모방되어서는 안 된다.

④ **조직(Organization)** : 기업이 보유한 자원이 기업의 조직과 잘 맞물려야 한다. 기업의 인적자원은 기업 자원을 효율적으로 활용할 수 있도록 설계되고 고양되어야 한다.

(2) 인사관리 전략

① **직무분석** : 직무분석이란 조직 내 인원이 수행하는 업무를 정의하고 조직 내 업무의 특성과 기준을 정립하는 일련의 행위를 의미한다. 직무분석을 수행하는 기본적 방식은 면접법, 설문지법, 관찰법, 중요사건법 등이 있다. 이를 통해 직무기술서, 직무명세서 등을 작성하여 조직 내 구성원들의 직무에 대한 이해도와 적응력을 높이는 데 활용할 수 있다.

② **직무평가** : 직무기술서와 직무명세서를 기반으로 각 직무 간의 상대적 중요도와 우선순위, 가치 등을 산정할 수 있다. 양적 평가와 질적 평가를 모두 적용할 수 있으며 이러한 직무평가를 바탕으로 직급과 임금체계 등을 설계할 수 있다.

③ **모집과 선발** : 인적 자원 충원을 위한 모집 시 직무기술서와 직무명세서를 적극 활용한다. 또한 모집 과정 종료 후 모집 계획에 따라 모집이 성공적으로 이루어졌는지에 대한 평가, 즉 모집 평가를 사후 수행하는 것이 바람직하다. 또한 인원의 선발 과정에 적용해야 하는 기본 원칙으로 모집의 효율성(제공비용보다 추정성과가 높아야 함), 형평성(응시인원에게 균등한 기회를 부여), 적합성(충원계획에 맞는 적합한 인원을 충원)이 있다.

④ **훈련** : 인적 자원에 대한 훈련과 개발은 기업의 인적 자본 확충에 핵심적인 과정이다. 이러한 훈련 과정은 크게 직무상 훈련(On the Job Training – OJT), 직무 외 훈련, 멘토링 등의 방식이 있다.

⑤ **성과평가와 보상** : 조직원에 대한 성과를 평가하고 적절한 보상을 지급하는 과정이다. 성과평가 시 개별 성과 측정, 팀 단위 성과 측정, 양적 목표 달성 여부, 질적 목표 달성 여부를 다각적으로 평가해야 한다. 그러나 개인 성과와 팀 성과의 매치 여부, 질적 성과 측정의 모호성 여부 등 성과 평가의 애로요인이 발생할 수 있다. 이를 최소화할 수 있는 다양한 성과 측정을 연구하여 적절한 평가 방식을 도입하는 것이 매우 중요하다. 보상은 성과급, 승진, 포상 등의 방식이 존재한다.

> ※ 임금체제 분류상 급여는 크게 연공급, 직능급, 직무급, 성과급으로 구분 가능하다. 연공급은 연차에 따른 임금 지급, 직능급의 종업원의 직무능력에 따른 임금지급체계. 직무급은 종업원이 해당하는 직무의 특성에 따라 임금을 지급, 성과급은 성과평가에 의해 측정된 성과에 따른 임금지급체계를 의미한다.

58. 마케팅 전략

마케팅 전략에 대해 학습한다.

– 마케팅의 의미
– 시장세분화
– 타겟팅
– 포지셔닝

(1) 마케팅의 의미

① 간단히 말해 마케팅이란 소비자가 원하는 상품을 적시에 출시하는 일련의 전략 과정을 의미한다. 여기서 소비자가 '원한다'의 의미는 단순한 경제학적 '수요'의 의미가 아니라 소비자의 취향, 선호, 욕구 등을 총망한 개념인 니즈(Needs)로 봐야 한다. 결국 마케팅은 소비자의 니즈를 제대로 파악하여 합리적인 가격으로 적시에 이를 시장에 제공하는 행위이다.

② 따라서 마케팅에 성공한 제품은 히트상품이 되지만 반대로 마케팅에 실패한 상품은 소비자에게 외면당하게 될 것이다. 그러므로 마케팅 전략은 기업의 경영 과정에서 결코 소홀히 해서는 안 되는 주요 전략 과정 중 하나이다.

③ 마케팅 전략을 위해서는 소비자의 니즈 파악이 무엇보다도 중요한데, 이는 소비자의 구매의사 결정 과정을 정확히 이해하고 소비자의 관여도, 충성도 등에 대한 면밀한 관찰도 병행되어야 한다. 여기서 관여도란 특정 제품이나 서비스에 대한 개인의 관련성 및 개인이 해당 제품 및 서비스를 얼마나 중시하는지에 대한 인지성을 의미한다.

(2) 시장세분화

① 시장세분화는 동류의 니즈를 지닌 소비자들도 시장을 분할하는 전략을 의미한다. 이러한 시장세분화를 통해 효율적인 마케팅 대응전략이 가능해진다.

② 효과적 시장세분화를 위해서는 우선 세분화할 시장의 규모와 구매력 등을 측정할 수 있어야 한다. 또한 세분화한 시장의 규모가 너무 영세하거나 너무 광범위해서도 안 된다. 그리고 세분화된 시장의 각 고객들에게 효과적으로 접근할 수 있어야 한다. 마지막으로 세분화된 시장의 특성이 명확히 구분되어야 한다.

(3) 타겟팅

① 시장세분화 이후, 기업은 자신의 제품과 역량에 적합한 시장을 타겟팅해야 한다.

② 타겟팅 전략은 크게 비차별 마케팅과 차별적 마케팅으로 나눌 수 있다. 비차별 마케팅은 세분화된 각 하위시장별로 구분하지 않고 동일한 마케팅 전략을 고루 수행하는 방식이다. 예를 들어 S전자가 스마트폰, 노트북, 가전시장을 구분하지 않고 무상보증수리를 수행하는 전략 등이 있다. 반면 차별적 마케팅은 각 하위시장별로 구분되는 마케팅 전략을 의미한다.

③ 한편 집중적 마케팅 전략(틈새 마케팅)은 목표로 하는 특정 하위 시장에 집중적 공략을 수행하는 전략을 의미한다.

(4) 포지셔닝

① 포지셔닝은 목표로 삼은 세분화된 시장의 소비자에게 자신의 제품의 매력과 이점을 각인시켜 타 경쟁 제품에 대한 우위를 선점하는 전략을 의미한다. 이러한 포지셔닝이 성공적으로 적용된다면 해당 시장의 대부분의 소비자들은 '아, 스마트폰은 당연히 OO전자지.'라고 여기게 될 것이다.

② 포지셔닝의 구체적 수행전략은 다양하다.
- 속성 포지셔닝 : 제품의 고유 속성을 부각시켜 소비자에게 인식시키는 전략
- 혜택 포지셔닝 : 타 제품과 차별화된 혜택을 제공하는 전략
- 가격 포지셔닝 : 저렴한 가격을 강조하는 방식
- 사용 상황 포지셔닝 : 제품 사용시 얻게되는 긍정적 상황을 강조하는 방식
- 사용자에 의한 포지셔닝 : A특성의 소비자들은 우리 회사 제품을 사용한다는 것을 각인시키는 전략

MEMO

PART 02

실전모의고사

실전모의고사

제한시간 : 100분
정답 및 해설 : 359쪽

01 수요의 가격탄력성에 대한 설명으로 옳은 것은?

① 수요곡선의 기울기가 일정하면 가격탄력성도 일정하다.

② 가격탄력성이 1이면 수요곡선의 기울기도 1이다.

③ 가격탄력성이 1보다 크면 가격이 하락할 경우 지출액은 증가한다.

④ 완전비탄력적인 경우 가격이 하락하여도 지출액은 변하지 않는다.

⑤ 대체재가 많을수록 탄력성은 줄어든다.

02 X재와 Y재는 정상재이며 소비에서 대체재이다. 아래 설명 중 옳은 것은?

① 소득이 증가한다면 X재 소비를 늘리고 Y재 소비량은 감소한다.

② 소득이 증가한다면 X재 소비를 줄이고 Y재 소비를 늘린다.

③ X재 가격이 상승한다면 Y재 소비지출액은 감소한다.

④ X재 가격이 상승한다면 Y재 소비량은 증가한다.

⑤ X재와 Y재의 교차탄력성은 0보다 작다.

03 갑은 자신의 소득을 전부 X재 구입에 사용한다. 갑의 X재에 대한 가격탄력성과 소득탄력성으로 올바른 것은?

	가격탄력성	소득탄력성
①	1	1
②	0	1
③	1	0
④	무한대	0
⑤	위 정보로는 알 수 없다.	

04 효용극대화를 추구하는 갑의 현재 소비지점은 $(X, Y) = (5, 5)$이다. 그런데 X재 가격이 하락하자 소비지점이 $(7, 4)$로 변화하였다. 이와 관련하여 아래 문장 중 올바른 것은?

① X재의 가격탄력성은 1이다.
② X재와 Y재는 대체관계이다.
③ 예산선의 기울기는 -1에서 -0.5로 변화하였다.
④ X재의 수요곡선의 기울기는 일정하다.
⑤ 갑의 효용함수는 콥 $-$ 더글라스 형태이다.

05 갑의 X재에 대한 수요함수는 $P = 100 - Q$이고 갑의 현재 소비지점에서 수요의 가격탄력성이 0.25이다. 갑의 X재에 대한 지출액은 얼마인가?

① 1,000   ② 1,600
③ 2,000   ④ 2,500
⑤ 3,000

06 X재와 Y재만을 소비하는 갑이 소득 증가에 의해 X재 수요량을 5에서 6으로 증가시켰다. 이때 아래의 보기 중 X재와 Y재의 소득탄력성이 모두 1이 되는 경우는?

① Y재 수요량이 5에서 불변인 경우
② Y재 수요량이 5에서 10으로 증가한 경우
③ Y재 수요량이 10에서 12로 증가한 경우
④ Y재 수요량이 10에서 불변인 경우
⑤ 둘다 소득탄력성이 1이 되는 경우는 불가능하다.

07 갑의 현재 재산은 100이다. 투자안 A는 재산 100을 전부 투자하여 50%의 확률로 재산이 225가 되거나 50%의 확률로 재산이 0이 된다. 투자안 B는 재산100을 전부 투자하여 50%의 확률로 재산이 144가 되거나 50%의 확률로 재산이 81이 된다. 이와 관련하여 아래 보기 중 잘못된 서술은?

① 기대소득은 투자안 A와 B가 같다.
② 갑이 위험기피자라면 기대효용은 투자안 B가 투자안 A보다 높다.
③ 갑이 위험중립자라면 아무런 투자도 하지 않을 것이다.
④ 갑이 위험선호자라면 투자안 B보다 A를 더 선호할 것이다.
⑤ 갑의 재산에 대한 한계효용이 체감한다면 갑은 A와 B 중에서는 B를 선호한다.

08 기업의 단기 비용함수와 관련하여 옳은 설명은? (단 고정비용은 0보다 크다)

① 평균비용이 체증할 때 평균 고정비용과 평균가변비용도 체증한다.
② 한계비용이 체증하는 구간에서는 평균비용도 반드시 체증한다.
③ 한계비용이 체증하는 구간에서는 평균가변비용도 반드시 체증한다.
④ 한계비용이 일정하다면 평균가변비용도 일정하다.
⑤ 한계비용이 체감한다면 이는 규모에 대한 수익이 체증하는 것이다.

09 기업 A의 생산함수가 Q = LK이다(여기서 L은 노동량, K는 자본량이며 단기에 자본량은 일정하다). 기업 A는 현재 완전경쟁요소시장에 직면한다. 이와 관련하여 아래 서술 중 틀린 것은?

① 노동의 한계생산성은 일정하다.
② 총비용곡선의 기울기는 일정하다.
③ 평균비용곡선은 수평선이다.
④ 한계비용은 일정하다.
⑤ 평균가변비용곡선은 수평선이다.

10 독점기업이 직면한 수요곡선이 우하향하는 직선이다. 독점기업은 이윤극대화를 추구한다. 독점기업의 이윤극대화 지점과 관련하여 올바른 설명은? (단 한계비용은 0보다 크다)

① 시장가격 = 한계수입　　　　　　② 시장가격 = 한계비용
③ 한계수입 > 한계비용　　　　　　④ 시장가격 > 한계비용
⑤ 한계수입 < 한계비용

11 독점기업이 직면한 수요곡선이 우하향하는 직선이다. 독점기업은 이윤극대화를 추구한다. 독점기업의 이윤극대화 지점과 관련하여 틀린 설명은? (단 한계비용은 0보다 크다)

① 수요의 가격탄력성이 탄력적인 구간에서 생산한다.
② 한계수입과 한계비용이 일치한다.
③ 시장가격은 한계비용보다 크다.
④ 정부 규제로 인하여 산출량을 늘려야 한다면 기업의 판매수입은 줄어들 것이다.
⑤ 자원배분의 효율성이 성립하지 않는다.

12 독점적 경쟁시장의 장기균형에 대한 설명으로 틀린 것은?

① 정상이윤을 획득한다.
② 시장가격과 한계비용은 일치한다.
③ 한계수입과 한계비용은 일치한다.
④ 초과설비를 보유한다.
⑤ 자원배분의 효율성이 성립하지 않는다.

13 아래 그림은 경기자 갑과 을이 진행하는 순차게임의 게임나무이다. 이에 대한 분석으로 잘못된 것은?

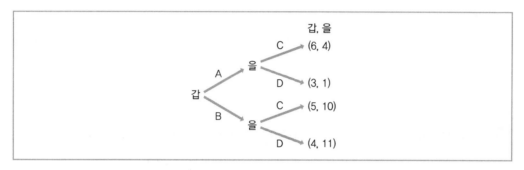

① 이 게임의 내쉬균형은 2개이다.
② 을이 전략 D를 고수하는 것은 신빙성조건을 충족하지 않는다.
③ 내쉬균형과 신빙성조건을 모두 충족하는 것은 (갑 : A, 을 : C) 조합이다.
④ 이 게임의 최종균형은 파레토 최적이 아니다.
⑤ 역진법 귀납법에 의해 해를 도출할 수 있다.

14 어느 순차게임의 게임트리가 다음과 같다. 이 게임의 최종균형에서 갑과 을의 보수의 합은?

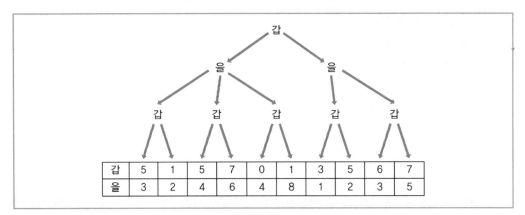

갑	5	1	5	7	0	1	3	5	6	7
을	3	2	4	6	4	8	1	2	3	5

① 8
③ 9
⑤ 4
② 12
④ 7

15 소득과 여가에 대한 선호가 강볼록한 갑이 이전에 비하여 근로를 반드시 증가시키는 경우는?

① 시급이 인상＋소득효과가 대체효과보다 큰 경우(여가는 정상재)
② 시급이 인하＋대체효과가 소득효과보다 큰 경우(여가는 정상재)
③ 시급은 불변＋비근로소득의 증가＋여가는 정상재
④ 시급이 인상＋여가는 열등재
⑤ 시급은 불변＋비근로소득의 감소＋여가는 열등재

16 비경합성을 지니는 X재화에 대한 갑의 수요함수는 $P = 10 - Q$, 을의 수요함수는 $P = 20 - Q$이다. 이 재화의 한계비용은 5로 일정하다. 이때 사회후생을 극대화하는 공공재의 적정 공급량은 얼마인가? (단 소득효과는 없다고 가정한다)

① 5
③ 15
⑤ 25
② 10
④ 20

17 수요곡선은 P = 500 − Q이다. 공급곡선은 원점을 통과하는 직선이다. 정부가 단위당 100원의 물품세를 부과하자 물품세 부과 후 소비자의 지불가격이 80원 상승하였다. 물품세 부과 전 균형지점에서의 수요의 가격탄력성은 얼마인가?

① 1

② 0.8

③ 0.25

④ 0.2

⑤ 0

18 맥주와 피자만을 생산하는 A국의 생산활동이 아래 표와 같다. 2021년도 경제성장률과 물가상승률을 구하시오. (2020년이 기준연도이며 물가상승률은 GDP디플레이터로 측정)

연도	구분	맥주	피자
2020년	시장가격	10원	5원
	산출량	10개	20개
2021년	시장가격	12원	6원
	산출량	15개	18개

	경제성장률	물가상승률
①	10%	10%
②	10%	20%
③	15%	10%
④	15%	15%
⑤	20%	20%

19 A국의 2021년 GDP디플레이터는 105이다. 그리고 2020년 A국의 실질GDP는 100이다. 기준연도를 2020년이라고 할 때 아래 서술 중 반드시 참인 것은?

① 2021년 소비자물가지수도 100보다 크다.

② 2021년 실질GDP는 105이다.

③ 2020년 명목GDP는 2021년 명목GDP보다 작다.

④ 2021년 명목GDP는 2021년 실질GDP보다 크다.

⑤ 2020년 경제성장률은 −5%이다.

20 아래 표는 어느 국가의 생산표이다. 기준연도를 2020년이라고 할 때, 2021년의 소비자물가지수는 110이었다. 이때 2021년의 GDP디플레이터의 크기는 얼마인가?

구분	X재		Y재	
	P	Q	P	Q
2020년	6	10	8	5
2021년	7	12	㉠	6

① 100
② 110
③ 121
④ 132
⑤ 144

21 맥주와 피자만을 생산하는 A국의 생산활동이 아래 표와 같다. 이와 관련하여 아래 서술 중 옳은 것은? (2020년이 기준연도이고 맥주와 피자 모두 소비재이다)

연도	구분	맥주	피자
2020년	시장가격	10원	5개
	산출량	10원	10개
2021년	시장가격	11원	4개
	산출량	12원	12개

① 2020년부터 2021년간 GDP디플레이터로 측정한 물가는 상승하였다.
② 2020년부터 2021년간 경제성장률은 20%이다.
③ 2020년부터 2021년간 명목GDP의 증가율은 0%이다.
④ 소비자물가지수는 2021년이 2020년보다 높다.
⑤ 소비자물가지수로 측정한 물가는 상승하였다.

22 케인즈 소비함수에 대하여 올바른 것을 고르시오.

① 소비는 이자율에 매우 탄력적이다.
② 소비는 미래예상소득에 민감하다.
③ 소비는 현재 처분가능소득에 민감하다.
④ 한계소비성향과 평균소비성향은 장, 단기에 모두 일치한다.
⑤ 장기한계소비성향은 1이다.

23 유효수요이론에서 승수효과에 관한 설명 중 틀린 것은?

① 한계소비성향이 커질수록 정부지출 승수도 커진다.

② 비례세가 존재한다면 균형재정승수는 1보다 작아진다.

③ 유발투자가 존재한다면 IS곡선이 가팔라지며 승수효과가 감소한다.

④ 구축효과가 없다면 재정정책의 효과가 더욱 커질 것이다.

⑤ 한계수입성향이 커질수록 승수효과는 작아진다.

24 토빈의 q에 대한 서술로 잘못된 것은?

① 주가의 변화가 실물투자에 영향을 줄 수 있다.

② 생산함수가 1차동차이고 주식시장이 완전경쟁이라면 한계q > 평균q가 성립한다.

③ 토빈의 q가 1보다 크면 실물 투자가 발생한다.

④ 토빈의 q는 기업의 주가총액과 실물자산 대체비용의 비율을 의미한다.

⑤ 케인지안 투자모형에 속한다.

25 통화승수에 대한 서술로 올바른 것은?

① 법정지급준비율이 높아질수록 통화승수도 커진다.

② 현금보유비율이 높아질수록 통화승수도 커진다.

③ 통화공급의 내생성은 이자율과 통화승수의 정(+)의 관계를 반영한다.

④ 통화승수가 커질수록 본원통화의 크기도 증가한다.

⑤ 전액지급준비제도에서 통화승수는 1이다.

26 LM곡선에 대한 서술로 잘못된 것은?

① 유동성함정구간에서 LM곡선은 수평선이다.

② 화폐수요가 이자율에 탄력적일수록 LM곡선은 완만해진다.

③ 화폐수요가 소득에 탄력적일수록 LM곡선은 완만해진다.

④ 화폐공급의 내생성이 발생하면 LM곡선은 보다 완만해진다.

⑤ 물가가 상승하면 LM곡선은 좌측으로 이동한다.

27 화폐교환방정식이 성립하는 국가의 통화량 증가율이 3%이다. 화폐유통속도변화율이 0%라고 할 때, 다음 중 틀린 것은?

① 화폐중립성이 성립하는 경우 물가상승률은 3%이다.
② 적응적 기대가 성립하고 단기인 경우 물가상승률은 3%보다 작다.
③ 합리적 기대가 성립하고 예상치 못한 통화증가인 경우 실질경제성장률은 0%보다 크다.
④ 장기에는 실질경제성장률이 3%가 된다.
⑤ 명목경제성장률은 3%이다.

28 중앙은행의 통화 · 금융정책 중 올바른 설명은?

① 중앙은행의 채권매각은 확장통화정책에 해당된다.
② 법정지급준비율을 인상하면 본원통화가 감소하여 시중 총통화량이 줄어든다.
③ 유동성함정에서는 통화정책의 효과가 매우 약화된다.
④ LM곡선이 완만할수록 통화정책의 효과가 증대된다.
⑤ 통화정책은 재정정책에 비해 외부시차가 짧다.

29 다음 중 정부지출 증가 시 발생하는 구축효과에 대한 서술로 틀린 것은?

① IS곡선이 완만할수록 구축효과는 커진다.
② 고정환율제보다 변동환율제에서 구축효과는 더욱 커진다.
③ 유발투자가 존재한다면 정부지출승수가 줄어들어 구축효과는 더욱 커진다.
④ 통화주의학파는 구축효과가 매우 크므로 재정정책을 반대하였다.
⑤ 정부지출의 증가가 민간투자를 위축시키는 현상이다.

30 루카스의 화폐적 경기변동이론과 관련된 설명 중 올바른 것은?

① 예상치 못한 통화충격이 적응적 기대를 형성하여 장기에 화폐중립성을 성립시킨다.
② 예상 가능한 통화충격도 적응적 기대에서는 정책효과를 지닌다.
③ 합리적 기대가 형성된다면 예상치 못한 충격도 장기적으로 정책효과를 지닐 수 있다.
④ 합리적 기대가 형성된다면 예상치 못한 충격만이 단기적으로 정책효과를 갖는다.
⑤ 루카스의 섬모형에 따르면 빈번한 재량적 통화정책의 남발은 총공급곡선의 기울기를 완만하게 만든다.

31 총수요관리정책에 대한 설명 중 올바른 것을 고르시오.

① 케인즈학파는 투자가 이자율에 민감하므로 IS곡선이 가파르며 구축효과가 작다고 주장한다.

② 통화주의자들은 LM곡선이 완만하다고 보아 준칙에 입각한 통화정책을 주장한다.

③ 새고전학파는 적응적 기대가설에 따라 정책은 장기에 무력하다고 주장한다.

④ 새케인즈학파는 합리적 기대를 따르더라도 가격의 경직성으로 단기에 총수요관리정책의 효과가 발생한다고 주장한다.

⑤ 적절한 총수요관리를 통해 단기에도 자연실업률에 영향을 미칠 수 있다.

32 어느 경제의 비경제활동인구는 100만 명이고 취업자의 수는 80만 명이다. 고용률이 40%라면 이 경제의 실업률은 얼마인가?

① 0%   ② 10%

③ 20%   ④ 25%

⑤ 40%

33 새고전학파와 새케인즈학파 간의 논쟁에 대한 설명으로 옳은 것은?

① 새고전학파는 합리적 기대를 주장한 반면 새케인즈학파는 적응적 기대를 주장한다.

② 새고전학파는 가격경직성을 주장한 반면 새케인즈학파는 가격신축성을 옹호한다.

③ 새고전학파는 정책무력성을 주장한 반면 새케인즈학파는 정부개입을 옹호한다.

④ 새고전학파는 예상가능한 정책을 옹호하였고 새케인즈학파는 예측불가능한 정책을 주장한다.

⑤ 새고전학파는 재량적 통화정책을 주장한 반면, 새케인즈학파는 준칙적 통화정책을 주장한다.

34 실물경기변동이론과 가장 거리가 먼 것은?

① 노동의 평균생산성은 경기순응적이다.

② 일반균형분석에 의거하여 경기변동을 분석한다.

③ 생산성의 충격이 노동의 기간 간 대체를 야기한다.

④ 가격이 경직성이 경기변동을 야기한다.

⑤ Time to Build 개념이 적용된다.

35 다음은 실물경기변동이론에 관한 설명이다. 이 중 올바르지 않은 주장들을 모두 고른 것은?

> ㄱ. 총수요충격이 경기변동의 주 요인이다.
> ㄴ. 실물경기변동이론에 따르면 긍정적인 생산성충격으로 실질 GDP 및 실질변수가 변화한다.
> ㄷ. 물가가 경직적인 경우에 잘 들어 맞는다.
> ㄹ. 일반균형분석을 이용하여 경기변동을 설명한다.

① ㄱ, ㄴ   ② ㄱ, ㄷ
③ ㄱ, ㄹ   ④ ㄴ, ㄷ
⑤ ㄱ, ㄴ, ㄷ

36 내생적 성장모형에 관한 설명 중 틀린 것은?

① AK모형에서는 인적자본의 축적이 자본의 한계생산체감을 방지하여 준다.
② AK모형에서는 저축률이 비교적 높은 경우 자본축적만으로도 지속적 경제성장이 가능하다.
③ 로머의 R&D모형에서는 완전경쟁에 직면한 기업의 연구개발이 경제성장효과를 지닌다.
④ R&D모형에 따르면 기술진보의 긍정적 외부효과(Spillover Effect)가 경제성장의 동력이 된다.
⑤ 금융시장이 성숙할수록 연구개발투자의 효율이 증대된다.

37 미국의 이자율은 3%이고 현재 환율은 1$ = 1000원이다. 1년 후 예상환율은 1$ = 1,020원이다. 다음 중 올바른 투자전략은?

① 한국의 이자율이 4%라면 한국 시중은행에 예금하는 것이 유리한다.
② 한국의 이자율이 6%라면 미국 시중은행에 예금하는 것이 유리하다.
③ 한국의 이자율이 2%라면 미국 시중은행에 예금하는 것이 유리하다.
④ 한국의 이자율이 3%라면 한국 시중은행에 예금하는 것이 유리하다.
⑤ 한국의 이자율이 1%라면 미국, 한국 어느 은행에 예금해도 무방하다.

38 자본집약재인 Y재를 수입하는 A국이 Y재 수입에 관세를 부과하였다. 그러자 A국 내의 자본계층의 실질소득이 증가하였다. 이는 다음 중 어떤 이론의 함의가 반영된 것인가?

① 마샬-러너 조건
② 스톨퍼-사무엘슨 정리
③ 립진스키 정리
④ 레온티에프 역설
⑤ 오버슈팅 이론

39 미국의 이자율이 3% 수준에서 변하지 않은 상태에서 한국의 이자율이 3%에서 5%로 상승하자 1년 후 예상환율이 1$=1,050원이 되었다. 이자율 평형설에 의한 현재 환율은 얼마인가?

① 1$=1,000원
② 1$=1,010원
③ 1$=1,020원
④ 1$=1,030원
⑤ 1$=1,040원

40 구매력 평가설이 성립하는 두 경제 A국과 B국이 있다. 현재 A국의 물가상승률은 5%이고 향후 A국과 B국의 환율(B국 통화 1단위당 교환되는 A국의 통화)는 2% 상승할 것으로 예상된다. 이와 관련하여 아래 서술 중 틀린 것은?

① A국의 화폐가치는 B국의 화폐가치보다 2% 하락할 것이다.
② B의 물가상승률은 3%일 것이다.
③ 양국의 실질환율에는 변화가 없을 것이다.
④ 양국 사이에 교역재는 A국에서 B국으로 수출될 것이다.
⑤ A국의 화폐로 얻을 수 있는 B국의 재화의 수량은 줄어들 것이다.

41 소규모개방경제이고 변동환율제도를 채택한 경우 확장통화정책의 단기 효과는?

① LM곡선이 우측으로 이동하고 IS곡선이 좌측으로 이동하여 무력하다.
② LM곡선이 우측으로 이동하고 자본유출에 따라 환율이 상승한다.
③ LM곡선이 우측으로 이동하고 자본유출에 따라 물가가 상승하여 이자율이 상승한다.
④ IS곡선이 우측 이동하여 자본유입이 발생한다.
⑤ BP곡선의 기울기가 상승하게 된다.

42 자본이동이 자유로운 개방경제에 대한 아래 서술 중 옳은 것은?

① 국내소비지출과 국내민간투자지출이 균형이라면, 재정적자는 무역적자를 야기한다.

② 흑자재정이고 경상수지가 적자라면 국내소비지출과 국내민간투자지출은 균형이다.

③ 균형재정이고 국내과잉투자가 발생한다면 경상수지는 흑자이다.

④ 경상수지가 균형이라면 재정적자는 과잉투자를 유발한다.

⑤ 균형재정과 경상수지 균형에도 민간저축과 민간투자의 불일치가 가능하다.

43 A국은 주어진 노동력을 활용하여 X재를 최대 100단위 생산 가능하고 Y재는 최대 150단위 생산 가능하다. B국은 X재를 최대 80단위 생산 가능하고 Y재를 최대 100단위 생산 가능하다. 양국의 자원은 노동뿐이며 노동의 한계생산성은 일정하다. 이와 관련하여 아래 서술 중 틀린 것은? (단, 양국의 노동력의 크기는 동일하다)

① A국은 X재 생산에 비교우위를 지닌다.

② 자유무역이 시행된다면 B국이 요구하는 수량교환조건은 $\frac{X}{Y} < \frac{4}{5}$ 이다.

③ 자유무역으로 A국이 (X, Y)=(60, 70)에서 소비를 한다면 이때 교환조건은 $\frac{X}{Y} = \frac{3}{4}$ 이다.

④ 자유무역으로 양국 모두 상호이익을 얻을 수 있다.

⑤ 폐쇄경제에서 A국의 X재 생산의 기회비용은 Y재 1.5개이다.

44 현재 원/달러 환율은 1$=1,000원이며 한국의 금리는 5%, 미국의 금리는 3%이다. 이자율 평형설에 의해 양국의 환율이 결정된다면 1년 후 원/달러 예상환율은 얼마인가?

① 1$=980   ② 1$=1,002

③ 1$=1,020   ④ 1$=1,048

⑤ 1$=1,100

45 아래 생산가능곡선과 관련하여 올바른 서술은?

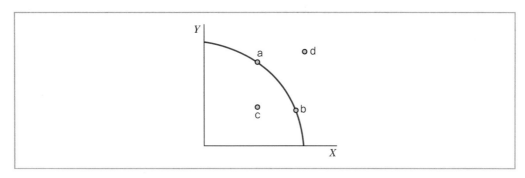

① Y재 생산의 기회비용은 점 a보다 점 b가 더 크다.
② 기회비용은 점차 체증한다.
③ 모든 자원이 생산에 투입된 경우 점 c에 도달할 수 없다.
④ 기술진보로 점 d에 도달하면 점 b보다 X재 생산의 기회비용이 하락한다.
⑤ 규모의 경제가 성립한다.

46 X재와 Y재는 소비에서 대체관계이고, X재와 Z재는 소비에서 보완관계이다. 이때 X재의 시장가격이 변화한 경우, 아래 설명 중 올바른 것은?

① Y재에 대한 지출액이 증가하였고, X재가 탄력적인 구간에서 소비된다면, X재에 대한 지출액은 감소한다.
② Z재에 대한 지출액이 감소하였고, X재가 비탄력적인 구간에서 소비된다면, X재에 대한 지출액은 감소한다.
③ X재에 대한 공급의 증가는 Y재에 대한 지출액 증가요인이다.
④ Y재와 Z재는 보완관계이다.
⑤ Y재와 Z재는 대체관계이다.

47 주어진 소득으로 X재와 Y재를 소비하는 갑의 경우, X재의 가격탄력성은 1이다. 갑이 최초에 X재와 Y재를 각각 10개씩 소비하고 있었다. 그런데 X재 가격이 하락하자 X재 구매량이 증가했다. 이때 Y재 구매량은 어떻게 되는가?

① 8

② 9

③ 10

④ 11

⑤ 알 수 없음

48 갑은 주어진 예산제약하에서 효용극대화를 추구한다. 갑의 소비지점이 (X, Y)=(3, 2)에서 (2, 3)로 변화하였으나, 소비지점 변화에도 불구하고 갑의 효용은 이전과 동일하다. 이와 관련된 추론 중 옳은 것은? (단, 갑의 무차별곡선은 원점에 대해 강볼록하다)

① 갑의 총지출액은 증가하였다.

② 갑의 명목소득은 불변이고 X재의 가격이 하락하고 Y재 가격이 상승한 것이다.

③ 새로운 소비지점에서의 한계대체율은 이전 지점에서의 한계대체율보다 크다.

④ 새로운 소비지점에서 X재 가격과 Y재 가격은 동일하다.

⑤ 소득탄력성은 1이다.

49 열등재의 보상수요곡선과 통상수요곡선에 대한 서술로 올바른 것은? (단, 한계대체율은 체감하고 소득효과＜대체효과이다)

① 둘다 우상향한다.

② 보상수요곡선은 우하향하고 통상수요곡선은 우상향한다.

③ 보상수요곡선보다 통상수요곡선이 더 가파르다.

④ 가격 하락 시 보상수요곡선은 우하향하고 가격 상승 시 보상수요곡선은 우상향한다.

⑤ 소득효과가 0이다.

50 이윤극대화를 추구하는 기업 C의 단기 비용곡선이 아래 그림과 같다. 이와 관련하여 틀린 서술은?

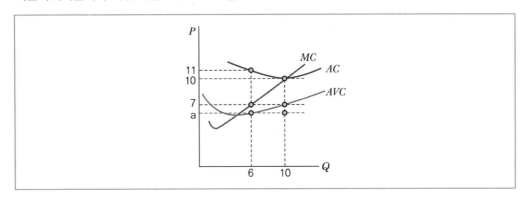

① P=10일 때 총가변비용은 70이다.

② P=7일 때 손실총액은 24이다.

③ 고정비용은 30이다.

④ a는 5이다.

⑤ 손익분기점에서의 총수입은 100이다.

51 완전경쟁에 직면한 기업 B의 장기비용함수는 $TC_A = Q^3 - 4Q^2 + 6Q$이다. 그리고 시장 전체 수요함수는 $P = 100 - Q^d$이다. 장기균형에서 개별기업의 균형산출량 q_i와 경쟁 기업의 수 n(기업 B를 포함한 수)으로 올바른 것은?

	q_i	n
①	2	49
②	2	99
③	3	49
④	3	99
⑤	3	101

52 현재 기업 B의 장기생산함수는 $Q_B = \sqrt{LK}$ 이다. 노동의 단위당 가격은 2이고 자본의 단위 당 가격은 1이다. 기업 B는 생산량 25를 맞추기 위해 노동과 자본을 각각 5단위씩 고용하고 있다. 이와 관련하여 올바른 설명은?

① 현재 이윤극대화를 달성하고 있으나 비용극대화지점은 아니다.
② 현재 지불하고 있는 노동비용과 자본비용은 동일하다.
③ 비용극소화를 위하여 노동고용을 줄이고 자본고용을 늘려야 한다.
④ 현 지점에서 노동과 자본의 대체탄력성은 0.5이다.
⑤ 비용극소화를 달성할 경우 노동비용은 자본비용의 2배가 된다.

53 어느 기업의 총비용곡선이 우측 그림과 같다. 이와 관련하여 잘못된 서술은?

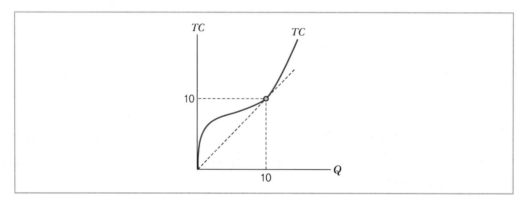

① 평균비용곡선은 U자형이다.
② 손익분기점에서 산출량은 10이다.
③ 시장가격이 1보다 크면 초과이윤을 얻는다.
④ 산출량이 10일 때 한계비용은 최저가 된다.
⑤ 평균가변비용은 U자형이다.

54. 현재 단기 완전경쟁에 직면한 A기업의 산출량은 10이다. 제품의 시장가격은 10이다. 그리고 현재 산출량 수준에서 평균비용은 12이다. 이때 현재 A기업의 평균고정비용과 평균가변비용으로 가능한 조합은?

	AFC	AVC
①	1	12
②	3	10
③	1	9
④	3	9
⑤	1	12

55. 아래 보수행렬표와 관련하여 올바른 서술을 고르시오.

		B		
		b1	b2	b3
A	a1	5,3	2,2	7,0
	a2	1,6	5,5	1,1
	a3	4,6	8,1	0,0

① 경기자 A는 우월전략을 지니고 있다.
② 경기자 B는 우월전략을 지니고 있다.
③ 이 게임의 내쉬균형은 파레토 최적이다.
④ 이 게임의 내쉬균형은 총 2개이다.
⑤ 죄수의 딜레마 상황이다.

56. 독점적 경쟁시장에 직면한 기업의 장기균형에 대한 서술로 올바른 것은?

① 한계비용과 시장가격이 일치한다.
② 초과이윤은 0이다.
③ 최소효율규모에서 산출량을 유지한다.
④ 시장가격과 한계수입이 일치한다.
⑤ 사회후생이 극대화된다.

57 단기에 독점기업의 한계비용이 10으로 일정하다. 시장수요함수는 $P = 90 - Q$이다. 독점기업이 이윤극대화 지점에서 정상이윤을 획득하고 있을 때, 독점기업의 고정 비용은 얼마인가?

① 200　　　　　　　　　　　　② 400

③ 800　　　　　　　　　　　　④ 1,600

⑤ 1,800

58 독점기업이 직면한 시장수요함수가 $P = 90 - Q$이다. 한계비용이 일정하고 독점기업의 이윤극대화 지점에서 가격탄력성이 2일 때, 러너지수 $\dfrac{P - MC}{P}$의 크기는?

① 1/2　　　　　　　　　　　　② 1/3

③ 1　　　　　　　　　　　　　④ 2

⑤ 3/2

59 어느 국가의 5명의 소득수준이 1, 2, 3, 4, 5이다. 이와 관련하여 아래 서술 중 올바른 것은?

① 10분위 소득분배율은 0.4이다.

② 로렌츠곡선의 기울기는 45도이다.

③ 중위소득과 평균소득은 동일하다.

④ 지니계수는 0.25이다.

⑤ 완전균등분배상황이다.

60 마을에 입주한 기업의 한계비용함수는 $PMC = Q$이다. 이 기업이 생산하는 제품의 시장가격은 100이다. 그런데 기업의 생산에 따라 마을 주민들이 입는 외부한계비용함수는 $EMC = Q$다. 재산권의 귀속 여부가 명확하게 설정된 경우, 코즈 정리에 따라 기업의 생산량이 사회최적생산량으로 조절되는 과정에 대한 아래 서술 중 올바르지 못한 것은?

① 사회최적생산량은 50이다.

② 생산량 결정 권한이 마을 주민에게 있을 경우 협상 이전 기업의 생산량은 0이다.

③ 생산량 결정 권한이 기업에 있을 경우 협상 이전 기업의 생산량은 100이다.

④ 생산량 결정 권한이 마을 주민에게 있을 경우, 기업은 50의 산출을 위해 마을 주민에게 최소 50만큼의 보상을 해주어야 한다.

⑤ 피구세를 통해 사회최적산출량이 달성되려면 단위당 25의 피구세를 부과해야 한다.

61 아래 보기 중 2020년에 비하여 2021년의 물가가 상승했다고 볼 수 있는 것은? (물가 수준은 GDP 디플레이터로 측정하였다)

① 2020년의 실질GDP보다 2021년의 실질GDP가 더 낮다.
② 2020년의 명목GDP보다 2021년의 명목GDP가 더 높다.
③ 2021년의 명목GDP는 지난해와 동일하고 실질GDP는 감소하였다.
④ 2021년의 실질GDP는 지난해와 동일하고 명목GDP는 감소하였다.
⑤ 2021년의 명목GDP는 지난해보다 하락하고 실질GDP는 불변이다.

62 현행 법정지급준비율이 25%, 현금 – 통화 비율이 20%이다. 이때 현금 – 예금 비율(k)과 통화승수의 조합으로 올바른 것은? (단, 초과지급준비금은 없다)

	k	통화승수
①	0.2	4
②	0.2	2.5
③	0.25	4
④	0.25	2.5
⑤	0.25	5

63 유동성함정에 대한 설명으로 옳은 것은?

① 화폐 수요의 이자율 탄력성이 0일 때 발생한다.
② 더 이상 채권 구입이 발생하지 않는다.
③ 모든 화폐를 거래적, 예비적 목적으로 보유한다.
④ 재정정책이 무력해진다.
⑤ 투자의 이자율탄력성이 무한대이다.

64 현재 A은행의 재무상태표가 아래와 같다. 이때 A은행의 예금자 갑이 5,000만 원을 인출하였다. 이와 관련하여 아래 서술 중 올바른 것은?

자산	부채
현금 1억 원 법정지급준비금 5천만 원 초과지급준비금 5천만 원 대출 9억 원	예금 10억 원

① A은행은 갑의 인출 요구에 대응한 이후 신규 예금이 들어와도 더 이상 대출을 해줄 수 없다.

② A은행은 갑의 인출 요구에 대응한 이후라도 추가 대출은 가능하다.

③ 갑의 예금 인출 즉시, 시중 총통화량은 감소한다.

④ 현재 법정지급준비율은 10%이다.

⑤ 현재 시재금은 1억 원이다.

65 다음 중 경제성장률이 (−)인 경우는?

① 명목GDP증가율이 GDP디플레이터 증가율보다 낮은 경우

② 명목GDP가 실질GDP보다 낮은 경우

③ 명목GDP가 불변이고 GDP디플레이터가 하락한 경우

④ 실질GDP 증가율이 GDP디플레이터 증가율보다 낮은 경우

⑤ 명목GDP의 증가율이 실질GDP의 증가율보다 낮은 경우

66 아래 표는 A국의 물가와 생산량을 나타낸 것이다. 기준연도가 2020년일 때 A국의 2021년 GDP 디플레이터와 소비자물가지수로 올바른 것은? (단 X재와 Y재 모두 소비재이다)

연도	구분	X	Y
2020년	P	100	100
	Q	10	10
2021년	P	120	90
	Q	8	12

	GDP디플레이터	소비자물가지수
①	102	102
②	100	105
③	102	105
④	104	110
⑤	100	110

67 법정지급준비율이 5%인 상황에서 A은행은 초과지급준비금을 5,000만 원 보유 중이고 A은행이 수신한 예금 총액은 10억 원이다. 갑이 A은행에 1억 원의 신규예금을 예치하였다. 이때 A은행이 최대로 늘릴 수 있는 대출금액의 크기는 얼마인가?

① 4,500만 원 ② 9,500만 원
③ 1억 3,500만 원 ④ 1억 4,500만 원
⑤ 1억 5,000만 원

68 다음 중 IS 곡선의 기울기를 가파르게 하는 것을 모두 고른 것은?

ㄱ. 한계소비성향의 증가 ㄴ. 비례세율의 증가
ㄷ. 한계수입성향의 증가 ㄹ. 유발투자계수의 증가

① ㄱ, ㄴ ② ㄱ, ㄷ
③ ㄴ, ㄷ ④ ㄷ, ㄹ
⑤ ㄱ, ㄹ

69 재정정책에 대한 아래 설명 중 옳은 것은?

① 투자가 이자율에 민감하게 반응할수록 재정정책이 효과적이다.
② 케인즈에 따르면 IS곡선은 매우 완만하다.
③ 화폐수요가 이자율에 민감할수록 재정정책의 효과가 커진다.
④ 통화주의학파는 재정정책의 구축효과가 작다고 주장하였다.
⑤ 통화정책에 비해 내부시차가 짧다.

70 준칙적 통화정책에 대한 설명으로 올바른 것은?

① 통화주의학파의 견해이다.
② 이자율을 항상 일정하게 유지하는 것을 목표로 한다.
③ IS곡선 이동에 따른 구축효과를 상쇄시키기 위한 통화정책을 의미한다.
④ 유동성함정구간에서 매우 효과적이다.
⑤ 합리적 기대상황에서만 설정 가능하다.

71 시장세분화에 대한 설명으로 올바른 것은?

① 행태적 특성에 따른 세분화는 구매자의 생활습관, 사회적 위치, 개별 성격 등을 바탕으로 시장을 나누는 전략이다.
② 표적화는 시장 내에서 우월한 위치를 선점하기 위한 제품 및 서비스, 마케팅 믹스를 개발하는 전략이다.
③ 사회심리적 세분화는 편익, 사용량, 상표선호도, 사용경험 등을 바탕으로 시장을 나누는 전략이다.
④ 포지셔닝은 세분화된 시장의 좋은 점을 분석한 후 진입할 하위 시장으로 선택하는 것이다.
⑤ 인구통계적 세분화는 연령, 성별, 소득, 직업 등을 바탕으로 시장을 나누는 전략이다.

72 다음 중 손실이 가장 클 것으로 예상되는 파생상품 투자전략은?

① 콜옵션과 풋옵션을 양매수한 경우 주가의 변동성이 매우 큰 경우
② 풋옵션을 매수한 경우＋주가가 크게 하락한 경우
③ 지수선물을 매도한 경우＋주가가 크게 하락한 경우
④ 콜옵션을 매도하고 지수선물을 매수한 경우＋주가가 횡보하는 경우
⑤ 풋옵션을 매도한 경우＋주가가 크게 하락한 경우

73 OJT(On the Job Training)에 해당되는 방법은?

① 역할연기법   ② 세미나
③ 도제식 훈련   ④ 시뮬레이션
⑤ 사례연구

74 옵션에 대한 다음 서술 중 가장 거리가 먼 것은?

① 콜옵션을 매수한 경우 기초자산의 가격이 상승한다면 이익이 발생한다.
② 콜옵션과 풋옵션을 동시에 매수한 경우에는 기초자산 가격이 안정적인 경우 수익이 발생한다.
③ 옵션 매도와 달리 옵션을 매수한 경우에는 손실이 제한된다.
④ 만기일에 근접할수록 옵션의 가치는 하락한다.
⑤ 옵션 매도 시 사전에 증거금 납입이 요구된다.

75 포터(M. Porter)가 제시한 산업경쟁 우위 확보에 영향을 미치는 요인과 거리가 먼 것은?

① 대체재의 위협   ② 진입장벽
③ 구매자의 교섭능력   ④ 산업 내 경쟁기업
⑤ 원가구조

76 기업이 자신의 제품을 경쟁사 제품에 비해 유리하고 독특한 위치를 차지하도록 하는 마케팅 전략은?

① 관계마케팅   ② 포지셔닝
③ 표적시장 선정   ④ 1 : 1 마케팅
⑤ 시장세분화

77 직무분석에 대한 설명으로 올바르지 않은 것은?

① 직무분석은 직무와 관련된 정보를 수집하고 정리하는 활동이다.
② 직무분석을 통해서 얻은 정보는 인적자원관리의 기초자료로 활용된다.
③ 직문분석을 통해 직무기술서와 직무명세서가 작성된다.
④ 직무기술서는 직무를 수행하는 데 필요한 인적 요건 중심으로 작성된다.
⑤ 직무평가는 직무분석을 기초로 이루어진다.

78 BCG매트릭스에서 상대적 시장점유율은 낮고 시장성장률이 높은 영역은?

① 스타
② 물음표
③ 닭
④ 개
⑤ 캐시카우

79 시장세분화를 위한 소비자의 행동분석적 요인에 해당하지 않는 것은?

① 편익
② 제품 사용 경험
③ 제품 사용 정도
④ 상표 애호도
⑤ 가족 생애주기

80 직무를 수행하는 데 필요한 기능, 능력, 자격 등 직무수행요건에 초점을 두어 작성한 직무분석의 결과물은?

① 직무명세서
② 직무평가
③ 직무표준서
④ 직무기술서
⑤ 직무지침서

01	02	03	04	05	06	07	08	09	10
③	④	①	②	②	③	③	④	③	④
11	12	13	14	15	16	17	18	19	20
④	②	④	②	④	③	③	⑤	④	②
21	22	23	24	25	26	27	28	29	30
②	③	③	②	③	③	④	③	③	④
31	32	33	34	35	36	37	38	39	40
④	③	③	④	②	③	③	②	④	④
41	42	43	44	45	46	47	48	49	50
②	①	①	③	②	①	③	③	③	④
51	52	53	54	55	56	57	58	59	60
①	③	④	④	②	②	④	①	③	④
61	62	63	64	65	66	67	68	69	70
③	④	②	②	①	③	④	③	③	①
71	72	73	74	75	76	77	78	79	80
⑤	⑤	③	②	⑤	②	①	②	⑤	①

01 지출액의 변화율 = 가격변화율 + 수요량변화율이다. 가격 탄력성이 1보다 큰 경우 '가격변화율의 절댓값 < 수요량변화율의 절댓값'이 되어 가격 하락 시 지출액은 증가한다.

02 X재 가격 상승 시 X재 구입량은 감소하고 반면 Y재 구매량이 증가한다.

03 소득 전부를 X재 지출에 사용할 경우 수요곡선은 직각쌍곡선으로 가격탄력성은 1이다. 그리고 소득의 증가율 = 수요량의 증가율이 되므로 소득탄력성도 1이다.

04 X재 가격 하락으로 Y수요량은 감소하였다. Y재 가격은 불변이므로 Y재의 수요가 감소한 것이다. 따라서 X재와 Y재는 대체관계이다.

05 X재의 시장가격은 20이다. 따라서 갑의 구매량은 80개이다.

06 X재의 소비량 20% 증가 시 Y재 소비량도 20% 증가한다면 두 재화 모두 소득탄력성이 1이 된다.

07 투자안 A와 투자안 B 모두 동일한 기대소득이며 100보다 크다. 따라서 갑이 위험중립자라면 A와 B 둘 중 아무것이나 선택할 것이다.

08 한계비용이 일정하면 평균가변비용과 동일해진다.

09 $TC - wL + rK$이고 여기서 $L = (Q/K)$이다. 따라서 총비용 함수는 $TC = \dfrac{wQ}{K} + rK$ 이다. 따라서 평균비용곡선은 체감하는 형태이다.

10 독점기업의 이윤극대화 지점에서는 시장가격〉한계비용 = 한계수입이 성립한다.

11 독점기업은 현재 탄력적인 구간에서 산출하므로 만일 산출량을 늘리고 시장가격을 낮춘다면 판매수입은 증가할 것이다. 다만 이윤극대화 지점에서 벗어나므로 이윤은 줄어들게 된다.

12 독점적 경쟁시장의 장기균형에서는 P = AC〉MC이다.

13 이 게임의 최종균형은 내쉬균형과 신빙성 조건을 모두 만족하는 (갑 : A, 을 : C)이다. 그리고 이 균형은 파레토 최적이다.

14

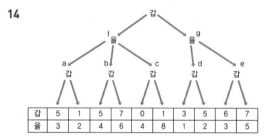

갑	5	1	5	7	0	1	3	5	6	7
을	3	2	4	6	4	8	1	2	3	5

을이 f에 있을 때 을이 a를 선택하면 갑 a에서 (5, 3)을 선택한다. 즉 을이 a를 선택하면 을의 보수는 3이 된다. 반면 을이 b를 선택하면 갑은 (7. 6)을 선택하여 을의 보수는 6이 된다. 을이 c를 선택하면 갑은 (1, 8)을 선택하여 을의 보수는 8이 된다. 따라서 을은 f에서 c를 선택하고 이때 갑, 을의 보수는 (1, 8)이 된다. 그러므로 최초의 갑이 f를 선택하면 갑의 최종보수는 1이 된다.
을이 g에 있을 때 d를 선택하면 갑은 (5, 2)를 선택하여 을의 보수는 2가 된다. 을이 e를 선택하면 갑은 (7, 5)를 선택하여 을의 보수는 5가 된다. 따라서 g에서 을은 e를 선택하고 이 때 갑, 을의 보수는 (7, 5)가 된다. 그러므로 최초의 갑이 g를 선택하면 갑의 최종 보수는 7이 된다. 결과적으로 최초의 갑은 g를 선택하고 이에 을은 e를 선택, 그리고 마지막으로 갑이 (7, 5)를 선택하게 된다.

15 시급이 인상되면 대체효과로 근로가 증가한다. 여가가 정상재라면 소득효과는 근로를 줄인다. 하지만 여가가 열등재라면 시급 인상 시 소득효과는 근로를 증가시킨다.

16 비경합성을 띠므로 이 재화에 대한 사회 전체 수요곡선은 개인 수요곡선을 수직으로 합산해야 한다.

17 공급곡선이 원점 통과 직선이므로 공급탄력성은 항상 1이다. 그런데 소비자 귀착분 : 생산자 귀착분 = 4 : 1 이므로 수요탄력성은 공급탄력성의 1/4이다.

18 2021년 실질GDP는 240원이다. 그리고 2021년 명목 GDP는 288원, 2020년도 실질GDP는 200원이므로 경제성장률은 20%이고 물가상승률도 20%이다.

19 GDP디플레이터는 당해연도 명목GDP/당해연도 실질GDP이다.

20 기준연도 지출액이 1000이다. 소비자물가지수가 1100이므로 ㉠은 8이다. 2021년 명목GDP는 1320이다. 그리고 2021년 실질GDP는 1200이다. 따라서 GDP디플레이터는 1100이다.

21 2021년 실질GDP는 180원이다. 그리고 2021년 명목 GDP도 180원. 소비자물가지수도 불변이다. 2020년도 실질GDP는 150원이므로 경제성장률은 20%이고 물가상승률은 0%이다.

22 케인즈 절대소비함수에 따르면 소비는 이자율과 미래예상소득에 반응하지 않는다. 또한 한계소비성향〈평균소비성향이 된다.

23 유발투자가 존재하면 IS곡선은 보다 완만해지게 된다.

24 생산함수가 1차동차이고 주식시장이 완전경쟁이라면 한계 q = 평균q가 성립한다.

25 이자율이 증가할 때 현금보유비율이 감소한다면 이는 통화승수를 증가시키는 요인이다. 이에 따라 통화공급의 내생성이 발생할 수 있다.

26 화폐수요가 소득에 민감하게 반응할수록 LM곡선은 가팔라진다.

27 장기에는 총공급곡선이 수직이다. 따라서 실질경제성장률은 0%가 된다.

28 유동성함정에서는 화폐수요가 완전탄력적이므로 통화정책의 효과가 사라진다. 중앙은행의 채권발행(매각)은 긴축통화정책에 해당하며 법정지급준비율의 변화와 본원통화와는 아무런 관련이 없다.

29 유발투자가 존재하면 IS곡선은 완만해지나 정부투자승수는 커진다. 때문에 유발투자 존재 시 구축효과가 일부 상쇄된다.

30 루카스의 MBC에 따르면 합리적 기대가 형성된 경우에는 예상치 못한 통화충격이 단기에만 정책효과를 지닌다고 보았다.

31 케인즈는 투자가 이자율에 둔감하여 IS곡선이 가파르다고 주장하였다. 통화주의자의 견해에 따르면 LM곡선이 가파르다. 새고전학파는 합리적 기대가설을 주장한다. 승수 – 가속도원리는 케인즈학파의 투자이론이다.

32 고용률이 40%이므로 생산가능인구는 200만 명이다. 따라서 경제활동참가인구는 100만 명이므로 실업자의 수는 20만 명이다.

33 새고전학파는 정책무력성을 주장한 반면 새케인즈학파는 정부개입을 옹호한다.

34 실물경기변동이론에서 가격변수는 신축적이다.

35 실물경기변동이론은 일반균형분석을 사용하여 기술충격이나 생산성충격이 경기변동을 야기함을 설명하는 이론이다.

36 로머의 모형에서 기술개발의 성과는 비경합성과 비배제성을 지니므로 이에 대한 특허권을 보장해주어야 R&D투자가 발생하게 된다. 즉 불완전경쟁시장을 고려한 모형이다.

37 1,000원을 한국 시중은행에 예금하면 1년 후 원리금 합계는 $1,000 \times (1+r)$이다. 반면 1,000원을 환전하여(1$) 미국 시중은행에 맡기면 1년 후 원리금 합계는 1.03$이고 이는 대략 1,050원의 가치이다. 따라서 한국의 이자율이 5% 이상(정확하게는 5.06%)이면 한국에, 5% 이하면 미국에 예금하는 것이 적절하다.

38 A국은 자본집약재를 수입하는 국가이므로 노동집약재에 비교우위를 지니고 있다. 그런데 Y재에 대한 관세 부과로 A국에서의 Y재 거래가격이 상승한다. 이로 인하여 A국 내 자본집약재 생산이 어느 정도 증가하고 이에 따라 A국 내에서 자본재에 대한 수요가 증가하는데 이는 자본가격의 상승을 의미한다. 이처럼 자본집약재 가격 상승이 자본계층의 실질소득을 증가시킬 수 있음을 설명하는 이론은 스톨퍼 – 사무엘슨 정리이다.

39 이자율 평형설에 따르면 환율 상승률 = 자국 이자율 – 타국 이자율이다. 따라서 환율은 2% 상승할 것으로 예상된다.

40 구매력 평가설에 의해 A국의 환율이 상승한다면 이는 A국에서 B국 화폐에 대한 수요가 증가한 것이며 이는 곧 B국의 제품이 A국으로 수출된 상황인 것이다.

41 LM곡선이 우측 이동하여 이자율이 하락, 자본유출로 환율이 상승하여 순수출이 증대된다.

42 국제균형항등식에 의하면 $0 = (S - I) + (T - G) + (M - X)$이다. S = I일 때, T < G라면 반드시 M > G이 된다.

43 A국은 Y재 생산에 비교우위를 지닌다.

44 이자율 평형설에 따르면 환율(%) = 자국이자율 – 외국이자율이다. 따라서 향후 환율이 2%상승하리라 예측된다.

45 생산가능곡선이 원점에 대해 오목하므로 기회비용은 체증한다.

46 Y위 문제에서 X재 가격이 변화하였고 Ceteris Paribus 가정에 따라 Y재 가격은 불변이다. 그런데 Y재에 대한 지출액이 증가하였다는 것은 Y재에 대한 수요가 증가한 것이며 X재와 Y재가 대체관계이므로 X재의 가격은 상승한 것이다. 그런데 X재 가격이 상승하였고 X재 소비지점이 수요곡선상 탄력적인 구간에 위치한다면 X재에 대한 지출액은 감소한다.

47 X재의 가격탄력성이 1이므로 X재가격이 변화하여도 X재 지출액은 불변이다. 따라서 소득이 불변이므로 X재 가격 변화에도 Y재에 대한 구매액은 불변이다. Y재 가격도 불변이므로 Y재 소비량도 불변이다.

48 무차별곡선이 원점에 대해 볼록하고 두 소비지점을 모두 통과하므로 (3, 2)에서 한계대체율은 (2, 3)에서의 한계대체율보다 작다.

49 대체효과에 의해 보상수요곡선은 우하향한다. 소득효과는 대체효과를 반감시키므로 통상수요곡선은 보상수요곡선보다 가파르다.

50 고정비용은 30이다. 따라서 a = 60이다.

51 개별기업의 장기균형지점은 평균비용곡선의 최저점이다. 평균비용함수는 $AC = Q^2 - 4Q + 6$이다. 즉 $AC = (Q - 2)^2 + 2$. 장기평균비용의 최저점은 2이다. 즉 개별 기업은 장기에 시장가격 2에서 개별산출량 2를 생산한다. 시장수요함수가 $P = 100 - Q^d$이므로 시장가격이 2일 때, 시장전체 공급량은 98이다. 따라서 완전경쟁 장기의 경쟁 기업의 수는 49개이다.

52 한계생산물 균등의 법칙 $\dfrac{MP_L}{w} = \dfrac{MP_K}{r}$, 혹은 $\dfrac{MP_L}{MP_K} = \dfrac{w}{r}$ 에 의해 비용극소화를 달성할 수 있다. 현재 $\dfrac{MP_L}{MP_K} = \dfrac{K}{L} = 1$인 반면 $\dfrac{w}{r} = 2$이므로 $\dfrac{MP_L}{MP_K} < \dfrac{w}{r}$ 이다. 즉 노동을 해고하고 자본고용을 늘림으로써 비용을 절감할 수 있다.

53 산출량이 10일 때 평균비용이 최저가 된다.

54 손실을 입음에도 조업을 지속하는 경우는 총고정비용>손실액인 경우이다. 따라서 현재 평균고정비용은 2보다 커야 한다. 또한 조업을 지속하므로 P=MC>AVC이다.

55 b1은 경기자 B의 우월전략이다.
① 경기자 A는 우월전략을 갖고 있지 않다.
③ 이 게임의 내쉬균형은 (a1, b1)인데 (a2, b2)로 옮길 경우 A의 효용 감소 없이 B의 효용 증대가 가능하다. 따라서 이 게임의 내쉬균형은 파레토 최적이 아니다.
④ 이 게임의 내쉬균형은 (a1, b1)으로 유일하다.

56 독점적 경쟁시장의 장기균형에서는 P=LMC=LAC가 성립한다.

57 한계수입곡선은 MR=90−2Q이다. 이윤극대화 1계조건 MR=MC에 의해 Q=40, P=50에서 이윤극대화를 추구한다. 이때 독점기업의 매출액은 2,000, 총가변비용은 400이다. 따라서 총고정비용은 1,600이다.

58 시장수요곡선이 우하향하는 직선이므로 시장가격이 60일 때 수요의 가격탄력성이 2가 된다. 즉 독점기업의 이윤극대화 지점은 Q=30, P=60이다. 이윤극대화 조건은 MR=90−2Q=MC인데 Q=30이므로 한계비용은 30이다. 따라서 러너지수는 0.5이다.

※ 다른 풀이 : $MR = P\left(1 - \dfrac{1}{\varepsilon}\right)$이다. 이윤극대화 지점에서는 MR=MC이므로 $MC = P\left(1 - \dfrac{1}{\varepsilon}\right)$가 성립한다.

즉 러너지수는 $\dfrac{P - P\left(1 - \dfrac{1}{\varepsilon}\right)}{P}$가 되고 정리하면 $\dfrac{1}{\varepsilon}$이 러너지수가 된다.

59 십분위소득분배율은 0.6, 지니계수는 0.5이다. 중위소득과 평균소득은 모두 30이다.

60 생산량 결정 권한이 마을 주민에게 있는 경우 협상 이전 생산량은 0이다. 이 상황에서 기업이 산출량을 50으로 늘리면 마을 주민들은 B=25만큼 피해를 입는다. 따라서 기업은 최소 25 이상의 보상을 해주어야 한다.

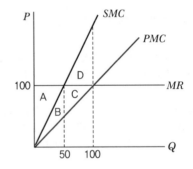

61 물가의 상승은 GDP디플레이터의 상승을 의미한다. 그리고 디플레이터 변화율=명목GDP변화율−실질GDP변화율이다.

62 현금−통화 비율이 20%이므로 현금 : 예금=2 : 8이다. 따라서 현금−예금 비율은 0.25이다.
통화승수는 $m = \dfrac{1}{c + z(1 - c)}$ (여기서 c는 현금/통화비율). $m = \dfrac{k + 1}{k + z}$ (여기서 k는 현금/예금비율)이므로 통화승수는 2.5이다.

63 시장이자율이 임계이자율에 근접해 더 이상 이자율의 하락을 예견하지 않게 된다. 따라서 누구도 채권 가격의 상승을 예상하지 않게 되어 아무도 채권을 구입하지 않고, 거래적·예비적 동기를 제외한 모든 화폐를 투기적 동기로 보유하게 된다.

64 갑의 대출 이후 A은행의 예금 총액은 9억 5천만 원으로 감소한다. 법정지급준비율이 5%이므로 이제 법정지급준비금은 4,750만 원이 되고, 초과지급준비금이 250만 원이 되어 250만 원을 추가로 대출해줄 수 있다.

65 실질GDP변화율＝명목GDP변화율－GDP디플레이터 변화율이다.

66 • 2021년 명목GDP는 2,040, 2021년 실질GDP는 2,000. 따라서 GDP디플레이터는 102이다.
　• 2020년 소비바스켓은 2,000, 2021년 소비바스켓은 2,100. 따라서 소비자물가지수는 105이다.

67 갑이 예금하기 전 A은행이 보유한 지급준비금은 1억 원이다. 갑의 예금으로 A은행의 수신 총액은 11억 원이 되고, 법정지급준비율이 5%이므로 A은행은 5,500만 원의 준비금을 보유하여야 한다. 갑의 1억 원 예금 직후 A은행이 보유한 현금은 2억 원이므로 1억 4,500만 원까지 신규 대출이 가능하다.

68 IS곡선의 기울기 증가 요인으로는 투자의 이자율탄력성 감소, 한계소비성향의 감소, 비례세율의 증가, 한계수입성향의 증가, 유발투자계수의 감소 등이 있다.

69 화폐수요가 이자율에 민감할수록 LM곡선이 완만해지고 재정정책의 효과가 커진다.

70 준칙적 통화정책은 통화주의학파의 주요 견해이다.

71 인구통계적 세분화에 대한 적합한 설명이다.

72 풋옵션을 매도한 경우 주가가 하락할수록 손해가 커지게 된다.
　① 주가 변동성이 큰 경우 옵션 양매수는 이익을 본다.
　②, ③ 주가가 하락할수록 풋옵션 매수자와 선물 매도자는 이익을 본다.
　④ 주가가 횡보할 경우 옵션 매도자는 이익을 볼 가능성이 크며, 선물거래로부터는 이익이나 손실이 발생할 가능성이 낮다.

73 OJT는 사수－부사수 간 훈련 방식을 기본으로 삼는다.

74 양매수의 경우 기초자산의 가격변동성이 커질수록 수익이 커진다.

75 포터가 제시한 경쟁우위 확보의 위협요인은 기존 기업 간의 경쟁, 대체재의 위협, 잠재적 경쟁자의 진입 위험, 공급자의 교섭력, 구매자의 교섭력 등이다.

76 포지셔닝에 대한 서술이다.

77 직무분석은 단순한 수집 정리 활동을 넘어선다.

78 물음표 산업에 대한 서술이다.

79 가족 생애주기가 아닌 소비자 개인 생애주기를 분석한다.

80 직무명세서에 대한 서술이다.

MEMO

MEMO

MEMO

MEMO

토마토패스
TESAT(테샛) 핵심이론 + 문제집

발 행 일   2021년 6월 25일 초판 발행

저   자   김동빈
발 행 인   정용수
발 행 처   예문사
주   소   경기도 파주시 직지길 460(출판도시) 도서출판 예문사
T   E   L   031) 955 – 0550
F   A   X   031) 955 – 0660

등 록 번 호   11 – 76호

정   가   24,000원

홈페이지 http://www.yeamoonsa.com

ISBN   978 – 89 – 274 – 4049 – 9   [13320]